회사에서 바로 통하는 파워포인트 FOR STARTERS

이화진 지음

전면 개정판 · **AI 도구 활용** · **모든 버전 사용 가능**

왕초보가 시작하는 파워포인트 입문서

개념은 **쉽게** 기능은 **빠르게** 실무활용은 **바로**

한빛미디어

지은이 이화진 (hwajin@kkummolda.com)

삼성물산, KT, 포스코, 현대자동차, 농협, 마이크로소프트, 아모레퍼시픽, 유한킴벌리, 아워홈, 쌍용건설, 소니, 국민건강보험공단, 연합뉴스, 서울대학교, 경희대학교, 한국외국어대학교 등에서 프레젠테이션 강의를 진행했습니다. 현재 꿈몰다 및 꿈모닝스쿨 대표로서, 20년 넘게 프레젠테이션 전문가로 활동하며, 나다운스타일연구소 소장으로도 활약하고 있습니다. 저서로는 《회사에서 바로 통하는 실무 엑셀 파워포인트 워드&한글(전면 개정판)》, 《회사에서 바로 통하는 엑셀+파워포인트+워드 2016&한글 NEO&윈도우 10》 등이 있습니다.

회사에서 바로 통하는
파워포인트 FOR STARTERS(전면 개정판) : 왕초보가 시작하는 파워포인트 입문서 – AI 도구 활용, 모든 버전 사용 가능

초판 1쇄 발행 2025년 12월 1일

지은이 이화진 / **펴낸이** 임백준
펴낸곳 한빛미디어 / **주소** 서울특별시 서대문구 연희로2길 62 콘텐츠1부
전화 02-325-5544 / **팩스** 02-336-7124
등록 1999년 6월 24일 제2017-000050호 / **ISBN** 979-11-995298-8-5 13000

총괄 배윤미 / **책임편집** 장용희 / **기획·편집** 장용희 / **교정** 박서연
디자인 박정우 / **전산편집** 오정희
영업마케팅 송경석, 김형진, 장경환, 조유미, 한종진, 이행은, 고광일, 성화정, 김한솔, 전차은 / **제작** 박성우, 김정우

한빛미디어는 한빛앤(주)의 IT 출판 브랜드입니다.

이 책에 대한 의견이나 오탈자 및 잘못된 내용은 출판사 홈페이지나 아래 이메일로 알려주십시오.
파본은 구매처에서 교환하실 수 있습니다. 책값은 뒤표지에 표시되어 있습니다.
홈페이지 www.hanbit.co.kr / **이메일** ask@hanbit.co.kr

Published by HanbitN, Inc. Printed in Korea
Copyright © 2025 이화진 & HanbitN, Inc.
이 책의 저작권은 이화진과 한빛앤(주)에 있습니다.
저작권법에 의해 보호를 받는 저작물이므로 무단 복제 및 무단 전재를 금합니다.

지금 하지 않으면 할 수 없는 일이 있습니다.
책으로 펴내고 싶은 아이디어나 원고를 메일(writer@hanbit.co.kr)로 보내주세요.
한빛앤(주)는 여러분의 소중한 경험과 지식을 기다리고 있습니다.

머리말

파워포인트는 프레젠테이션 디자인의 조연이 되어라!

파워포인트는 프레젠테이션을 위한 도구 중 하나입니다. 즉, 조연입니다. 그러나 많은 사람들이 화려한 애니메이션과 복잡한 차트를 만드느라 밤을 지새웁니다. 마치 파워포인트를 주연처럼 사용하려고 하느라 정작 중요한 메시지 구성은 뒷전이 되곤 하죠.

조연은 주인공을 빛나게 할 때 가장 아름답습니다. 파워포인트도 마찬가지입니다. 슬라이드를 예쁘게 만드는 것이 아니라 메시지를 명확하게 전달하는 것, 그것이 파워포인트의 진정한 목적입니다.

파워포인트를 목적에 맞게 사용하라!

파워포인트는 포토샵이 아닙니다. 일러스트레이터도 아닙니다. 많은 사용자들이 파워포인트를 전문 그래픽 프로그램처럼 사용하느라 귀한 시간을 낭비합니다. 보고서와 발표 자료는 다릅니다. 제안서와 교육 자료도 다릅니다. 상황에 맞는 접근이 필요합니다.

핵심을 기억하세요. 파워포인트의 목적은 메시지를 잘 보이게 만드는 것입니다.

파워포인트에 너무 많은 시간을 투자하지 말아라!

"파워포인트 때문에 또 야근이에요."

현장에서 가장 많이 듣는 말입니다. 하지만 핵심 기능만 제대로 익히면 작업 시간을 획기적으로 줄일 수 있습니다. 이 책은 20년간 현장에서 검증된 실전 노하우만 담았습니다. 복잡한 설명은 빼고, 따라 하면 바로 결과가 나오는 방식으로 구성했습니다.

이번 전면 개정판에서는 AI를 활용한 슬라이드 제작 방법도 추가했습니다. 디자인 아이디어가 막힐 때, 적절한 이미지가 필요할 때, AI 도구를 활용하면 더욱 빠르고 효율적으로 작업할 수 있습니다.

여러분의 소중한 시간을 아껴드립니다.

감사의 말씀

이 책이 세상에 나오기까지 함께해주신 한빛미디어 IT활용서팀, 그리고 현장에서 고군분투하는 모든 독자 여러분께 진심으로 감사드립니다.

여러분의 업무 현장에서 이 책이 든든한 동료가 되기를 바랍니다.

2025년 11월
이화진

이 책의 특징

파워포인트 왕초보를 위한
이 책의 네 가지 특징

이 책으로 파워포인트를 배워야 하는 네 가지 이유!
파워포인트 입문자에게 특화된 콘텐츠로 왕초보라도 파워포인트 공부를 바로 시작할 수 있습니다.

01 파워포인트를 전혀 몰라도 따라 할 수 있다!

파워포인트의 기본 화면 구성부터 PPT 제작, 발표까지 한 권으로 배울 수 있습니다.
핵심기능의 상세한 따라 하기로 기초부터 빠르게 탄탄하게 익힐 수 있도록 안내합니다.

02 모든 버전에서 완벽하게 학습한다!

파워포인트의 모든 버전에서 학습할 수 있도록 구성했습니다.
2010, 2013, 2016, 2019, 2021, 2024, Microsoft 365 버전을 완벽하게 익힐 수 있습니다.

03 혼자해보기로 복습해 실력을 탄탄히 기른다!

핵심기능에서 배운 내용을 다양한 실습 예제로 복습하며 활용할 수 있습니다.
실무형 예제를 통해 핵심기능을 실제 업무에서 활용하는 방법을 자연스럽게 익힙니다.

04 기초 기능은 동영상 강의를 활용한다!

저자의 설명을 직접 들으며 핵심기능을 학습할 수 있습니다.
유튜브에 '파워포인트티처'를 검색하여 다양한 파워포인트 기능을 학습해보세요.

우선순위 핵심기능

반드시 알아야 할 핵심기능으로
파워포인트를 쉽고 빠르게 시작하자!

파워포인트 왕초보가 파워포인트 고수로 성장하는 파워포인트 학습의 지름길!
파워포인트를 잘 다루려면 반드시 알아야 하는 핵심기능만 쏙쏙 뽑았습니다!

쉽고 빠르게 배우는 파워포인트의 기초!
프레젠테이션 기본

기본 화면 구성	16쪽
편리한 옵션 설정	20쪽
빠른 실행 도구 모음	27쪽
리본 메뉴 만들기	30쪽
눈금 표시 설정	33쪽
개체 숨기기	37쪽
슬라이드 비율, 크기, 방향 설정	40쪽
슬라이드 추가, 레이아웃 변경	42쪽
슬라이드 이동/복사/삭제	43쪽
텍스트 입력	45쪽
WordArt 삽입	47쪽
도형 그리기	49쪽
도형 스타일 적용	49쪽
그림 삽입	51쪽
그림 스타일 적용	52쪽
표 삽입	53쪽
표 스타일 적용	54쪽
차트 삽입	55쪽
차트 데이터 입력	55쪽
차트 스타일	56쪽
프레젠테이션 문서 저장하기	57쪽

청중의 시선을 사로잡는 슬라이드 디자인!!
슬라이드 배경 및 내용 서식

테마 글꼴 만들기	65쪽
테마 색 만들기	67쪽
배경 서식 변경	70쪽
슬라이드 마스터	72쪽
제목 레이아웃 변경	73쪽
텍스트 개체 틀 편집	75쪽
레이아웃 변경	77쪽
슬라이드 번호 삽입	79쪽
새 테마 저장, 적용	81쪽
텍스트 입력	89쪽
한자/특수 문자 입력	91쪽
글꼴, 글꼴 크기, 글꼴 색 변경	92쪽
글머리 기호 삽입	94쪽
글머리 기호 변경	95쪽
글머리 기호 간격 조정	95쪽
글머리 기호 시작 번호 변경	96쪽
줄 간격 설정	98쪽
단락 간격 설정	100쪽
들여쓰기	101쪽
내어쓰기	102쪽
전체 글꼴 바꾸기	103쪽

복잡한 정보를 간결하고 정확하게!
프레젠테이션 시각화 및 멀티미디어

도형 그리기	109쪽
도형 서식 지정	110쪽
도형 병합	112쪽
도형 그룹화	115쪽
개체 복사	115쪽
색 추출	117쪽
서식 복사/붙여넣기	119쪽
입체 도형 만들기	120쪽
SmartArt 그래픽 삽입	130쪽
표 디자인 변경	143쪽
셀 서식 지정	144쪽
엑셀 표 연동	147쪽
차트 디자인 변경	148쪽
그림 강조하기	165쪽
그림 변경	168쪽
그림 배경 제거	171쪽
그림 자르기	173쪽
아이콘 삽입, 편집	179쪽
3D 모델 삽입하기	181쪽
디지털 잉크로 그리기	183쪽
화면 캡처	187쪽
오디오 삽입	194쪽
비디오 편집	201쪽

업무 보고에 최적화된 PPT 발표 노하우!
슬라이드 정리 및 발표 준비

구역 추가	215쪽
구역 이동, 삭제, 축소, 확장	216쪽
자동 저장	220쪽
PDF 문서 만들기	222쪽
비디오 파일 만들기	223쪽
그림 프레젠테이션 만들기	225쪽
암호 설정	227쪽
애니메이션 적용	234쪽
화면 전환 효과 적용	239쪽
슬라이드 자동 화면 전환	243쪽
슬라이드 쇼 설정	245쪽
슬라이드 쇼 재구성	246쪽
구역 확대/축소 만들기	248쪽
발표 원고 만들기	251쪽
청중 유인물 만들기	253쪽
발표 예행연습	255쪽
발표자 도구 사용	258쪽
슬라이드 쇼 녹화	267쪽
AI 활용해 프레젠테이션 제작하기	279쪽, 204쪽, 200쪽

이 책의 구성

우선순위
먼저 학습해야 할 기능을 표시했습니다. 빠르게 익혀야 할 경우, 우선적으로 학습할 수 있습니다.

핵심기능
파워포인트를 다룰 때 반드시 알아야 할 기본 기능과 활용 방법을 소개합니다. 핵심기능을 따라 하면서 기본 기능을 충실히 익힐 수 있습니다.

실습 파일&완성 파일
따라 하기에 필요한 실습 파일과 결과를 비교해볼 수 있는 완성 파일을 제공합니다.

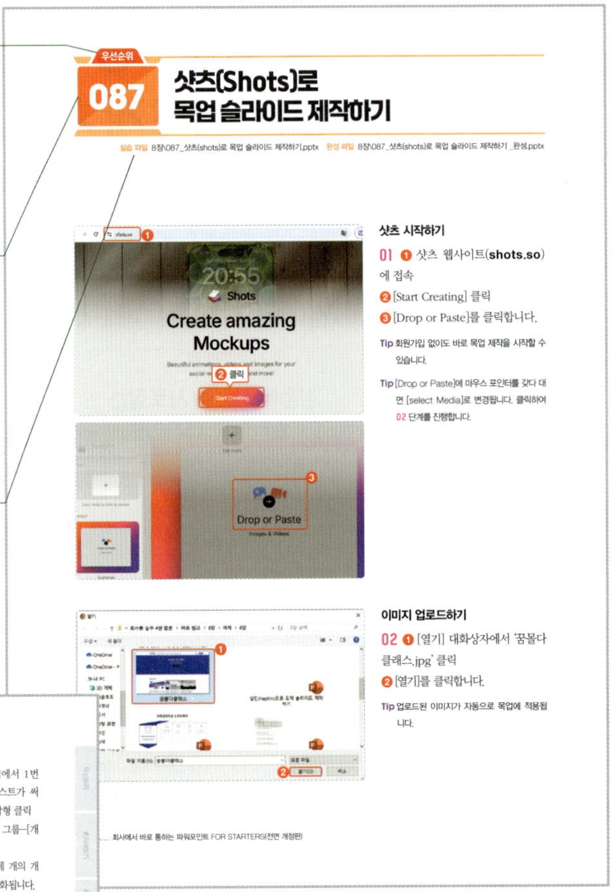

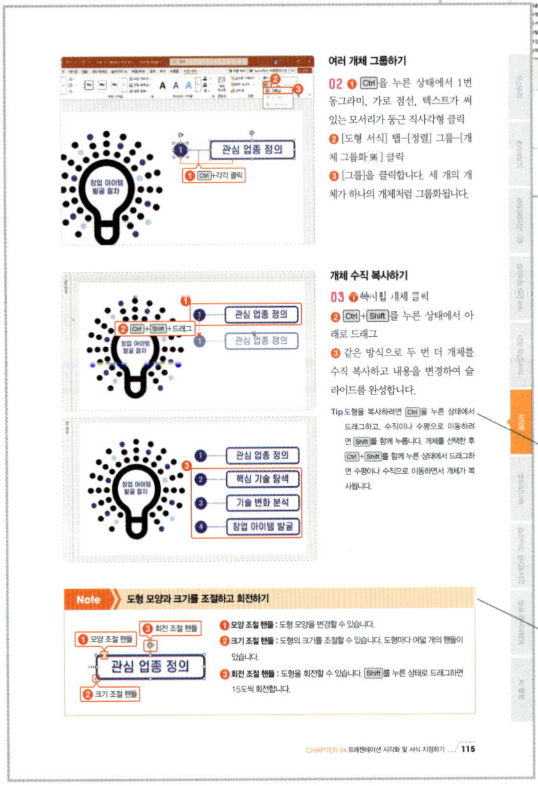

TIP
실습 중 헷갈리기 쉬운 부분을 정리했습니다. 또, 알아두면 편리한 짤막한 팁을 담았습니다.

NOTE
추가로 알면 좋은 유용한 정보나 주요 개념을 더욱 깊이 이해할 수 있는 심화 정보 등을 상세히 소개합니다.

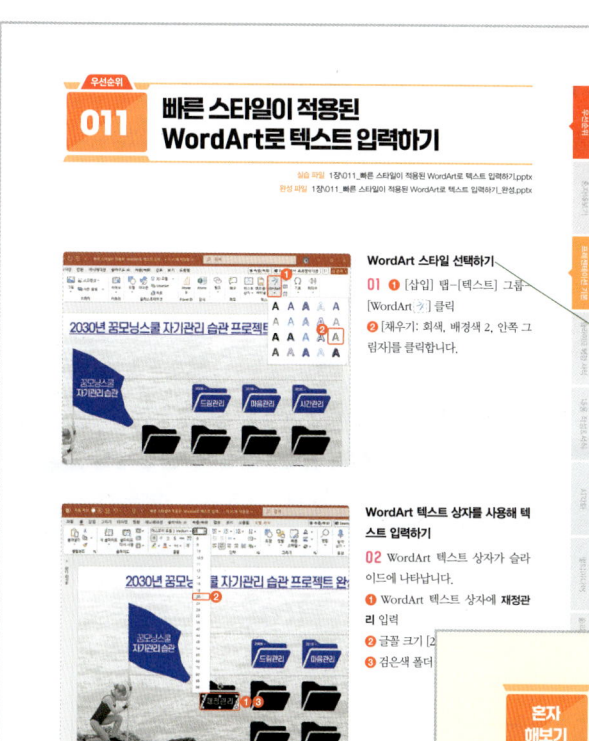

인덱스

학습 중인 위치를 바로 확인할 수 있어, 전체 흐름 속에서 현재 진행 단계를 쉽게 파악할 수 있습니다. 우선순위 기능도 위치를 빠르게 찾아볼 수 있습니다.

따라 하기 단계별 제목

실습 과정에 단계별 제목을 표시하여 작업 내용과 순서를 한눈에 파악할 수 있습니다.

혼자해보기

실무에서 가장 빈번하게 사용하는 예제를 선별해 핵심기능과 연계하여 학습할 수 있도록 수록했습니다.

예제 설명 및 완성 화면

어떤 실무 예제를 다루고 있는지 설명합니다. 실습 전에 완성 화면을 미리 확인할 수 있습니다.

회사에서 바로 통하는 실습 파일 다운로드하기

이 책에 사용된 모든 실습 및 완성 파일은 한빛+ 홈페이지(www.hanbit.co.kr)에서 다운로드할 수 있습니다. 실습 파일은 따라 하기를 진행할 때마다 사용되므로 컴퓨터에 복사해두고 활용합니다.

1 한빛+ 홈페이지(www.hanbit.co.kr)로 접속합니다. 메인 페이지에서 상단 검색란에 도서명을 입력하여 검색합니다.

2 도서명을 정확히 검색하면 도서 상세 페이지로 이동합니다. ❶ 화면을 아래로 내려 [부록/예제소스]를 클릭하고 ❷ [다운로드]를 클릭해 실습 파일을 다운로드합니다.

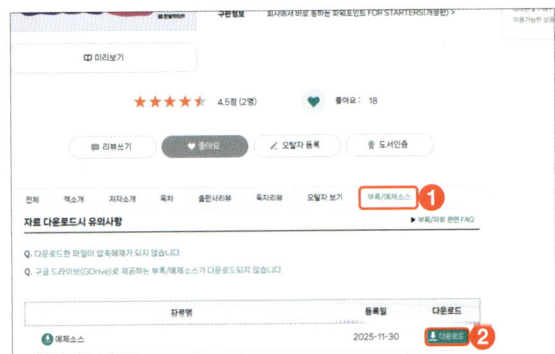

+ 도서명이 아닌 키워드를 검색하면 도서 상세 페이지로 이동하지 않습니다. 검색 결과 중 [책]에서 본 도서와 동일한 도서 정보를 클릭하여 도서 상세 페이지로 이동합니다.

다운로드한 예제 파일은 일반적으로 [다운로드] 폴더에 저장되며, 사용하는 웹 브라우저 설정에 따라 다를 수 있습니다.

목차

CHAPTER 01
기본 프레젠테이션 만들기

000 파워포인트의 기본 화면 구성 살펴보기 — 016
001 작업 효율을 높이는 기본 옵션 설정하기 — 019
002 빠른 실행 도구 모음 사용자 지정하기 — 027
003 나만의 리본 메뉴 만들기 — 030
004 눈금선과 안내선, 눈금자 표시하기 — 033
005 개체 이름 변경하고 개체를 표시하거나 숨기기 — 036
006 배경 서식이 적용된 새 프레젠테이션 만들기 — 038
우선순위 ▶ **007** 슬라이드 크기 변경하기 — 040
우선순위 ▶ **008** 슬라이드 추가 및 레이아웃 변경하기 — 042
우선순위 ▶ **009** 슬라이드 이동, 복사, 붙여넣기, 삭제하기 — 043
우선순위 ▶ **010** 텍스트 입력 후 빠른 스타일 적용하기 — 045
우선순위 ▶ **011** 빠른 스타일이 적용된 WordArt로 텍스트 입력하기 — 047
우선순위 ▶ **012** 도형 그린 후 빠른 스타일 적용하기 — 049
우선순위 ▶ **013** 그림 삽입 후 빠른 스타일 적용하기 — 051
우선순위 ▶ **014** 표 삽입 후 빠른 스타일 적용하기 — 053
우선순위 ▶ **015** 차트 삽입 후 빠른 스타일 적용하기 — 055
우선순위 ▶ **016** 프레젠테이션 문서 열기 및 저장하기 — 057
혼자해보기 빠른 스타일을 활용한 슬라이드 디자인하기 — 059

목차

CHAPTER 02
프레젠테이션 슬라이드 배경 서식 만들기

우선순위 ▶	017 새 테마 글꼴 만들기	065
우선순위 ▶	018 새 테마 색 만들기	067
	019 슬라이드 배경 서식 변경하기	070
	020 제목 슬라이드 배경 서식만 변경하기	073
	021 서식 변경한 레이아웃을 슬라이드로 사용하기	077
	022 슬라이드 번호 삽입하기	079
	023 새 테마 저장하기	081
	혼자해보기 기존 테마를 활용한 템플릿 만들기	083

CHAPTER 03
프레젠테이션 내용 작성하고 서식 지정하기

	024 슬라이드에 텍스트 입력하기	089
우선순위 ▶	025 글꼴, 글꼴 크기, 글꼴 색 변경하기	092
	026 글머리 기호 설정 및 서식 변경하기	094
	027 글머리 기호를 번호로 변경하기	096
	028 줄 및 단락 간격 조정하기	098
	029 목록 수준 조정하기	101
	030 프레젠테이션 전체 글꼴 한번에 바꾸기	103
	혼자해보기 텍스트를 활용한 슬라이드 디자인하기	104

CHAPTER 04
프레젠테이션 시각화 및 서식 지정하기

우선순위 ▶	**031** 원 그리고 서식 지정하기	109
	032 여러 도형을 병합하여 새로운 도형 만들기	112
	033 도형의 크기 변경 및 수직 복사하기	114
	034 균등한 간격으로 도형 정렬하기	116
	035 스포이트로 색을 추출해 도형에 적용하기	117
	036 도형 서식을 다른 도형에 똑같이 적용하기	118
	037 평면 도형을 입체 도형으로 만들기	120
	혼자해보기 도형을 활용한 슬라이드 디자인하기	123
우선순위 ▶	**038** SmartArt 그래픽 삽입 후 텍스트 입력하기	130
	039 SmartArt 그래픽 서식 변경하기	131
	040 SmartArt 그래픽에 도형 추가하기	134
	041 텍스트를 SmartArt 그래픽으로 변환하기	135
	042 그림을 SmartArt 그래픽으로 변환하기	136
	혼자해보기 SmartArt 그래픽을 활용한 슬라이드 디자인하기	137
	043 표 디자인하기	143
	044 차트 디자인하기	148
	045 잘 만든 차트 서식 저장하고 재활용하기	152
	혼자해보기 차트를 활용한 슬라이드 디자인하기	154
	046 온라인 그림 삽입하기	159
	047 디자이너로 쉽고 빠르게 슬라이드 만들기	162
	048 그림의 특정 부분만 강조하기	165

목차

049 그림 서식 변경 후 서식은 유지하고 그림만 변경하기 — 168
050 그림에서 불필요한 부분 제거하기 — 171
051 원하는 모양으로 그림 자르고 용량 줄이기 — 173
052 사진 앨범으로 프레젠테이션 만들기 — 176
053 아이콘 삽입하고 편집하기 — 179
054 3D 모델 삽입하기 — 181
055 디지털 잉크로 그리고 리플레이하기 — 183
056 화면의 일부분을 캡처하여 슬라이드에 추가하기 — 187
`혼자해보기` 사진과 아이콘을 활용한 슬라이드 디자인하기 — 188

CHAPTER 05
멀티미디어 요소 삽입하고 서식 지정하기

`우선순위` ▶ **057** 오디오 삽입 후 특정 슬라이드까지 실행하기 — 194
058 오디오 트리밍 후 시작과 끝부분 부드럽게 만들기 — 197
`우선순위` ▶ **059** 비디오 삽입 후 빠른 스타일 적용하기 — 198
060 비디오 모양 및 서식 변경하기 — 201
061 전체 비디오 중 원하는 부분만 남기기 — 204
062 비디오에 특정 지점 지정하기 — 206
063 비디오 표지 만들기 — 207
064 미디어 파일 압축하기 — 209
`혼자해보기` 동영상을 활용한 슬라이드 디자인하기 — 210

CHAPTER 06
프레젠테이션 슬라이드 정리 및 저장하기

065 슬라이드를 구역으로 나누어 정리하기 — 215
066 자동 저장 파일 만들기 — 220
067 PDF 문서 만들기 — 222
068 비디오 파일 만들기 — 223
069 그림 프레젠테이션 만들기 — 225
070 각 슬라이드를 JPEG 파일로 저장하기 — 226
071 프레젠테이션 파일에 암호 설정하기 — 227
`혼자해보기` 내용별로 슬라이드 구역을 나누고 편집하기 — 229

CHAPTER 07
프레젠테이션 발표 준비 및 발표하기

072 개체에 애니메이션 적용하기 — 234
우선순위 ▶ **073** 애니메이션 추가하고 다른 개체에 똑같이 적용하기 — 237
074 슬라이드에 화면 전환 효과 적용하기 — 239
우선순위 ▶ **075** 모핑 전환 효과 적용하기 — 241
076 자동으로 넘어가는 슬라이드 만들기 — 243
077 슬라이드 쇼 재구성하기 — 246
078 확대/축소 기능으로 목차 만들기 — 248

목차

	079 슬라이드 노트로 발표 원고 작성하고 인쇄하기	251
	080 청중 유인물 만들고 인쇄하기	253
	081 발표 전 예행 연습하기	255
우선순위 ▶	**082** 슬라이드 쇼 시작하기	256
우선순위 ▶	**083** 발표자 도구를 사용하여 발표하기	258
	084 슬라이드에 라이브로 발표자 추가하기	263
	085 슬라이드 쇼 녹화하기	267
	혼자해보기 개체에 적절한 애니메이션 적용하기	272

CHAPTER 08
AI 도구를 활용한 프레젠테이션 슬라이드 제작하기

우선순위 ▶	**086** 냅킨(Napkin)으로 도해 슬라이드 제작하기	279
우선순위 ▶	**087** 샷츠(Shots)로 목업 슬라이드 제작하기	284
우선순위 ▶	**088** 미드저니(Midjourney)로 이미지 슬라이드 제작하기	289

CHAPTER 01

기본 프레젠테이션 만들기

파워포인트의 기본 화면 구성 살펴보기

실습 파일 없음   완성 파일 없음

기본 화면 구성

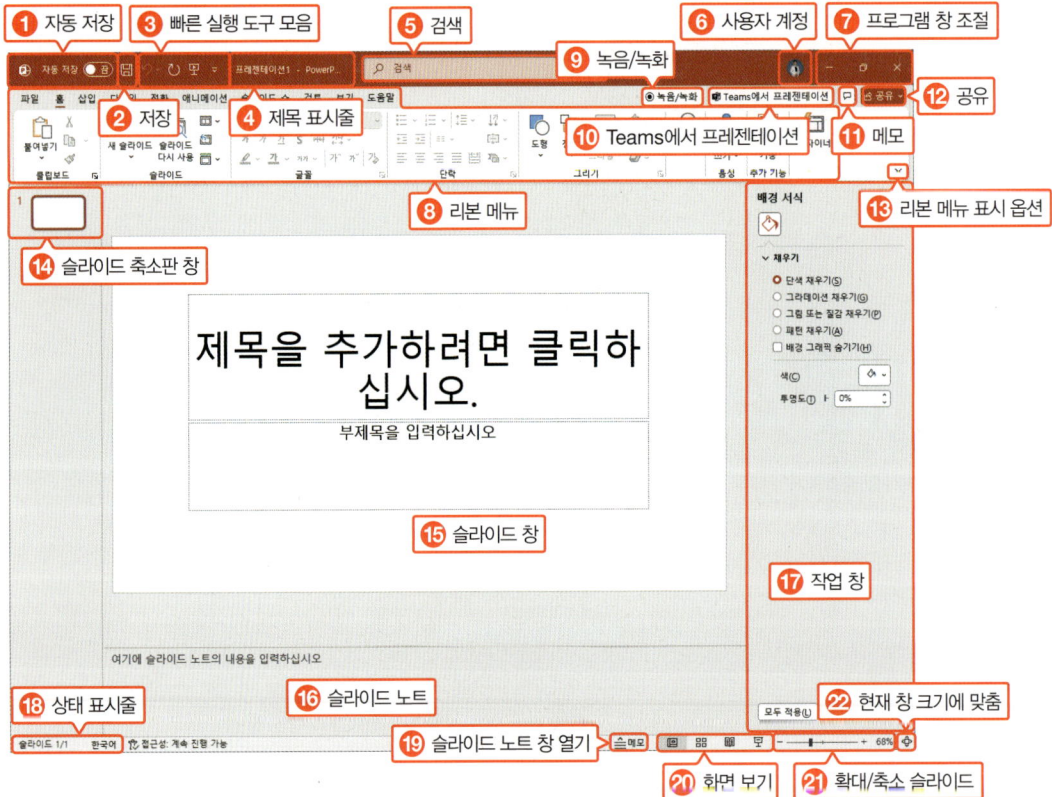

① **자동 저장** : Microsoft 365 구독자가 사용할 수 있으며, 작업 중인 파일을 몇 초마다 자동으로 저장합니다. OneDrive, 비즈니스용 OneDrive 또는 SharePoint Online에서 파일을 저장할 때 자동 저장이 기본으로 활성화됩니다.

② **저장** : 파일을 최초로 저장할 때 위치를 지정합니다. 수정된 내용을 현재 프레젠테이션에 저장하고 싶을 때 클릭합니다.

③ **빠른 실행 도구 모음** : 자주 사용하는 명령을 모아놓은 곳입니다. 필요에 따라 추가 또는 삭제할 수 있습니다. 리본 메뉴 아래에 빠른 실행 도구 모음 표시 후 명령 레이블 표시가 가능합니다.

❹ **제목 표시줄** : 프로그램 이름과 현재 편집 중인 문서의 이름이 나타납니다.

❺ **검색** : 텍스트부터 명령, 도움말 등까지 원하는 내용을 신속하게 찾을 수 있습니다.

❻ **사용자 계정** : 마이크로소프트에 로그인한 사용자의 프로필 사진이 보입니다. 내 계정을 관리하거나 다른 계정으로 전환할 수 있습니다.

❼ **프로그램 창 조절** : 파워포인트 창을 최소화/최대화하거나 닫을 때 사용합니다.

❽ **리본 메뉴** : 슬라이드를 작성할 때 필요한 각종 명령을 기능별로 구분해서 탭 형태로 표시합니다. 탭을 열어 필요한 명령 버튼을 클릭하여 실행합니다. 사용자는 리본에 탭과 명령 버튼을 삭제, 추가, 이동할 수 있으며, 변경된 상태를 저장할 수도 있습니다.

❾ **녹음/녹화** : 설명, 애니메이션, 전환, 잉크 및 레이저 포인터 제스처를 기록합니다. 현재 슬라이드에서 간편하게 녹화할 수 있습니다.

❿ **Teams에서 프레젠테이션** : 현재 참여 중인 Teams 모임에서 라이브로 프레젠테이션합니다.

⓫ **메모** : 문서에 대한 메모를 보거나 [새로 만들기]를 클릭하여 원하는 메모를 추가합니다.

⓬ **공유** : 프레젠테이션을 클라우드에 저장한 후 다른 사용자에게 전송하여 공유합니다.

⓭ **리본 메뉴 표시 옵션** : 리본 상태를 전환하거나 빠른 실행 도구 모음을 숨기거나 표시합니다. 화면이 좁아서 보기 불편할 경우 리본 메뉴를 축소하여 리본 메뉴 탭만 표시합니다.

⓮ **슬라이드 축소판 창** : 열려 있는 파워포인트 파일의 각 슬라이드가 작은 그림으로 나타납니다.

⓯ **슬라이드 창** : 슬라이드를 편집하는 작업 영역으로 도형, 텍스트, 이미지, 차트, 표 등의 개체를 삽입하고 편집합니다.

⓰ **슬라이드 노트** : 발표할 내용을 입력하는 곳입니다. 슬라이드와 슬라이드 노트 부분의 내용이 함께 인쇄됩니다. 인쇄물은 리허설이나 발표를 할 때 사용하면 유용합니다.

⓱ **작업 창** : 기본적으로 나타나지 않지만 명령을 세밀하게 조정하기 위해 표시합니다. 도형 서식, 그림 서식, 차트 서식 등 선택된 개체의 세부 서식을 편집할 수 있습니다.

⓲ **상태 표시줄** : 슬라이드 번호/전체 슬라이드 수, 맞춤법 검사 실행, 입력 언어, 접근성 검사를 표시해 줍니다.

⓳ **슬라이드 노트 창 열기** : 슬라이드 창 아래에 슬라이드 노트 창이 열립니다. 감추려면 다시 [메모]를 클릭하면 됩니다.

⓴ **화면 보기** : [기본], [여러 슬라이드], [읽기용 보기], [슬라이드 쇼] 보기를 통해 원하는 대로 화면 보기를 변경하여 작업할 수 있습니다.

㉑ **확대/축소 슬라이드** : ─를 클릭하면 화면이 축소되고, ＋를 클릭하면 화면이 확대됩니다. 조절 바를 드래그하여 조정할 수도 있습니다.

㉒ **현재 창 크기에 맞춤** : 슬라이드 크기를 현재 창 크기에 최대한 맞춥니다.

Note 터치/마우스 모드 변경하기

터치 제스처를 통해 슬라이드를 살짝 밀고, 누르고, 스크롤하고, 확대/축소하며 프레젠테이션을 실감 나게 진행할 수 있습니다. 터치 사용에 최적화되도록 명령 사이의 간격이 넓어집니다.

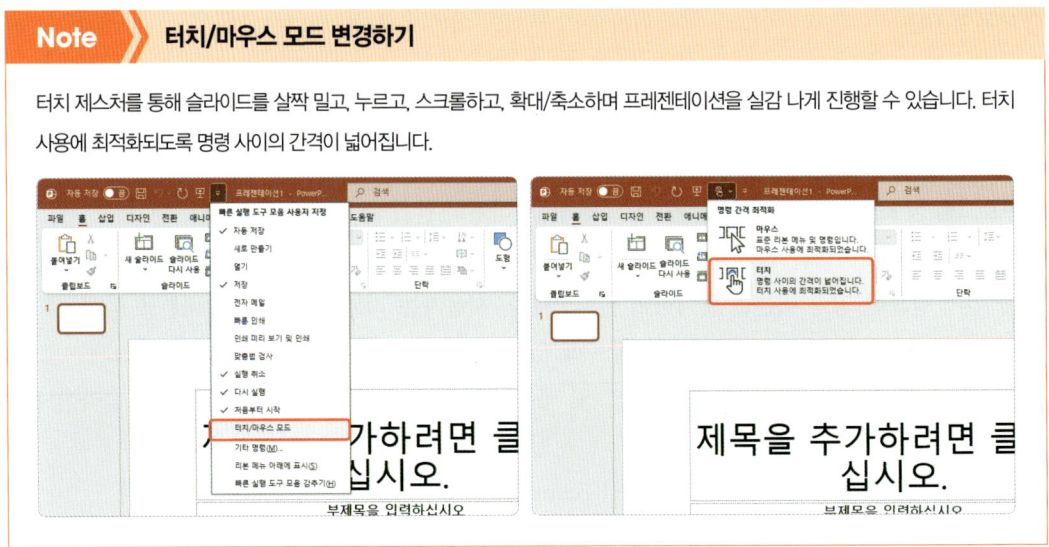

파워포인트 빠르게 시작하기

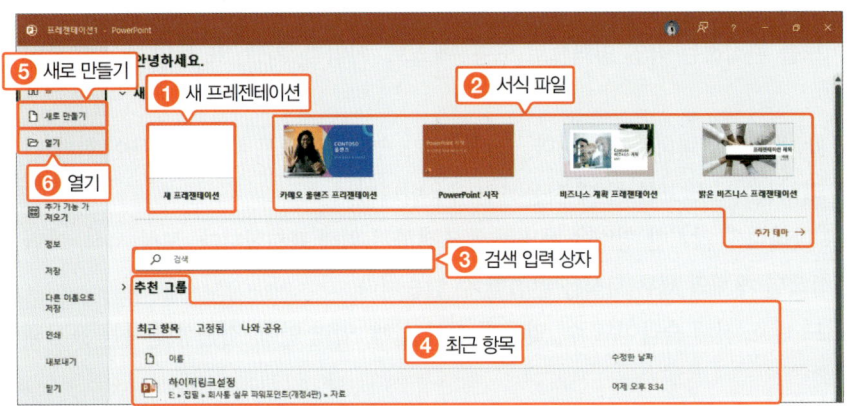

1. **새 프레젠테이션** : 흰색 배경의 새 프레젠테이션을 만들 수 있습니다.
2. **서식 파일** : 파워포인트에서 기본으로 제공되는 서식 파일 중 하나를 선택할 수 있습니다. [추가 테마]를 클릭하면 다양한 서식 파일을 선택할 수 있습니다.
3. **검색 입력 상자** : 최근에 작업한 파워포인트 파일의 이름을 입력하면 빠르게 찾아서 실행할 수 있습니다.
4. **최근 항목** : 최근에 사용한 프레젠테이션 문서 목록이 보이며, 선택하여 빠르게 실행할 수 있습니다. [추가 프레젠테이션]을 클릭하면 더 많은 최근 항목의 프레젠테이션을 확인할 수 있습니다.
5. **새로 만들기** : 새 프레젠테이션과 제공되는 다양한 서식 파일 중 하나를 선택하여 만들 수 있습니다. 마음에 드는 것이 없다면 상단에 있는 [온라인 서식 파일 및 테마 검색] 창에 원하는 서식 이름을 입력한 후 선택하여 사용합니다.
6. **열기** : 최근에 연 파일 목록이 표시되고 일반적으로 파일을 저장하는 위치의 링크가 포함됩니다. 저장된 모든 프레젠테이션 파일을 찾아서 선택하여 열 수 있습니다.

001 작업 효율을 높이는 기본 옵션 설정하기

실습 파일 없음   완성 파일 없음

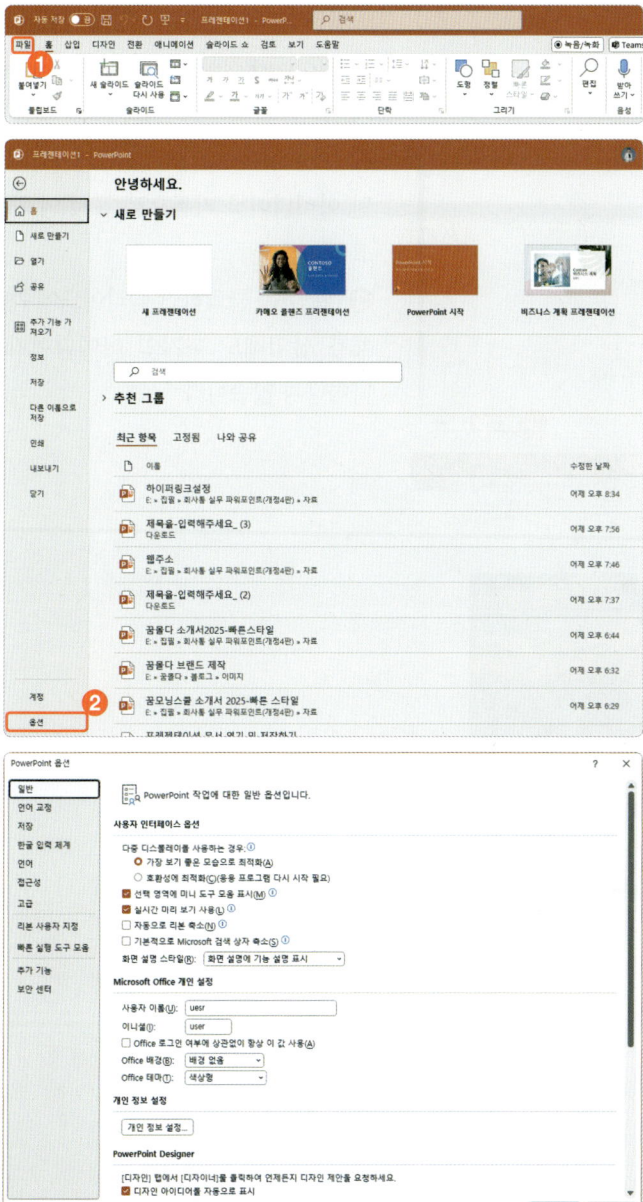

[PowerPoint 옵션] 대화상자 열기

01 ① [파일] 탭 클릭
② [옵션]을 클릭하면 [PowerPoint 옵션] 대화상자가 나타납니다.

PowerPoint Designer의 자동 제안 끄기

02 슬라이드에 이미지를 추가하면 그림과 같이 PowerPoint Designer가 자동으로 디자인 레이아웃을 제안합니다. 그러나 사용자가 정해놓은 디자인이 있다면 자동 제안은 불필요합니다. 디자인 레이아웃을 제공받지 않도록 설정해보겠습니다.

❶ [PowerPoint 옵션] 대화상자에서 [일반] 클릭

❷ [PowerPoint Designer]-[디자인 아이디어를 자동으로 표시]의 체크 해제

❸ [확인]을 클릭하면 슬라이드에 개체를 삽입해도 디자인 아이디어가 나타나지 않습니다.

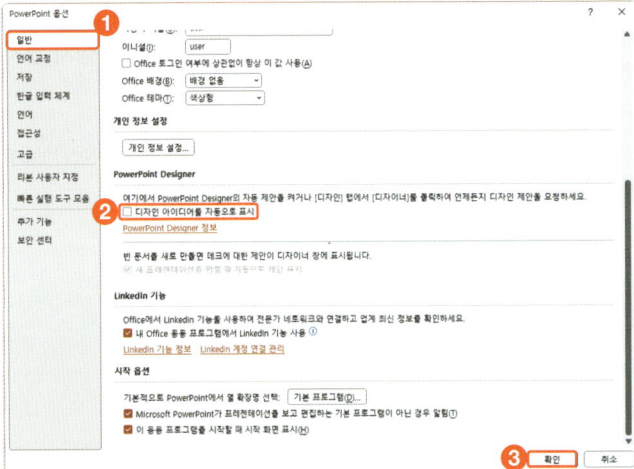

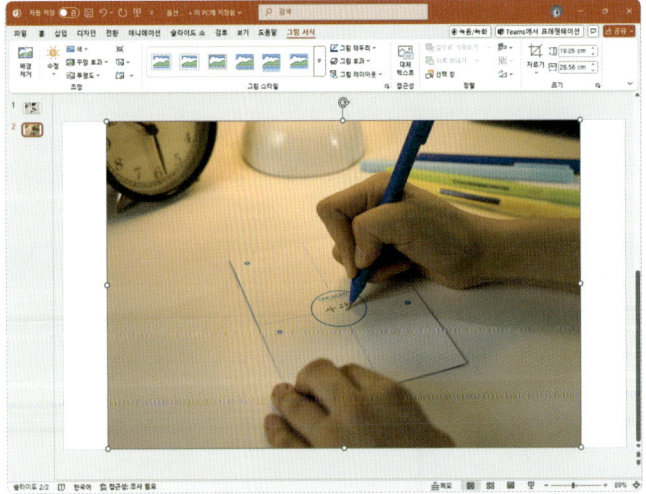

새 프레젠테이션(빈 화면)으로 시작하기

03 파워포인트를 실행하면 그림처럼 [홈] 화면이 나타납니다. 이 화면이 아닌 새 프레젠테이션(빈 화면)이 바로 나타나도록 설정해보겠습니다.

❶ [PowerPoint 옵션] 대화상자에서 [일반] 클릭

❷ [시작 옵션]-[이 응용 프로그램을 시작할 때 시작 화면 표시]의 체크 해제

❸ [확인]을 클릭하고 파워포인트를 다시 실행해보면 새 프레젠테이션(빈 화면)이 바로 나타납니다.

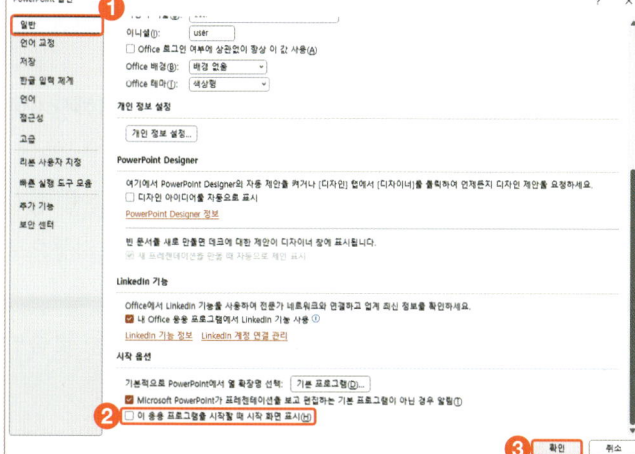

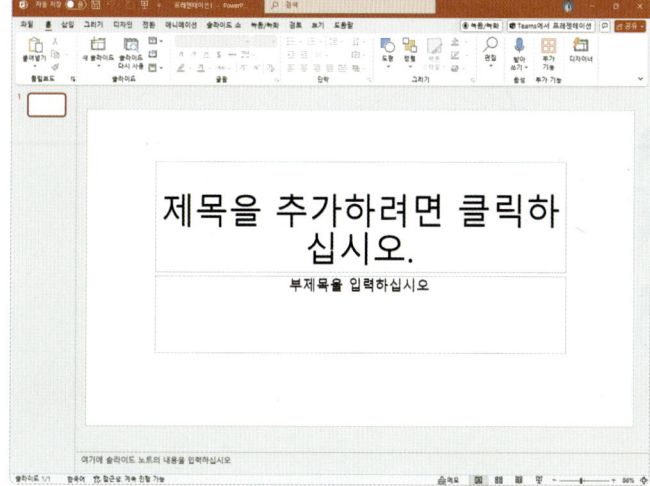

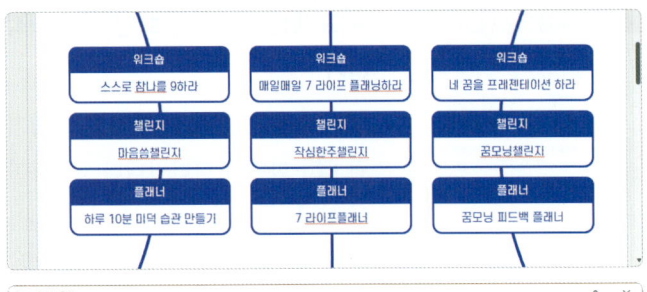

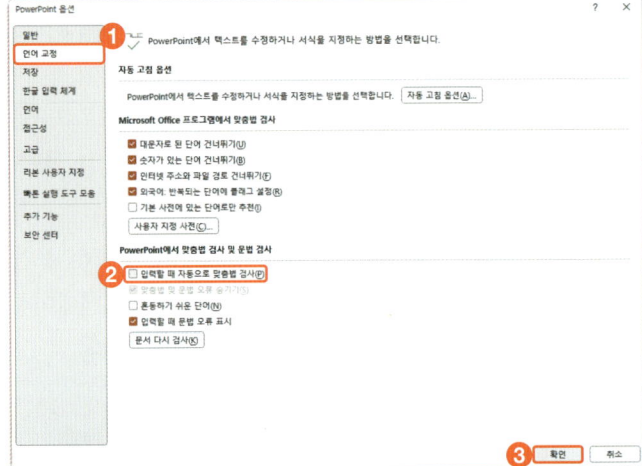

자동 맞춤법 검사 해제하기

04 파워포인트 작업 중에 맞춤법 검사가 자동으로 실행되면 프로그램 속도가 느려집니다. 맞춤법 검사는 슬라이드 작업이 끝난 후 내용을 검수할 때 하는 것이 좋습니다. 자동으로 설정된 맞춤법 검사를 해제해보겠습니다.

❶ [PowerPoint 옵션] 대화상자에서 [언어 교정] 클릭

❷ [PowerPoint에서 맞춤법 검사 및 문법 검사]-[입력할 때 자동으로 맞춤법 검사]의 체크 해제

❸ [확인]을 클릭하면 자동 맞춤법 검사가 해제됩니다.

하이퍼링크 설정 해제하기

05 파워포인트 작업 중에 홈페이지 주소를 입력하면 자동으로 밑줄이 표시됩니다. 원하지 않는 경우에도 하이퍼링크가 자동으로 생성되므로 하이퍼링크 설정을 해제해보겠습니다.

❶ [PowerPoint 옵션] 대화상자에서 [언어 교정] 클릭

❷ [자동 고침 옵션]-[자동 고침 옵션] 클릭

❸ [자동 고침] 대화상자에서 [입력할 때 자동 서식] 탭-[인터넷과 네트워크 경로를 하이퍼링크로 설정]의 체크 해제

❹ [확인] 클릭

❺ [PowerPoint 옵션] 대화상자에서 [확인]을 클릭하면 자동 하이퍼링크 표시가 해제됩니다.

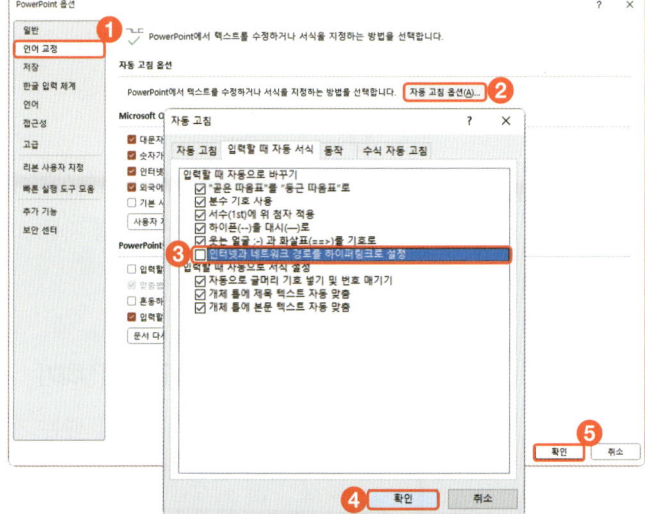

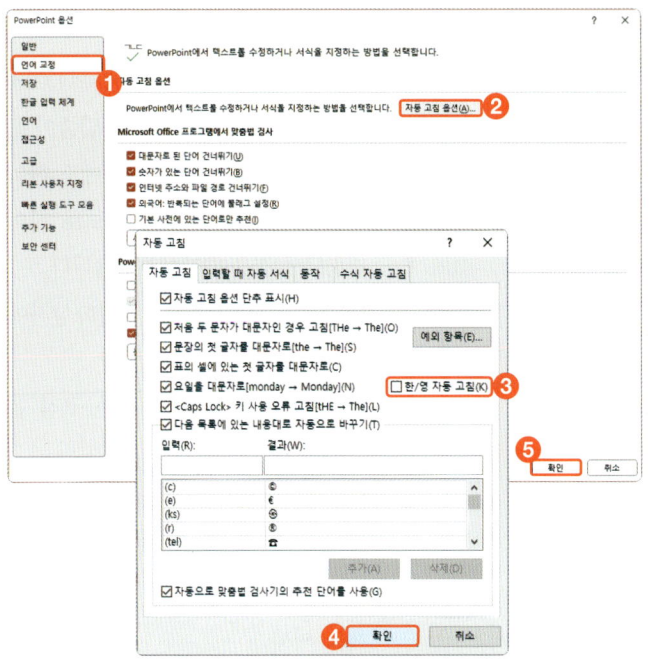

한/영 자동 고침 해제하기

06 텍스트를 입력할 때 사용자가 원하지 않아도 영어가 한글로, 한글이 영어로 바뀌는 경우가 있습니다. 이 문제를 해결해보겠습니다.

❶ [PowerPoint 옵션] 대화상자에서 [언어 교정] 클릭

❷ [자동 고침 옵션] 클릭

❸ [자동 고침] 대화상자에서 [자동 고침] 탭-[한/영 자동 고침]의 체크 해제

❹ [확인] 클릭

❺ [PowerPoint 옵션] 대화상자에서 [확인]을 클릭하면 한/영 자동 고침이 해제됩니다.

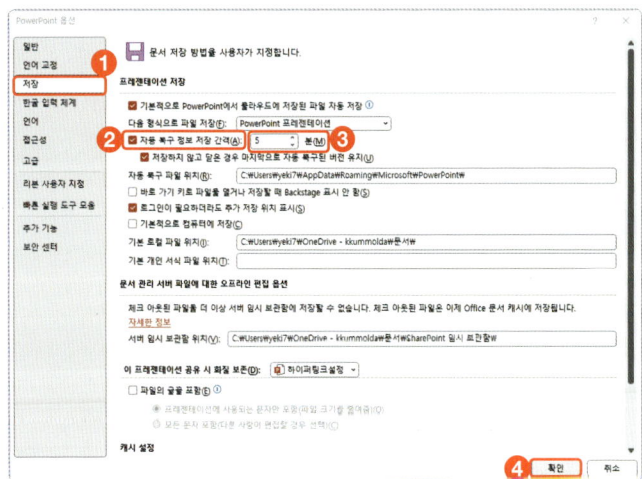

자동 복구 정보 저장 간격 설정하기

07 중요한 문서를 작업할 때는 자주 백업하여 파일 손상에 대비하는 것이 좋습니다. 파워포인트에서는 기본적으로 자동 복구 정보 저장 간격이 10분 간격으로 저장되도록 설정되어 있으며, 1분부터 120분까지 조정할 수 있습니다.

❶ [PowerPoint 옵션] 대화상자에서 [저장] 클릭

❷ [자동 복구 정보 저장 간격]에 체크

❸ **5분**으로 설정

❹ [확인]을 클릭하면 5분 간격으로 자동 저장됩니다.

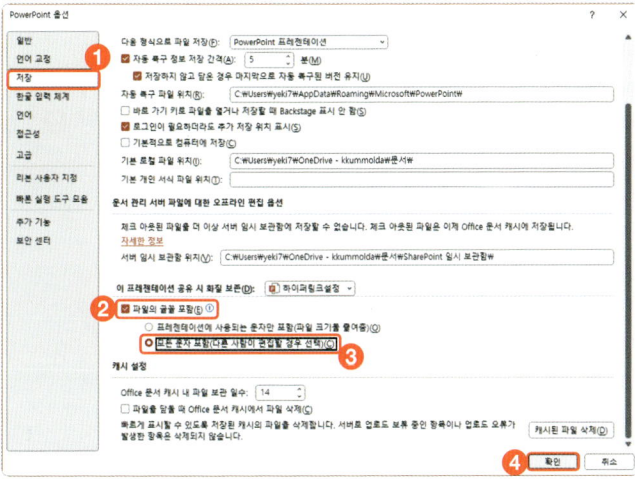

Tip
- **프레젠테이션에 사용되는 문자만 포함(파일 크기를 줄여줌)** : 문서에서 사용하지 않은 글꼴을 입력하면 문자가 깨져서 나타납니다.
- **모든 문자 포함(다른 사람이 편집할 경우 선택)** : 다른 문자를 입력해도 깨지지 않고 자유롭게 입력할 수 있습니다. 단, 파일의 용량이 커집니다.

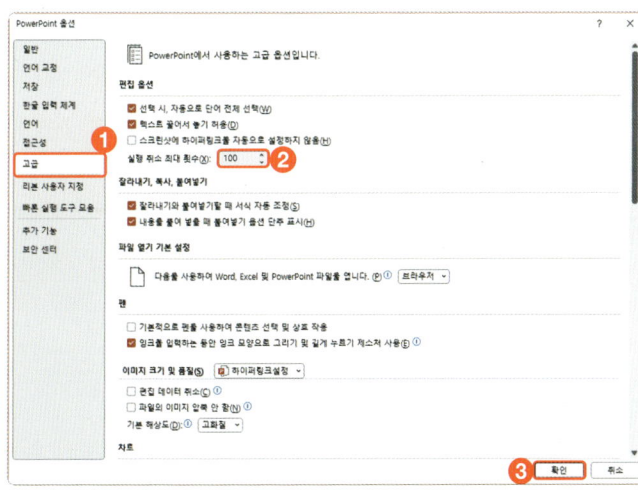

파일의 글꼴 포함 저장하기

08 문서를 저장할 때 글꼴을 포함해서 저장하면 다른 환경에서 문서를 열었을 때 글꼴이 깨지는 현상을 방지할 수 있습니다. 단, 글꼴을 포함하여 저장하면 파일의 용량이 늘어납니다.

❶ [PowerPoint 옵션] 대화상자에서 [저장] 클릭
❷ [파일의 글꼴 포함]에 체크
❸ [모든 문자 포함(다른 사람이 편집할 경우 선택)] 설정
❹ [확인]을 클릭하면 파일에 글꼴이 포함됩니다.

실행 취소 횟수 조정하기

09 파워포인트 작업 중 단축키 Ctrl + Z 를 누르면 작업 취소 기능이 실행됩니다. 파워포인트에서 작업을 취소할 수 있는 기본 횟수는 20회이며, 3회부터 최대 150회까지 설정할 수 있습니다.

❶ [PowerPoint 옵션] 대화상자에서 [고급] 클릭
❷ [편집 옵션]-[실행 취소 최대 횟수]에 **100** 입력
❸ [확인]을 클릭하면 최대 100회까지 작업을 취소할 수 있습니다.

고품질 인쇄 설정하기

10 슬라이드에서 투명한 효과를 적용한 개체가 인쇄물에 잘 나타나지 않을 때는 인쇄를 고품질로 설정한 후 인쇄하면 선명하게 인쇄됩니다. ❶ [PowerPoint 옵션] 대화상자에서 [고급] 클릭 ❷ [인쇄]-[고품질]에 체크 ❸ [확인]을 클릭하면 인쇄물이 선명해집니다.

002 빠른 실행 도구 모음 사용자 지정하기

실습 파일 없음 완성 파일 1장\빠른 실행 도구 모음.exportedUI

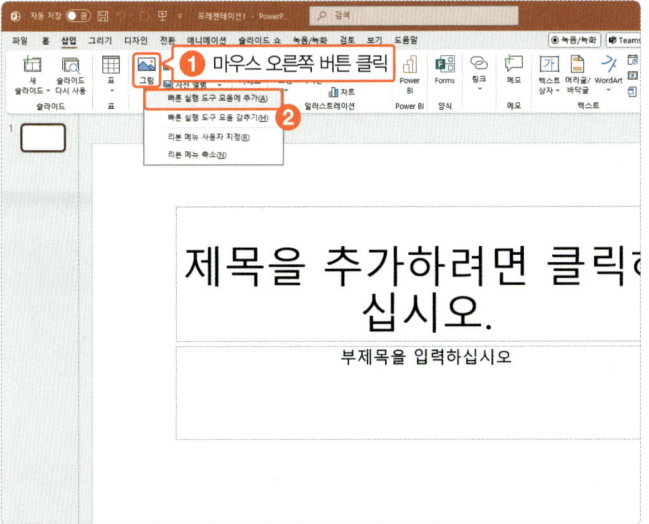

빠른 실행 도구 모음에 [그림 삽입] 명령 추가하기

01 ① [삽입] 탭-[이미지] 그룹-[그림]에서 마우스 오른쪽 버튼 클릭

② [빠른 실행 도구 모음에 추가]를 클릭하면 빠른 실행 도구 모음에 [그림 삽입] 명령이 추가됩니다.

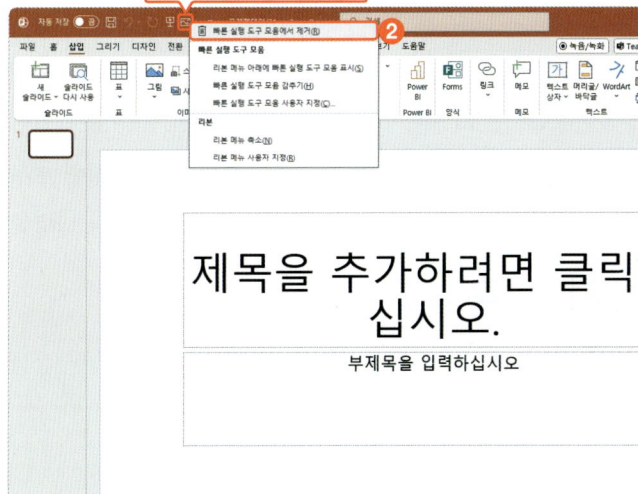

빠른 실행 도구 모음의 [그림 삽입] 기능 삭제하기

02 ① [그림 삽입]에서 마우스 오른쪽 버튼 클릭

② [빠른 실행 도구 모음에서 제거]를 클릭하면 빠른 실행 도구 모음에서 [그림 삽입]이 제거됩니다.

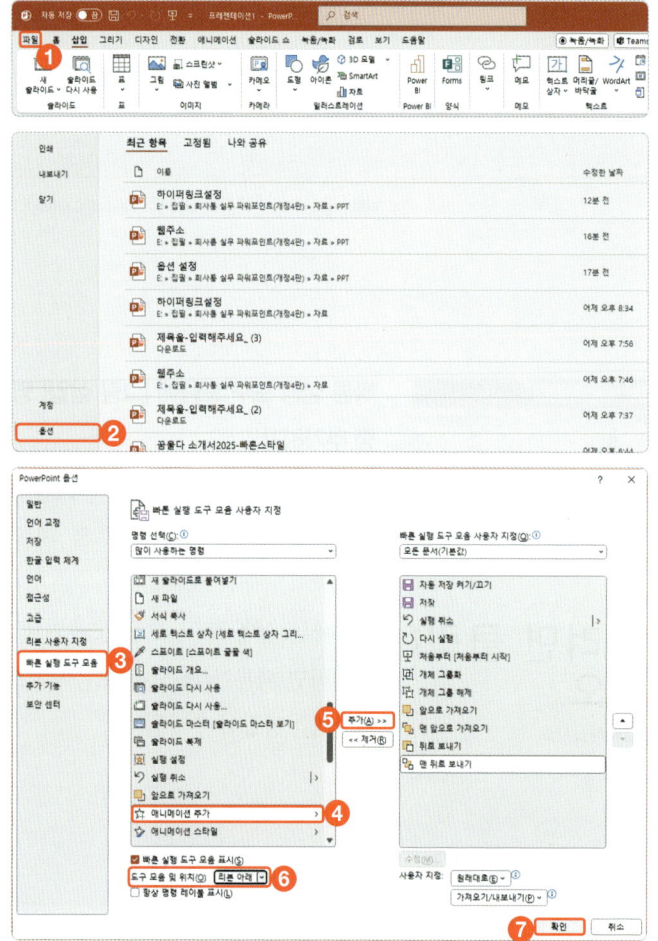

한번에 여러 명령 추가하기

03 ① [파일] 탭 클릭

② [옵션] 클릭

③ [PowerPoint 옵션] 대화상자에서 [빠른 실행 도구 모음] 클릭

④ [명령 선택]에서 추가하고자 하는 명령 클릭

⑤ [추가] 클릭

⑥ [도구 모음 및 위치]-[리본 아래] 설정

⑦ 필요한 명령을 모두 추가한 후 [확인]을 클릭합니다.

Tip [개체 그룹화], [개체 그룹 해제], [앞으로 가져오기], [맨 앞으로 가져오기], [뒤로 보내기], [맨 뒤로 보내기]를 추가합니다.

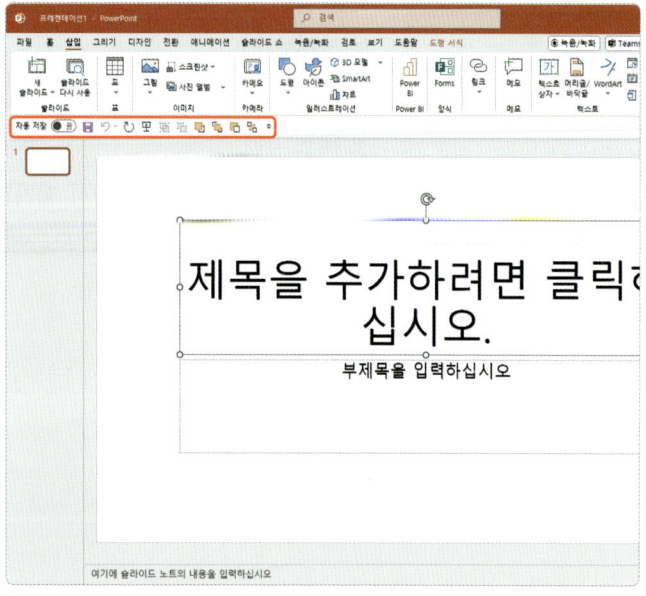

04 빠른 실행 도구 모음이 리본 메뉴 아래에 표시됩니다. 빠른 실행 도구 모음을 리본 메뉴 아래에 표시하면 슬라이드 화면과 빠른 실행 도구 모음 사이의 거리가 가까워 명령을 빠르게 실행할 수 있습니다.

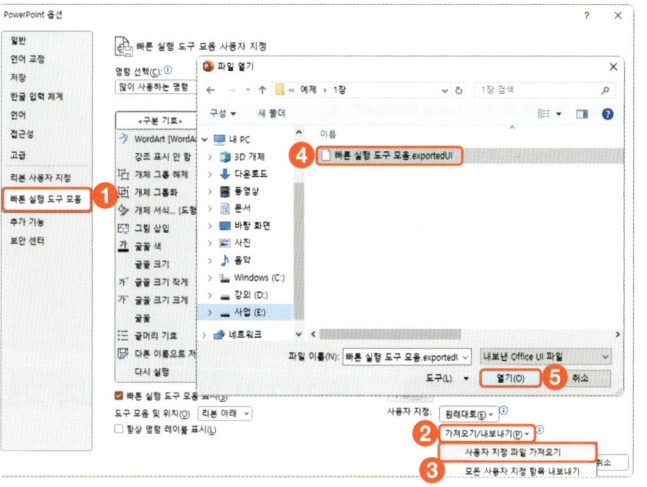

잘 만들어진 빠른 실행 도구 모음 가져오기

05 ❶ [PowerPoint 옵션] 대화상자에서 [빠른 실행 도구 모음] 클릭
❷ [가져오기/내보내기] 클릭
❸ [사용자 지정 파일 가져오기] 클릭
❹ [파일 열기] 대화상자에서 '빠른 실행 도구 모음.exportedUI' 클릭
❺ [열기]를 클릭합니다.

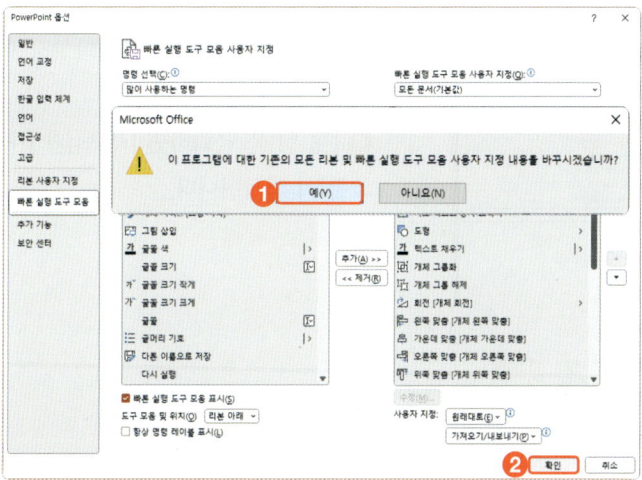

06 기존 빠른 실행 도구 모음을 변경할지 묻는 창이 나타납니다.
❶ [예] 클릭
❷ [PowerPoint 옵션] 대화상자에서 [확인]을 클릭합니다.

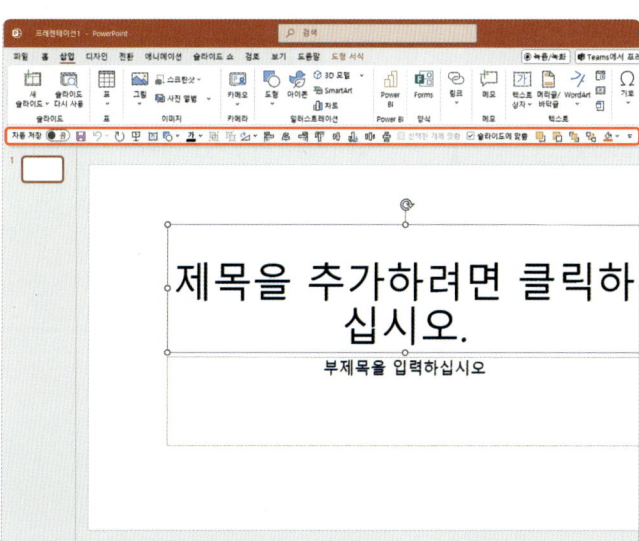

07 빠른 실행 도구 모음에서 사용자 지정 파일로 가져온 명령이 추가된 것을 확인할 수 있습니다.

Tip [PowerPoint 옵션] 대화상자의 [빠른 실행 도구 모음]-[가져오기/내보내기]-[모든 사용자 지정 항목 내보내기]를 클릭하여 현재 리본 메뉴 및 빠른 실행 도구 모음 사용자 지정 항목을 파일로 내보낸 후, 다른 컴퓨터에서 불러와 사용할 수 있습니다.

003 나만의 리본 메뉴 만들기

실습.파일 없음 완성 파일 없음

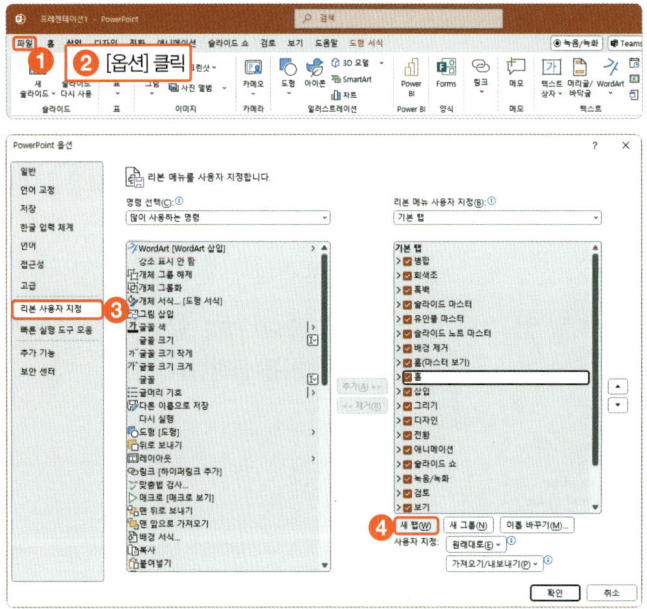

사용자 지정 리본 메뉴 탭과 그룹 만들기

01 ❶ [파일] 탭 클릭

❷ [옵션] 클릭

❸ [PowerPoint 옵션] 대화상자에서 [리본 사용자 지정] 클릭

❹ [새 탭]을 클릭하면 [새 탭]과 [새 그룹]이 생성됩니다.

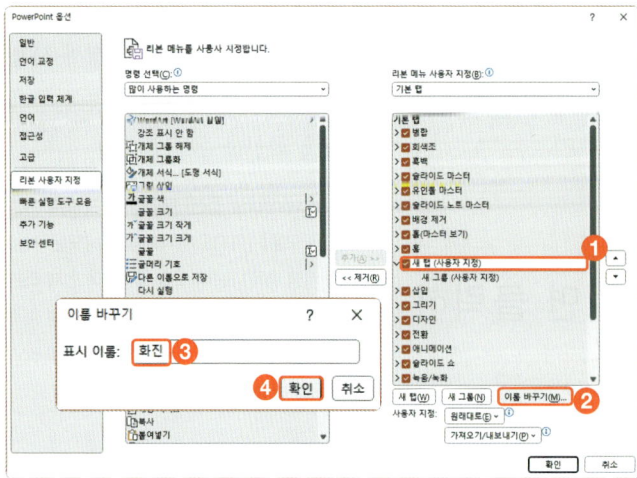

사용자 지정 리본 메뉴 이름 바꾸기

02 ❶ [새 탭 (사용자 지정)] 클릭

❷ [이름 바꾸기] 클릭

❸ [이름 바꾸기] 대화상자에서 [표시 이름]에 **화진** 입력

❹ [확인]을 클릭합니다.

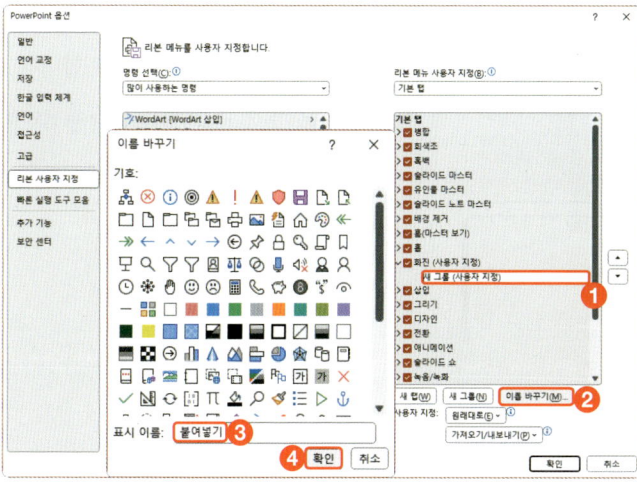

03 ① [새 그룹 (사용자 지정)] 클릭

② [이름 바꾸기] 클릭

③ [이름 바꾸기] 대화상자에서 [표시 이름]에 **붙여넣기** 입력

④ [확인]을 클릭합니다.

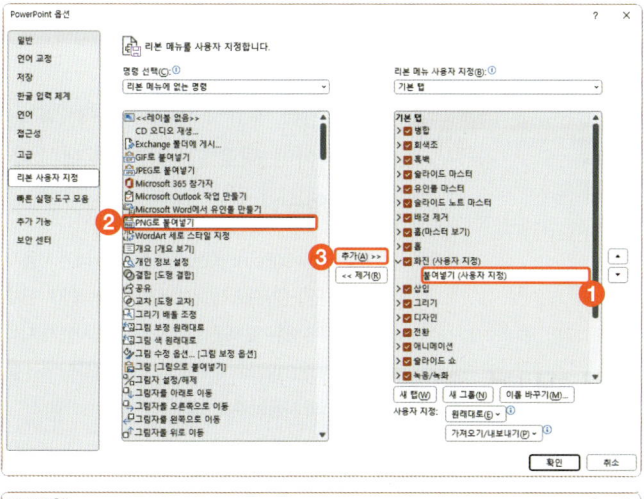

사용자 지정 리본 메뉴에 명령 추가하기

04 ① 새로 만든 그룹인 [붙여넣기] 클릭

② [명령 선택] 목록에서 필요한 명령 클릭

③ [추가]를 클릭해 명령을 추가합니다.

Tip 새로 만든 그룹에 명령이 추가되었습니다.

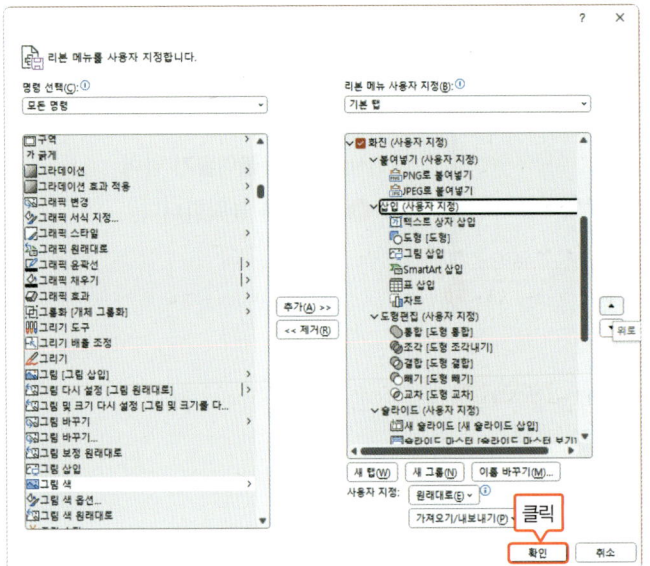

05 같은 방법으로 원하는 명령을 모두 추가한 후 [확인]을 클릭합니다.

Tip [위로 이동]/[아래로 이동]을 클릭하여 탭의 위치를 이동할 수도 있습니다.

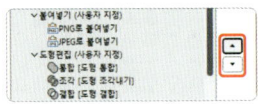

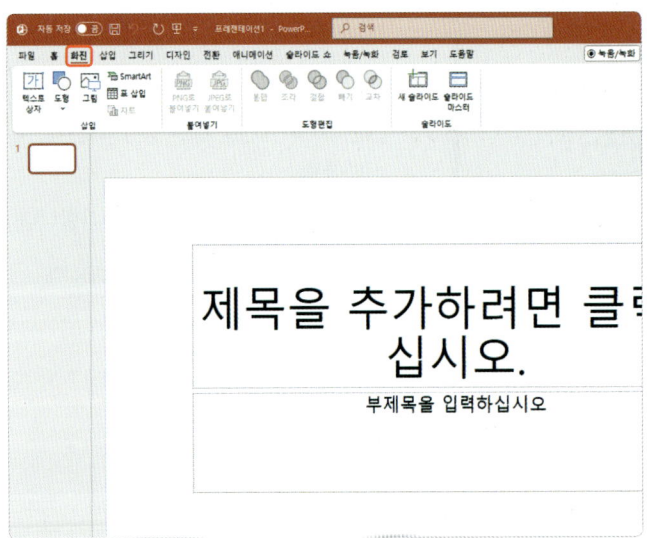

06 리본 메뉴에서 [홈] 탭과 [삽입] 탭 사이에 새로 만든 [화진] 탭이 추가되었습니다.

Tip [PowerPoint 옵션] 대화상자의 [리본 사용자 지정]-[가져오기/내보내기]를 클릭하여 현재 리본 메뉴 및 빠른 실행 도구 모음 사용자 지정 항목을 파일로 내보낸 후, 다른 컴퓨터에서 불러와 사용할 수도 있습니다.

004 눈금선과 안내선, 눈금자 표시하기

실습 파일 1장\004_눈금선과 안내선, 눈금자 표시하기.pptx   완성 파일 1장\004_눈금선과 안내선, 눈금자 표시하기_완성.pptx

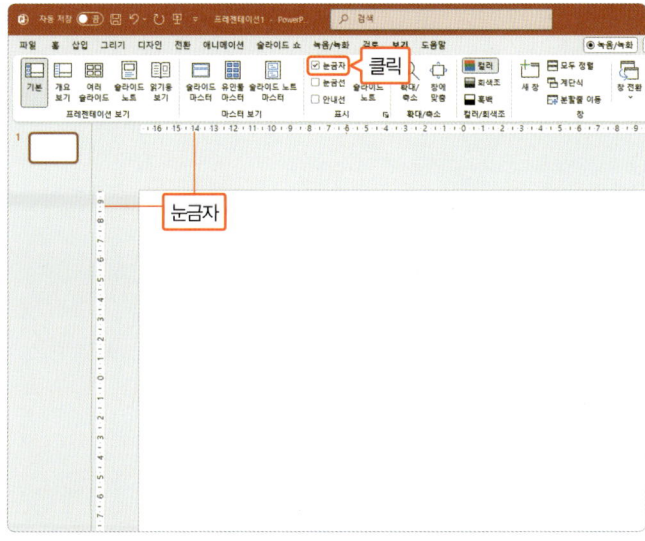

눈금자 표시하기

01 [보기] 탭-[표시] 그룹-[눈금자]에 체크합니다. 슬라이드 위쪽과 왼쪽에 눈금자가 나타납니다.

Tip 눈금자 표시/해제 단축키는 Alt + Shift + F9 입니다.

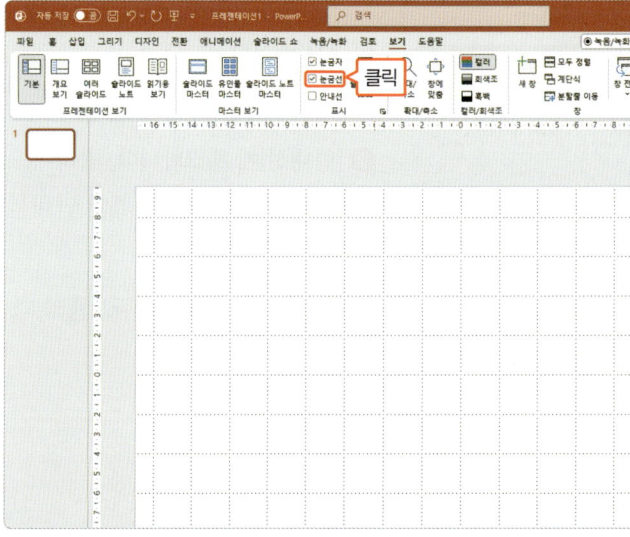

눈금선 표시하기

02 [보기] 탭-[표시] 그룹-[눈금선]에 체크합니다. 슬라이드에 바둑판 형태로 눈금선이 나타납니다.

Tip 눈금선 표시/해제 단축키는 Shift + F9 입니다.

눈금선 간격 설정하기

03 ① 슬라이드에서 마우스 오른쪽 버튼 클릭
② [눈금 및 안내선] 클릭
③ [눈금 및 안내선] 대화상자에서 [눈금 설정]-[간격]을 [2cm]로 설정
④ [확인]을 클릭합니다. 눈금선의 간격이 넓어집니다.

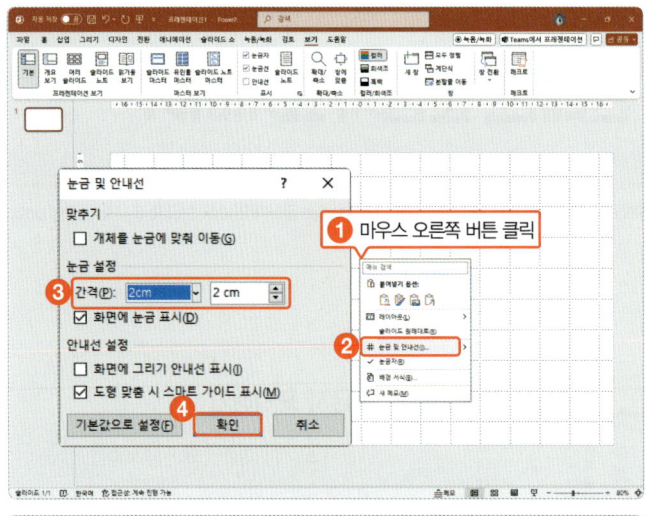

안내선 표시하기

04 ① [눈금선]의 체크 해제
② [안내선]에 체크합니다. 슬라이드에 가로 한 개, 세로 한 개의 안내선이 나타납니다.

Tip 안내선의 표시/해제 단축키는 Alt + F9 입니다.

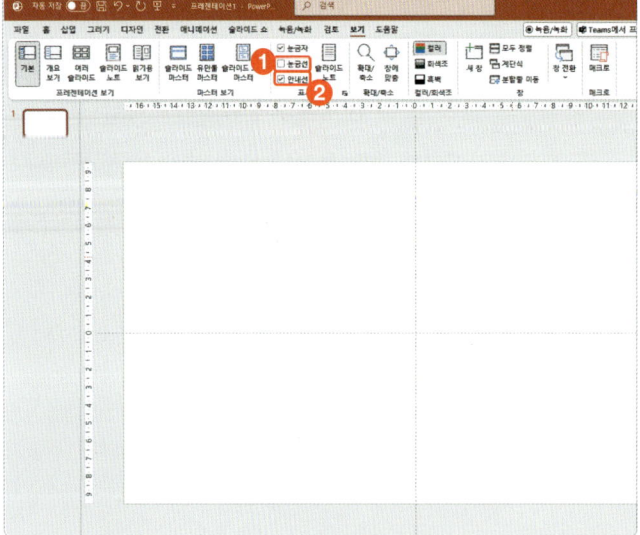

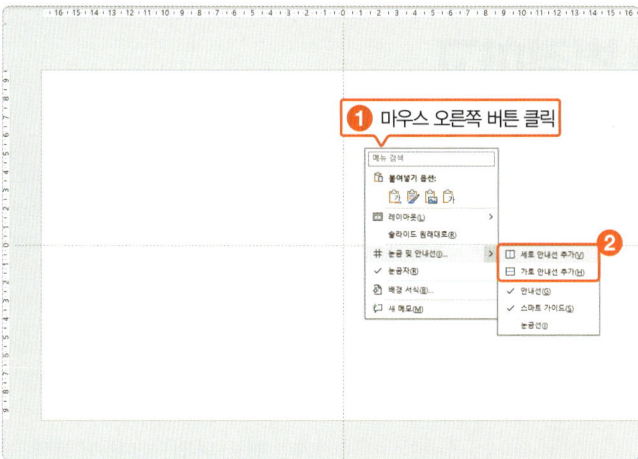

안내선 추가하기

05 ❶ 슬라이드 빈 영역에서 마우스 오른쪽 버튼 클릭

❷ [눈금 및 안내선]-[세로 안내선 추가] 또는 [가로 안내선 추가]를 클릭하면 안내선이 추가됩니다.

Tip Ctrl 을 누른 상태에서 안내선을 원하는 방향으로 드래그하면 안내선이 추가됩니다.

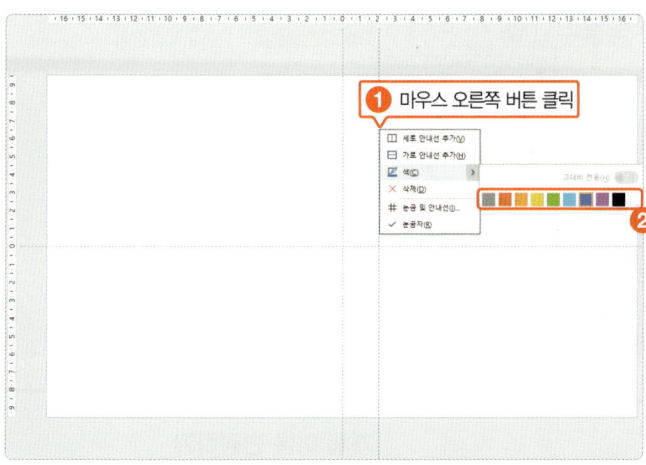

안내선 색 변경하기

06 ❶ 안내선에서 마우스 오른쪽 버튼 클릭

❷ [색]의 색상표에서 원하는 색을 클릭합니다.

005 개체 이름 변경하고 개체를 표시하거나 숨기기

실습 파일 1장\005_개체 이름 변경하고 개체를 표시하거나 숨기기.pptx
완성 파일 1장\005_개체 이름 변경하고 개체를 표시하거나 숨기기_완성.pptx

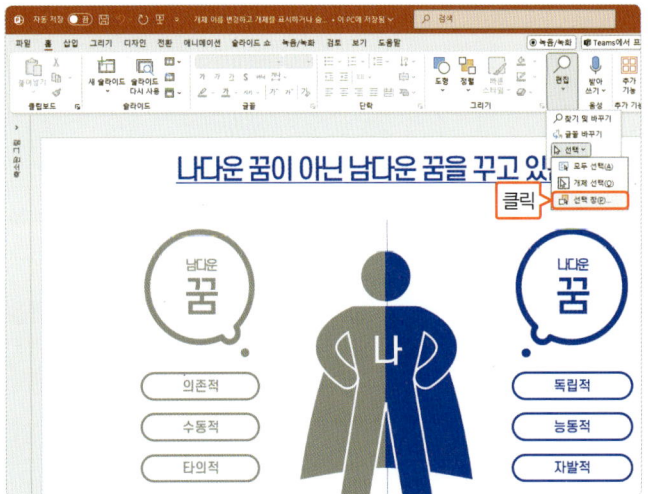

[선택] 작업 창 열기

01 [홈] 탭-[편집] 그룹-[선택]-[선택 창]을 클릭합니다.

Tip 화면 오른쪽에 [선택] 작업 창이 나타납니다.

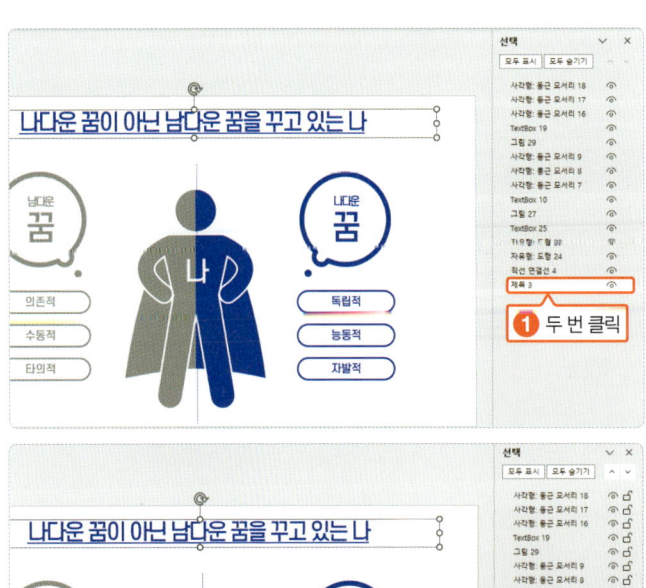

개체 이름 변경하기

02 ❶ [선택] 작업 창에서 [제목 3] 두 번 클릭
❷ 이름을 **슬라이드 제목**으로 변경합니다.

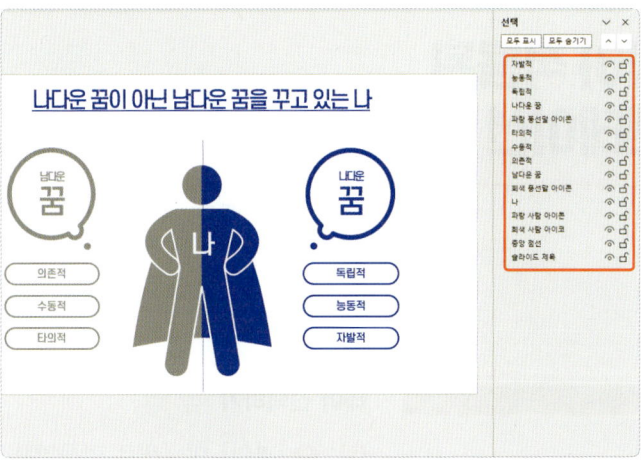

03 같은 방법으로 나머지 개체의 이름도 변경합니다.

개체 숨기기

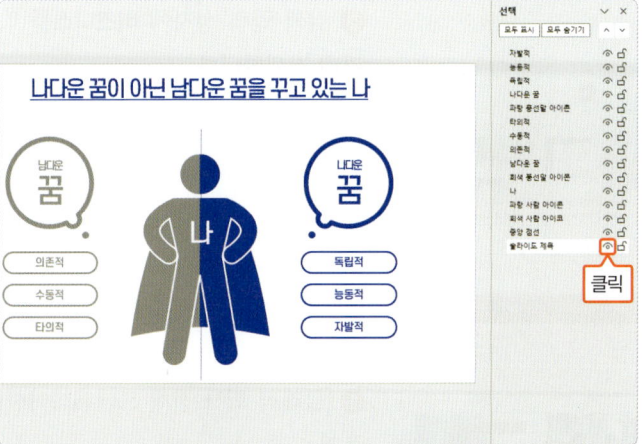

04 [선택] 작업 창에서 [슬라이드 제목] 개체의 오른쪽 눈 모양 을 클릭합니다. 개체가 화면에서 숨겨집니다.

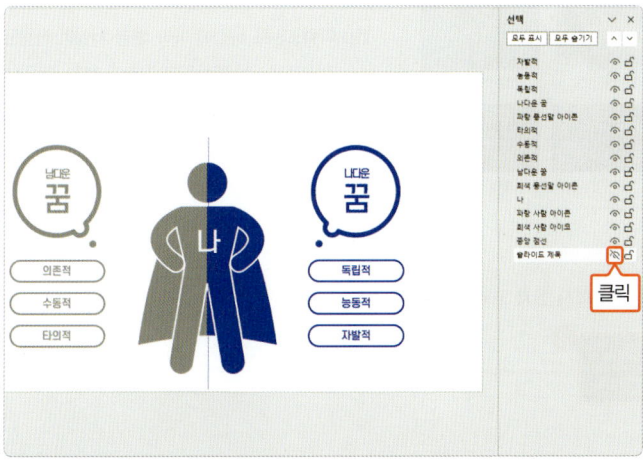

05 닫힌 눈 모양 을 클릭하면 개체가 슬라이드에 표시됩니다.

Tip 눈 모양 아이콘은 슬라이드의 개체가 숨겨지거나 표시된 상태를 보여줍니다. 눈을 뜨고 있는 모양( )이면 슬라이드의 개체가 표시되고 눈에 사선이 있는 닫힌 모양( )으로 바뀌면 개체가 표시되지 않습니다. 포토샵과 같은 그래픽 프로그램의 레이어에 있는 눈 모양과 같은 역할을 합니다.

006 배경 서식이 적용된 새 프레젠테이션 만들기

실습 파일 1장\006_배경 서식이 적용된 새 프레젠테이션 만들기.pptx
완성 파일 1장\006_배경 서식이 적용된 새 프레젠테이션 만들기_완성.pptx

테마 선택하기

01 ❶ [파일] 탭-[새로 만들기] 클릭
❷ 검색 입력 상자에 **비즈니스**를 입력해 검색합니다.

02 비즈니스 관련 테마가 여러 개 나타납니다.
❶ [클래식 회사 전체 프레젠테이션] 클릭
❷ [만들기]를 클릭합니다.

Tip 파워포인트 버전에 따라 배경 서식이 적용된 프레젠테이션 템플릿이 다르게 보일 수 있습니다. 찾는 템플릿이 없다면 원하는 임의의 템플릿으로 작업하면 됩니다.

03 선택한 테마가 적용된 프레젠테이션이 열립니다.

슬라이드 크기 변경하기

실습 파일 1장\007_슬라이드 크기 변경하기.pptx   완성 파일 1장\007_슬라이드 크기 변경하기_완성.pptx

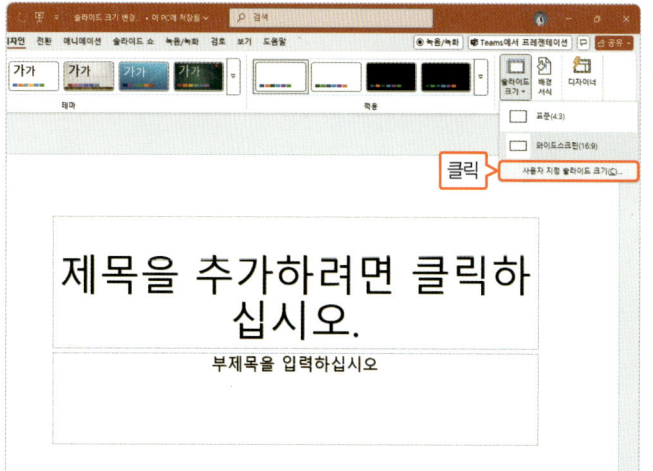

슬라이드 크기 및 방향 바꾸기

01 기본적으로 적용된 16:9 비율의 슬라이드를 A4 크기, 세로 형태로 변경해보겠습니다. [디자인] 탭-[사용자 지정] 그룹-[슬라이드 크기]-[사용자 지정 슬라이드 크기]를 클릭합니다. [슬라이드 크기] 대화상자가 나타납니다.

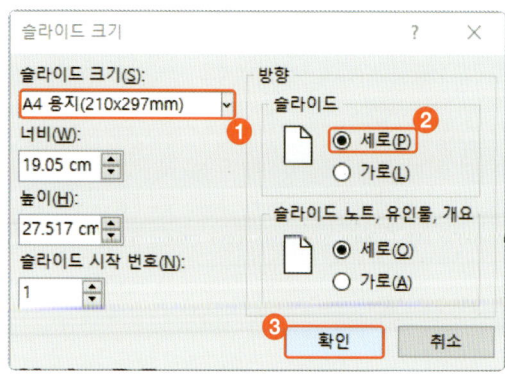

02 ❶ [슬라이드 크기]-[A4 용지(210x297mm)] 설정
❷ [방향]-[슬라이드]-[세로] 클릭
❸ [확인]을 클릭합니다.

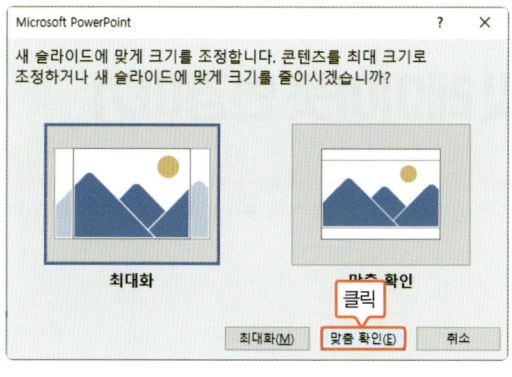

03 콘텐츠의 크기를 어떻게 조정할지 묻는 메시지가 나타나면 [맞춤 확인]을 클릭합니다.

Tip 슬라이드 크기 변경 옵션 알아보기
파워포인트에서 슬라이드에 있는 개체 크기를 자동으로 조정하지 못할 때 다음 두 가지 옵션이 메시지로 표시됩니다.
- **최대화** : 슬라이드 크기는 변경되지만 슬라이드에 있는 개체의 원래 크기는 유지합니다. 이 옵션을 선택하면 개체가 슬라이드에 맞지 않을 수 있습니다.
- **맞춤 확인** : 슬라이드 크기가 변경되면 그 크기에 맞춰 슬라이드에 있는 개체 크기도 변경됩니다. 이 옵션을 선택하면 개체 크기가 변경되지만 슬라이드에서 모든 개체를 볼 수 있습니다.

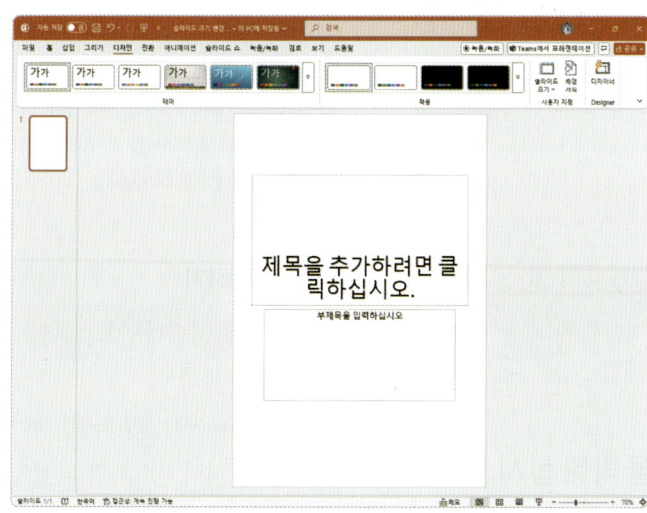

04 슬라이드의 크기가 A4 용지 세로 모양에 맞게 변경된 것을 확인할 수 있습니다.

우선순위
008 슬라이드 추가 및 레이아웃 변경하기

실습 파일 1장\008_슬라이드 추가 및 레이아웃 변경하기.pptx 완성 파일 1장\008_슬라이드 추가 및 레이아웃 변경하기_완성.pptx

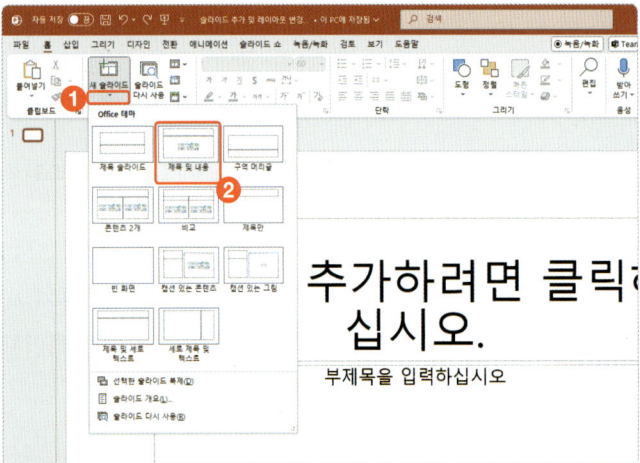

슬라이드 추가하기

01 ❶ [홈] 탭-[슬라이드] 그룹-[새 슬라이드 🔲]의 ▼ 클릭 ❷ [Office 테마]에서 [제목 및 내용] 레이아웃을 클릭합니다.

Tip 새 슬라이드를 만드는 단축키는 Ctrl + M 입니다. 레이아웃을 지정하지 않고 새 슬라이드를 추가하면 바로 앞 슬라이드의 레이아웃과 같은 슬라이드가 추가됩니다. [제목 슬라이드] 레이아웃에서 새 슬라이드를 추가하면 [제목 및 내용] 레이아웃으로 추가됩니다.

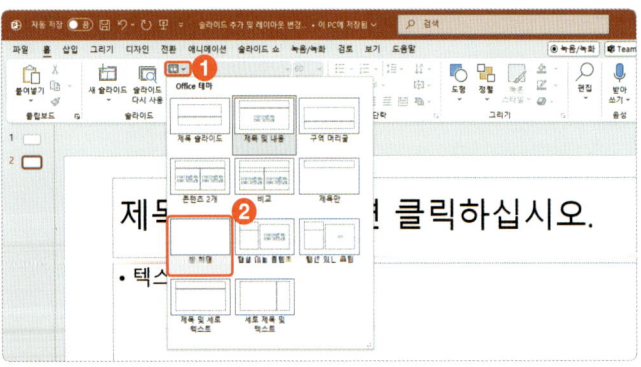

레이아웃 변경하기

02 ❶ [홈] 탭-[슬라이드] 그룹-[레이아웃 🔲] 클릭 ❷ [Office 테마]에서 [빈 화면] 레이아웃을 클릭합니다. 빈 화면 레이아웃으로 변경됩니다.

우선순위
009 슬라이드 이동, 복사, 붙여넣기, 삭제하기

실습 파일 1장\009_슬라이드 이동, 복사, 붙여넣기, 삭제하기.pptx   완성 파일 1장\009_슬라이드 이동, 복사, 붙여넣기, 삭제하기_완성.pptx

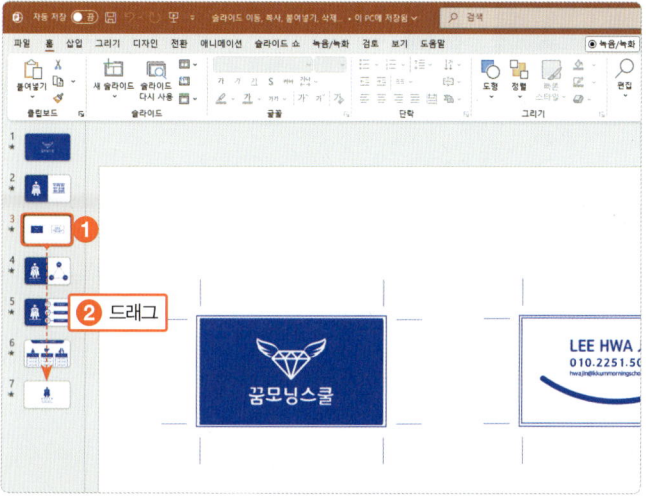

슬라이드 이동하기

01 ❶ 슬라이드 축소판 창에서 [3번 슬라이드] 클릭

❷ [3번 슬라이드]를 드래그하여 [6번 슬라이드]와 [7번 슬라이드] 사이로 이동합니다.

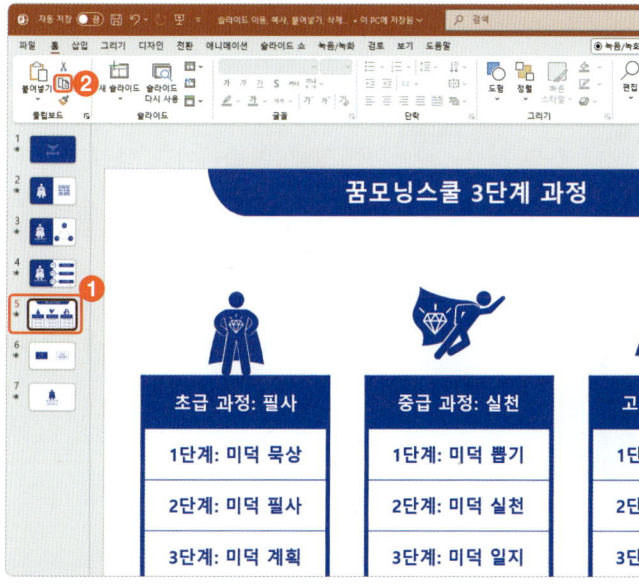

슬라이드 복사하기

02 ❶ [5번 슬라이드] 클릭

❷ [홈] 탭-[클립보드] 그룹-[복사 📋]를 클릭합니다.

Tip 슬라이드 복사 단축키는 Ctrl + C 입니다. 슬라이드 축소판 창에서 슬라이드를 클릭한 후 Ctrl + C 를 누릅니다.

CHAPTER 01 기본 프레젠테이션 만들기 **043**

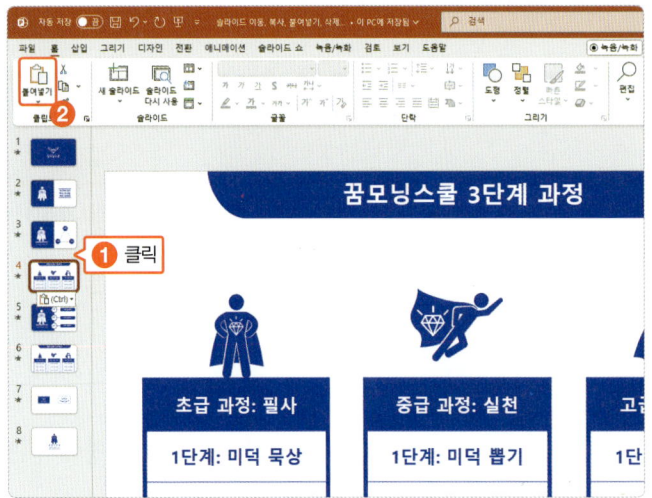

복사한 슬라이드 붙여넣기

03 ❶ 붙여 넣고 싶은 위치인 [3번 슬라이드]와 [4번 슬라이드] 사이 클릭 ❷ [홈] 탭-[클립보드] 그룹-[붙여넣기]를 클릭합니다. 복사한 슬라이드가 두 슬라이드 사이에 삽입됩니다.

Note 붙여넣기 옵션의 세 가지 기능

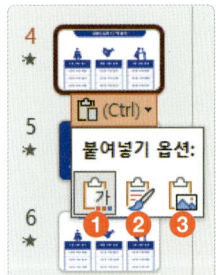

슬라이드를 붙여 넣으려는 위치에서 마우스 오른쪽 버튼을 클릭하면 다음과 같은 [붙여넣기 옵션]이 나타납니다. 원하는 옵션을 선택해 슬라이드를 붙여 넣을 수 있습니다.

❶ **대상 테마 사용** : 붙여 넣을 위치의 프레젠테이션 테마를 그대로 사용할 때 클릭합니다.
❷ **원본 서식 유지** : 복사하려는 프레젠테이션 테마를 유지할 때 클릭합니다.
❸ **그림** : 복사하려는 프레젠테이션 슬라이드를 그림으로 붙여 넣을 때 클릭합니다.

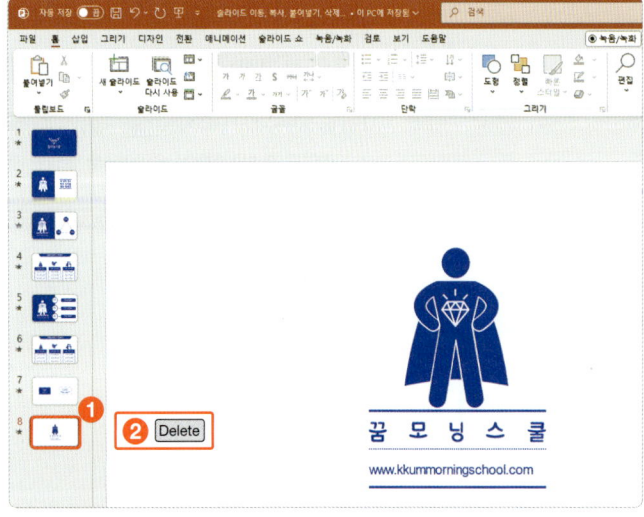

슬라이드 삭제하기

04 ❶ [8번 슬라이드] 클릭 ❷ Delete 를 누르면 해당 슬라이드가 삭제됩니다.

Tip 여러 개의 슬라이드를 한번에 삭제하려면 Ctrl 을 누른 상태에서 슬라이드를 각각 클릭한 후 Delete 를 누릅니다.

010 텍스트 입력 후 빠른 스타일 적용하기

실습 파일 1장\010_텍스트 입력 후 빠른 스타일 적용하기.pptx 완성 파일 1장\010_텍스트 입력 후 빠른 스타일 적용하기_완성.pptx

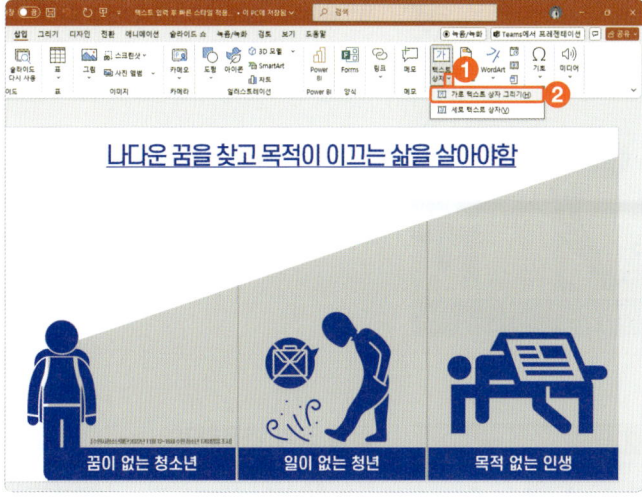

텍스트 입력하기

01 ❶ [삽입] 탭-[텍스트] 그룹-[텍스트 상자]의 ▼ 클릭
❷ [가로 텍스트 상자 그리기]를 클릭합니다.

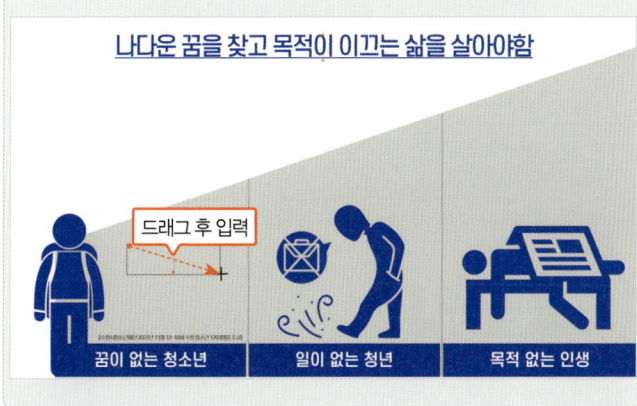

02 드래그하여 텍스트 상자를 삽입하고 **46.8%**를 입력합니다.

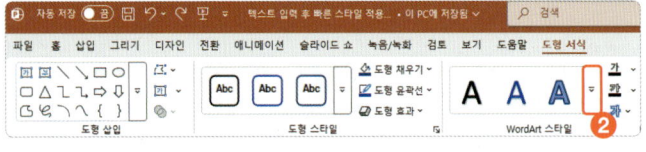

텍스트에 빠른 스타일 적용하기

03 ❶ '46.8%'를 입력한 텍스트 상자 클릭

❷ [도형 서식] 탭-[WordArt 스타일] 그룹-[자세히 ▾] 클릭

❸ [무늬 채우기 : 진한 파랑, 강조색 1, 50%, 진한 그림자 : 진한 파랑, 강조색 1]을 클릭합니다. 텍스트에 WordArt 스타일이 적용됩니다.

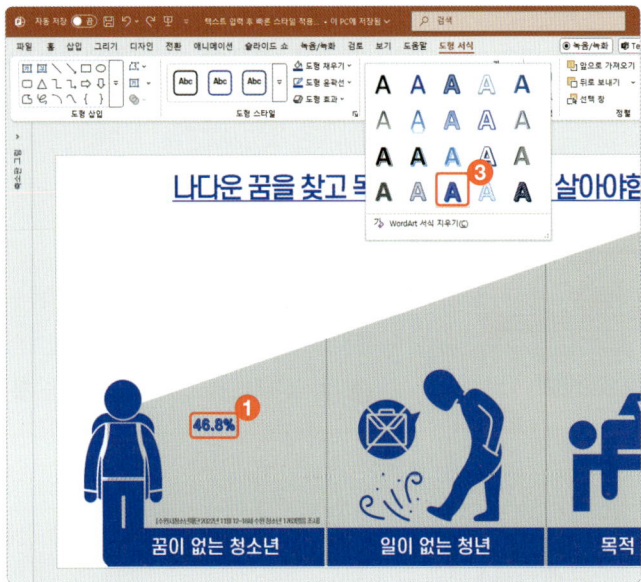

글꼴 크기 변경하기

04 ❶ [홈] 탭-[글꼴] 그룹-[글꼴 크기]의 ▾ 클릭

❷ [54]를 클릭합니다.

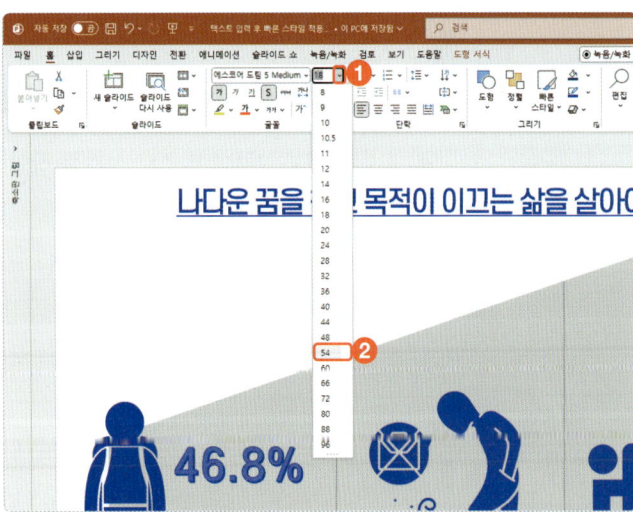

우선순위 011 빠른 스타일이 적용된 WordArt로 텍스트 입력하기

실습 파일 1장\011_빠른 스타일이 적용된 WordArt로 텍스트 입력하기.pptx
완성 파일 1장\011_빠른 스타일이 적용된 WordArt로 텍스트 입력하기_완성.pptx

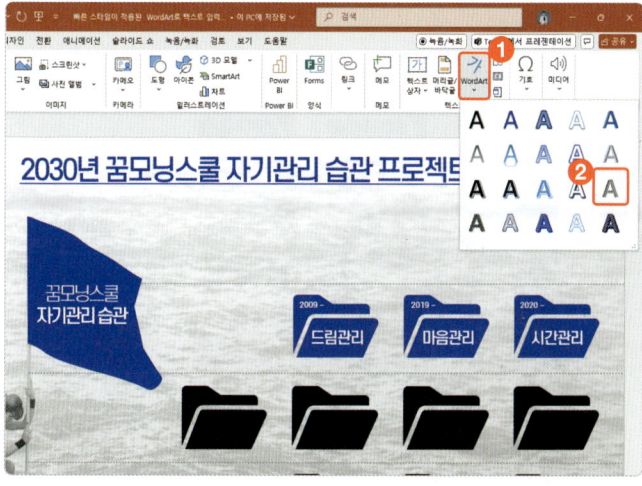

WordArt 스타일 선택하기

01 ❶ [삽입] 탭-[텍스트] 그룹-[WordArt] 클릭
❷ [채우기: 회색, 배경색 2, 안쪽 그림자]를 클릭합니다.

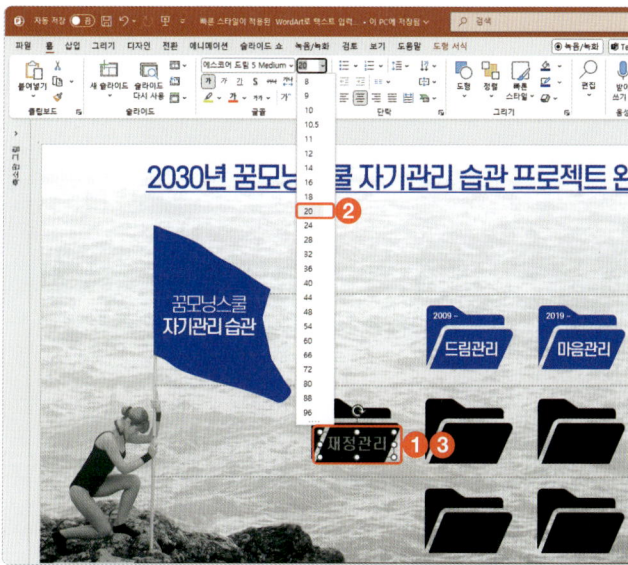

WordArt 텍스트 상자를 사용해 텍스트 입력하기

02 WordArt 텍스트 상자가 슬라이드에 나타납니다.
❶ WordArt 텍스트 상자에 **재정관리** 입력
❷ 글꼴 크기 [20]으로 설정
❸ 검은색 폴더 위에 배치합니다.

입력한 텍스트 적절히 배치하기

03 텍스트를 복사하여 나머지 여섯 개의 검은색 폴더 위에 텍스트를 작성합니다.

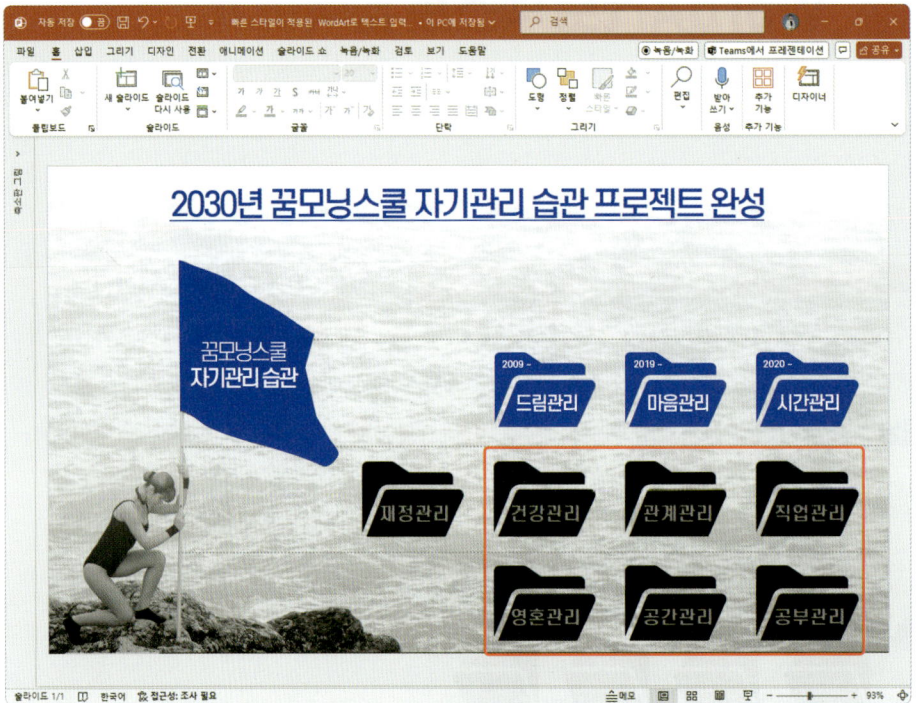

Tip 텍스트를 수평 복사하려면 텍스트를 선택한 상태에서 Ctrl + Shift 를 누르고 수평으로 드래그합니다.

우선순위
012 도형 그린 후 빠른 스타일 적용하기

실습 파일 1장\012_도형 그린 후 빠른 스타일 적용하기.pptx 완성 파일 1장\012_도형 그린 후 빠른 스타일 적용하기_완성.pptx

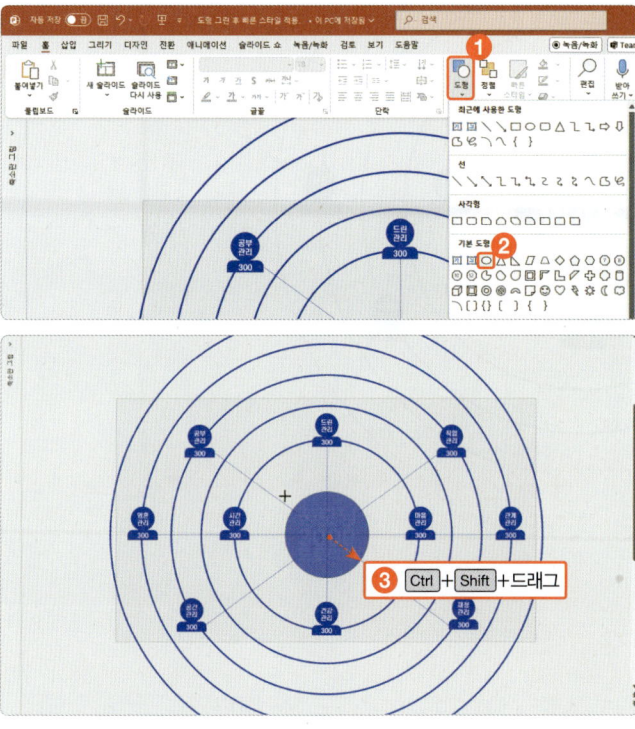

슬라이드에 원 그리기

01 ❶ [홈] 탭-[그리기] 그룹-[도형] 클릭
❷ [타원 ○] 클릭
❸ Ctrl + Shift 를 누른 상태에서 대각선으로 드래그하여 **꿈모닝 3000 프로젝트** 텍스트를 감쌀 수 있는 크기로 원을 그려줍니다.

> **Tip** Shift 를 누른 채 드래그하면 도형의 사방이 같은 모양으로 확대되고 Ctrl 을 누른 채 드래그하면 클릭한 지점이 중심이 되는 도형이 그려집니다.

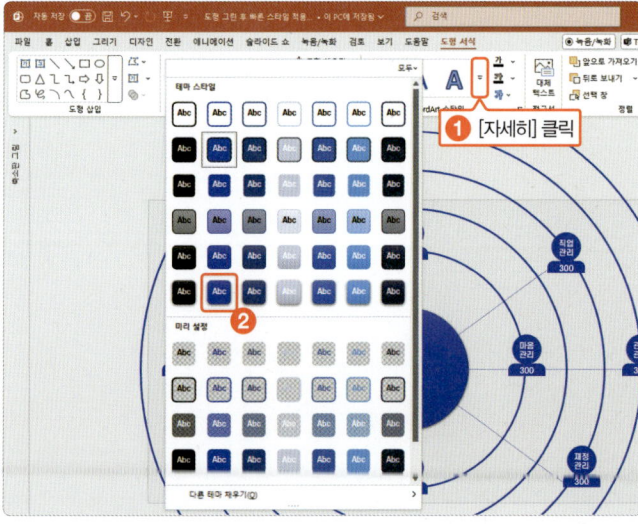

도형에 빠른 스타일 적용하기

02 삽입한 도형이 선택된 상태에서
❶ [도형 서식] 탭-[도형 스타일] 그룹-[자세히 ▽] 클릭
❷ [강한 효과-진한 파랑, 강조 1]을 클릭합니다. 도형에 빠른 스타일이 적용됩니다.

CHAPTER 01 기본 프레젠테이션 만들기 **049**

도형 뒤로 보내기

03 ❶ 빠른 스타일이 적용된 도형 클릭 ❷ [도형 서식] 탭-[정렬] 그룹-[뒤로 보내기]를 클릭합니다. 도형이 텍스트 뒤에 위치합니다.

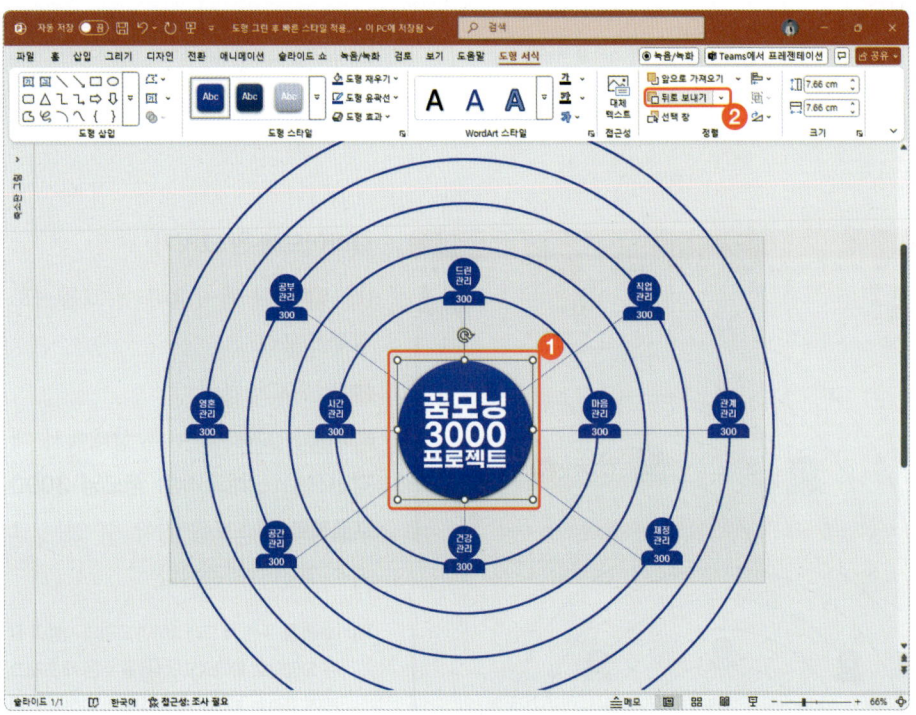

우선순위 013 그림 삽입 후 빠른 스타일 적용하기

실습 파일 1장\013_그림 삽입 후 빠른 스타일 적용하기.pptx   완성 파일 1장\013_그림 삽입 후 빠른 스타일 적용하기_완성.pptx

그림 삽입하기

01 [삽입] 탭-[이미지] 그룹-[그림]-[이 디바이스 🖼]를 클릭합니다. [그림 삽입] 대화상자가 나타납니다.

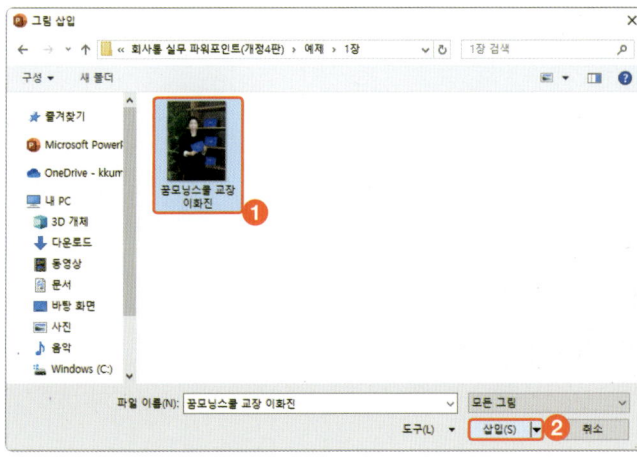

02 ❶ [그림 삽입] 대화상자에서 '꿈모닝스쿨 교장 이화진.jpg' 파일 클릭
❷ [삽입]을 클릭하면 슬라이드에 그림이 삽입됩니다.

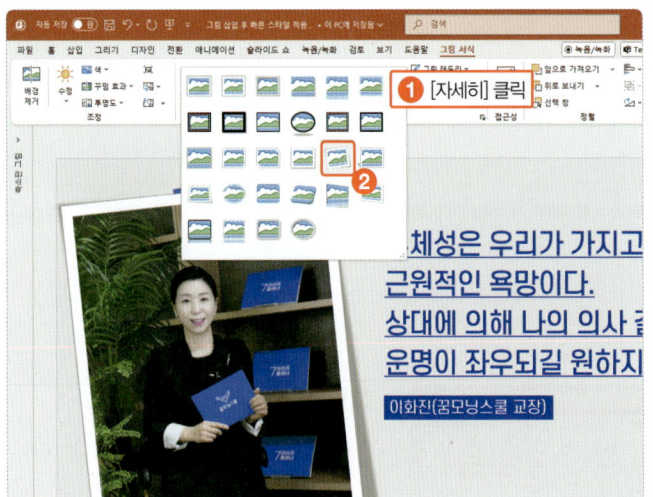

그림에 빠른 스타일 적용하기

03 ❶ [그림 서식] 탭-[그림 스타일] 그룹-[자세히 ▽] 클릭
❷ 그림 스타일 중에서 [회전, 흰색]을 클릭합니다.

그림 뒤로 보내기

04 ❶ 빠른 스타일이 적용된 그림 클릭
❷ [그림 서식] 탭-[정렬] 그룹-[뒤로 보내기]를 클릭합니다. 파랑 사각형 테이프 뒤로 그림이 보내집니다.

우선순위

014 표 삽입 후 빠른 스타일 적용하기

실습 파일 1장\014_표 삽입 후 빠른 스타일 적용하기.pptx 완성 파일 1장\014_표 삽입 후 빠른 스타일 적용하기_완성.pptx

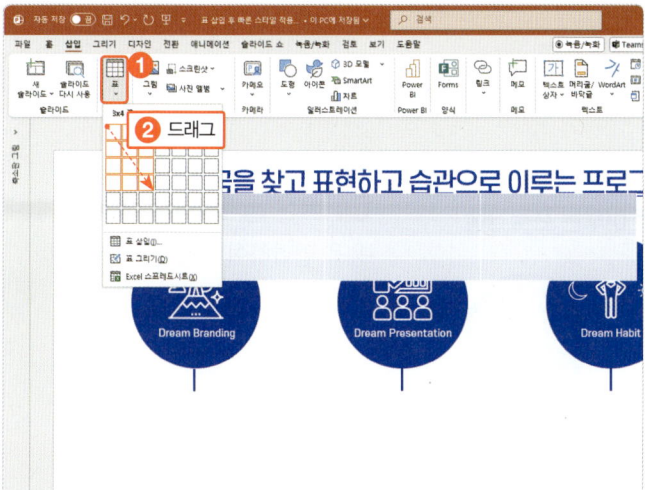

표 삽입하기

01 ❶ [삽입] 탭-[표] 그룹-[표] 클릭

❷ [3×4], 즉 3열 4행을 드래그해 표를 삽입합니다.

Tip 행과 열 목록에서 10열 8행 이내의 표만 삽입할 수 있습니다. 이보다 더 큰 표는 [표 삽입]을 클릭하고 원하는 행과 열의 개수를 입력하여 만듭니다.

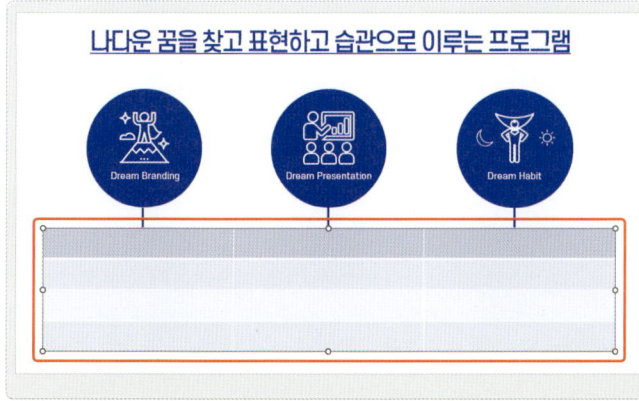

02 삽입된 표의 테두리를 드래그하여 그림 아래쪽으로 배치하고 크기를 조정합니다.

Tip 표의 크기를 조정할 때는 테두리의 크기 조절 핸들을 드래그합니다.

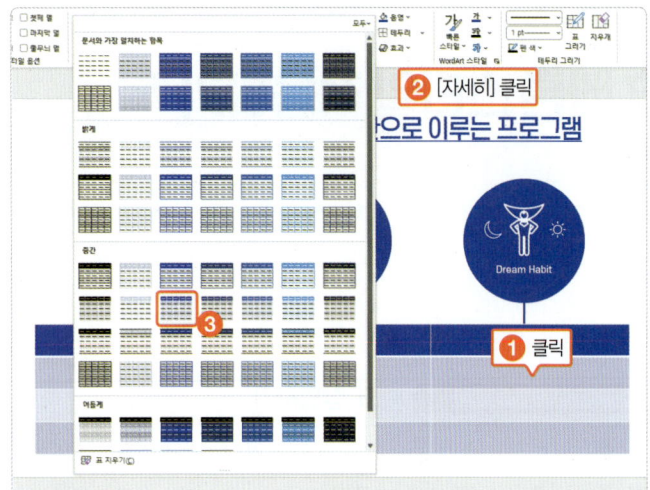

표에 빠른 스타일 적용하기

03 ❶ 표 클릭

❷ [테이블 디자인] 탭-[표 스타일] 그룹-[자세히 ▽] 클릭

❸ 표 스타일 중에서 [보통 스타일 2-강조2]를 클릭합니다.

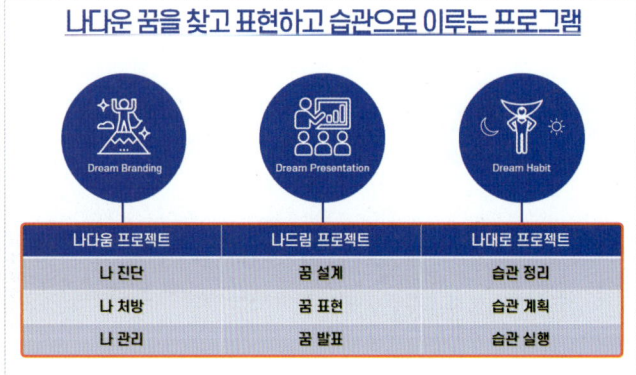

04 빠른 스타일이 적용된 표에 내용을 입력하여 표를 완성합니다.

우선순위
015 차트 삽입 후 빠른 스타일 적용하기

실습 파일 1장\015_차트 삽입 후 빠른 스타일 적용하기.pptx   완성 파일 1장\015_차트 삽입 후 빠른 스타일 적용하기_완성.pptx

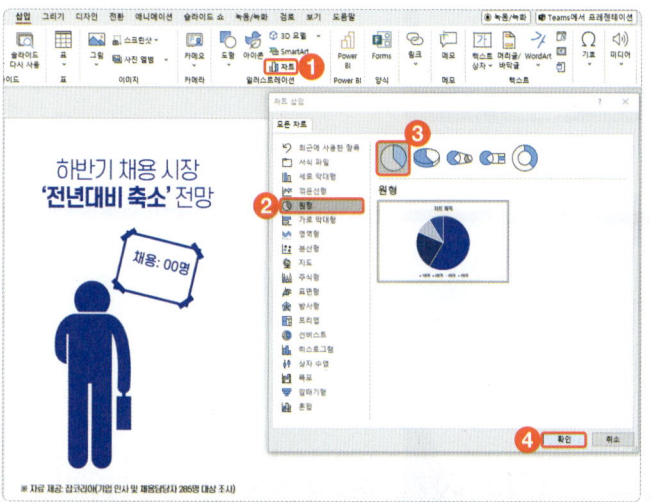

차트 삽입하기

01 ❶ [삽입] 탭-[일러스트레이션] 그룹-[차트] 클릭
❷ [차트 삽입] 대화상자에서 [원형] 클릭
❸ [원형] 클릭
❹ [확인]을 클릭하면 [Microsoft PowerPoint의 차트] 엑셀 창이 나타납니다.

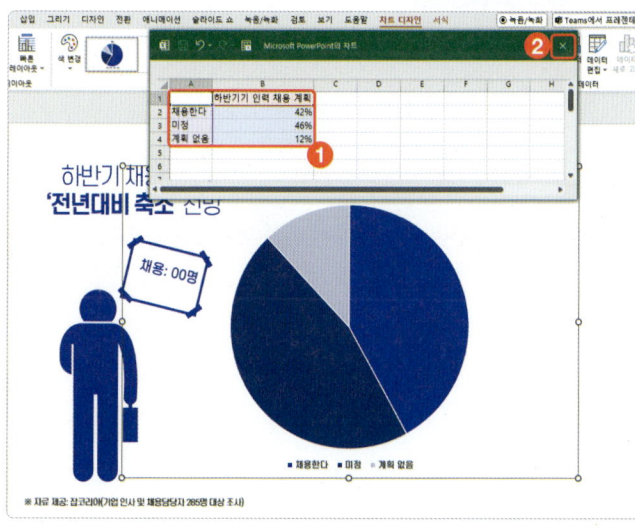

데이터 값 입력하기

02 [Microsoft PowerPoint의 차트] 엑셀 창에서 데이터 시트에 기본으로 입력되어 있는 값을 삭제하고 새로 입력합니다.
❶ 그림과 같이 임의의 값을 입력
❷ [닫기]를 클릭하여 데이터 시트를 닫습니다.

Tip 데이터가 잘못 입력된 경우에는 [차트 디자인] 탭-[데이터] 그룹-[데이터 편집]을 클릭하여 나타나는 엑셀 창에서 수정할 수 있습니다.

차트에 빠른 스타일 적용하기

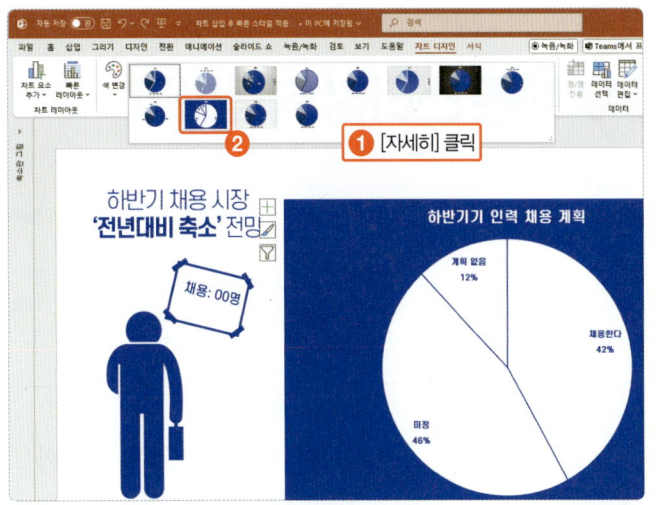

03 ① 차트가 선택된 상태에서 [차트 디자인] 탭-[차트 스타일] 그룹-[자세히 ⌵] 클릭
② 차트 스타일에서 [스타일 10]을 클릭합니다. 차트에 빠른 스타일이 적용됩니다.

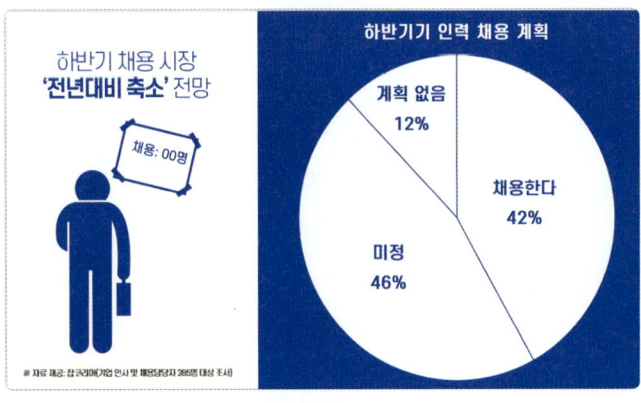

04 데이터 레이블과 원형 그래프를 화면에 맞게 조정하여 차트를 완성합니다.

우선순위 016 프레젠테이션 문서 열기 및 저장하기

실습 파일 1장\016_프레젠테이션 문서 열기 및 저장하기.pptx   완성 파일 1장\016_프레젠테이션 문서 열기 및 저장하기_완성.pptx

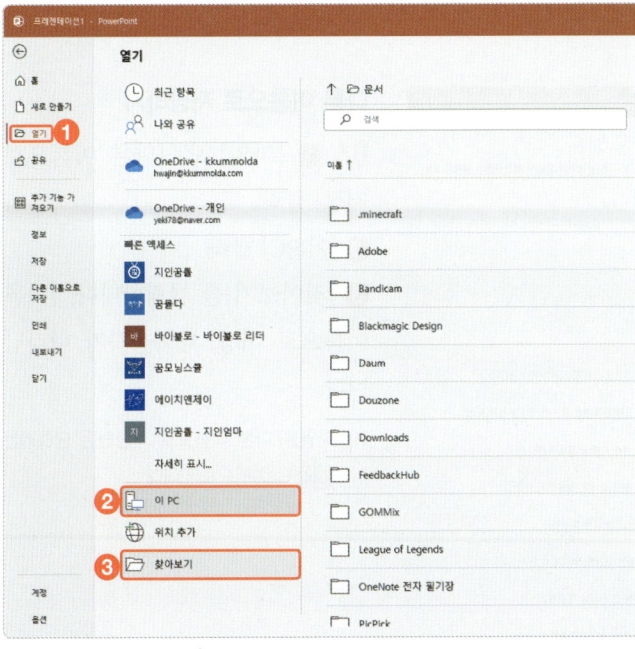

파일 열기

01 ① [파일] 탭-[열기] 클릭
② [이 PC] 클릭
③ [찾아보기]를 클릭합니다. [열기] 대화상자가 나타납니다.

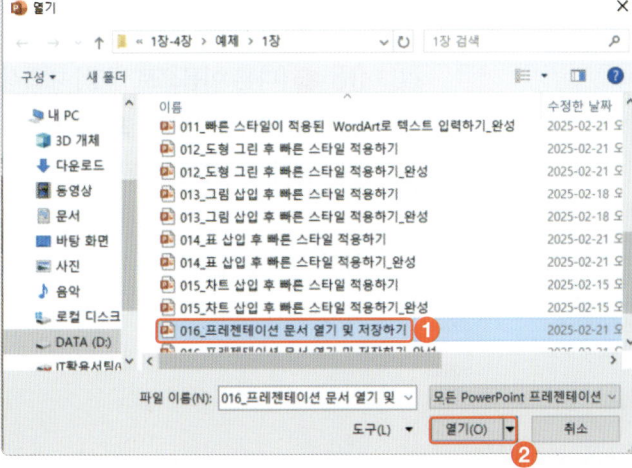

02 ① [열기] 대화상자에서 '016_프레젠테이션 문서 열기 및 저장하기.pptx' 파일 클릭
② [열기]를 클릭합니다.

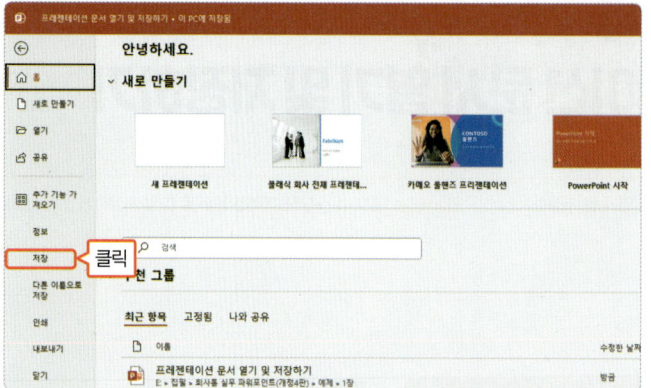

파일 저장하기

03 문서 수정 후 열린 파일을 저장하기 위해 [파일] 탭-[저장]을 클릭합니다.

Tip 파일을 저장하는 단축키는 Ctrl + S 입니다.

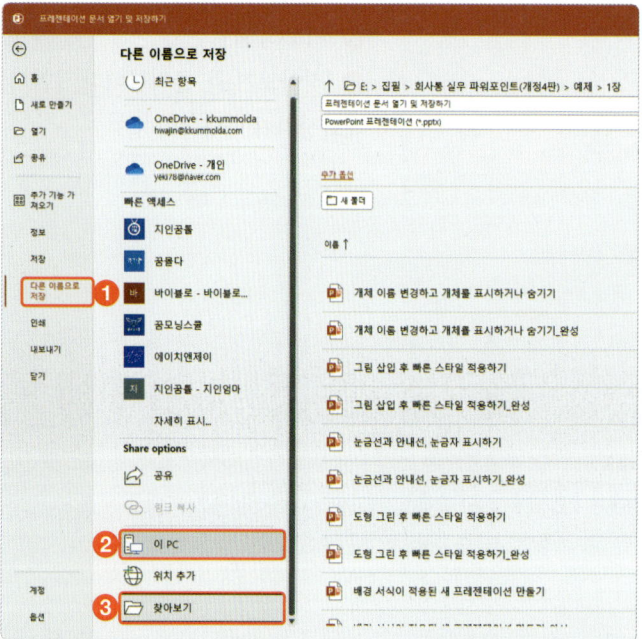

다른 이름으로 저장하기

04 ❶ [파일] 탭-[다른 이름으로 저장] 클릭
❷ [이 PC] 클릭
❸ [찾아보기]를 클릭합니다. [다른 이름으로 저장] 대화상자가 나타납니다.

Tip 파일을 다른 이름으로 저장하는 단축키는 Ctrl + Shift + S 입니다.

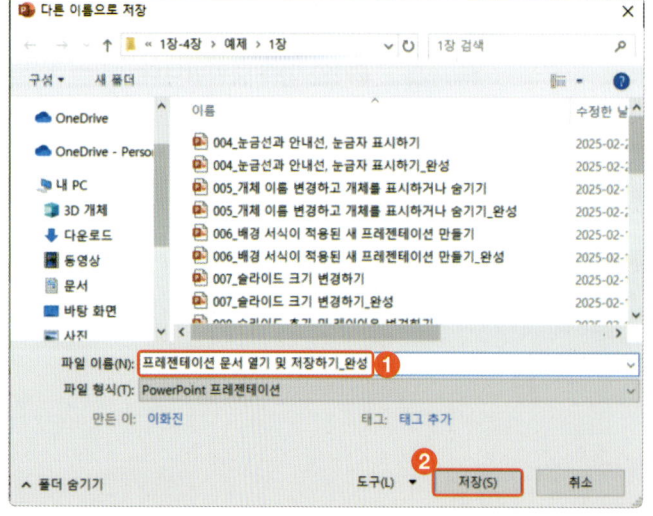

05 ❶ [다른 이름으로 저장] 대화상자에서 [파일 이름]에 **프레젠테이션 문서 열기 및 저장하기_완성** 입력
❷ [저장]을 클릭합니다. 입력한 이름의 프레젠테이션 문서가 따로 저장됩니다.

혼자 해보기 — 빠른 스타일을 활용한 슬라이드 디자인하기

실습 파일 1장\혼자해보기\빠른 스타일을 활용한 슬라이드 디자인하기.pptx
완성 파일 1장\혼자해보기\빠른 스타일을 활용한 슬라이드 디자인하기_완성.pptx

예제 설명 및 완성 화면

이미지와 텍스트에 효과를 적용해 메시지를 강조하는 슬라이드를 만들어보겠습니다. 실제로 프레젠테이션에서 많이 사용되는 슬라이드 형태를 빠른 스타일로 적용함으로써 작업 시간을 단축할 수 있습니다. 텍스트는 WordArt 스타일에서, 그림은 그림 스타일에서 원하는 디자인을 선택해 적용합니다. 그림 위에 테이프를 붙인 듯한 느낌은, 사각형 도형을 그린 후 도형 스타일에서 파란색 반투명 느낌이 나는 스타일을 선택해 연출할 수 있습니다. 파워포인트를 사용하면 초보자도 클릭 몇 번만으로 완성도 높은 슬라이드를 디자인할 수 있습니다.

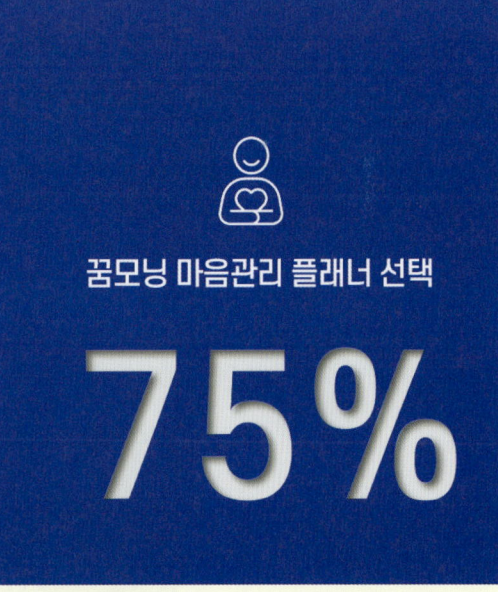

01 WordArt 스타일 선택하기

❶ [삽입] 탭-[텍스트] 그룹-[WordArt] 클릭 ❷ [채우기: 흰색, 배경색 2, 안쪽 그림자]를 클릭합니다.

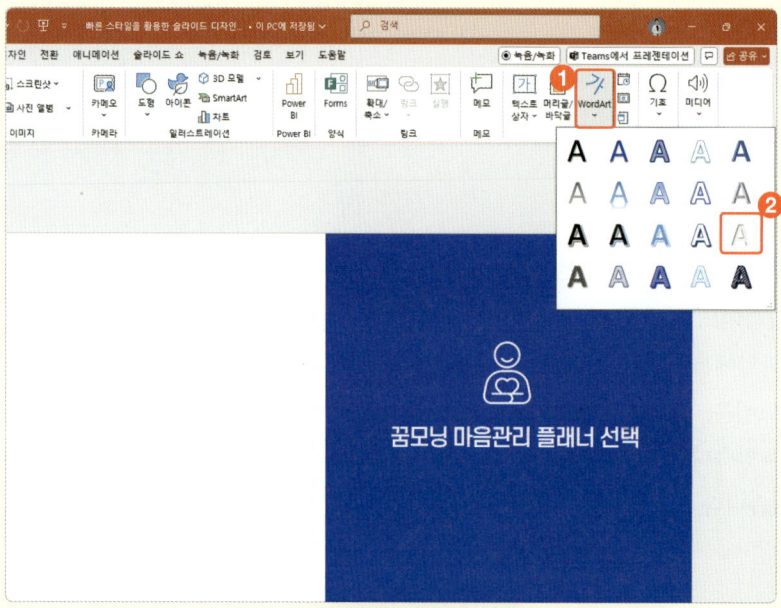

02 WordArt 텍스트 상자를 사용해 텍스트 입력하기

❶ 텍스트 상자에 **75%** 입력 ❷ [글꼴 크기]를 [166]으로 설정 ❸ 화면 오른쪽에 보기 좋게 배치합니다.

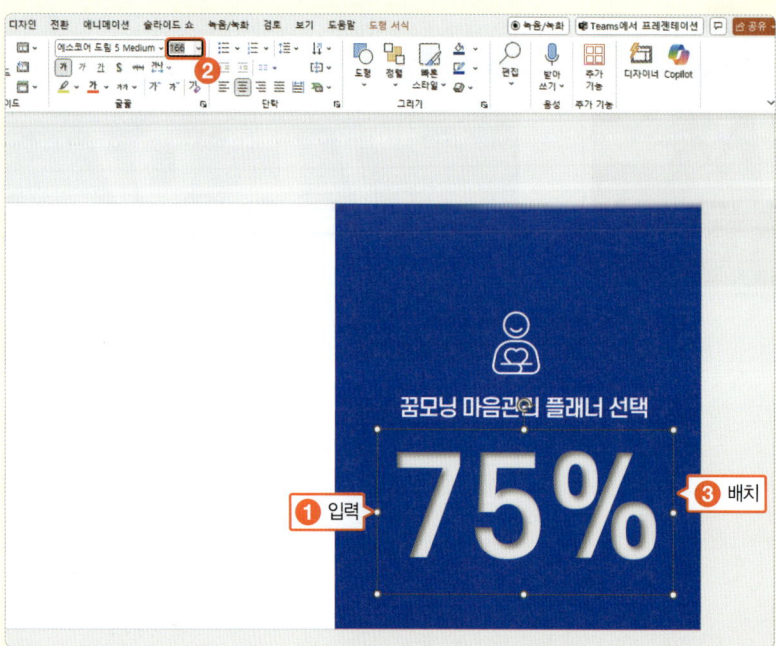

03 그림 삽입하기

❶ [삽입] 탭-[이미지] 그룹-[그림]-[이 디바이스] 클릭 ❷ [그림 삽입] 대화상자가 나타나면 '꿈모닝 마음관리 플래너.jpg' 파일 클릭 ❸ [삽입]을 클릭합니다.

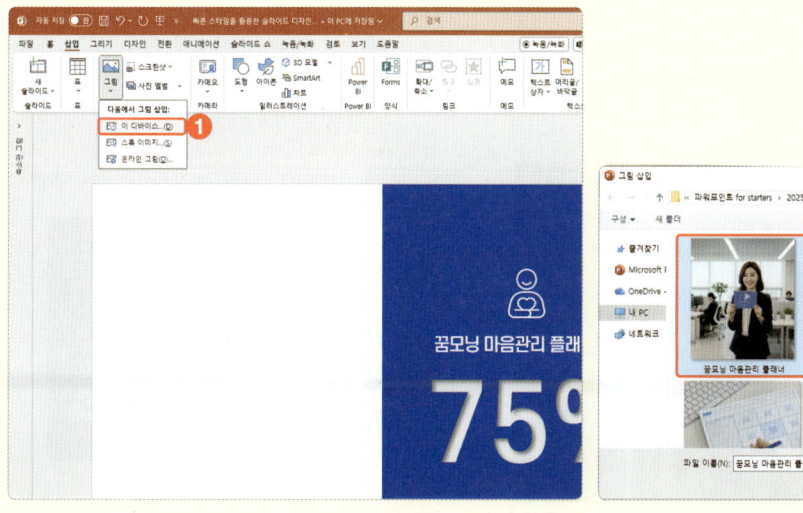

04 그림에 빠른 스타일 적용하기

삽입한 이미지가 선택된 상태에서 [그림 서식] 탭-[그림 스타일] 그룹-[자세히]를 클릭합니다.

05 그림 스타일 적용하고 적절하게 배치하기

❶ [대각선 방향의 모서리 잘림, 흰색] 클릭 ❷ 크기를 줄인 후 화면 왼쪽에 배치합니다.

Tip 사진 이미지를 선택하면 각 변과 모서리에 크기 조절 핸들이 나타납니다. 여기에 마우스 포인터를 위치시키고 포인터 모양이 변하면 드래그해 크기를 조절합니다. 이때 Shift 를 누른 상태에서 드래그하면 높이와 너비의 비율을 유지한 채 이미지 크기를 조절할 수 있습니다.

06 파란색 반투명 테이프 만들기

❶ [삽입] 탭-[일러스트레이션] 그룹-[도형 ▽] 클릭 ❷ [사각형]-[직사각형] 클릭 ❸ 화면 왼쪽에서 직사각형 드래그 ❹ 직사각형이 선택된 상태에서 [도형 서식] 탭-[도형 스타일] 그룹-[자세히 ▽] 클릭 ❺ [반투명-진한 파랑, 강조1, 윤곽선 없음]을 클릭해 반투명 효과를 적용합니다.

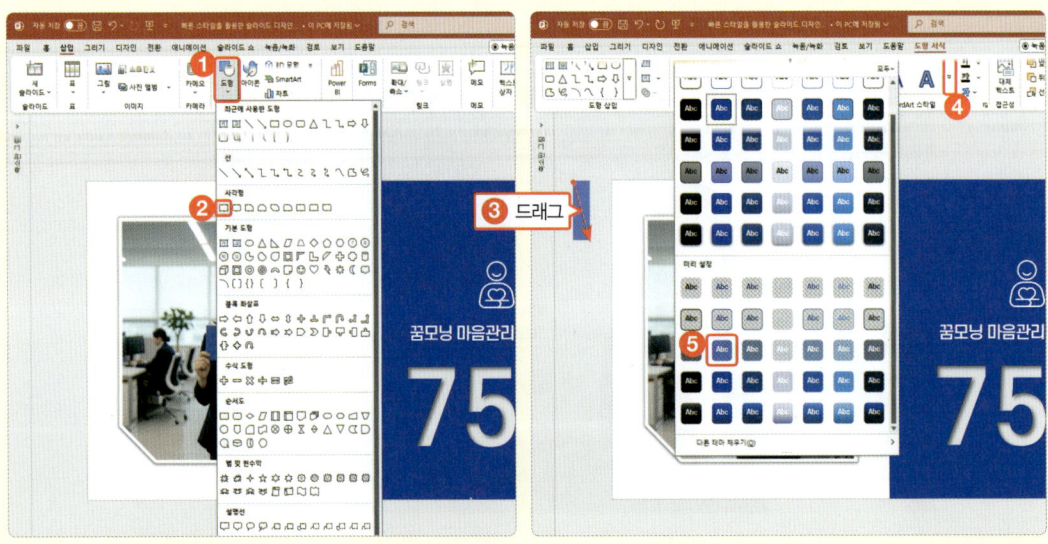

07 도형 회전, 복사, 배치하기

❶ 직사각형이 선택된 상태에서 회전 핸들을 오른쪽으로 드래그 ❷ 완성된 반투명 테이프를 Ctrl을 누른 상태에서 드래그하여 복사합니다. 다음과 같이 배치합니다.

CHAPTER 02

프레젠테이션 슬라이드 배경 서식 만들기

017 새 테마 글꼴 만들기

실습 파일 2장\017_새 테마 글꼴 만들기.pptx   완성 파일 2장\017_새 테마 글꼴 만들기_완성.pptx

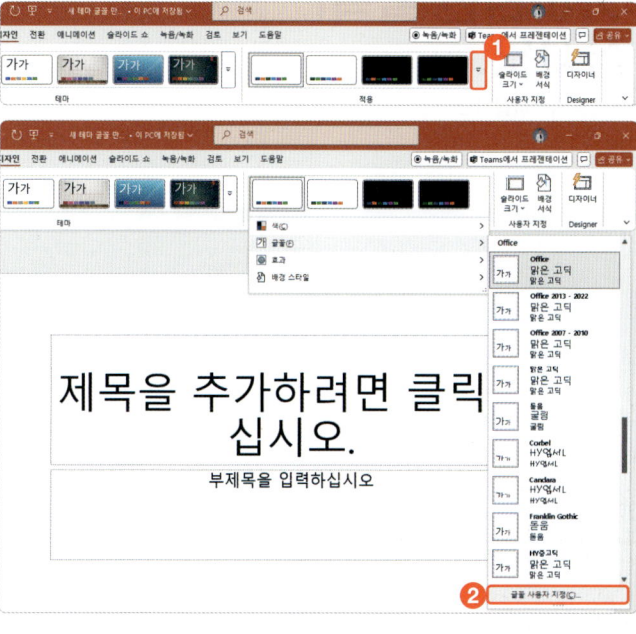

새 테마 글꼴 만들기

01 ❶ [디자인] 탭-[적용] 그룹-[자세히] 클릭

❷ [글꼴]-[글꼴 사용자 지정]을 클릭합니다.

Tip 다른 방법으로 테마 글꼴을 사용자 지정하려면 슬라이드 마스터 보기 상태에서 [슬라이드 마스터] 탭-[배경] 그룹-[글꼴]-[글꼴 사용자 지정]을 선택합니다.

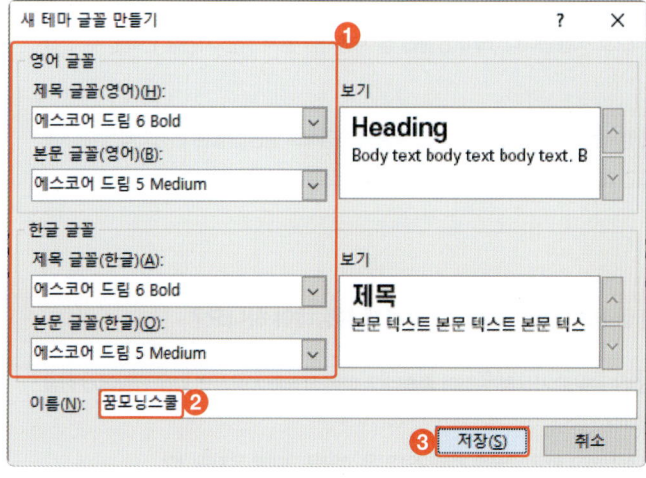

02 ❶ [새 테마 글꼴 만들기] 대화상자에서 프레젠테이션의 내용에 어울리는 [영어 글꼴]과 [한글 글꼴]의 제목 및 본문 글꼴로 변경

❷ [이름]에 **꿈모닝스쿨** 입력

❸ [저장]을 클릭합니다.

03 개체 틀의 글꼴이 변경됩니다. 또한 새로 만든 글꼴이 [사용자 지정] 목록에 추가되었습니다.

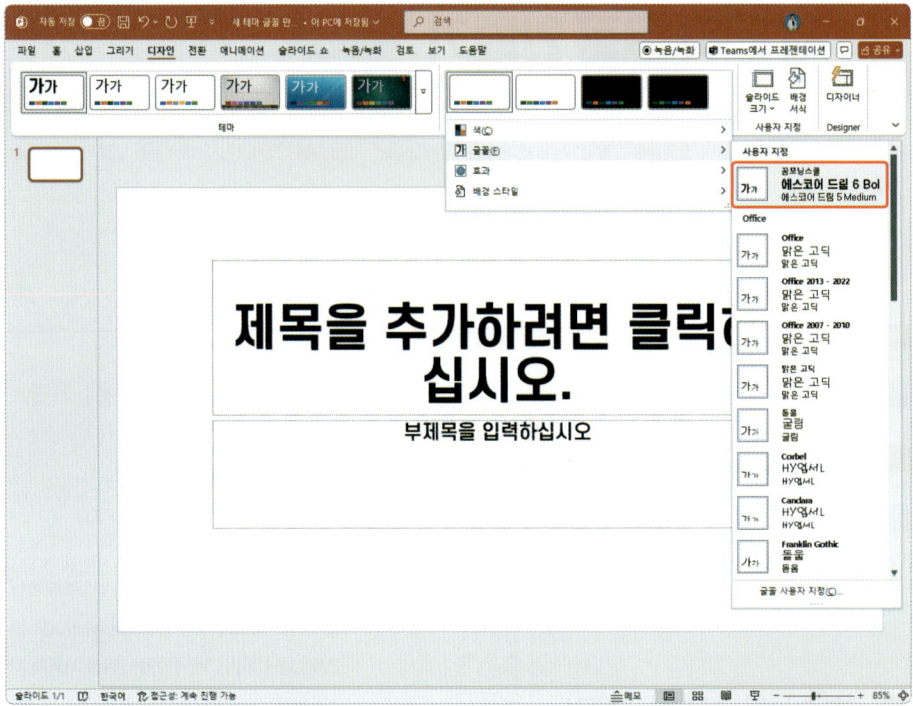

Tip 글꼴을 사용자 지정하면 [홈] 탭-[글꼴] 그룹-[글꼴] 목록에서 [테마 글꼴] 항목이 사용자가 지정한 글꼴로 변경된 것을 확인할 수 있습니다.

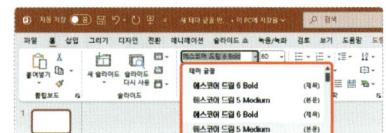

Note 일반 글꼴과 테마 글꼴의 차이

테마 글꼴을 지정하면 해당 테마의 텍스트에 일괄적으로 적용됩니다. 테마 글꼴을 잘 사용하면 문서 작업 시간을 단축할 수 있습니다.

① **일반 글꼴이 적용된 텍스트** : 사용자가 글꼴을 변경하는 대로 적용됩니다. 테마 글꼴을 변경해도 일반 글꼴은 변경되지 않습니다.

② **테마 글꼴이 적용된 텍스트** : 테마 글꼴이 변경되면 테마 글꼴이 적용된 텍스트가 자동으로 변경됩니다

Note 테마 글꼴을 설정할 때 영어 글꼴과 한글 글꼴을 동일하게 설정해야 하나요?

① **한글 프레젠테이션** : 한글 글꼴과 영어 글꼴을 같은 글꼴로 사용하는 것이 좋습니다. 다른 글꼴을 사용하면 같은 단락에서 한글과 영어 글꼴이 다르게 표시되어 어색할 수 있습니다.

② **영어 프레젠테이션** : 영어 글꼴만 원하는 글꼴로 설정하고 한글 글꼴은 기본값인 맑은 고딕을 그대로 유지합니다.

우선순위
018 새 테마 색 만들기

실습 파일 2장\018_새 테마 색 만들기.pptx   완성 파일 2장\018_새 테마 색 만들기_완성.pptx

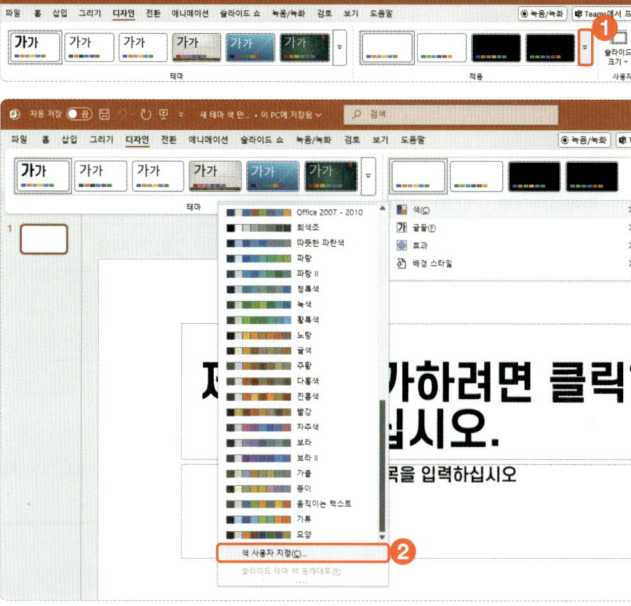

새 테마 글꼴 만들기

01 ❶ [디자인] 탭-[적용] 그룹-[자세히 ▼]를 클릭

❷ [색]-[색 사용자 지정]을 클릭합니다. [새 테마 색 만들기] 대화상자가 나타납니다.

Tip 다른 방법으로 테마 색을 사용자 지정하려면 슬라이드 마스터 보기 상태에서 [슬라이드 마스터] 탭-[배경] 그룹-[색]-[색 사용자 지정]을 클릭합니다.

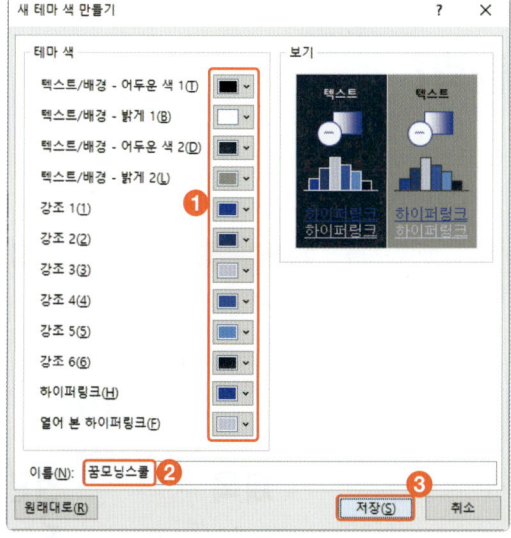

02 ❶ [새 테마 색 만들기] 대화상자에서 프레젠테이션의 스타일에 맞게 색 변경

❷ [이름]에 **꿈모닝스쿨** 입력

❸ [저장]을 클릭합니다.

Note   테마 색은 어떻게 구성하는 것이 좋나요?

새 테마 색은 다음의 표와 같이 구성합니다. [강조 1(1)]에 적용한 색은 도형을 그리면 자동으로 도형에 채워지는 색입니다. [강조 1(1)]은 가장 많이 사용하는 색을 적용하는 것이 좋습니다.

테마 색	RGB 값	색상 코드
텍스트/배경-어두운 색 1(t)	빨강(R) : 0, 녹색(G) : 0, 파랑(B) : 0	#000000
텍스트/배경-밝은 색 1(B)	빨강(R) : 255, 녹색(G) : 255, 파랑(B) : 255	#FFFFFF
텍스트/배경-어두운 색 2(D)	빨강(R) : 6, 녹색(G) : 7, 파랑(B) : 97	#060761
텍스트/배경-밝은 색 2(L)	빨강(R) : 158, 녹색(G) : 158, 파랑(B) : 158	#9E9E9E
강조 1(1)	빨강(R) : 1, 녹색(G) : 35, 파랑(B) : 180	#0123B4
강조 2(2)	빨강(R) : 20, 녹색(G) : 58, 파랑(B) : 130	#143A82
강조 3(3)	빨강(R) : 206, 녹색(G) : 210, 파랑(B) : 230	#CED2E6
강조 4(4)	빨강(R) : 40, 녹색(G) : 99, 파랑(B) : 179	#2863B3
강조 5(5)	빨강(R) : 87, 녹색(G) : 165, 파랑(B) : 225	#57A5E1
강조 6(6)	빨강(R) : 9, 녹색(G) : 23, 파랑(B) : 75	#09174B
하이퍼링크(H)	빨강(R) : 1, 녹색(G) : 35, 파랑(B) : 180	#0123B4
열어 본 하이퍼링크(F)	빨강(R) : 206, 녹색(G) : 210, 파랑(B) : 230	#CED2E6

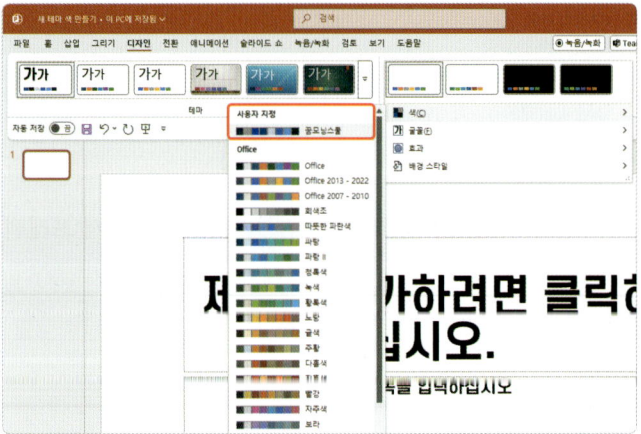

03 새로 만든 테마 색이 [사용자 지정] 목록에 추가되었습니다.

Tip [색]을 [사용자 지정] 목록에서 선택하면 [도형 서식] 탭-[도형 스타일] 그룹-[도형 채우기]를 클릭했을 때 나타나는 [테마 색] 부분이 사용자가 지정한 색으로 변경된 것을 확인할 수 있습니다. 모든 테마 색이 전부 변경됩니다.

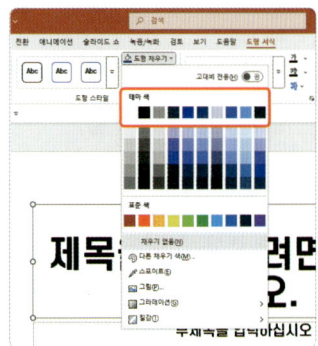

Note ▶ 테마 색이 적용되는 범위 알아보기

색을 사용자 지정하면 텍스트 빠른 스타일, 도형 빠른 스타일, 표 빠른 스타일, 차트 색 변경, SmartArt 그래픽 색 변경 부분이 사용자 지정 색으로 변경된 것을 확인할 수 있습니다.

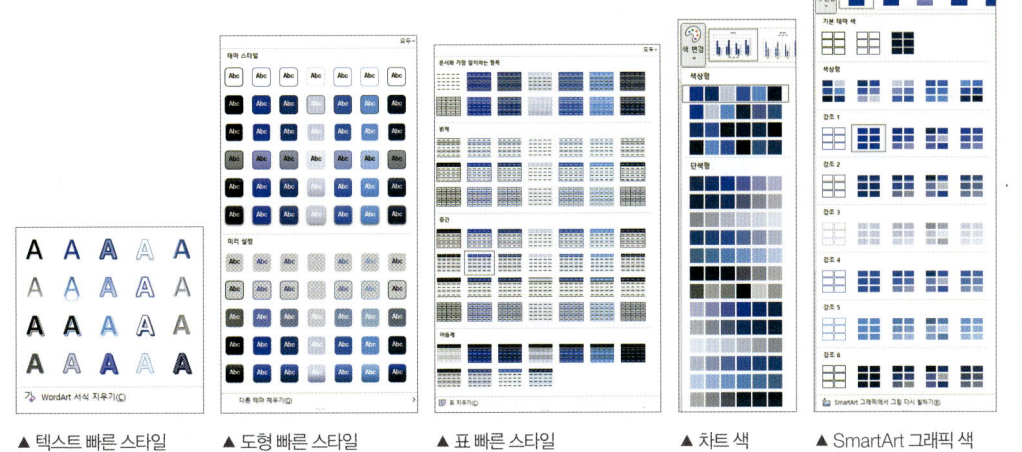

▲ 텍스트 빠른 스타일   ▲ 도형 빠른 스타일   ▲ 표 빠른 스타일   ▲ 차트 색   ▲ SmartArt 그래픽 색

Note ▶ 개체에 색을 적용할 때 일반 색과 테마 색의 차이는 무엇인가요?

❶ **일반 색이 적용된 개체** : 사용자가 개체의 색을 변경하는 대로 적용됩니다. 테마 색을 변경해도 일반 색이 적용된 개체는 변경되지 않습니다.

❷ **테마 색이 적용된 개체** : 테마 색이 변경되면 테마 색이 적용된 모든 개체의 색이 자동으로 변경됩니다.

019 슬라이드 배경 서식 변경하기

실습 파일 2장\019_슬라이드 배경 서식 변경하기.pptx   완성 파일 2장\019_슬라이드 배경 서식 변경하기_완성.pptx

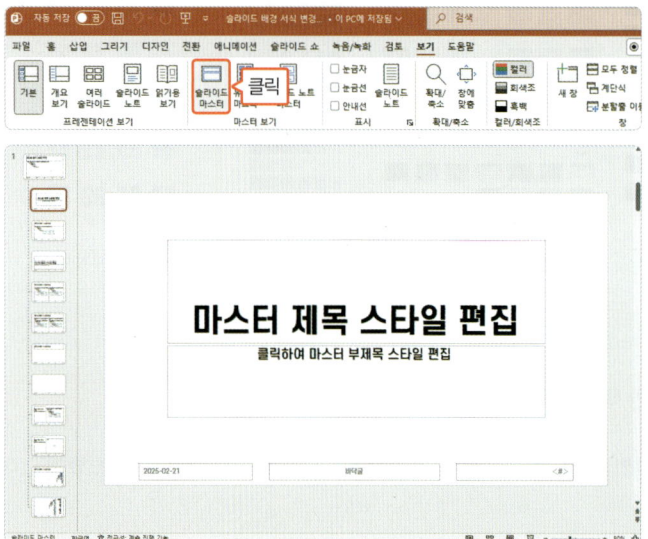

슬라이드 마스터로 이동하기

01 [보기] 탭-[마스터 보기] 그룹-[슬라이드 마스터 🗔]를 클릭합니다. 슬라이드 마스터 보기 상태로 전환됩니다.

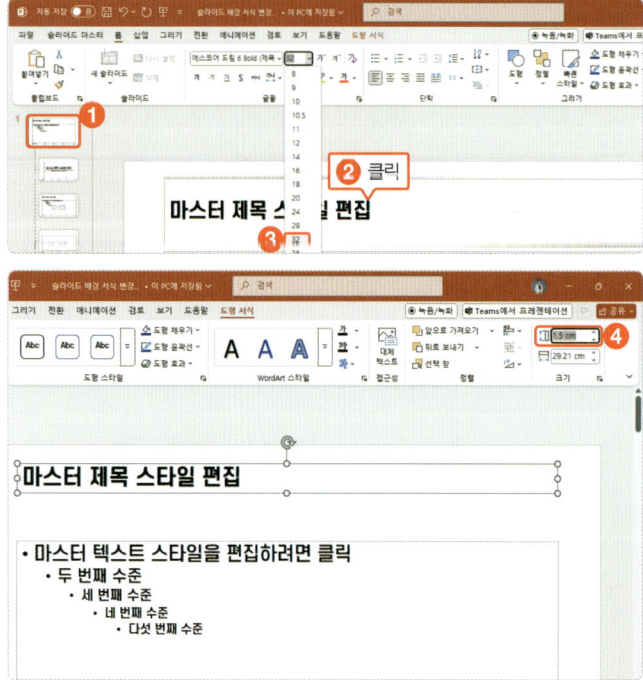

마스터 제목 스타일 편집하기

02 ❶ 슬라이드 축소판 창에서 첫 번째 [Office 테마 슬라이드 마스터] 클릭

❷ 제목 개체 틀 클릭

❸ [홈] 탭-[글꼴] 그룹-[글꼴 크기]를 [32]로 설정

❹ [도형 서식] 탭-[크기] 그룹-[도형 높이 🗘]를 [1.5cm]로 변경합니다.

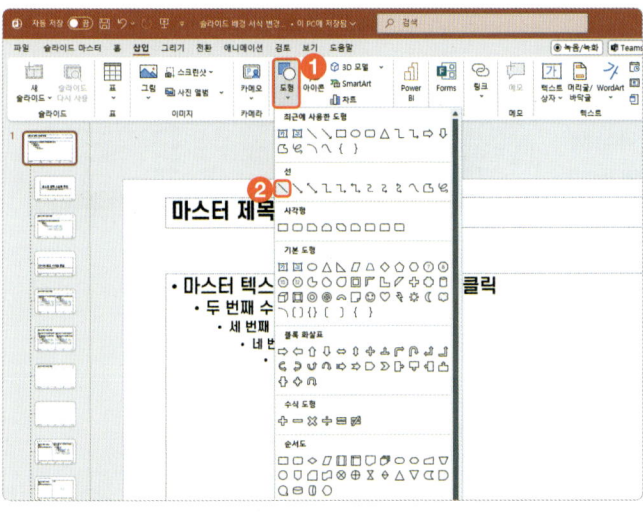

배경에 선 그리기

03 삽입할 개체가 모든 레이아웃에 공통적으로 적용되도록 슬라이드 마스터에서 계속 작업하겠습니다.

❶ [삽입] 탭-[일러스트레이션] 그룹-[도형] 클릭

❷ [선]을 클릭합니다. 마우스 포인터가 십자 모양으로 바뀌며 슬라이드 창에 도형을 삽입할 준비가 됩니다.

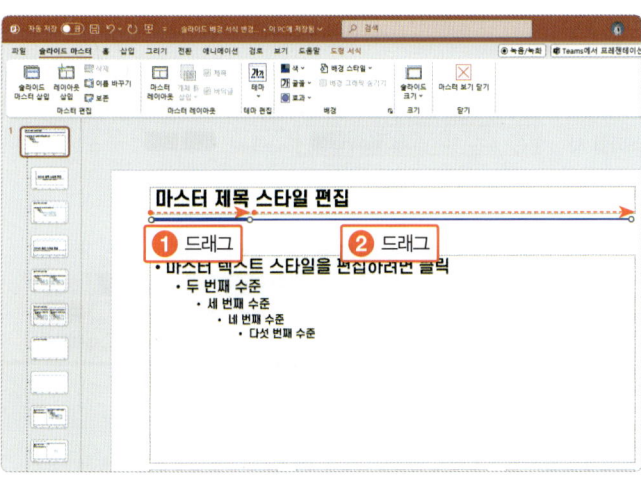

04 ❶❷ 제목 개체 틀 바로 아래에서 드래그하여 선 두 개를 그립니다. 서식은 표를 참고합니다.

도형	길이	두께	색
선1	6cm	6pt	진한 파랑, 강조1
선2	29cm	3pt	진한 파랑, 강조1

Tip 선을 그릴 때 Shift 를 누른 상태로 드래그하면 직선을 그릴 수 있습니다.

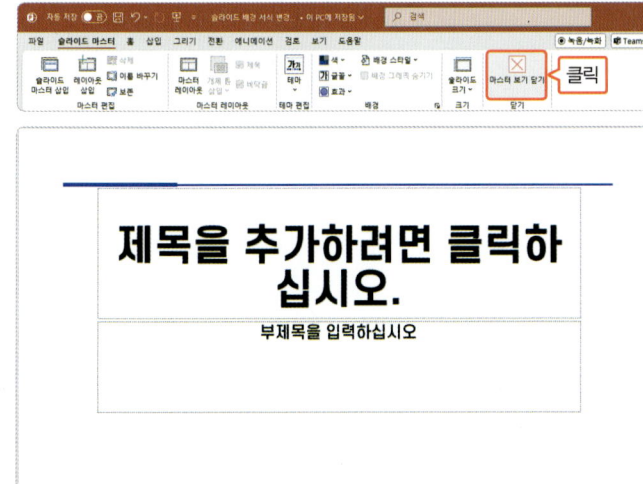

슬라이드 마스터 닫기

05 [슬라이드 마스터] 탭-[닫기] 그룹-[마스터 보기 닫기]를 클릭하면 슬라이드 마스터에서 그린 선이 슬라이드에 적용된 것을 확인할 수 있습니다.

Tip [홈] 탭-[슬라이드] 그룹-[레이아웃]을 클릭하면 [Office 테마] 목록에서 슬라이드 마스터로 수정한 마스터 제목 스타일을 확인할 수 있습니다.

Note 슬라이드 마스터 알아보기

① 슬라이드 마스터 : 글꼴이나 로고와 같은 이미지를 모든 슬라이드에 똑같이 적용할 때는 슬라이드 마스터에서 변경합니다. 슬라이드 마스터 보기를 열려면 [보기] 탭-[마스터 보기] 그룹-[슬라이드 마스터]를 클릭합니다. 슬라이드 마스터 보기 상태에서 슬라이드 마스터는 슬라이드 창 왼쪽의 슬라이드 축소판 그림 창에서 맨 위에 있는 슬라이드입니다.

② 레이아웃 마스터 : 슬라이드 마스터 바로 아래에는 형태가 다른 11개의 레이아웃이 기본으로 제공됩니다. 목적에 맞게 추가하거나 삭제할 수 있습니다. 슬라이드 마스터와 레이아웃 마스터는 연결되어 있어서 슬라이드 마스터에 서식을 변경하면 레이아웃 마스터에도 똑같이 적용됩니다. 레이아웃 마스터별로 슬라이드 마스터의 적용 내용을 숨기거나 원하는 디자인을 적용할 수 있습니다.

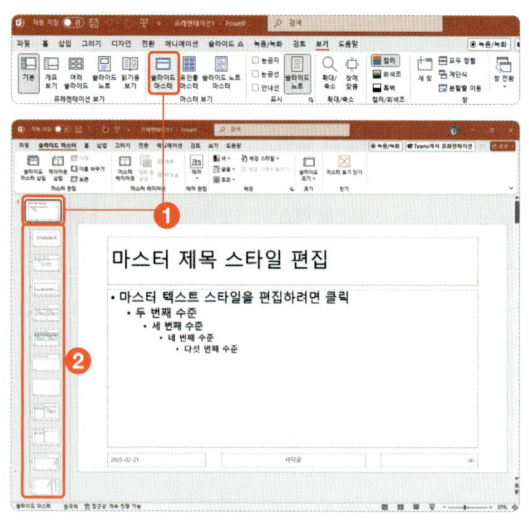

③ 테마 : 통일되고 전문적인 느낌을 표현하는 슬라이드에 적용할 색, 글꼴 및 시각 효과의 집합입니다. 테마를 사용하면 최소한의 노력으로 프레젠테이션을 조화롭게 보이도록 꾸밀 수 있습니다. 미리 디자인된 테마는 기본 보기 상태의 [디자인] 탭에서 제공합니다. 프레젠테이션에서 사용하는 모든 테마에는 슬라이드 마스터와 관련 레이아웃이 포함되어 있습니다. 프레젠테이션에 여러 테마를 사용할 때는 두 개 이상의 슬라이드 마스터와 여러 가지 레이아웃이 생성됩니다.

④ 새 슬라이드 : 슬라이드 마스터에서 디자인한 레이아웃이 표시됩니다. 파워포인트는 기본적으로 형태가 다른 11개의 레이아웃을 제공합니다. 레이아웃은 사용자의 목적에 맞게 슬라이드 마스터에서 더 만들거나 삭제할 수 있습니다.

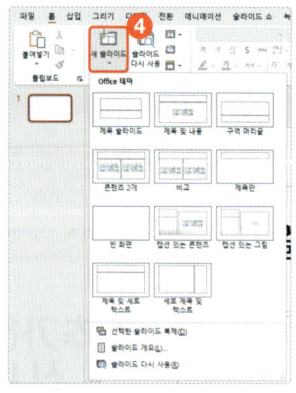

⑤ 슬라이드 레이아웃 : 모든 슬라이드에 표시되는 서식, 위치 및 개체 틀 상자가 포함됩니다. [홈] 탭-[슬라이드] 그룹-[레이아웃]을 클릭하면 나타나는 레이아웃 중 하나를 선택하여 적용합니다. 슬라이드 마스터 보기 상태에서 슬라이드 레이아웃을 변경하고 관리할 수 있습니다. 모든 테마에는 여러 가지 슬라이드 레이아웃이 있어 슬라이드 내용에 가장 적합한 레이아웃을 선택하여 슬라이드를 디자인할 수 있습니다.

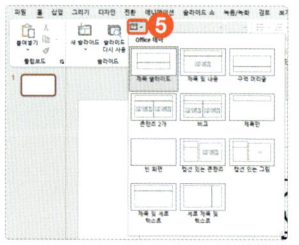

020 제목 슬라이드 배경 서식만 변경하기

실습 파일 2장\020_제목 슬라이드 배경 서식만 변경하기.pptx 완성 파일 2장\020_제목 슬라이드 배경 서식만 변경하기_완성.pptx

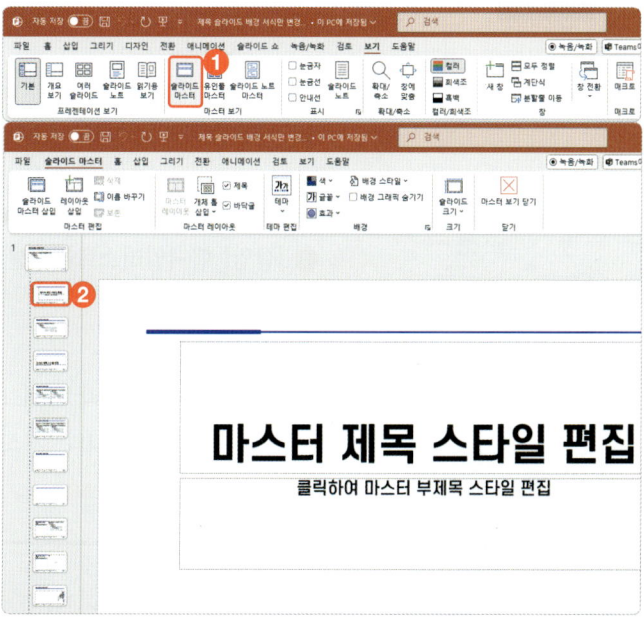

제목 슬라이드 레이아웃 선택하기

01 ① [보기] 탭-[마스터 보기] 그룹-[슬라이드 마스터 ▭] 클릭 ② 슬라이드 축소판 창에서 두 번째 [제목 슬라이드 레이아웃]을 클릭합니다.

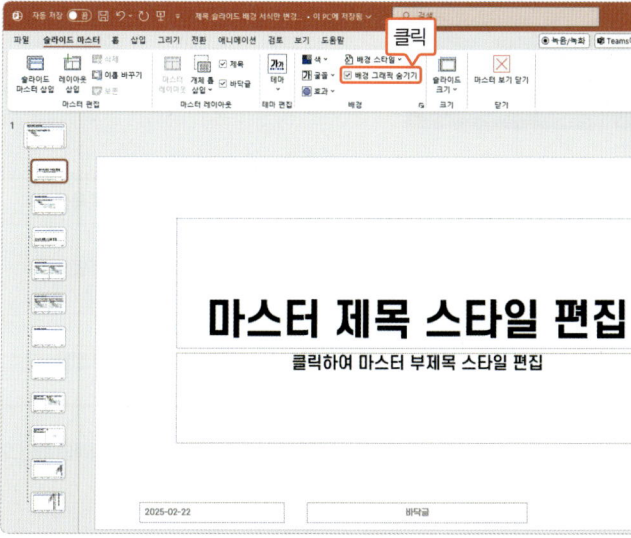

배경 그래픽 숨기기

02 [슬라이드 마스터] 탭-[배경] 그룹-[배경 그래픽 숨기기]에 체크하면 [제목 레이아웃]에서 배경 그래픽이 사라집니다.

이미지 삽입하기

03 ❶ [삽입] 탭-[이미지] 그룹-[그림 🖼] 클릭

❷ [이 디바이스] 클릭

❸ [그림 삽입] 대화상자에서 '아이디어 회의.jpg' 파일 클릭

❹ [삽입]을 클릭합니다. 슬라이드 전체에 이미지가 꽉 차게 보입니다.

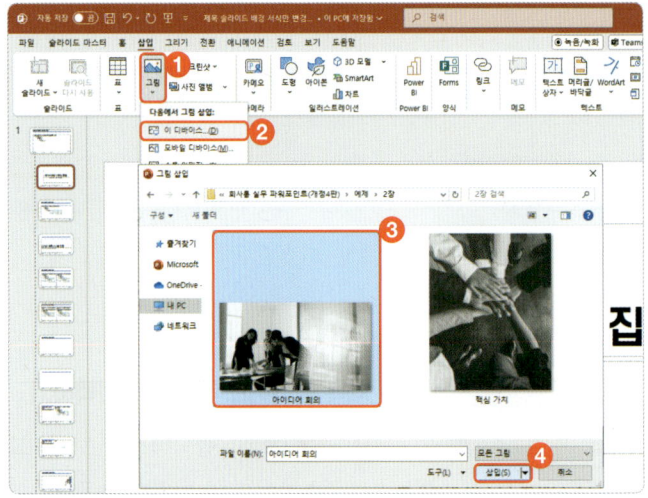

도형 그리기

04 ❶ [삽입] 탭-[일러스트레이션] 그룹-[도형 🔾] 클릭

❷ [직사각형 ▭] 클릭

❸❹ 슬라이드 좌우에 각각 드래그하여 사각형 도형을 그립니다. 서식은 다음 표를 참고합니다.

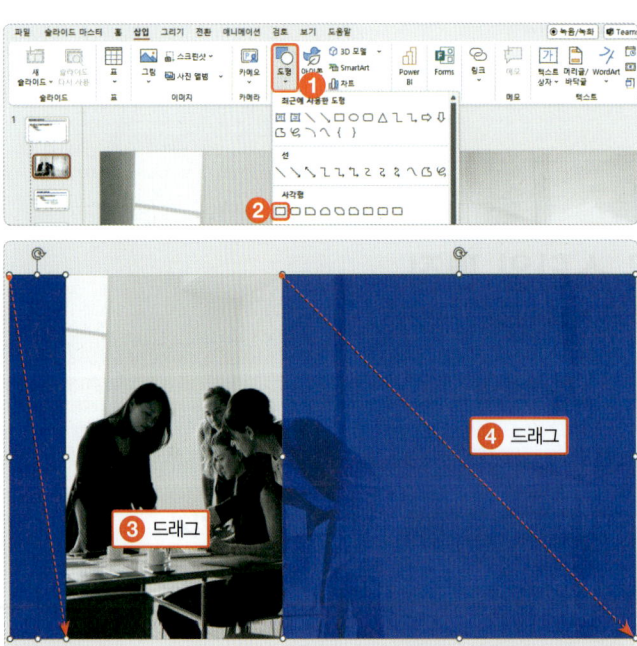

도형	크기		도형 채우기 색상	투명도	도형 윤곽선
왼쪽 사각형	높이	19.05cm	진한 파랑, 강조 1	10%	윤곽선 없음
	너비	3cm			
오른쪽 사각형	높이	19.05cm	진한 파랑, 강조 1	125%	윤곽선 없음
	너비	19cm			

Tip [도형 서식] 탭-[크기] 그룹에서 도형의 높이와 너비를 지정할 수 있습니다. 투명도는 [도형 스타일] 그룹에서 [도형 서식]을 클릭하면 화면 오른쪽에 나타나는 [도형 서식] 작업 창에서 지정할 수 있습니다.

텍스트 개체 틀 편집하기

05 ❶ Ctrl 을 누른 채 이미지와 사각형 두 개를 각각 클릭하여 모두 선택
❷ [도형 서식] 탭-[정렬] 그룹-[뒤로 보내기]의 ▼ 클릭
❸ [맨 뒤로 보내기] 클릭
❹ 제목 레이아웃의 개체 틀이 보입니다. 제목과 부제목 개체 틀만 남기고 아래 나머지 개체 틀은 클릭 후 Delete 를 눌러 각각 삭제합니다.

06 다음 표를 참고하여 개체 틀의 서식과 위치를 변경한 후 내용을 입력하여 제목 슬라이드 레이아웃을 완성합니다.

개체 틀	크기		색상
제목 개체 틀	높이	2.87cm	흰색, 배경 1
	너비	17.91cm	
부제목 개체 틀	높이	1.01cm	흰색, 배경 1
	너비	17.91cm	

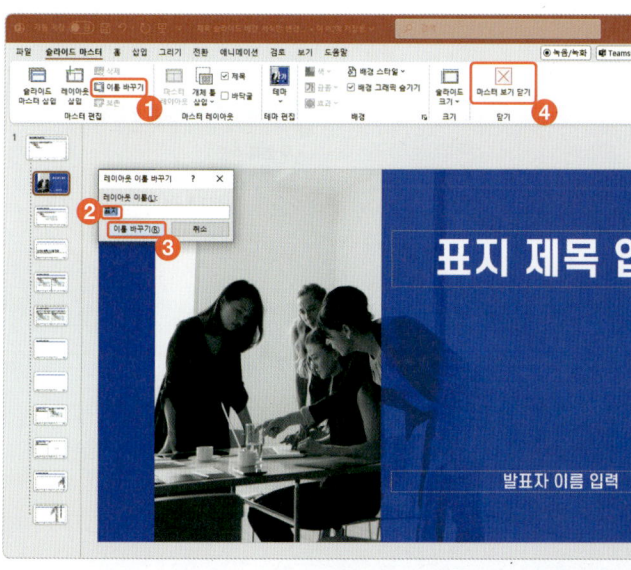

레이아웃 이름 바꾸기

07 ❶ [슬라이드 마스터] 탭-[마스터 편집] 그룹-[이름 바꾸기] 클릭
❷ [레이아웃 이름 바꾸기] 대화상자에서 [레이아웃 이름]을 **표지**로 수정
❸ [이름 바꾸기] 클릭
❹ [슬라이드 마스터] 탭-[닫기] 그룹-[마스터 보기 닫기 ⊠]를 클릭합니다.

08 제목 슬라이드의 배경 서식 변경을 완료합니다.

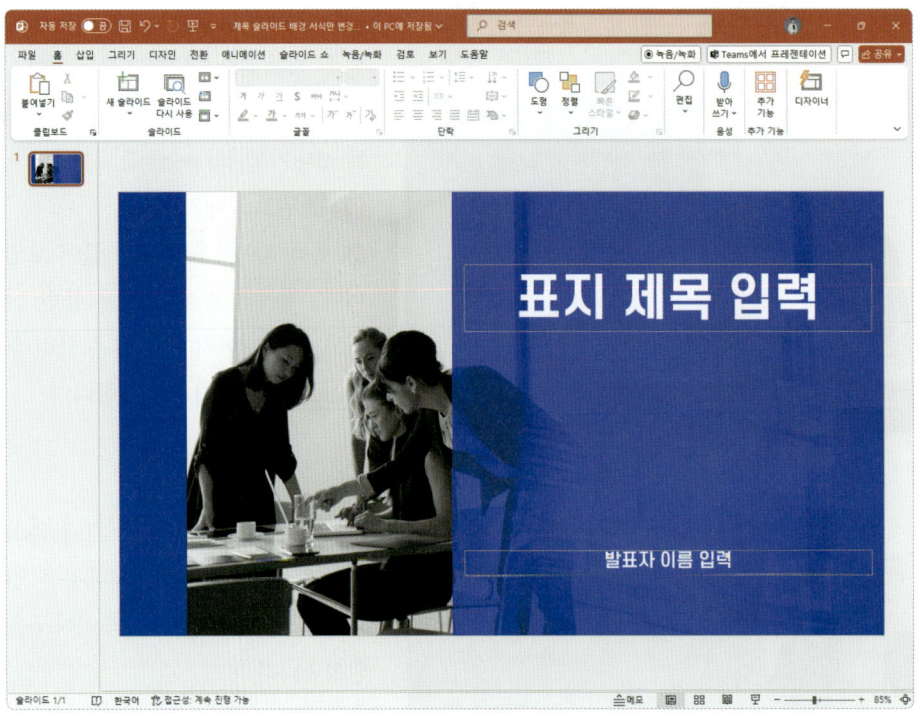

Tip 슬라이드 마스터에서 변경한 대로 적용되지 않으면 [홈] 탭-[슬라이드] 그룹-[레이아웃]을 클릭한 후 [표지]를 클릭합니다.

> **Note** 슬라이드 레이아웃에 텍스트 개체 틀 추가하기
>
> ① [슬라이드 마스터] 탭-[마스터 레이아웃]-[개체 틀 삽입]을 클릭한 후 ② [텍스트]를 클릭합니다. ③ 원하는 위치에 텍스트 개체 틀을 그린 후 서식을 변경하여 사용합니다.
>
>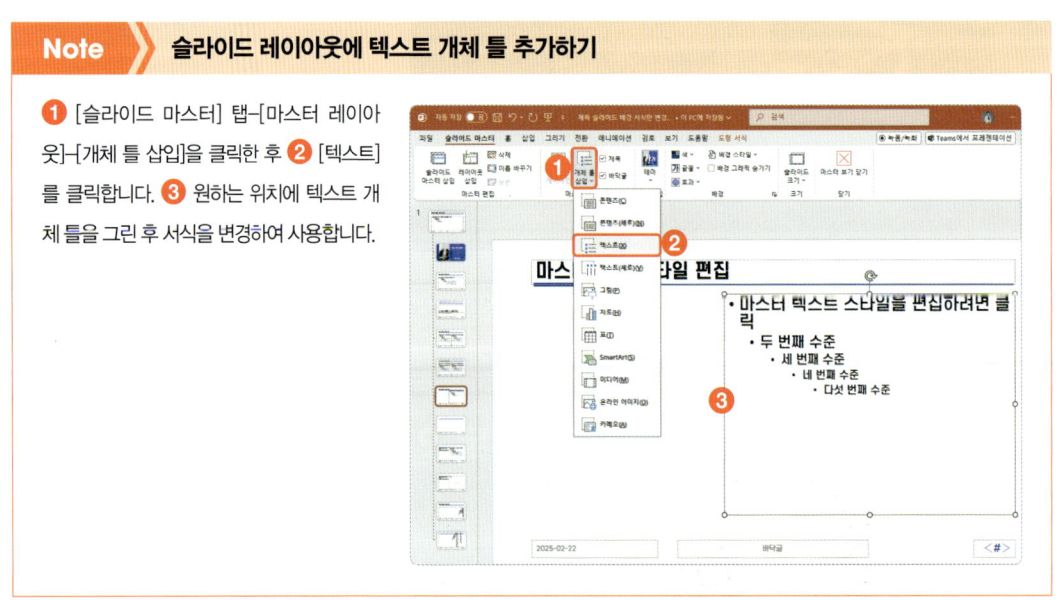

서식 변경한 레이아웃을 슬라이드로 사용하기

실습 파일 2장\021_서식 변경한 레이아웃을 슬라이드로 사용하기.pptx   완성 파일 2장\021_서식 변경한 레이아웃을 슬라이드로 사용하기_완성.pptx

슬라이드 마스터 닫기

01 서식을 변경한 레이아웃을 슬라이드에 적용하기 위해 슬라이드 마스터 보기를 닫아보겠습니다. [슬라이드 마스터] 탭-[닫기] 그룹-[마스터 보기 닫기 ⊠]를 클릭합니다. 기본 보기 화면으로 바뀌었습니다.

개체 틀에 텍스트 입력하기

02 ❶ '표지 제목 입력'이 표시된 개체 틀에 **꿈모닝스쿨 소개** 입력
❷ '발표자 이름 입력'이라고 표시된 개체 틀에 **이화진(꿈모닝스쿨 교장)**을 입력해 표지 슬라이드를 완성합니다.

CHAPTER 02 프레젠테이션 슬라이드 배경 서식 만들기   **077**

레이아웃이 다른 슬라이드 추가하기

03 ❶ [홈] 탭-[슬라이드] 그룹-[새 슬라이드]의 ⌄ 클릭 ❷ [목차], [간지], [내지], [결론], [로고]를 차례대로 클릭합니다. 차례대로 슬라이드가 추가됩니다.

04 추가된 슬라이드의 텍스트 개체틀에 원하는 내용을 입력하여 슬라이드 화면을 완성합니다.

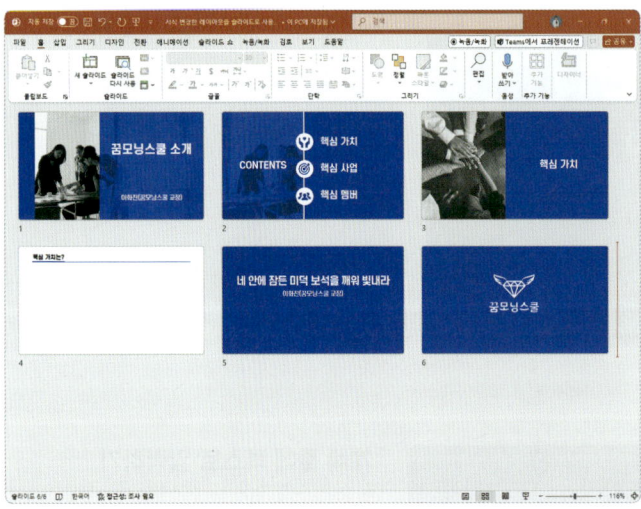

022 슬라이드 번호 삽입하기

실습 파일 2장\022_슬라이드 번호 삽입하기.pptx   완성 파일 2장\022_슬라이드 번호 삽입하기_완성.pptx

슬라이드에 번호 삽입하기

01 원하는 슬라이드의 위치를 쉽게 찾을 수 있도록 슬라이드에 번호를 넣어보겠습니다. [삽입] 탭-[텍스트] 그룹-[슬라이드 번호 ▣]를 클릭합니다. [머리글/바닥글] 대화상자가 나타납니다.

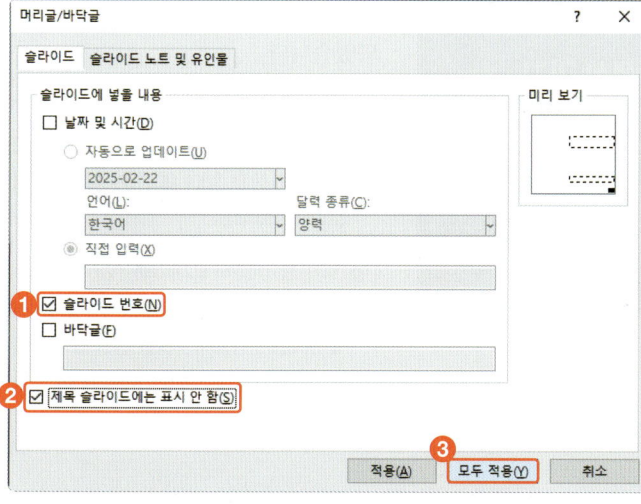

제목 슬라이드에 페이지 번호 표시하지 않기

02 ❶ [머리글/바닥글] 대화상자에서 [슬라이드] 탭-[슬라이드 번호]에 체크
❷ [제목 슬라이드에는 표시 안 함]에 체크
❸ [모두 적용]을 클릭합니다.

Tip 첫 번째 제목 슬라이드를 제외한 모든 슬라이드의 오른쪽 아래에 슬라이드 번호가 나타납니다.

▲ 목차 레이아웃

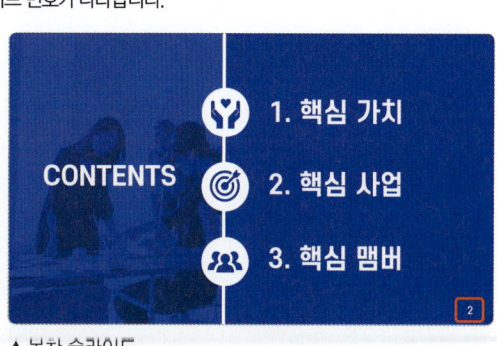

▲ 목차 슬라이드

CHAPTER 02 프레젠테이션 슬라이드 배경 서식 만들기

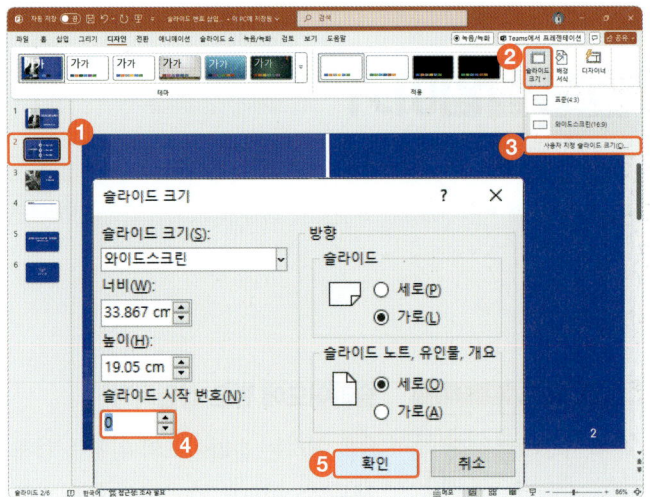

[2번 슬라이드]의 시작 번호가 1이 되도록 수정하기

03 슬라이드 축소판 창을 살펴보면 제목 슬라이드부터 슬라이드 번호가 '1'로 표시되어 [2번 슬라이드]는 '2'로 표시됩니다. [2번 슬라이드]가 '1'로 표시되도록 수정해보겠습니다.

❶ [2번 슬라이드] 클릭
❷ [디자인] 탭-[사용자 지정] 그룹-[슬라이드 크기 □] 클릭
❸ [사용자 지정 슬라이드 크기] 클릭
❹ [슬라이드 크기] 대화상자의 [슬라이드 시작 번호]에 **0** 입력
❺ [확인]을 클릭합니다.

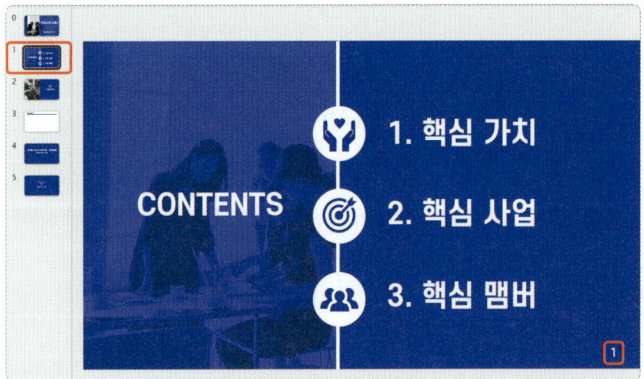

04 [2번 슬라이드]의 오른쪽 아래에 있는 슬라이드 번호가 '1'로 변경되었습니다.

Tip 첫 번째 제목 슬라이드의 슬라이드 번호는 '0'입니다. 그러나 이번 실습에서는 [제목 슬라이드에는 표시 안 함]에 체크했기 때문에 '0'이 보이지 않습니다.

Tip [보기] 탭-[마스터 보기] 그룹-[슬라이드 마스터]를 클릭한 후 슬라이드 번호 개체 틀의 서식 및 위치를 변경합니다. 글꼴, 글꼴 크기, 글꼴 색 등을 원하는 대로 변경할 수 있습니다.

023 새 테마 저장하기

실습 파일 2장\023_새 테마 저장하기.pptx 완성 파일 2장\023_새 테마 저장하기_완성.pptx

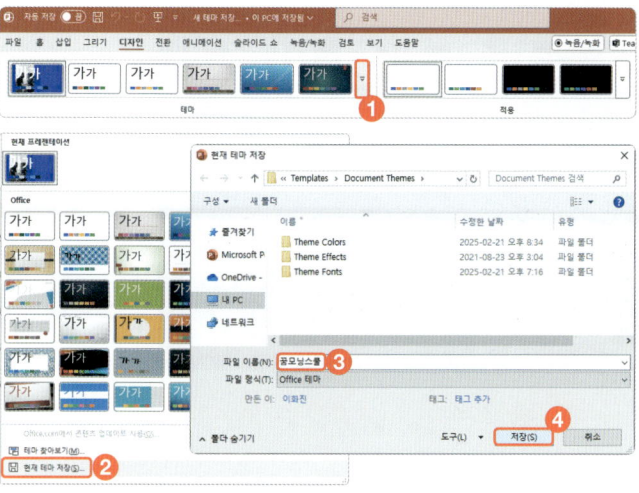

새 테마 저장하기

01 ❶ [디자인] 탭-[테마] 그룹-[자세히 ▽] 클릭

❷ [현재 테마 저장] 클릭

❸ [현재 테마 저장] 대화상자에서 [파일 이름]에 **꿈모닝스쿨** 입력

❹ [저장]을 클릭합니다.

Tip 새 테마는 기본적으로 Microsoft\Templates 경로의 [Document Themes] 폴더 내에 저장됩니다.

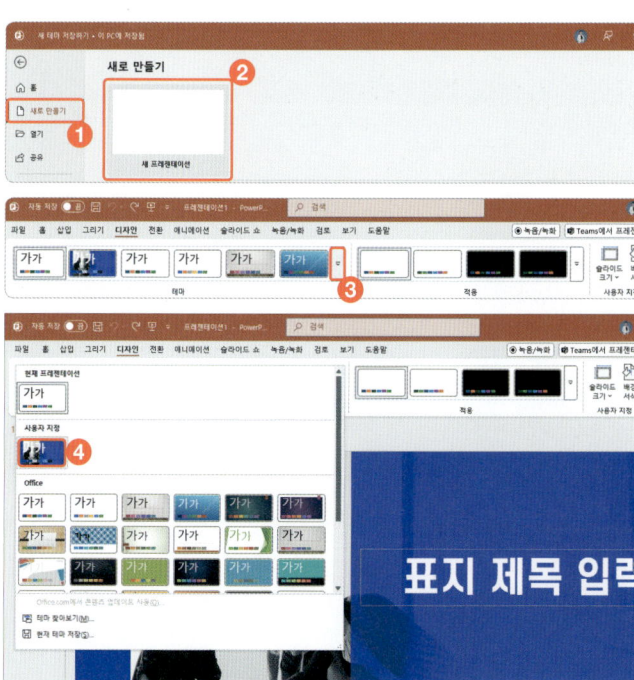

새로 저장한 테마 적용하기

02 새 프레젠테이션을 만들고 [꿈모닝스쿨]이라는 테마를 적용해보겠습니다.

❶ [파일] 탭-[새로 만들기 🗋] 클릭

❷ [새 프레젠테이션] 클릭

❸ [디자인] 탭-[테마] 그룹-[자세히 ▽] 클릭

❹ [사용자 지정] 항목에서 [꿈모닝스쿨] 테마를 클릭하면 새 프레젠테이션에 [꿈모닝스쿨] 테마가 적용됩니다.

03 [홈] 탭-[새 슬라이드]의 를 클릭하면 [꿈모닝스쿨] 테마가 적용된 레이아웃을 확인할 수 있습니다.

 # 기존 테마를 활용한 템플릿 만들기

실습 파일 2장\혼자해보기\기존 테마를 활용한 템플릿 만들기.pptx **완성 파일** 2장\혼자해보기\기존 테마를 활용한 템플릿 만들기_완성.pptx

예제 설명 및 완성 화면

프레젠테이션에서 템플릿을 만들어 적용하면 전체적인 디자인에서 통일감을 줄 수 있습니다. 템플릿은 주제에 맞게 처음부터 하나하나 만들면 좋지만 초보자에게는 어려울 수 있습니다. 이때 기본으로 제공되는 테마를 활용하면 좋습니다. 새 프레젠테이션에 테마를 적용한 후 슬라이드 마스터에서 테마 글꼴, 테마 색을 변경합니다. 불필요한 개체를 삭제하고 필요한 개체를 삽입해 템플릿을 완성합니다. 슬라이드 마스터에서는 필요 없는 레이아웃을 삭제할 수 있습니다. 템플릿에 대표적으로 사용되는 표지와 내지를 만들어보겠습니다.

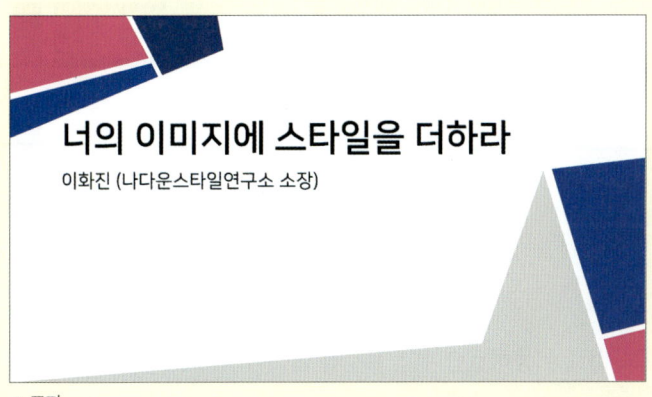
▲ 표지

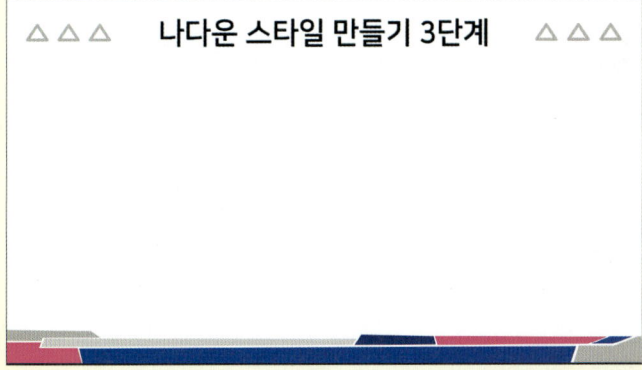
▲ 내지

01 테마 적용하기

1 새 프레젠테이션에서 [디자인] 탭-[테마] 그룹-[자세히 ▼] 클릭 2 테마 목록에서 [교육 테마]를 클릭합니다.

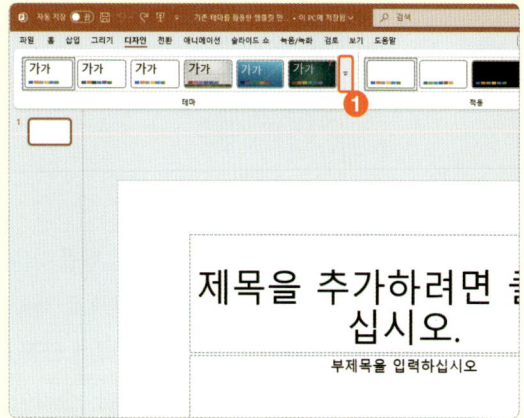

Tip 교육 테마가 보이지 않는다면 [파일] 탭-[새로 만들기]를 클릭한 후 [온라인 서식 파일 및 테마 검색창]에서 **교육**을 입력하고 검색합니다. 나타나는 테마 중 [교육 테마]를 클릭하고 [만들기]를 클릭합니다.

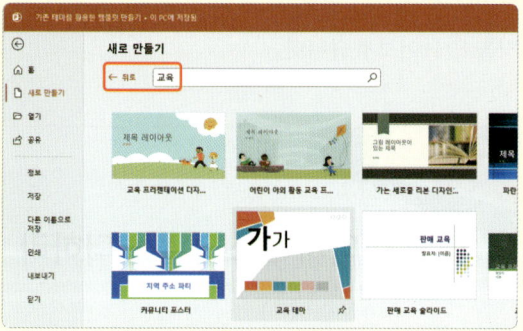

02 적용된 테마 편집하기

테마를 편집하기 위해 [슬라이드 마스터 보기]로 이동하겠습니다. [보기] 탭-[마스터 보기] 그룹-[슬라이드 마스터 ▣]를 클릭합니다.

03 테마 글꼴 변경하기

❶ [슬라이드 마스터] 탭-[배경] 그룹-[글꼴[가]] 클릭 ❷ [글꼴 사용자 지정] 클릭 ❸ [새 테마 글꼴 만들기] 대화상자가 나타나면 다음과 같이 테마 글꼴을 변경 ❹ [저장]을 클릭합니다.

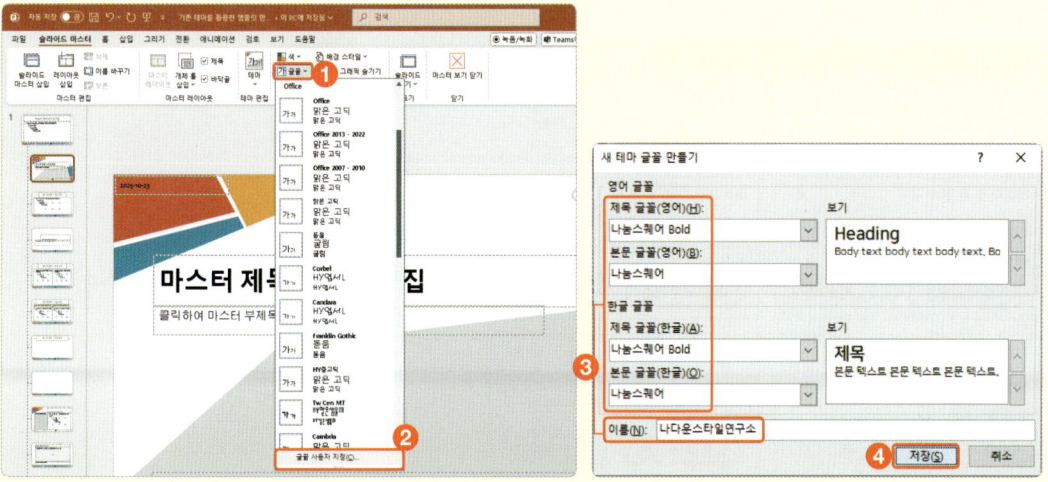

04 테마 색 변경하기

❶ [슬라이드 마스터] 탭-[배경] 그룹-[색■] 클릭 ❷ [색 사용자 지정] 클릭 ❸ [새 테마 색 만들기] 대화상자가 나타나면 다음과 같이 테마 색을 변경 ❹ [저장]을 클릭합니다.

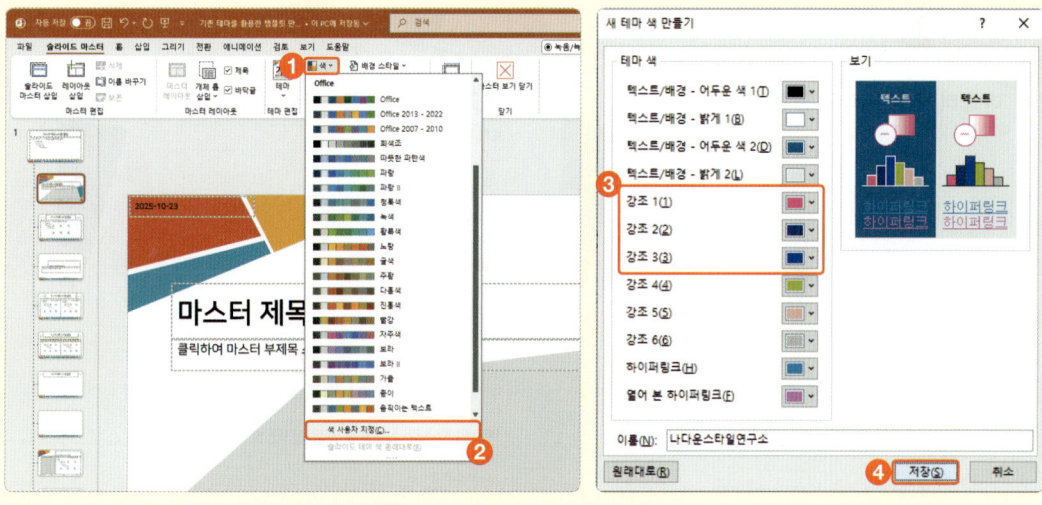

Tip 테마 색의 '강조 1, 강조 2, 강조 3'은 RGB 값을 다음과 같이 설정해주세요.

강조1	빨강(R) : 237, 녹색(G) : 0, 파랑(B) : 130
강조2	빨강(R) : 59, 녹색(G) : 35, 파랑(B) : 123
강조3	빨강(R) : 24, 녹색(G) : 70, 파랑(B) : 156

05 사용자 레이아웃 이름 변경하기

[제목 슬라이드]와 [제목 및 내용] 레이아웃의 이름을 변경하겠습니다. [제목 슬라이드] 레이아웃이 선택된 상태에서 ❶ [슬라이드 마스터] 탭–[마스터 편집] 그룹–[이름 바꾸기 🗐] 클릭 ❷ '제목 슬라이드'를 **표지**로 변경 ❸ '제목 및 내용'을 **내지**로 변경합니다.

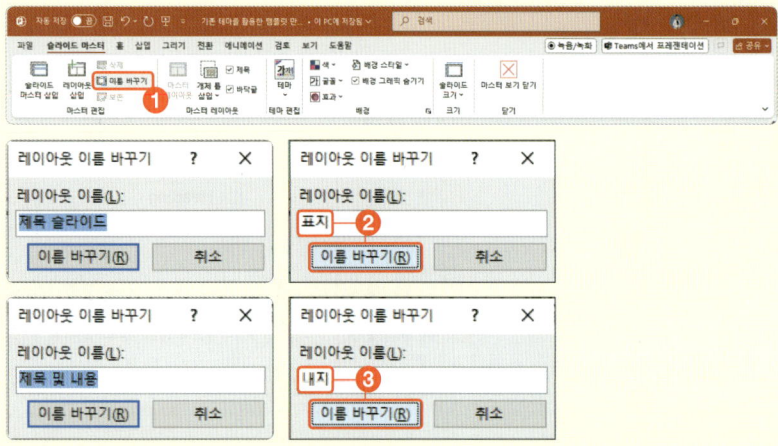

06 사용자 레이아웃 디자인 변경하기

❶ [표지] 레이아웃의 개체 틀 및 도형을 그림과 같이 수정 ❷ [내지] 레이아웃도 같은 방법으로 디자인을 변경합니다.

▲ [표지 레이아웃] 변경 전   ▲ [표지 레이아웃] 변경 후

▲ [내지 레이아웃] 변경 전   ▲ [내지 레이아웃] 변경 후

Tip 도형의 모양을 자유롭게 변경하려면 도형을 선택하고 [도형 서식] 탭-[도형 삽입] 그룹-[도형 편집]-[점 편집 []]을 클릭해 점 편집 모드로 전환합니다. 검은색 조절점을 드래그하여 도형의 모양을 변경합니다.

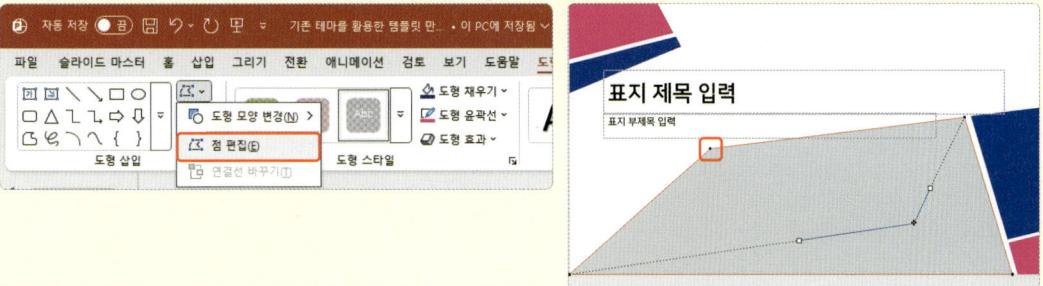

07 슬라이드 마스터 닫기

❶ 표지와 내지 레이아웃을 제외한 나머지 레이아웃은 Delete 를 눌러 모두 삭제 ❷ [슬라이드 마스터] 탭-[닫기] 그룹-[마스터 보기 닫기 ⊠]를 클릭합니다.

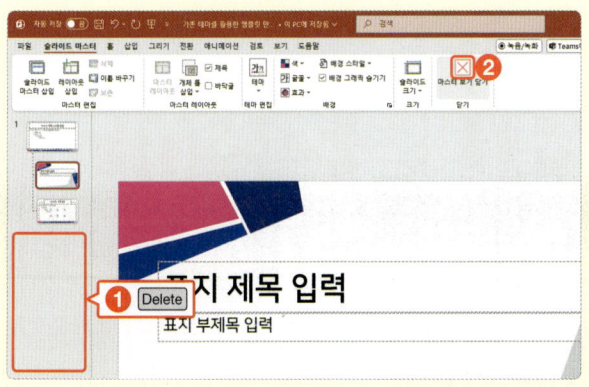

08 잘 만든 레이아웃을 슬라이드에 사용하기

❶ [홈] 탭-[슬라이드] 그룹-[새 슬라이드]의 클릭 ❷ [내지] 레이아웃 클릭 ❸ 다시 [표지] 슬라이드 클릭 ❹ 다음과 같이 내용을 수정하여 슬라이드를 완성합니다.

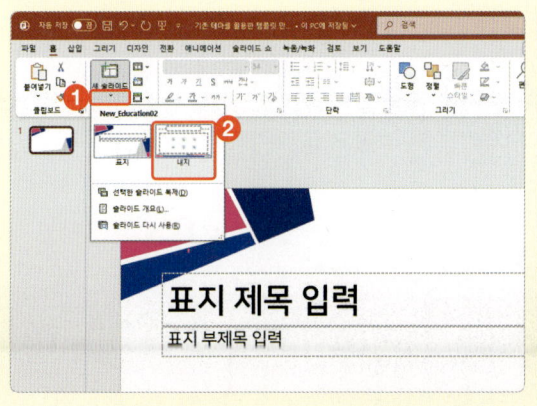 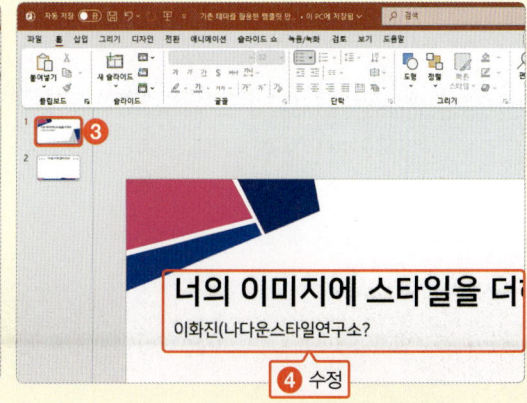

CHAPTER 03

프레젠테이션 내용 작성하고 서식 지정하기

024 슬라이드에 텍스트 입력하기

실습 파일 3장\024_슬라이드에 텍스트 입력하기.pptx 완성 파일 3장\024_슬라이드에 텍스트 입력하기_완성.pptx

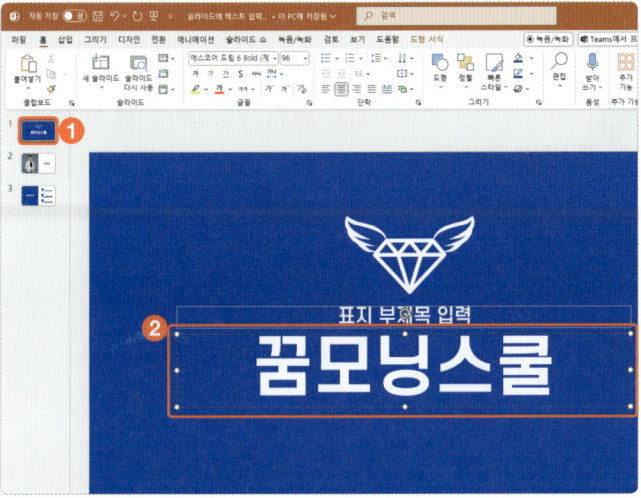

개체 틀에 텍스트 입력하기

01 ① [1번 슬라이드] 클릭
② '표지 제목 입력'이라는 텍스트가 쓰여 있는 텍스트 개체 틀에 **꿈모닝스쿨**을 입력합니다.

Tip 개체 틀에서 텍스트를 편집할 때 사용하는 단축키
- Ctrl + Enter : 다음 개체 틀로 이동, 마지막 개체 틀일 경우 새 슬라이드를 생성
- Tab 또는 Alt + Shift + → : 수준 낮추기
- Tab + Shift 또는 Alt + Shift + ← : 수준 높이기

텍스트 상자에 텍스트 입력하기

02 ① [2번 슬라이드] 클릭
② [삽입] 탭-[텍스트] 그룹-[텍스트 상자 가]의 ▼ 클릭
③ [가로 텍스트 상자 그리기]를 클릭합니다.

03 텍스트를 입력할 위치를 클릭한 후 생성되는 텍스트 상자에 **꿈모닝스쿨 교장**을 입력합니다.

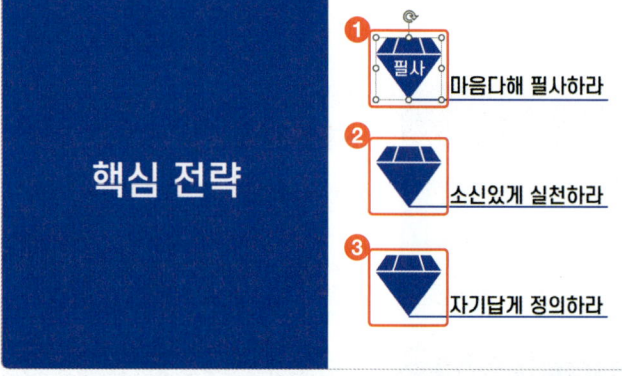

도형에 텍스트 입력하기
04 ❶ [3번 슬라이드]의 첫 번째 다이아몬드 모양 도형에 **필사** 입력
❷ 두 번째 다이아몬드 모양 도형에 **실천** 입력
❸ 마지막 다이아몬드 모양 도형에 **정의**를 입력하여 완성합니다.

> **Note** 한글을 한자로 변경하기
>
> 한자로 변환하고자 하는 단어 뒤에 커서를 두거나 드래그한 후 키보드의 한자를 누릅니다. 원하는 한자를 선택하면 한글이 한자로 변경되는 것을 확인할 수 있습니다.
>
>

> **Note** 특수 문자를 입력하려면 어떻게 해야 하나요?

[삽입] 탭-[기호] 그룹-[기호]를 클릭합니다. [기호] 대화상자에서 원하는 기호를 선택한 후 [삽입]을 클릭하면 기호가 입력됩니다. 단축키로 기호를 입력하려면 Alt + N + U 를 누릅니다. 단축키를 입력할 때 커서는 텍스트 창 내에 활성화되어 있어야 합니다.

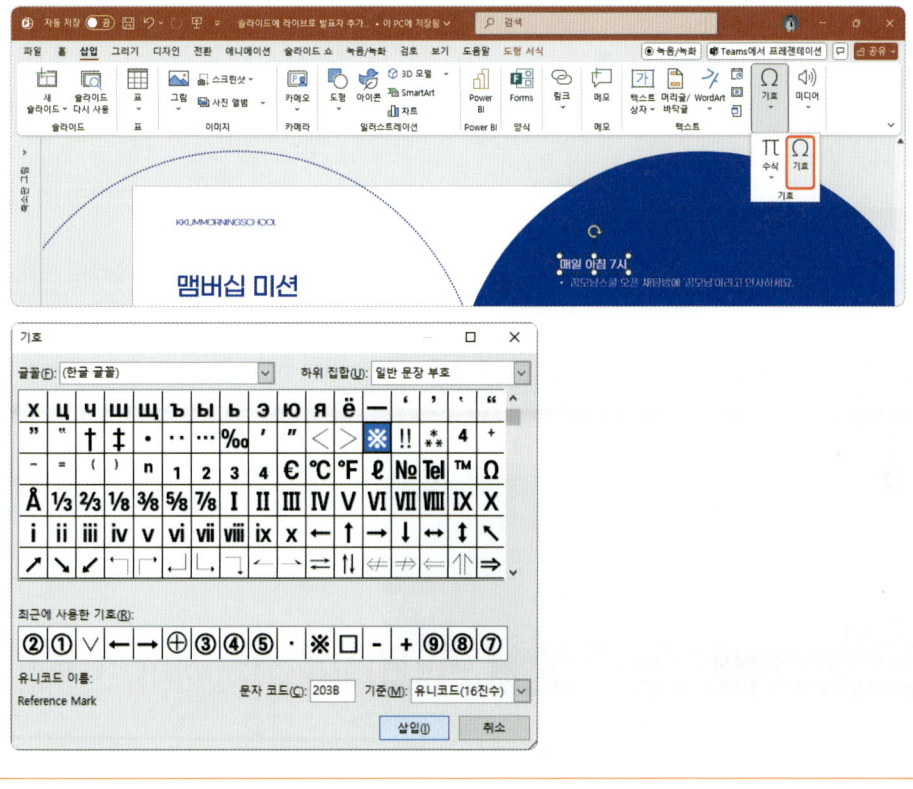

우선순위 025 글꼴, 글꼴 크기, 글꼴 색 변경하기

실습 파일 3장\025_글꼴, 글꼴 크기, 글꼴 색 변경하기.pptx 완성 파일 3장\025_글꼴, 글꼴 크기, 글꼴 색 변경하기_완성.pptx

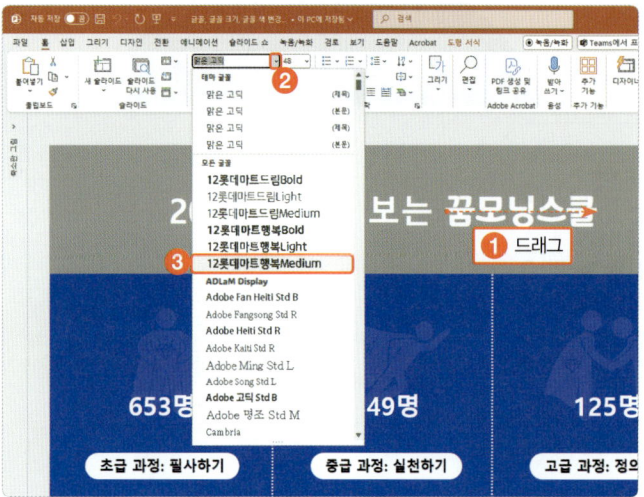

글꼴 변경하기

01 ❶ '꿈모닝스쿨' 텍스트 드래그
❷ [홈] 탭-[글꼴] 그룹-[글꼴]의 ⌄ 클릭
❸ [12롯데마트행복Medium]을 클릭합니다. 텍스트가 선택한 글꼴로 변경됩니다.

Note 무료 폰트를 다운로드해 파워포인트에서 사용하기

윈도우 운영체제에 포함되어 있지 않으나 인터넷에서 무료로 다운로드하여 사용할 수 있는 폰트가 많습니다. 직접 폰트명을 검색할 수도 있지만 무료 한글 폰트 사이트 눈누(https://noonnu.cc)를 활용하면 원하는 폰트를 더 쉽고 빠르게 찾을 수 있습니다. 해당 사이트에 접속하여 폰트명을 입력해 검색하거나 원하는 문구를 입력하여 제시되는 폰트 중 하나를 선택해 다운로드합니다.

다운로드한 폰트는 컴퓨터에서 [제어판]-[모양 및 개인 설정]-[글꼴] 폴더에 넣어줍니다.

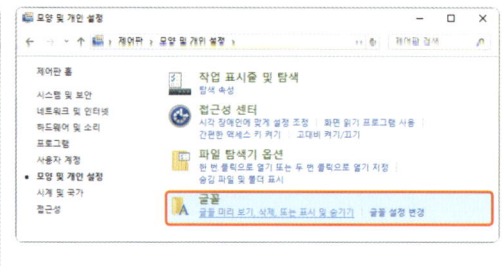

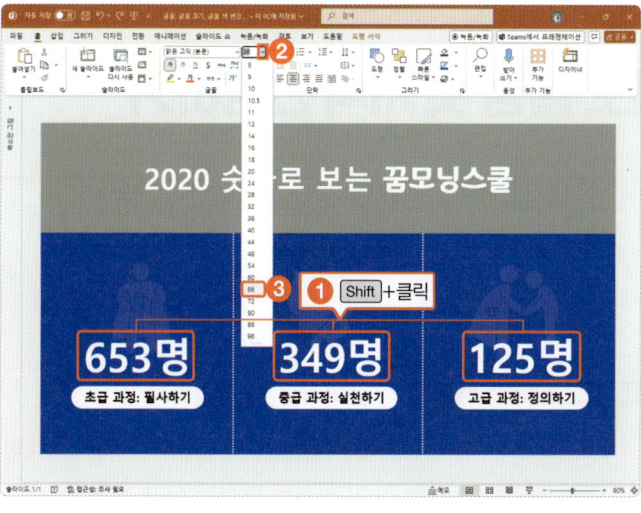

글꼴 크기 변경하기

02 ❶ Shift 를 누른 상태에서 '653명', '349명', '125명' 클릭

❷ [홈] 탭-[글꼴] 그룹-[글꼴 크기]의 ⌄ 클릭

❸ [66]을 클릭합니다.

Tip 글꼴 크기 조절 단축키
- 글꼴 크게 : Ctrl + Shift + >
- 글꼴 작게 : Ctrl + Shift + <

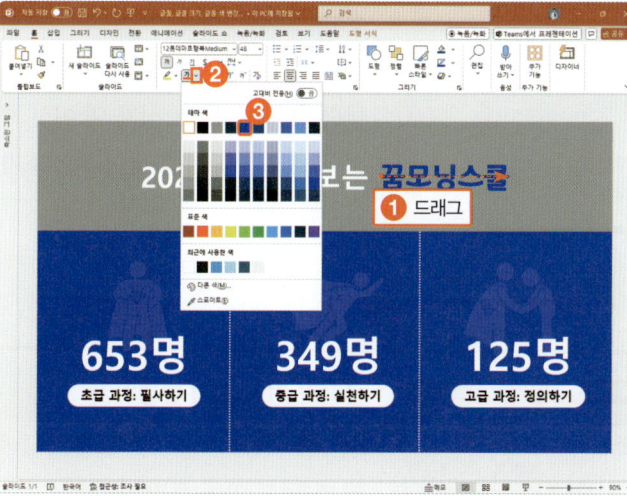

글꼴 색 변경하기

03 ❶ '꿈모닝스쿨' 텍스트 드래그

❷ [홈] 탭-[글꼴] 그룹-[글꼴 색 가]의 ⌄ 클릭

❸ [테마 색]-[진한 파랑, 강조 1]을 클릭합니다. 텍스트의 색이 변경됩니다.

CHAPTER 03 프레젠테이션 내용 작성하고 서식 지정하기

026 글머리 기호 설정 및 서식 변경하기

실습 파일 3장\026_글머리 기호 설정 및 서식 변경하기.pptx   완성 파일 3장\026_글머리 기호 설정 및 서식 변경하기_완성.pptx

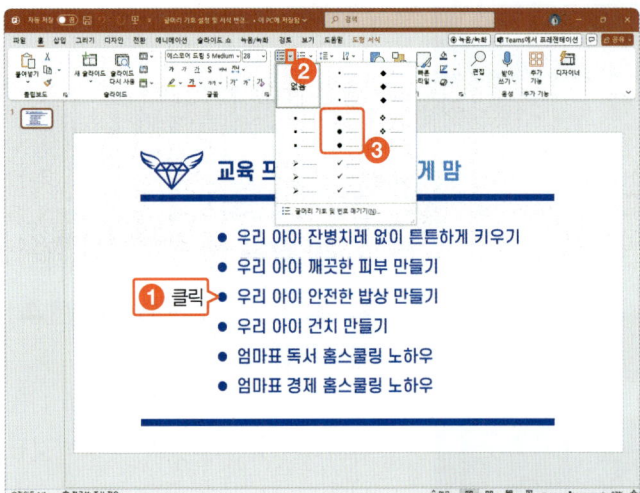

글머리 기호 삽입하기

01 ① 여섯 개의 교육 프로그램명이 입력된 텍스트 상자 클릭
② [홈] 탭-[단락] 그룹-[글머리 기호]의 클릭
③ [속이 찬 큰 둥근 글머리 기호]를 클릭합니다. 텍스트 상자 내 여섯 개의 프로그램명 앞에 글머리 기호가 삽입됩니다.

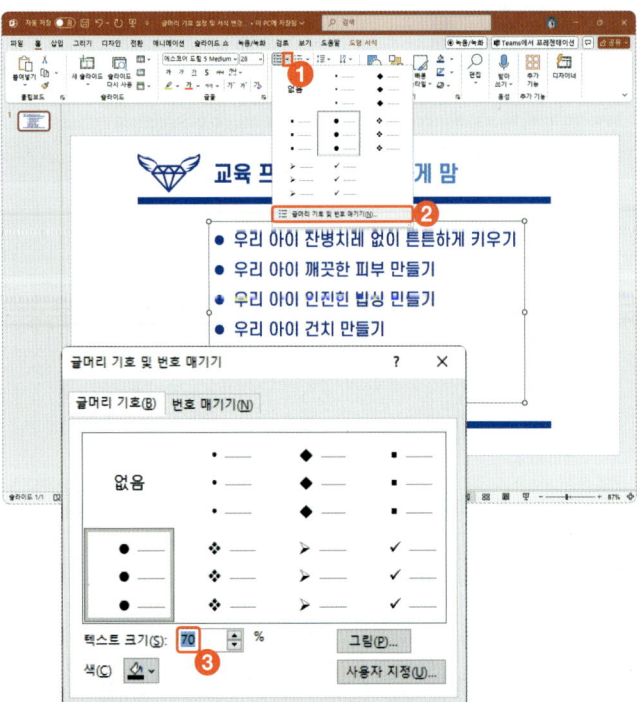

글머리 기호 크기 변경하기

02 ① [홈] 탭-[단락] 그룹-[글머리 기호]의 클릭
② [글머리 기호 및 번호 매기기]를 클릭
③ [글머리 기호 및 번호 매기기] 대화상자에서 [텍스트 크기]에 **70** 입력
④ [확인]을 클릭합니다. 글머리 기호의 크기가 변경됩니다.

Note 글머리 기호를 그림으로 변경하기

① [글머리 기호 및 번호 매기기] 대화상자에서 [글머리 기호] 탭-[그림]을 클릭합니다. ② [그림 삽입] 대화상자에서 [파일에서]를 클릭하고 원하는 그림을 불러온 후 [삽입]을 클릭하면 불러온 그림이 글머리 기호로 삽입됩니다.

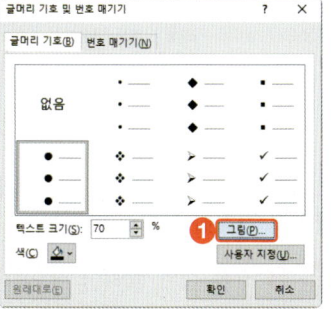
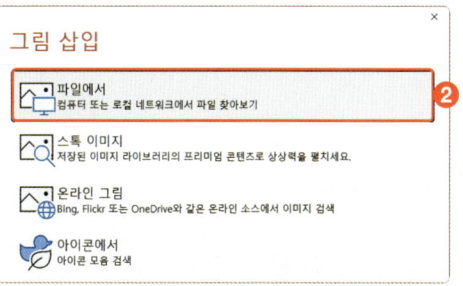

Note 글머리 기호를 원하는 기호로 변경하기

① [글머리 기호 및 번호 매기호] 대화상자에서 원하는 기호 머리 기호로 삽입됩니다.

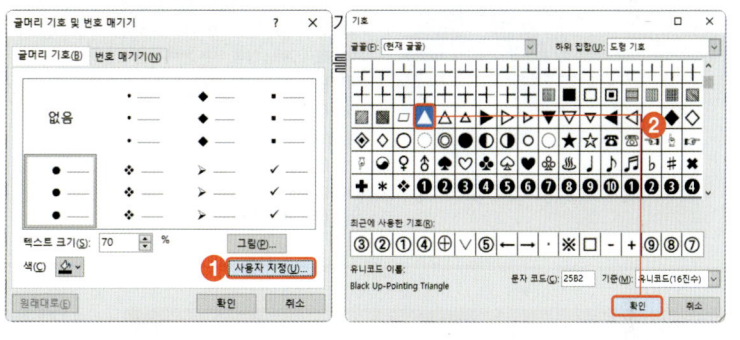

글머리 기호와 텍스트 사이의 간격 조정하기

03 텍스트의 시작 위치를 조절하면 글머리 기호와 텍스트 사이의 간격을 조정할 수 있습니다.

① [보기] 탭-[표시] 그룹-[눈금자] 체크

② 간격을 조정할 텍스트 드래그

③ 상단 눈금자에 있는 [내어쓰기]를 눈금자의 1까지 드래그합니다. 글머리 기호와 텍스트 사이의 간격이 좁아집니다.

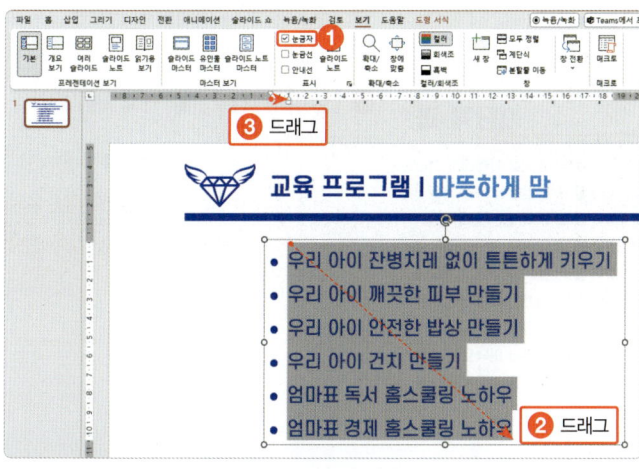

Tip 내어쓰기와 들여쓰기 아이콘 알아보기
- **첫 줄 들여쓰기** ▽ : 글머리 기호와 번호 매기기의 시작 위치를 지정합니다.
- **내어쓰기** △ : 글머리 기호 뒤에 텍스트 위치를 지정합니다.
- **왼쪽 들여쓰기** ☐ : 첫 줄 들여쓰기와 내어쓰기 두 개의 아이콘 간격을 유지한 상태에서 이동할 수 있습니다.

027 글머리 기호를 번호로 변경하기

실습 파일 3장\027_글머리 기호를 번호로 변경하기.pptx   완성 파일 3장\027_글머리 기호를 번호로 변경하기_완성.pptx

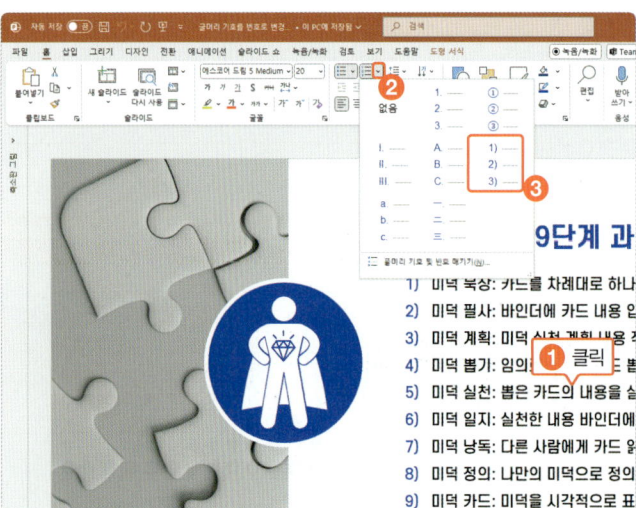

글머리 기호를 번호로 변경하기

01 ❶ 아홉 개의 글머리 기호가 적용된 텍스트 상자 클릭

❷ [홈] 탭-[단락] 그룹-[번호 매기기]의 ⌄ 클릭

❸ [1) 2) 3)]을 클릭합니다. 글머리 기호가 번호로 변경됩니다.

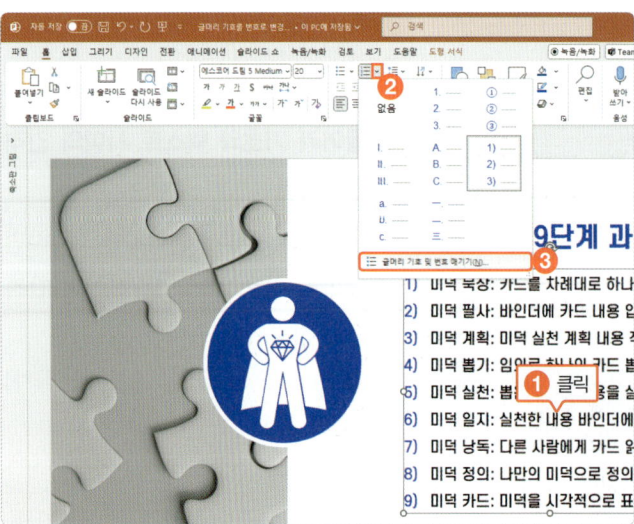

시작 번호 변경하기

02 ❶ 텍스트 상자 클릭

❷ [홈] 탭-[단락] 그룹-[번호 매기기]의 ⌄ 클릭

❸ [글머리 기호 및 번호 매기기]를 클릭합니다.

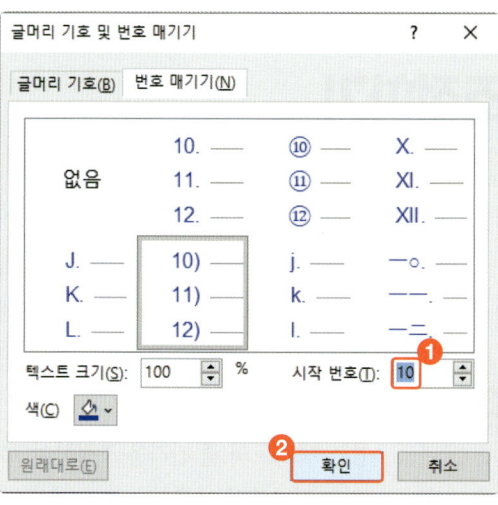

03 ❶ [글머리 기호 및 번호 매기기] 대화상자에서 [번호 매기기] 탭-[시작 번호]에 **10** 입력 ❷ [확인]을 클릭합니다.

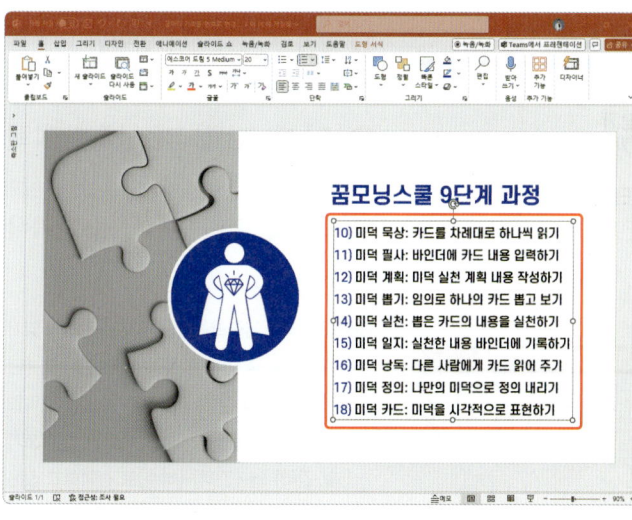

04 시작 번호가 '10'으로 변경됩니다.

028 줄 및 단락 간격 조정하기

실습 파일 3장\028_줄 및 단락 간격 조정하기.pptx   완성 파일 3장\028_줄 및 단락 간격 조정하기_완성.pptx

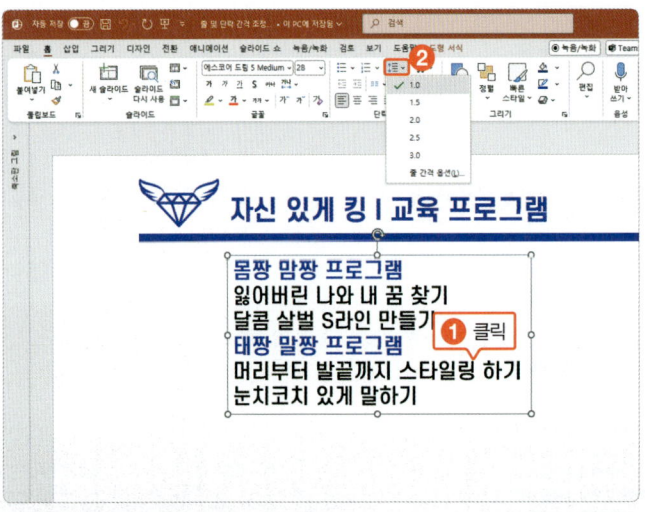

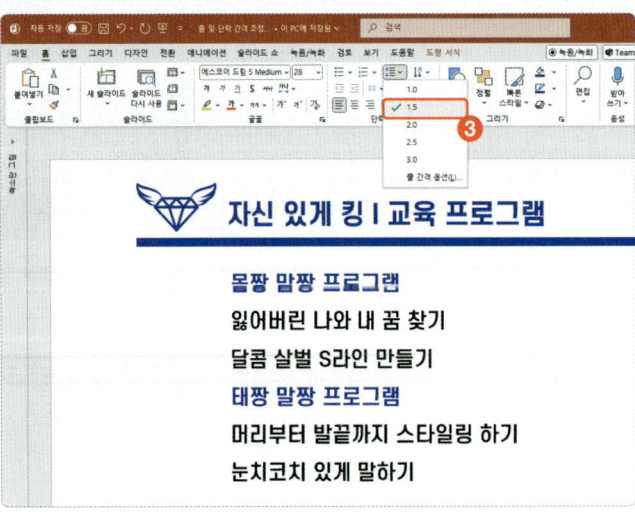

줄 간격 넓히기

01 텍스트의 줄 간격을 조정하여 교육 프로그램의 분류와 프로그램별 내용을 보기 좋게 수정해보겠습니다.

❶ 교육 프로그램이 입력된 텍스트 상사 클릭

❷ [홈] 탭-[단락] 그룹-[줄 간격] 클릭

❸ [1.5]를 클릭합니다. 줄 간격이 넓어집니다.

Tip 줄 간격은 글꼴의 120% 정도 설정하면 읽기 편합니다. 줄 간격을 설정하려면 [홈] 탭-[단락] 그룹-[줄 간격]-[줄 간격 옵션]을 클릭합니다. [단락] 대화상자가 나타나면 [들여쓰기 및 간격] 탭-[간격]-[배수]로 선택하고 값은 [1.2]로 설정한 후 [확인]을 클릭합니다.

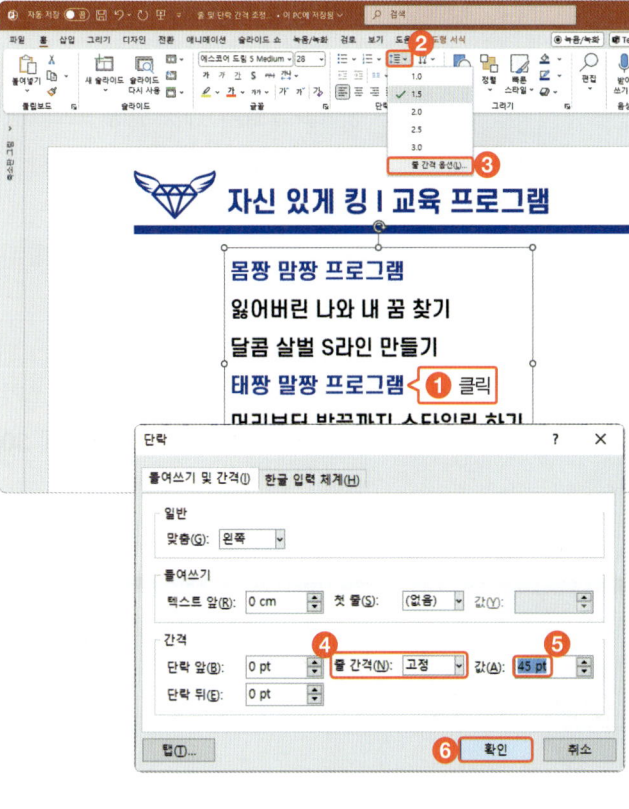

세밀하게 줄 간격 조정하기

02 ❶ 텍스트 상자 클릭
❷ [홈] 탭-[단락] 그룹-[줄 간격] 클릭
❸ [줄 간격 옵션] 클릭
❹ [단락] 대화상자의 [들여쓰기 및 간격] 탭-[간격]-[줄 간격]을 [고정] 으로 선택
❺ [값]에 **45** 입력
❻ [확인]을 클릭합니다.

Tip [줄 간격]을 [고정]으로 설정하면 포인트(pt) 값으로 세밀하게 조정할 수 있습니다. 값이 글꼴 크기보다 작은 경우 줄이 겹쳐 보일 수 있으므로 주의합니다.

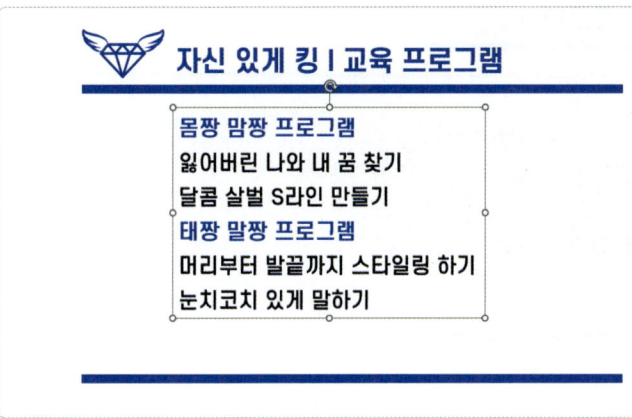

03 텍스트 상자의 줄 간격이 적당하게 줄어들었습니다.

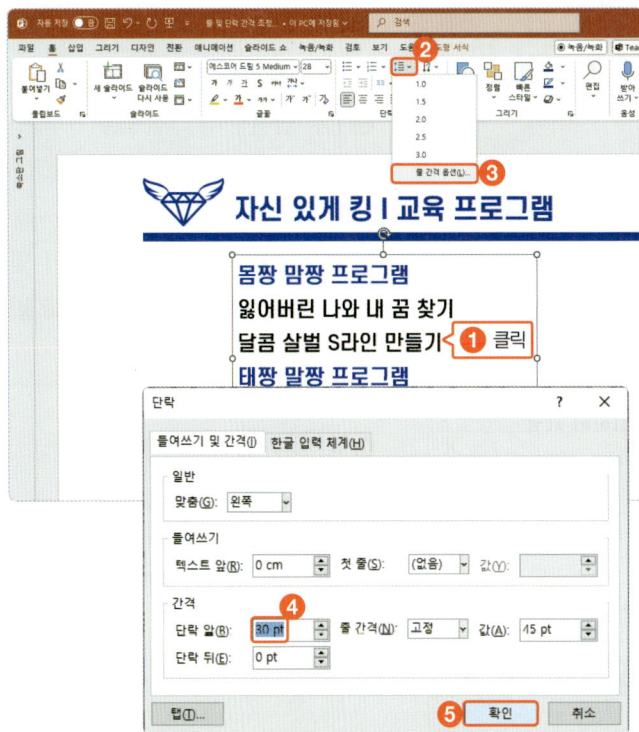

단락 간격 조정하기

04 단락 간격을 조정하여 '몸짱 맘짱 프로그램'과 '태짱 말짱 프로그램'의 하위 항목을 구분해보겠습니다.

❶ 텍스트 상자 클릭
❷ [홈] 탭-[단락] 그룹-[줄 간격] 클릭
❸ [줄 간격 옵션] 클릭
❹ [단락] 대화상자에서 [들여쓰기 및 간격] 탭-[간격]-[단락 앞]에 **30** 입력
❺ [확인]을 클릭합니다.

Tip 선택한 텍스트에서 마우스 오른쪽 버튼을 클릭한 후 [단락]을 클릭해도 [단락] 대화상자가 나타납니다.

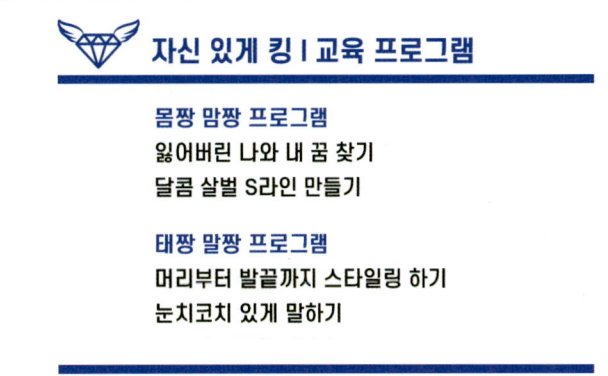

05 단락 간격이 넓어져 구분이 더욱 뚜렷해졌습니다.

Tip 줄을 바꾸는 단축키는 Shift + Enter, 단락을 바꾸는 단축키는 Enter 입니다.

029 목록 수준 조정하기

실습 파일 3장\029_목록 수준 조정하기.pptx   완성 파일 3장\029_목록 수준 조정하기_완성.pptx

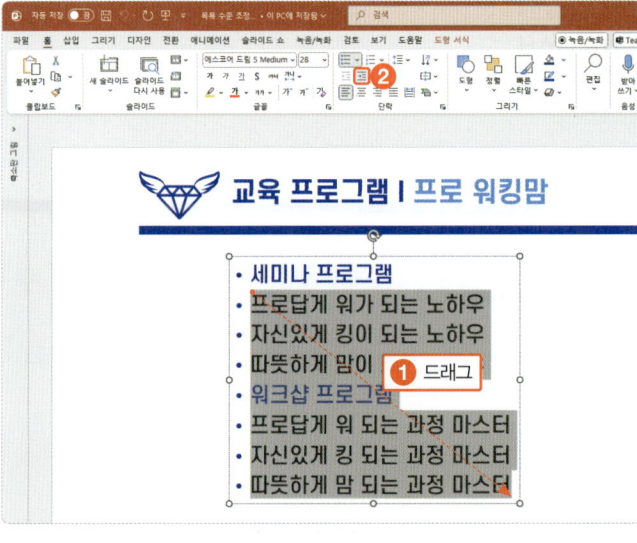

들여쓰기

01 ① '세미나 프로그램' 아래 있는 내용을 모두 드래그하여 선택 ② [홈] 탭-[단락] 그룹-[목록 수준 늘림 ]을 클릭합니다.

02 '세미나 프로그램'을 제외한 내용이 한 칸씩 들여쓰기되었습니다.

Tip 들여쓰기 단축키는 Tab 입니다.

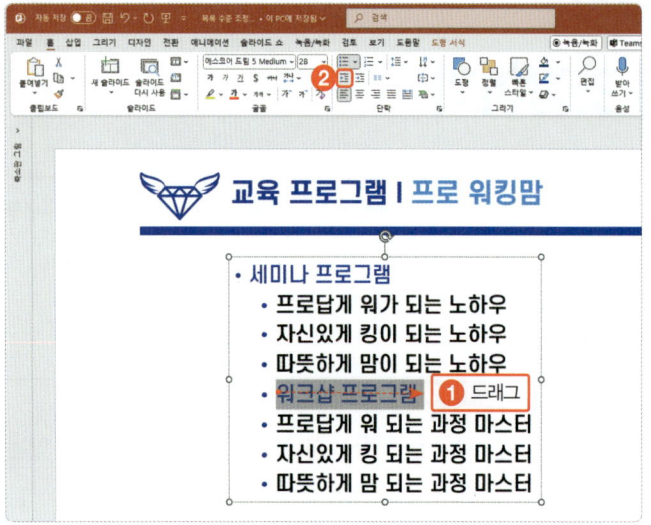

내어쓰기

03 '워크샵 프로그램'은 제목 역할을 하므로 다시 한 칸 앞으로 나오게 하여 아래 내용과 구분해보겠습니다.

❶ '워크샵 프로그램' 드래그

❷ [홈] 탭-[단락] 그룹-[목록 수준 줄임]을 클릭합니다.

04 '워크샵 프로그램'이 내어쓰기 되었습니다.

Tip 내어쓰기 단축키는 Shift + Tab 입니다.

030 프레젠테이션 전체 글꼴 한번에 바꾸기

실습 파일 3장\030_프레젠테이션 전체 글꼴 한번에 바꾸기.pptx
완성 파일 3장\030_프레젠테이션 전체 글꼴 한번에 바꾸기_완성.pptx

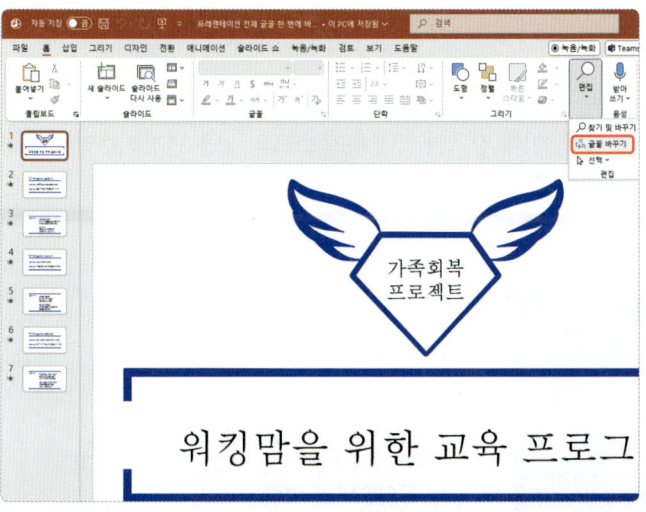

들여쓰기

01 프레젠테이션 전체에 바탕 글꼴이 사용되었습니다. 바탕 글꼴을 나눔바른고딕 글꼴로 변경해보겠습니다. [홈] 탭-[편집] 그룹-[글꼴 바꾸기]를 클릭하면 [글꼴 바꾸기] 대화상자가 나타납니다.

Tip 파워포인트 창의 너비가 좁으면 [편집] 그룹이 별도의 아이콘 메뉴 로 표시됩니다. [글꼴 바꾸기]가 바로 나타나지 않으면 [찾기 및 바꾸기]의 를 클릭해 [글꼴 바꾸기]를 클릭합니다.

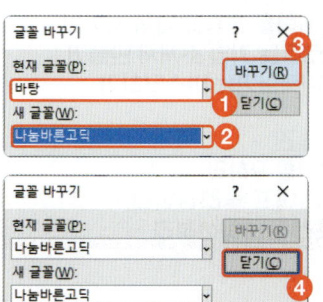

02 ❶ [글꼴 바꾸기] 대화상자에서 [현재 글꼴]을 [바탕]으로 선택
❷ [새 글꼴]을 [나눔바른고딕]으로 선택
❸ [바꾸기]를 클릭합니다.
❹ [현재 글꼴]이 [나눔바른고딕]으로 바뀐 것을 확인할 수 있습니다. [닫기]를 클릭합니다.

Tip 나눔바른고딕 글꼴이 컴퓨터에 설치되어 있지 않다면 [새 글꼴]에서 다른 글꼴을 선택해 실습을 진행합니다.

03 프레젠테이션 전체 글꼴이 나눔바른고딕 글꼴로 변경되었습니다.

텍스트를 활용한 슬라이드 디자인하기

실습 파일 3장\혼자해보기\텍스트를 활용한 슬라이드 디자인하기.pptx
완성 파일 3장\혼자해보기\텍스트를 활용한 슬라이드 디자인하기_완성.pptx

예제 설명 및 완성 화면

텍스트는 내용을 전달하는 가장 기본적인 요소입니다. 텍스트가 많은 경우에는 단락 및 줄 간격을 조정해 내용을 보다 효과적으로 전달할 수 있습니다. 이때 강조하고 싶은 텍스트의 색을 변경해주면 가독성이 높아집니다.

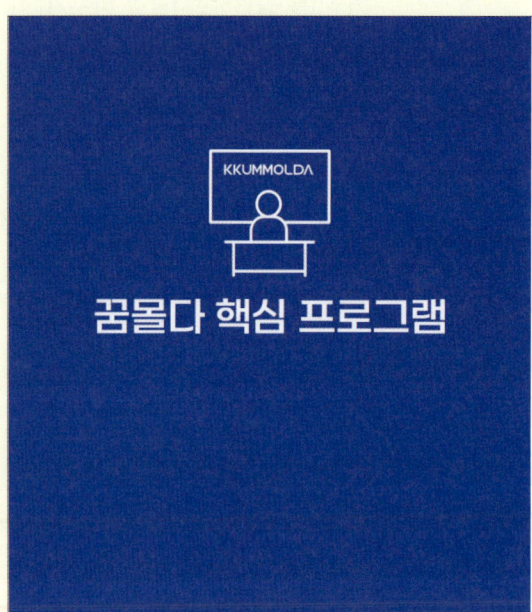

01 도형에 텍스트 입력하기

❶ 파란색 사각형 클릭 ❷ **꿈몰다 핵심 프로그램** 입력 ❸ 입력한 텍스트를 드래그해 선택 ❹ [글꼴 크기]를 [36]으로 변경 ❺ [굵게 가]를 적용합니다.

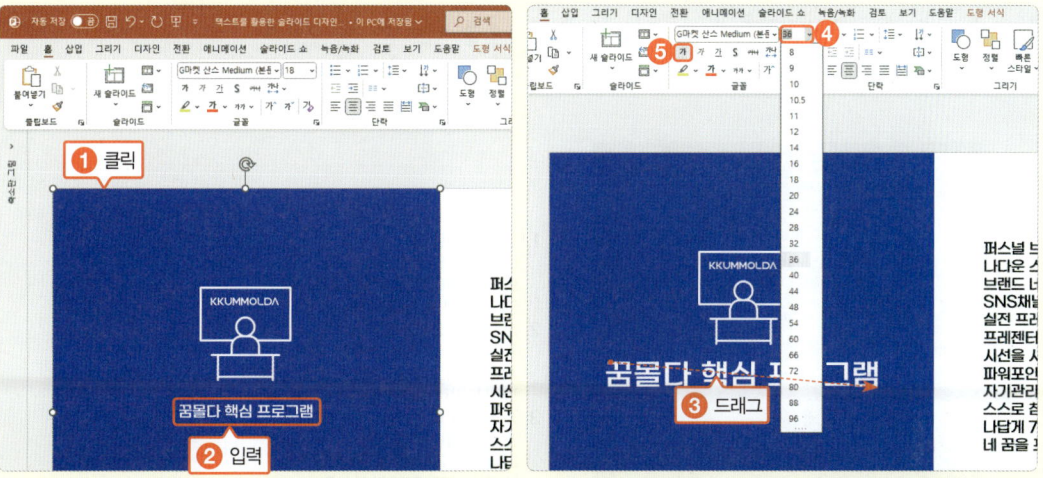

02 번호 매기기

화면 오른쪽의 상세 내용을 번호 목록을 매겨 구분해보겠습니다. ❶ 텍스트 상자 클릭 ❷ [홈] 탭-[단락] 그룹-[번호 매기기]의 ▼ 클릭 ❸ [1. 2. 3.] 형식을 클릭합니다.

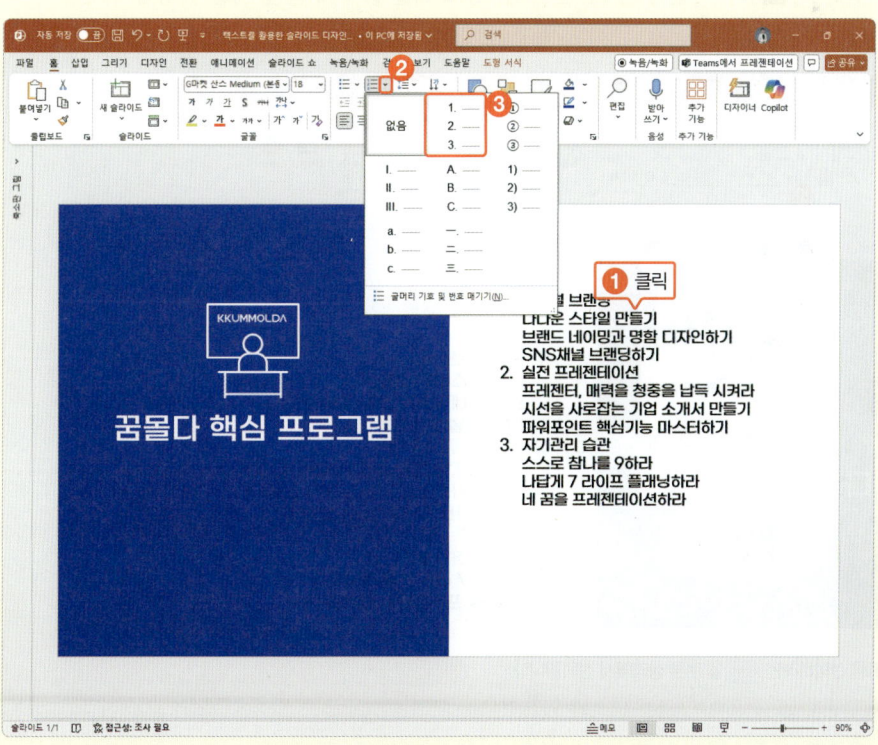

CHAPTER 03 프레젠테이션 내용 작성하고 서식 지정하기 **105**

03 글꼴 크기 및 스타일 변경하기

텍스트 상자가 선택된 상태에서 [글꼴 크기]를 [22]로 변경합니다.

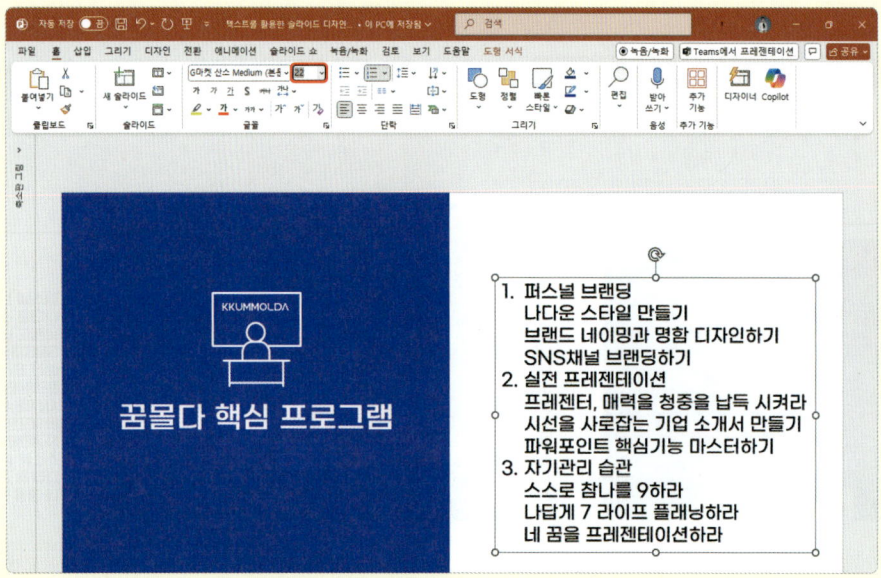

04 글꼴 색 변경하기

① Ctrl 을 누른 상태에서 각각 '퍼스널 브랜딩', '실전 프레젠테이션', '자기관리 습관'을 드래그 ② [홈] 탭-[글꼴] 그룹-[글꼴 색 가]의 ▼클릭 ③ [진한 파랑, 강조 1]을 클릭해 글꼴 색을 변경합니다.

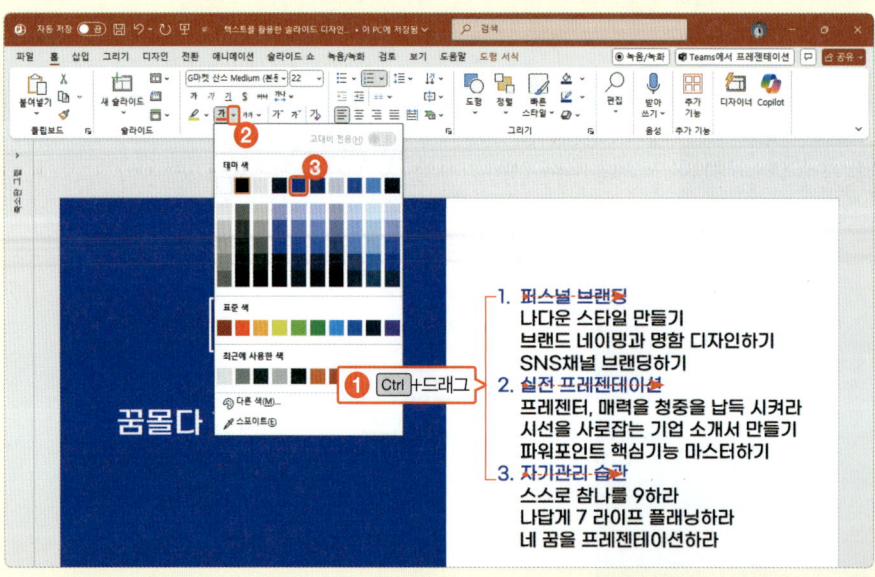

Tip 떨어져 있는 텍스트를 선택하려면 Ctrl 을 누른 상태에서 선택합니다.

05 단락 간격 조정하기

내용 구분을 위해 단락 간격을 변경하겠습니다. ❶ [홈] 탭-[단락] 그룹-[단락]] 클릭 ❷ [단락] 대화 상자가 나타나면 [들여쓰기 및 간격] 탭에서 [간격]-[단락 앞]을 [24pt]로 변경 ❸ [확인]을 클릭합니다. 읽기 편한 텍스트 화면이 완성됩니다.

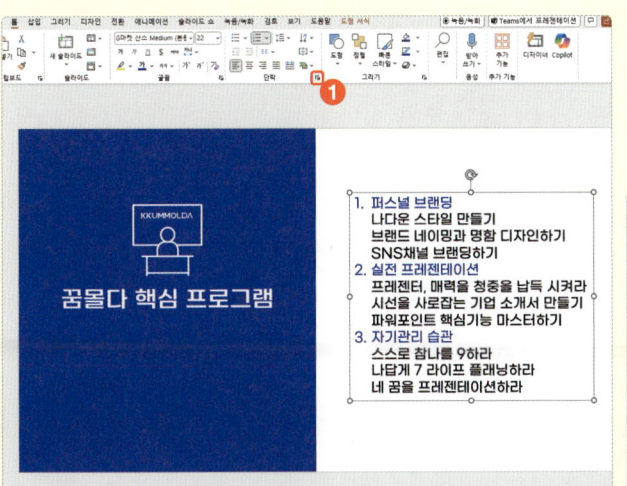

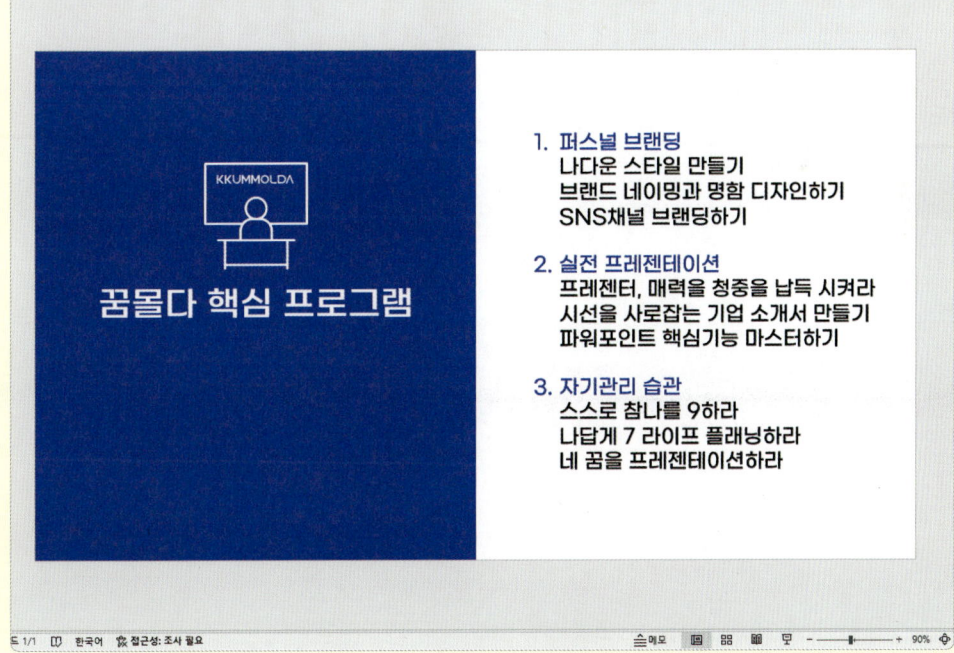

CHAPTER 04

프레젠테이션 시각화 및 서식 지정하기

우선순위
031 원 그리고 서식 지정하기

실습 파일 4장\031_원 그리고 서식 지정하기.pptx 완성 파일 4장\031_원 그리고 서식 지정하기_완성.pptx

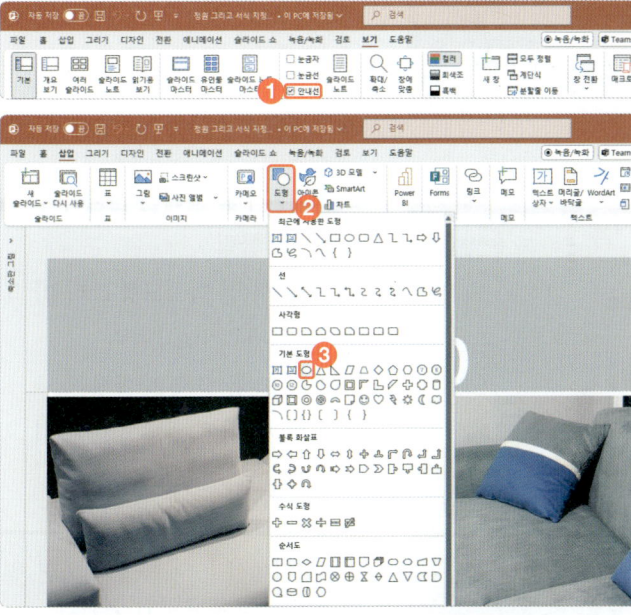

슬라이드에 원 그리기

01 '2020 Furniture Interior' 뒤쪽으로 원을 그리기 위해 화면에 가로와 세로 안내선을 표시하고 두 개의 안내선이 교차하는 지점이 원의 중심이 되도록 그려보겠습니다.

❶ [보기] 탭-[표시] 그룹-[안내선]에 체크

❷ [삽입] 탭-[일러스트레이션] 그룹-[도형] 클릭

❸ [타원 ○]을 클릭합니다.

02 Ctrl + Shift 를 누른 상태에서 안내선 교차점 바깥쪽으로 드래그하여 텍스트를 감싸도록 원을 그립니다.

Tip 정사각형, 원과 같이 비율이 일정한 정다각형을 그릴 때는 Shift 를 누른 상태에서 도형을 그리고, 드래그를 시작하는 지점이 도형의 중심이 되게 하려면 Ctrl 을 누른 상태에서 도형을 그립니다. Ctrl 과 Shift 를 같이 누른 상태에서 드래그하면 드래그 시작 지점이 중심인 정다각형이 그려집니다.

도형 순서 바꾸기

03 ❶ 원 클릭

❷ [도형 서식] 탭-[정렬] 그룹-[뒤로 보내기] 클릭

❸ 한 번 더 [뒤로 보내기]를 클릭합니다. 원이 텍스트보다 뒤로 보내지면서 텍스트가 나타납니다.

도형 채우기 및 윤곽선 변경하기

04 ❶ 원 클릭

❷ [도형 서식] 탭-[도형 스타일] 그룹-[도형 채우기] 클릭

❸ [진한 보라, 강조 2] 클릭

❹ [도형 서식] 탭-[도형 스타일] 그룹-[도형 윤곽선] 클릭

❺ [흰색, 배경 1] 클릭

❻ [두께]에서 [6pt]를 클릭하면 원의 채우기 색과 윤곽선 서식이 변경됩니다.

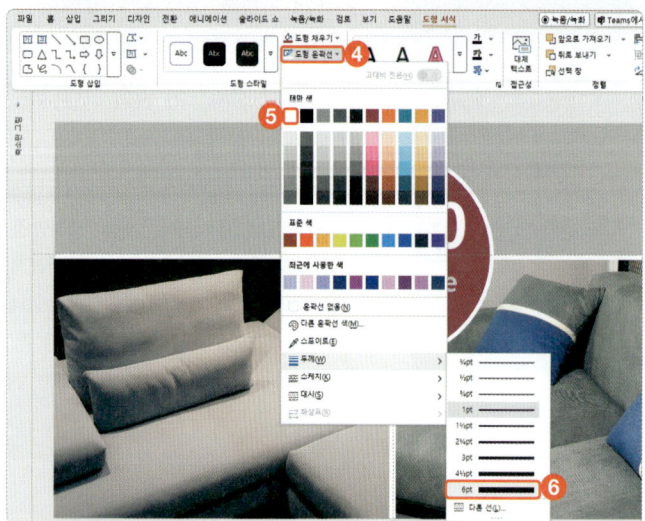

> **Note** 같은 도형을 반복해서 그리기

같은 도형을 반복해서 그릴 때는 그리려고 하는 도형 위에서 마우스 오른쪽 버튼을 클릭한 후 [그리기 잠금 모드]를 클릭하여 실행합니다. 선택한 도형이 반복적으로 그려지는 것을 확인할 수 있습니다. 해제하려면 Esc 를 누릅니다.

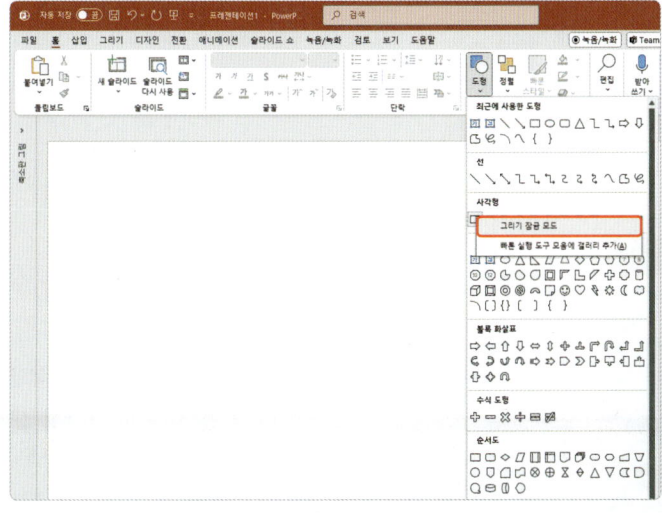

032 여러 도형을 병합하여 새로운 도형 만들기

실습 파일 4장\032_여러 도형을 병합하여 새로운 도형 만들기.pptx   완성 파일 4장\032_여러 도형을 병합하여 새로운 도형 만들기_완성.pptx

도형 다중 선택하기

01 ❶ 집 모양을 이루고 있는 삼각형 클릭

❷ Ctrl 을 누른 상태에서 사각형을 클릭합니다. 삼각형과 사각형 도형이 모두 선택됩니다.

Tip 도형을 다중 선택할 때는 Shift 를 눌러도 됩니다.

도형 병합하기

02 ❶ [도형 서식] 탭-[도형 삽입] 그룹-[도형 병합 ⊘] 클릭

❷ [통합]을 클릭합니다. 삼각형과 사각형이 병합되어 집 모양 도형으로 변경됩니다.

Tip 도형 병합 작업에서는 다중 선택할 때 가장 먼저 선택한 도형의 서식을 따릅니다. 흰색 집 모양을 만들기 위해서는 흰색 삼각형을 먼저 선택해야 합니다.

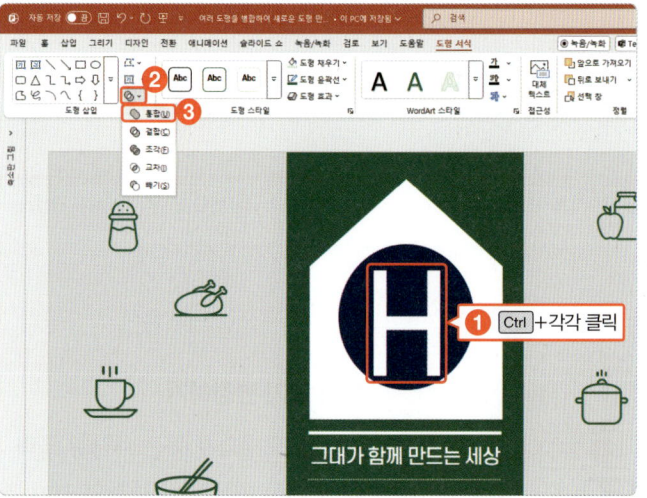

03 ① Ctrl 을 누른 상태에서 H 모양을 이루고 있는 직사각형 세 개를 각각 클릭

② [도형 서식] 탭-[도형 삽입] 그룹-[도형 병합 ◎] 클릭

③ [통합]을 클릭합니다. 세 개의 직사각형이 병합되어 H 모양 도형으로 변경됩니다.

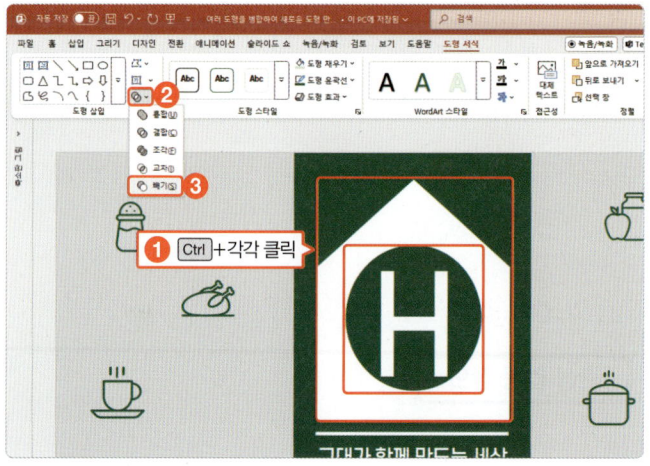

도형 빼기

04 집 모양 도형에서 원 모양을 빼겠습니다.

① Ctrl 을 누른 상태에서 집 모양과 원형, 두 개의 도형을 각각 클릭

② [도형 서식] 탭-[도형 삽입] 그룹-[도형 병합 ◎] 클릭

③ [빼기]를 클릭합니다. 원 도형은 삭제되고 집 모양에서 원 모양이 빠진 도형이 완성됩니다.

Tip [도형 병합]의 [빼기]는 먼저 선택한 도형에서 나중에 선택한 도형의 모양을 뺍니다. 따라서 여기에서는 집 모양을 먼저 선택한 후 원을 선택해야 합니다.

05 H 모양의 도형을 하나 복사한 후 그림과 같이 화면을 완성합니다.

Tip 수평 또는 수직으로 도형을 복사하려면 Ctrl + Shift 를 누른 상태로 도형을 드래그합니다.

033 도형의 크기 변경 및 수직 복사하기

실습 파일 4장\033_도형의 크기 변경 및 수직 복사하기.pptx   완성 파일 4장\033_도형의 크기 변경 및 수직 복사하기_완성.pptx

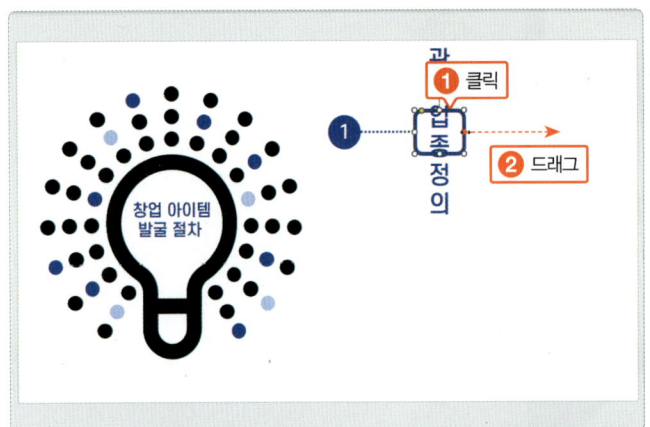

도형 크기 변경하기

01 ❶ 모서리가 둥근 사각형 클릭 ❷ 오른쪽 테두리 선 중간의 크기 조절 핸들을 오른쪽으로 드래그하면 도형의 가로 크기가 늘어나 텍스트가 사각형 안쪽으로 배치됩니다.

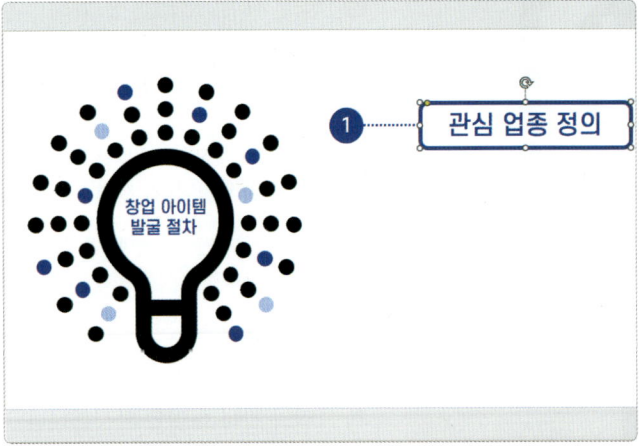

여러 개체 그룹하기

02 ① Ctrl을 누른 상태에서 1번 동그라미, 가로 점선, 텍스트가 써 있는 모서리가 둥근 직사각형 클릭

② [도형 서식] 탭-[정렬] 그룹-[개체 그룹화] 클릭

③ [그룹]을 클릭합니다. 세 개의 개체가 하나의 개체처럼 그룹화됩니다.

개체 수직 복사하기

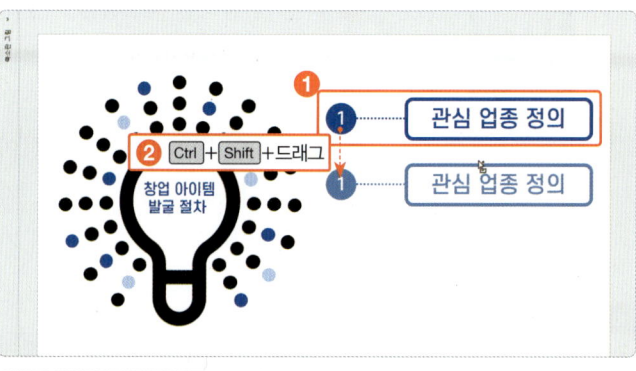

03 ① 복사할 개체 클릭

② Ctrl + Shift 를 누른 상태에서 아래로 드래그

③ 같은 방식으로 두 번 더 개체를 수직 복사하고 내용을 변경하여 슬라이드를 완성합니다.

> **Tip** 도형을 복사하려면 Ctrl을 누른 상태에서 드래그하고, 수직이나 수평으로 이동하려면 Shift를 함께 누릅니다. 개체를 선택한 후 Ctrl + Shift를 함께 누른 상태에서 드래그하면 수평이나 수직으로 이동하면서 개체가 복사됩니다.

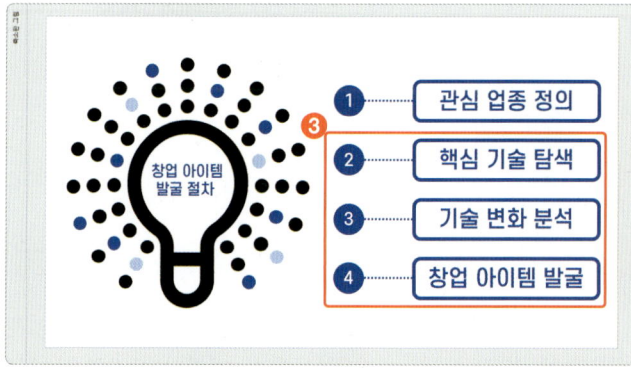

Note 도형 모양과 크기를 조절하고 회전하기

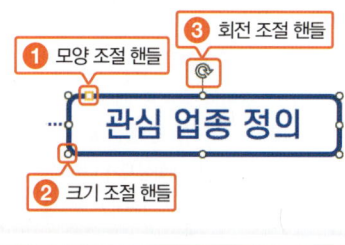

① **모양 조절 핸들**: 도형 모양을 변경할 수 있습니다.

② **크기 조절 핸들**: 도형의 크기를 조절할 수 있습니다. 도형마다 여덟 개의 핸들이 있습니다.

③ **회전 조절 핸들**: 도형을 회전할 수 있습니다. Shift를 누른 상태로 드래그하면 15도씩 회전합니다.

034 균등한 간격으로 도형 정렬하기

실습 파일 4장\034_균등한 간격으로 도형 정렬하기.pptx   완성 파일 4장\034_균등한 간격으로 도형 정렬하기_완성.pptx

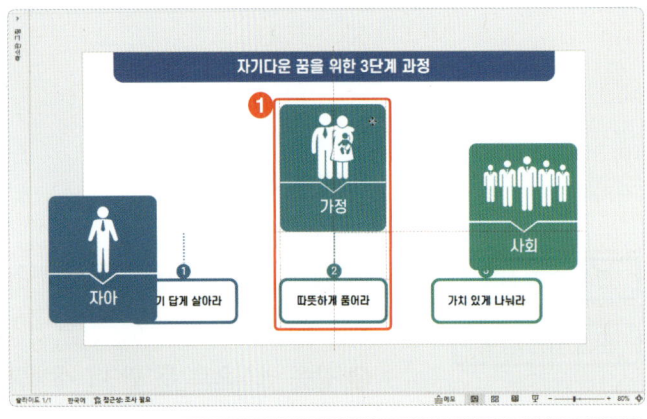

스마트 가이드로 도형 배치하기

01 드래그할 때 자동으로 나타나는 스마트 가이드를 활용해보겠습니다.
❶ '가정'이 입력된 사각형을 '따뜻하게 품어라'가 입력된 도형과 가운데 맞춤하여 배치
❷ '자아'가 입력된 사각형을 '가정'이 입력된 사각형과 동일한 높이로, '자기 답게 살아라'가 입력된 도형과 가운데 맞춤하여 배치합니다.

Tip 맞추기 옵션을 일시적으로 무시하려면 Alt 를 누른 상태로 개체를 드래그합니다.

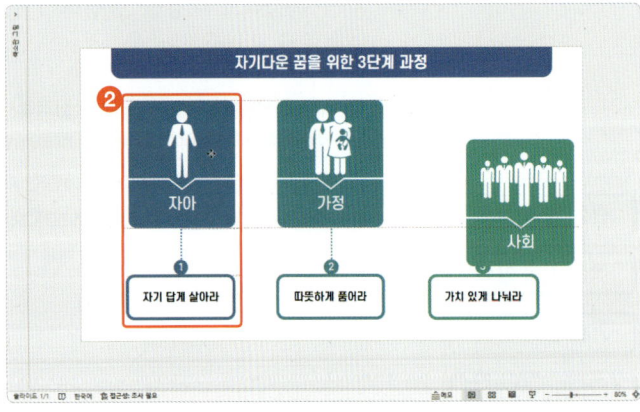

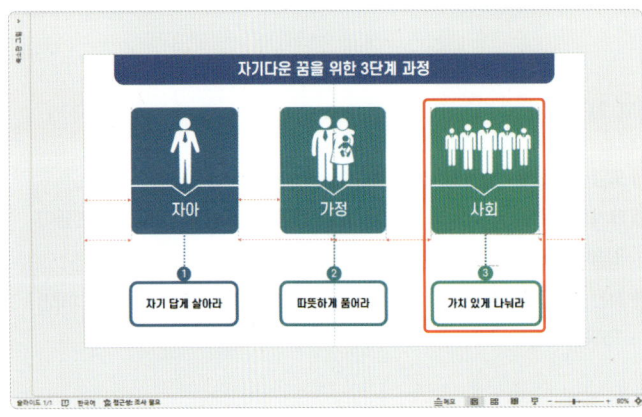

02 '사회'가 입력된 사각형을 다른 사각형과 동일한 높이로 맞추고 '가치 있게 나눠라'가 입력된 도형 위에 배치합니다.

Tip 스마트 가이드 해제하기
스마트 가이드 표시를 해제하려면 [보기] 탭-[표시] 그룹-[눈금 설정]을 클릭합니다. [눈금 및 안내선] 대화상자가 나타나면 [도형 맞춤 시 스마트 가이드 표시]의 체크를 해제합니다.

035 스포이트로 색을 추출해 도형에 적용하기

실습 파일 4장\035_스포이트로 색을 추출해 도형에 적용하기.pptx
완성 파일 4장\035_스포이트로 색을 추출해 도형에 적용하기_완성.pptx

스포이트 선택하기

01 ① 색을 적용할 도형 클릭
② [도형 서식] 탭-[도형 스타일] 그룹-[도형 채우기 🎨] 클릭
③ [스포이트]를 클릭합니다. 마우스 포인터가 스포이트 모양으로 바뀌어 슬라이드 창에서 색을 추출할 수 있는 상태가 됩니다.

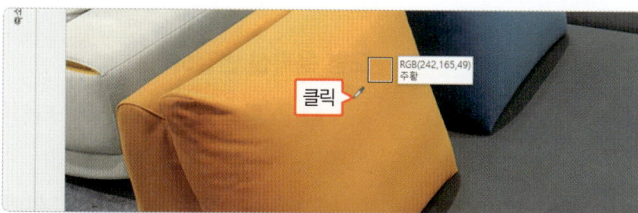

색 추출하기

02 원하는 색이 있는 곳에 스포이트를 가져간 후 클릭합니다. 추출한 색이 도형에 적용됩니다.

Tip 색 위에 마우스 포인터를 올려놓으면 RGB(빨강, 녹색, 파랑) 색 좌표와 간략한 색 이름을 확인할 수 있습니다. 색을 추출할 때 마우스 왼쪽 버튼을 클릭하지 않고 Enter 나 Spacebar 를 눌러도 됩니다.

Tip 슬라이드 화면 밖에 있는 색을 추출하려면 마우스 왼쪽 버튼을 클릭한 상태에서 추출하고자 하는 색이 있는 곳으로 스포이트를 드래그합니다. 마우스 왼쪽 버튼을 놓으면 색이 추출됩니다.

036 도형 서식을 다른 도형에 똑같이 적용하기

실습 파일 4장\036_도형 서식을 다른 도형에 똑같이 적용하기.pptx   완성 파일 4장\036_도형 서식을 다른 도형에 똑같이 적용하기_완성.pptx

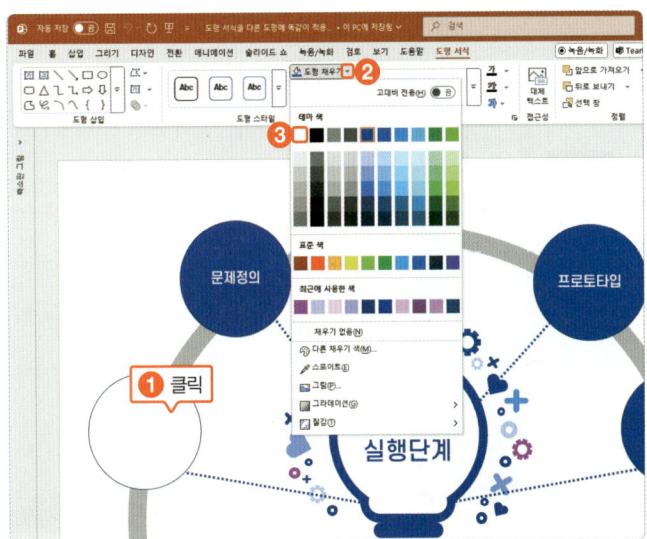

도형 채우기 변경하기

01 ① '공감'이라는 텍스트가 있는 원 클릭

② [도형 서식] 탭-[도형 스타일] 그룹-[도형 채우기 🖌]의 ⌵ 클릭

③ [흰색, 배경 1]을 클릭합니다. 원이 흰색으로 채워집니다. 흰색 텍스트는 보이지 않게 됩니다.

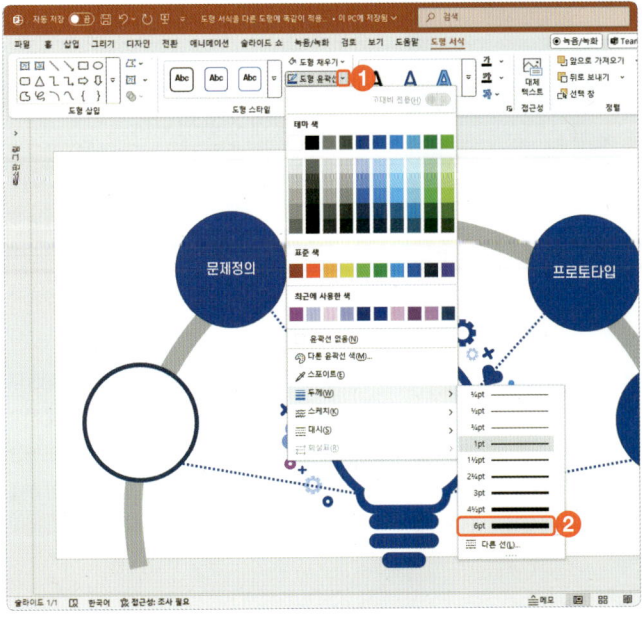

도형 윤곽선 변경하기

02 ① [도형 서식] 탭-[도형 스타일] 그룹-[도형 윤곽선 ✏]의 ⌵ 클릭

② [두께]-[6pt]를 클릭합니다. 원의 윤곽선이 두껍게 변경됩니다.

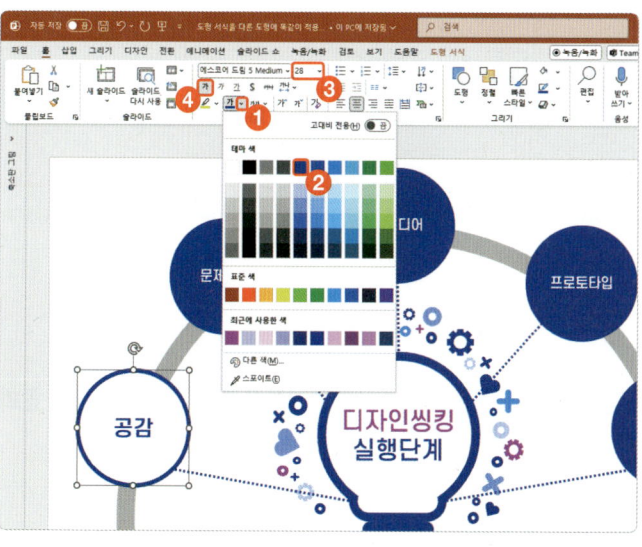

글꼴 서식 변경하기

03 ❶ [홈] 탭-[글꼴] 그룹-[글꼴 색 가]의 ˅ 클릭

❷ [진한 파랑, 강조 1] 클릭

❸ [글꼴 크기]는 [28]로 설정

❹ [굵게 가]를 클릭하여 텍스트를 굵게 표시합니다. 흰색 원에서 텍스트가 강조되도록 글꼴 서식이 변경됩니다.

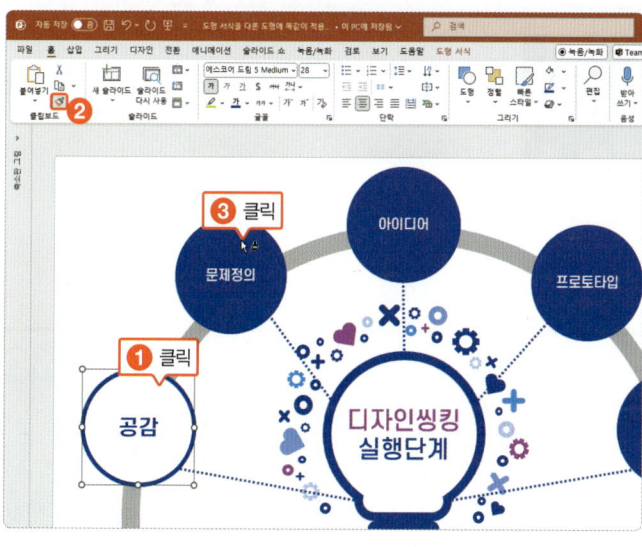

도형 서식 복사하고 붙여넣기

04 ❶ 서식이 변경된 도형 클릭

❷ [홈] 탭-[클립보드] 그룹-[서식 복사] 클릭

❸ 마우스 포인터가 페인트 붓 모양으로 바뀌면 서식을 붙여 넣을 개체를 클릭합니다. 복사한 서식이 한번에 적용됩니다.

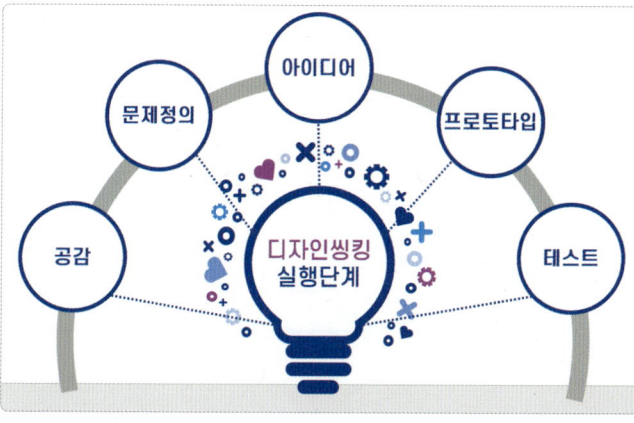

05 나머지 개체에도 같은 방법으로 도형 서식을 적용합니다.

Tip 도형 서식 명령을 여러 개체에 반복 실행하려면 [서식 복사]를 더블클릭합니다. 서식 복사를 중지하려면 Esc 를 누릅니다.

037 평면 도형을 입체 도형으로 만들기

실습 파일 4장\037_평면 도형을 입체 도형으로 만들기.pptx   완성 파일 4장\037_평면 도형을 입체 도형으로 만들기_완성.pptx

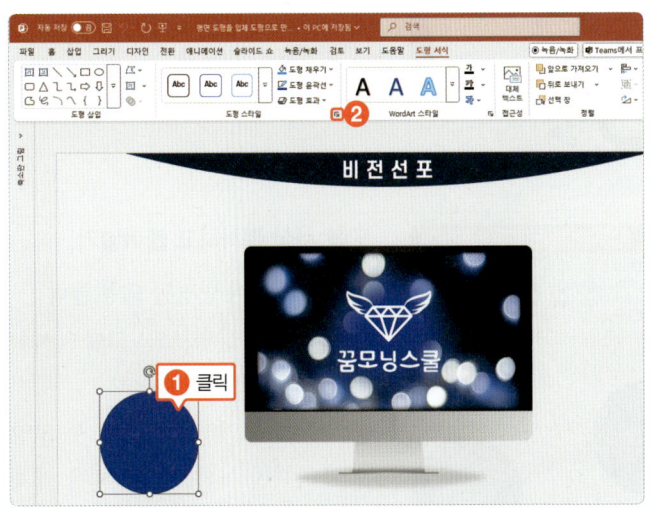

[도형 서식] 작업 창에서 입체 효과 적용하기

01 ❶ 슬라이드의 원 클릭

❷ [도형 서식] 탭-[도형 스타일] 그룹-[도형 서식]을 클릭합니다.

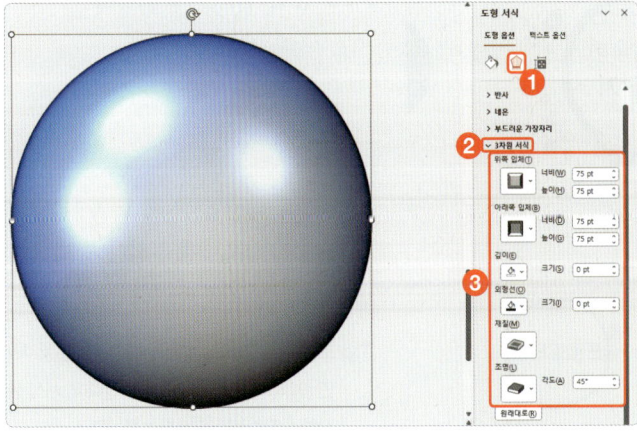

02 ❶ [도형 서식] 작업 창이 나타나면 [효과] 클릭

❷ [3차원 서식] 클릭

❸ 입체 효과를 다음 표와 같이 설정합니다. 원에 3차원 서식이 적용됩니다.

위쪽 입체	너비	75pt
	높이	75pt
아래쪽 입체	너비	75pt
	높이	75pt
재질		투명하게
조명		퍼지게
	각도	45°

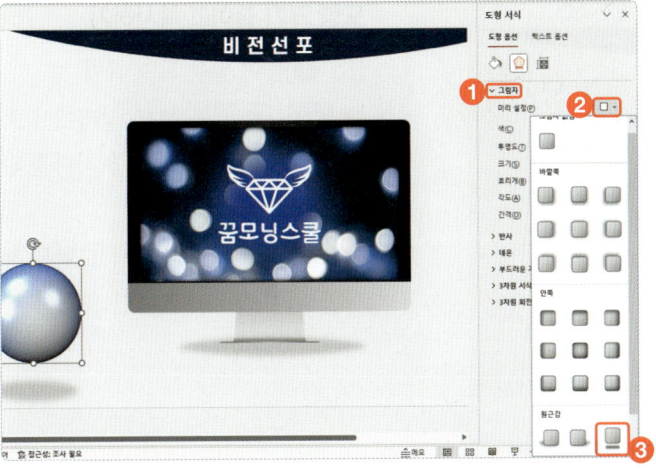

그림자 적용하기

03 ① [도형 서식] 작업 창에서 [효과]-[그림자] 클릭

② [미리 설정]-[그림자 □] 클릭

③ [원근감]-[원근감: 아래]를 클릭합니다. 도형 아래에 그림자가 나타납니다.

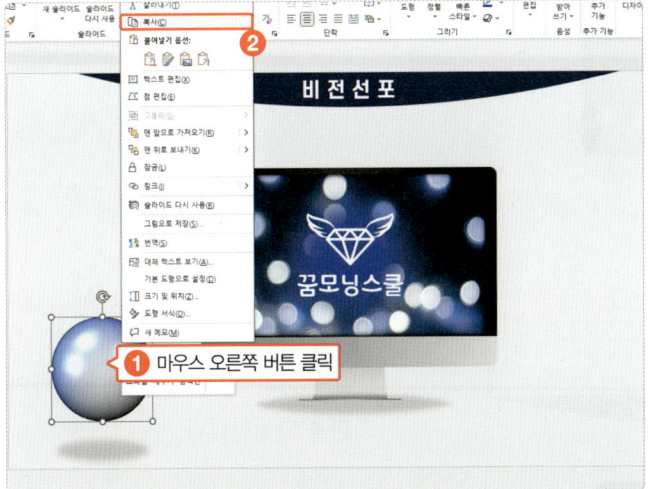

도형 복사 후 그림으로 붙여넣기

04 ① 입체가 적용된 도형에서 마우스 오른쪽 버튼 클릭

② [복사] 클릭

③ 슬라이드 창에서 마우스 오른쪽 버튼 클릭

④ [붙여넣기 옵션]에서 [그림 📋]을 클릭합니다. 구 모양 입체 도형이 PNG 형식으로 붙여 넣어집니다.

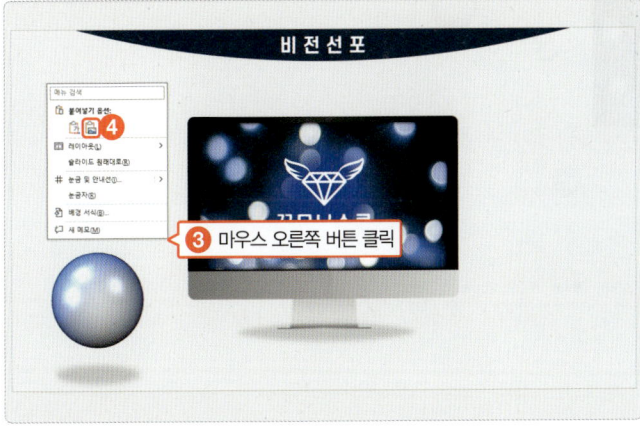

도형 크기 줄이고 복사하기

05 ❶ 붙여 넣은 도형 클릭

❷ Ctrl + Shift 를 누른 상태에서 꼭지점의 크기 조절 핸들 중 하나를 안쪽으로 드래그

❸ Ctrl 을 누른 상태에서 도형을 복사할 위치로 드래그하면 도형이 복사되어 이동합니다.

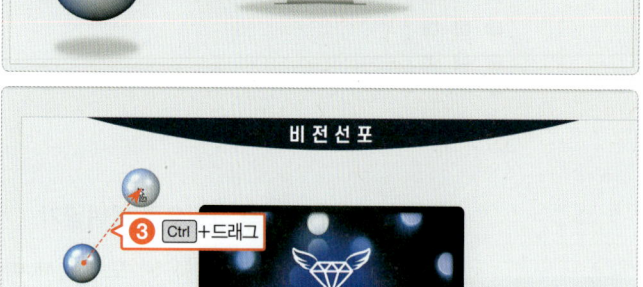

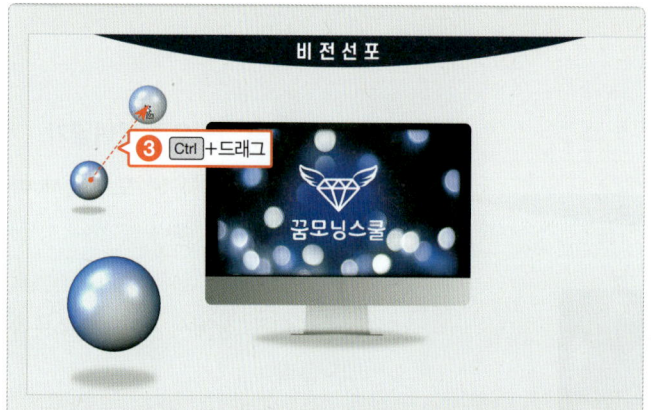

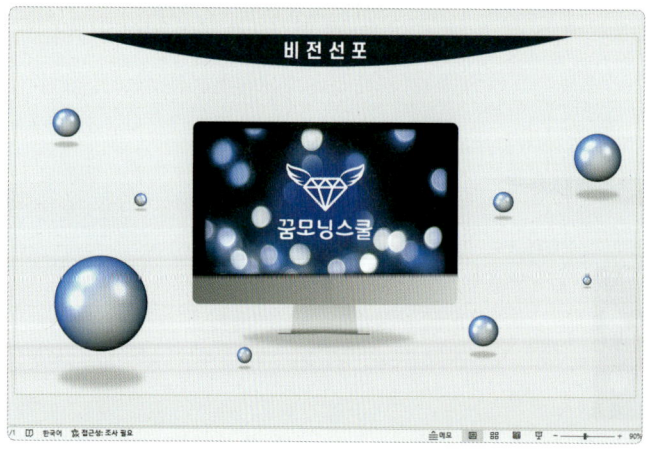

06 복사한 입체 도형을 배치하여 화면을 완성합니다.

도형을 활용한 슬라이드 디자인하기

실습 파일 4장\혼자해보기\도형을 활용한 슬라이드 디자인하기.pptx **완성 파일** 4장\혼자해보기\도형을 활용한 슬라이드 디자인하기_완성.pptx

예제 설명 및 완성 화면

계층 구조를 시각적으로 표현할 때 도형을 선으로 연결하는 방식을 많이 사용합니다. 이때 도형 병합 기능을 활용하면 좀 더 다양한 도형을 만들 수 있습니다. 상위 개념 도형과 하위 개념 도형 그리고 그 사이를 연결하는 도형을 그린 후 하나의 도형으로 합칩니다. 두 개 이상의 도형을 하나로 합치려면 [통합]을 사용하고 하나의 개체에서 다른 개체와 겹치는 부분을 빼고 싶으면 [빼기]를 사용합니다. 직선과 곡선이 함께 있는 선을 표현할 때는 [자유형]으로 선을 그린 후 [점 편집]으로 곡선 부분을 수정합니다. 머릿속으로 상상할 수 있는 대부분의 도형은 파워포인트의 도형 병합과 점 편집으로 그릴 수 있습니다.

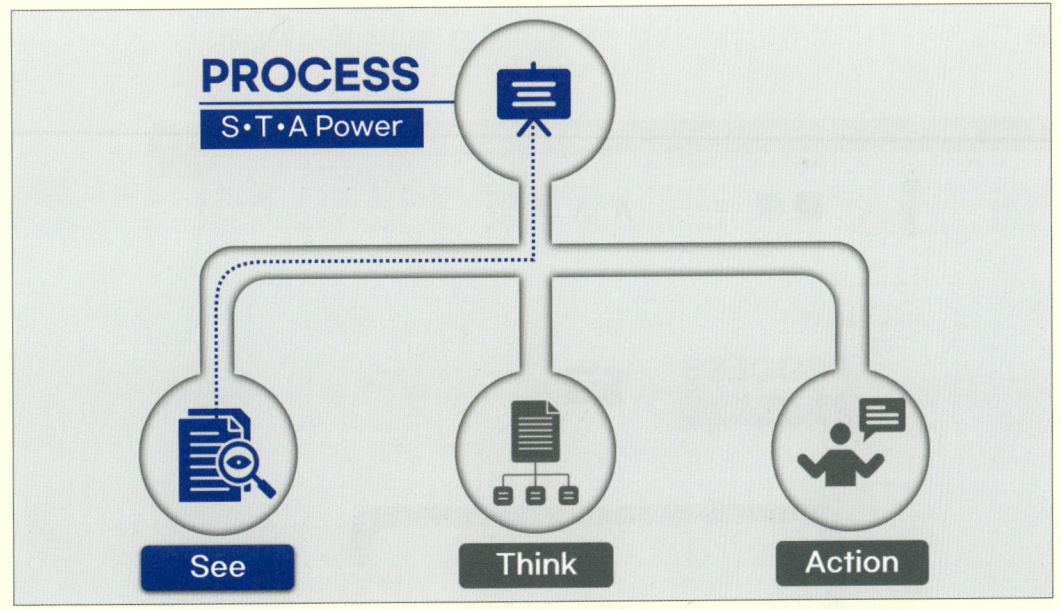

CHAPTER 04 프레젠테이션 시각화 및 서식 지정하기 **123**

01 도형 겹치기

① [삽입] 탭-[일러스트레이션] 그룹-[도형] 클릭 ② [사각형: 둥근 위쪽 모서리] 클릭 ③ 다음과 같이 크기가 다른 사각형 두 개를 그린 후 겹쳐놓습니다.

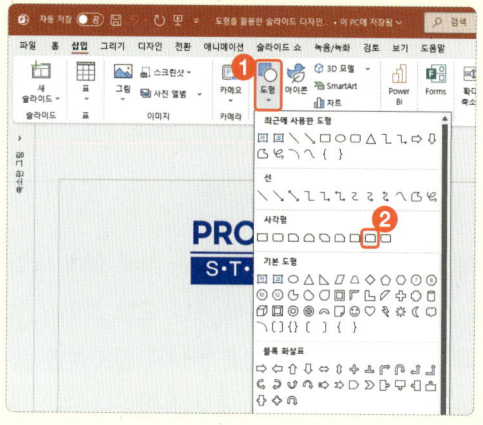
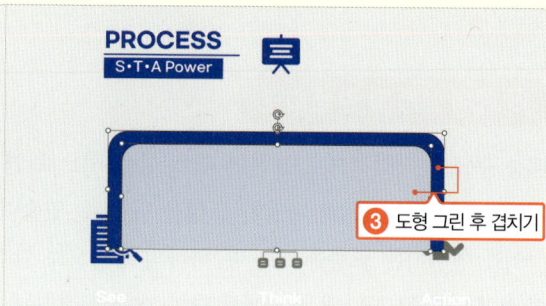

02 도형 빼기

큰 도형에서 작은 도형을 빼보겠습니다. ① 먼저 큰 도형 선택 ② Ctrl 을 누른 상태에서 작은 도형 선택 ③ [도형 서식] 탭-[도형 삽입] 그룹-[도형 병합] 클릭 ④ [빼기]를 클릭합니다.

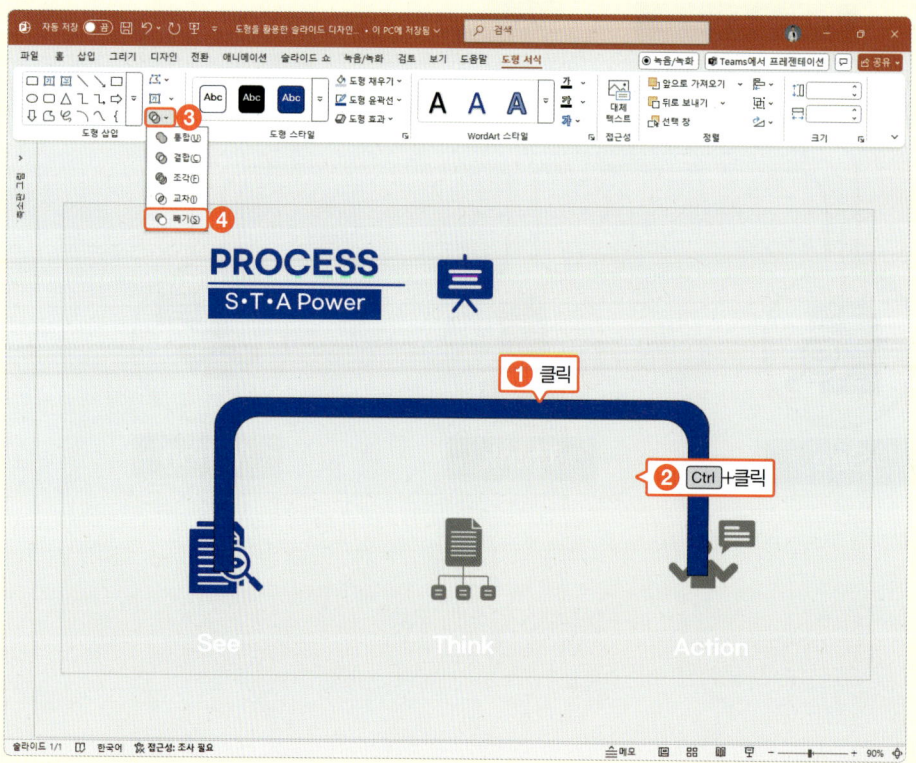

03 표현 방식에 맞춰 도형 그리기

중앙에 세로가 긴 직사각형을 그리고 각각의 아이콘이 위치할 자리에는 원을 그려주겠습니다. ❶ [삽입] 탭-[일러스트레이션] 그룹-[도형] 클릭 ❷❹ 직사각형과 타원 클릭 ❸❺ 다음과 같이 길과 원을 그려줍니다

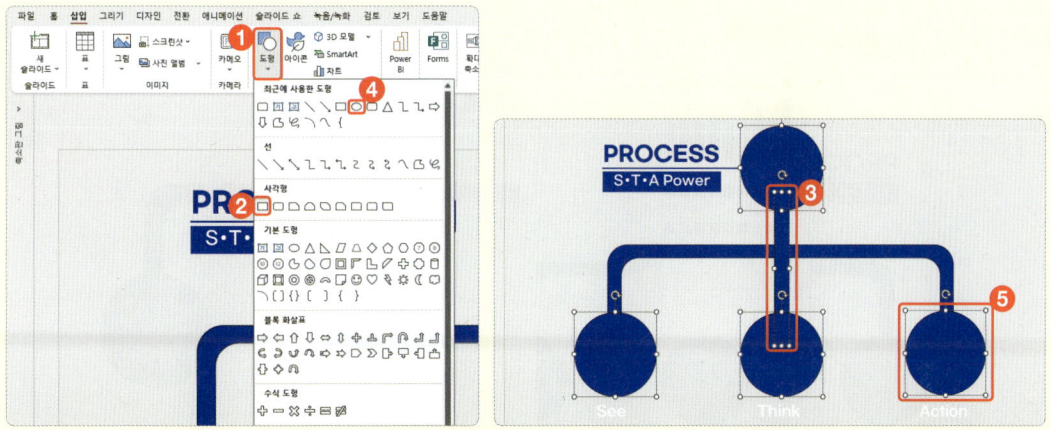

Tip 타원을 선택하고 Shift 를 누른 상태에서 원을 그립니다. 그린 원은 Ctrl 을 누른 상태에서 드래그해 복사합니다.

04 도형 합치기

그린 도형을 하나로 합쳐보겠습니다. ❶ Ctrl 을 누른 상태에서 전체 도형을 모두 선택 ❷ [도형 서식] 탭-[도형 삽입] 그룹-[도형 병합] 클릭 ❸ [통합]을 클릭합니다.

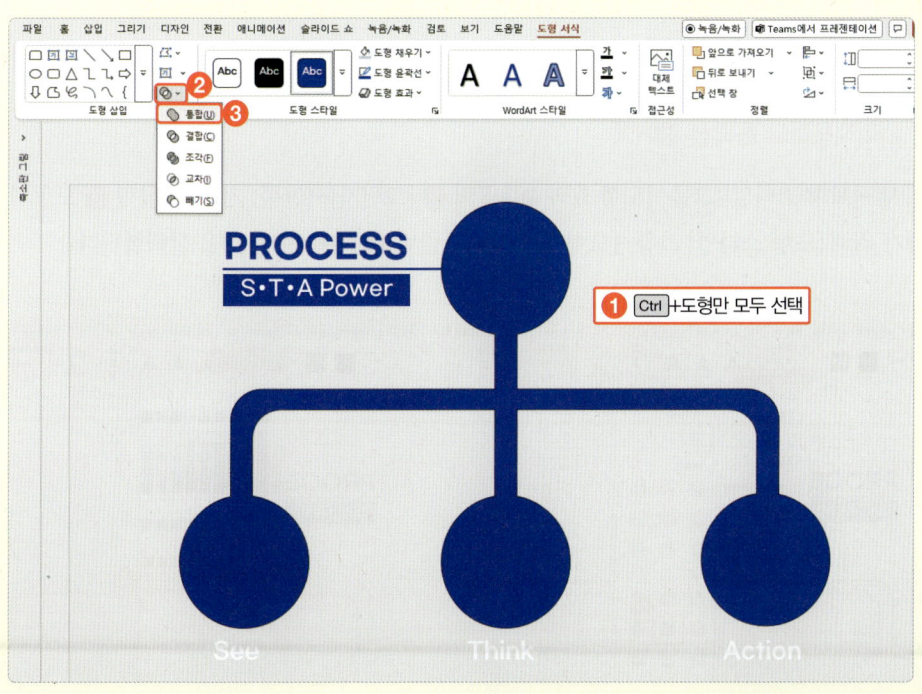

05 색 추출하여 도형에 적용하기

❶ 통합된 도형이 선택된 상태에서 [도형 서식] 탭-[도형 스타일] 그룹-[도형 채우기 🖌] 클릭 ❷ [스포이트 🖋] 클릭 ❸ 마우스 포인터가 스포이트 모양으로 바뀌면 슬라이드 회색 배경을 클릭합니다. 회색 배경과 같은 색이 도형에 적용된 것을 확인할 수 있습니다.

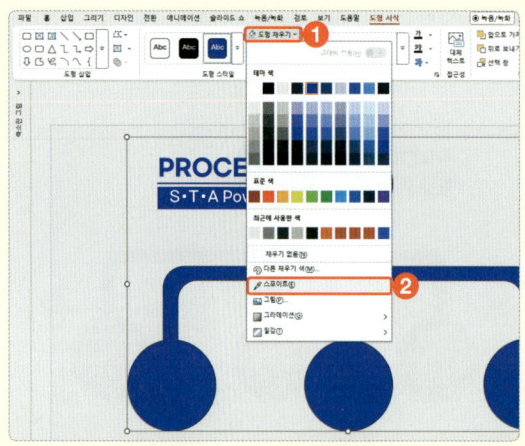
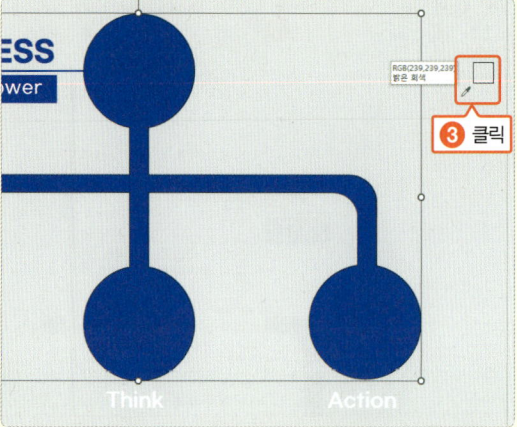
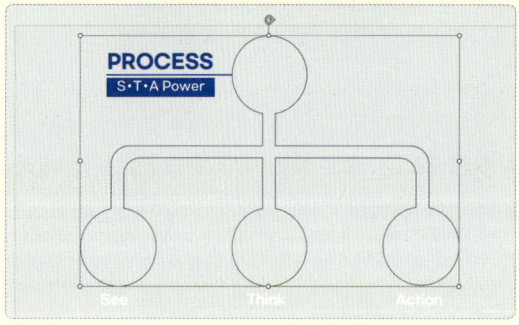

06 그림자 효과 적용하고 윤곽선 없애기

❶ [도형 서식] 탭-[도형 스타일] 그룹-[도형 효과 🖌] 클릭 ❷ [그림자]-[안쪽: 가운데] 클릭 ❸ 도형의 윤곽선을 없애기 위해 [도형 스타일] 그룹-[도형 윤곽선 🖋] 클릭 ❹ [윤곽선 없음]을 클릭합니다.

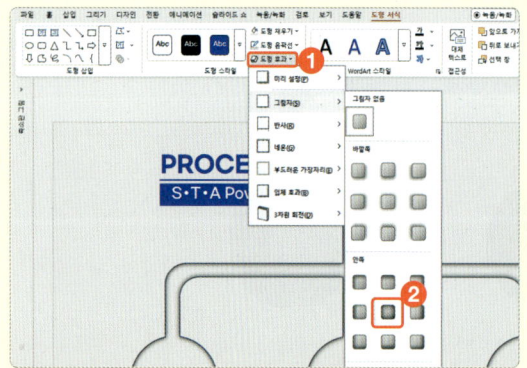
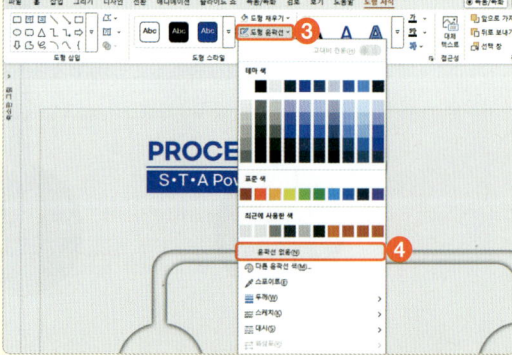

07 도형 순서 변경하기

❶ [도형 서식] 탭-[정렬] 그룹-[뒤로 보내기] 클릭 ❷ [맨 뒤로 보내기]를 클릭합니다. 통합된 도형이 맨 뒤로 정렬됩니다.

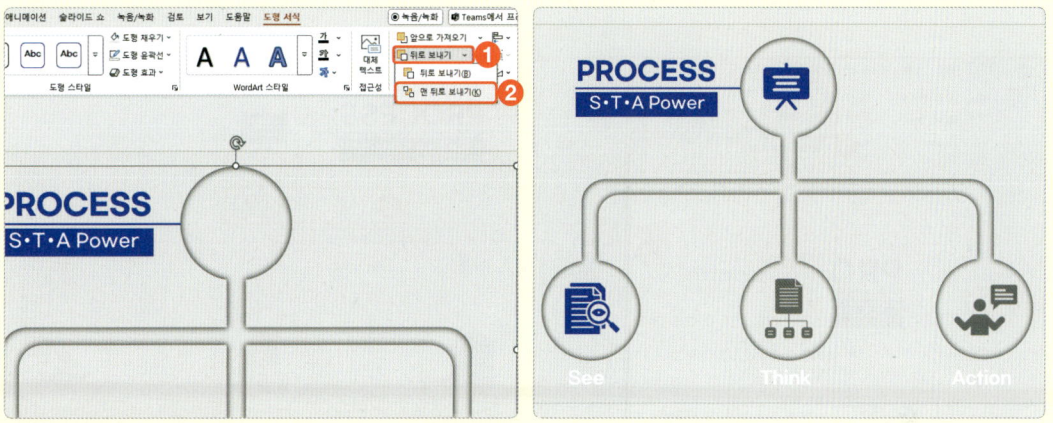

08 도형 스타일 적용하기

❶ 아래쪽에 있는 세 개의 텍스트 상자 중 'See' 텍스트 상자 클릭 ❷ [도형 서식] 탭-[도형 스타일] 그룹-[자세히] 클릭 ❸ 도형 스타일 목록에서 [강한 효과-진한 파랑, 강조 1] 클릭 ❹ 다른 두 개의 텍스트 상자에는 ❺ [흰색, 배경 1, 50% 더 어둡게]를 적용합니다.

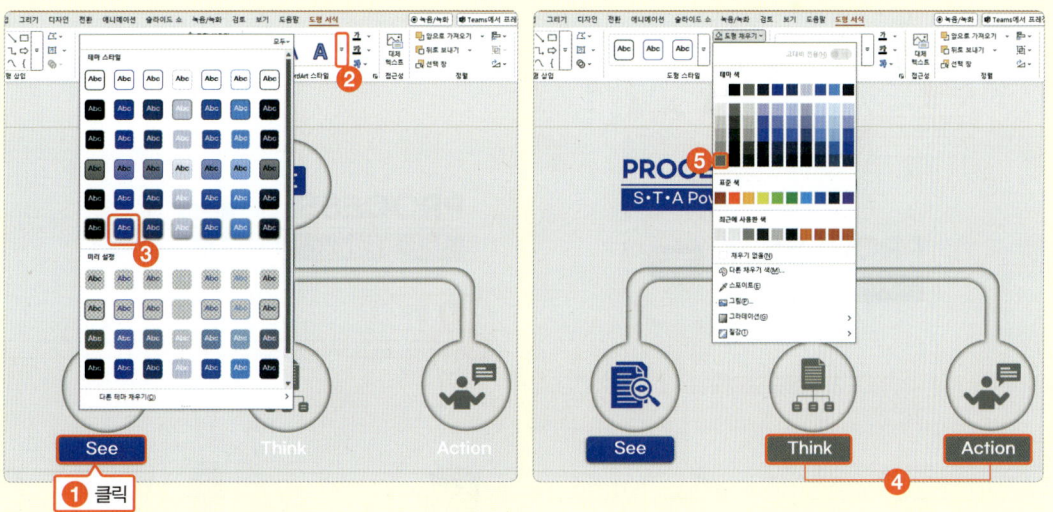

09 자유형 선 만들기

상위 개념과 하위 개념을 연결하는 선을 [자유형: 도형]을 이용해서 그려보겠습니다. ❶ [삽입] 탭-[일러스트레이션] 그룹-[도형] 클릭 ❷ [선]-[자유형: 도형] 클릭 ❸ 다음과 같이 선을 그린 후 Esc 를 누릅니다.

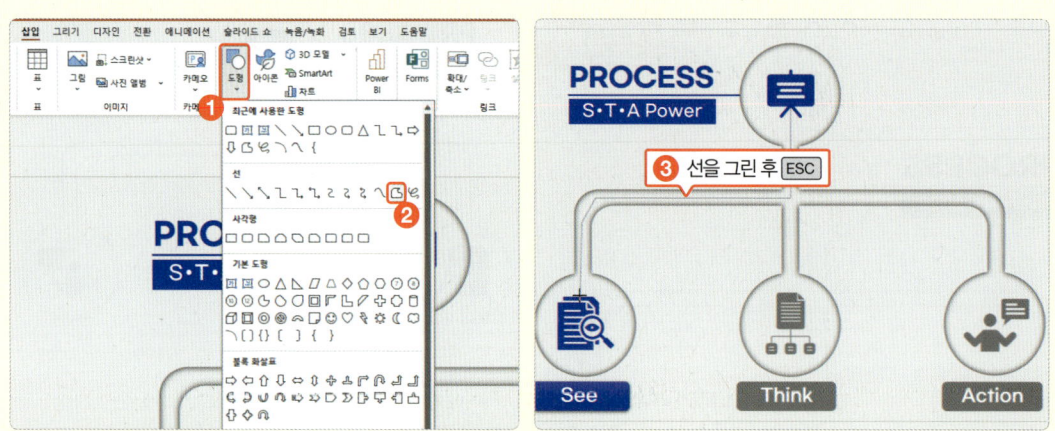

Tip [자유형: 도형]에서 수평선 또는 수직선을 그리고 싶을 때는 Shift 를 누릅니다.

10 곡선 만들기

❶ [도형 서식] 탭-[도형 삽입] 그룹-[도형 편집] 클릭 ❷ [점 편집] 클릭 ❸ 검은색 조절점을 클릭해 흰색 조절점이 나타나면 ❹ 흰색 조절점을 드래그해 직선을 곡선으로 만들어줍니다.

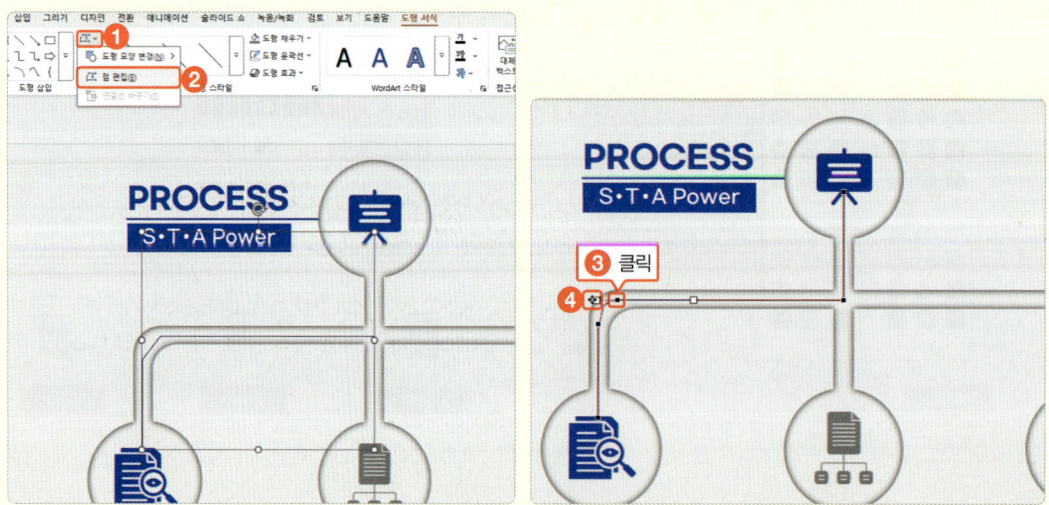

128 회사에서 바로 통하는 파워포인트 FOR STARTERS(전면 개정판)

11 선을 점선으로 변경하기

❶ [도형 서식] 탭-[도형 스타일] 그룹-[도형 윤곽선] 클릭 ❷ [두께]는 [3pt] ❸ [대시]는 [둥근 점선] 클릭 ❹ 색을 변경하기 위해 다시 [도형 윤곽선] 클릭 ❺ [진한 파랑, 강조 1]을 클릭합니다.

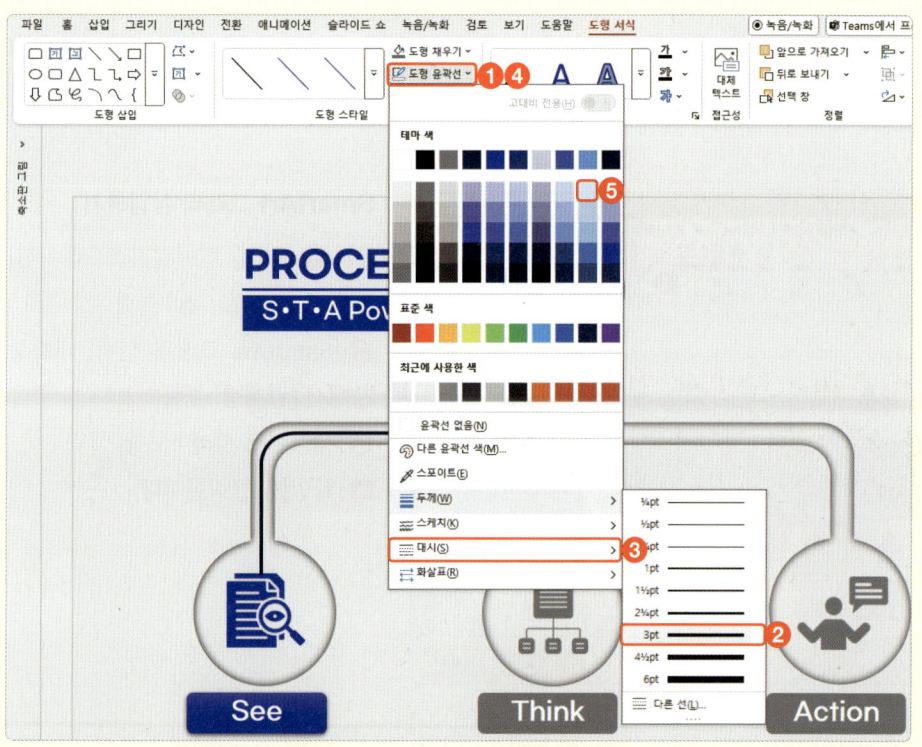

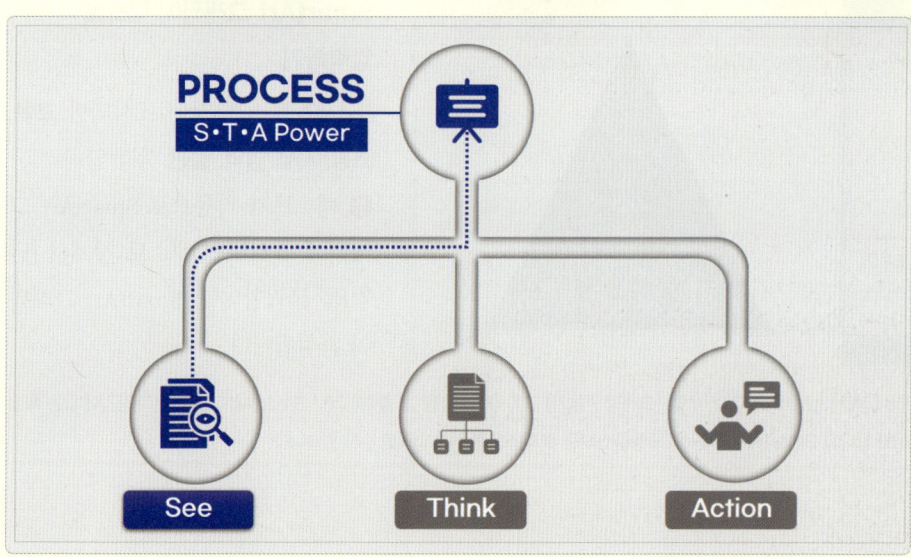

038 SmartArt 그래픽 삽입 후 텍스트 입력하기

실습 파일 4장\038_SmartArt 그래픽 삽입 후 텍스트 입력하기.pptx
완성 파일 4장\038_SmartArt 그래픽 삽입 후 텍스트 입력하기_완성.pptx

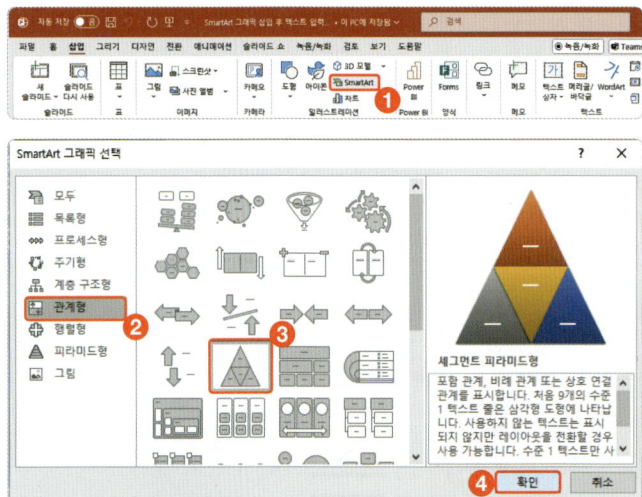

SmartArt 그래픽 삽입하기

01 ❶ [삽입] 탭-[일러스트레이션] 그룹-[SmartArt] 클릭
❷ [SmartArt 그래픽 선택] 대화상자에서 [관계형] 클릭
❸ [세그먼트 피라미드형] 클릭
❹ [확인]을 클릭합니다.

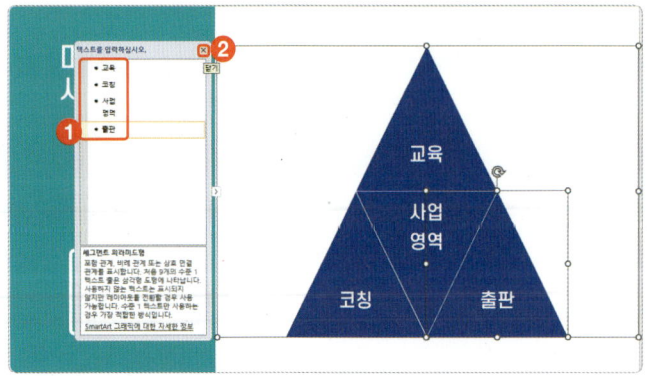

SmartArt 그래픽에 텍스트 입력하기

02 ❶ 텍스트 창이 표시되면 **교육, 코칭, 사업 영역, 출판** 각각 입력
❷ 텍스트가 자동으로 SmartArt 그래픽에 표시되면 텍스트 창에서 [닫기]를 클릭합니다. SmartArt 그래픽이 완성됩니다.

Tip 텍스트 창을 나타내려면 [SmartArt 디자인] 탭-[그래픽 만들기] 그룹-[텍스트 창]을 클릭하거나 SmartArt 그래픽 왼쪽 중간에 있는 화살표(>)를 클릭해도 됩니다. SmartArt 그래픽의 도형을 선택한 후 텍스트를 직접 입력할 수도 있습니다.

039 SmartArt 그래픽 서식 변경하기

실습 파일 4장\039_SmartArt 그래픽 서식 변경하기.pptx 완성 파일 4장\039_SmartArt 그래픽 서식 변경하기_완성.pptx

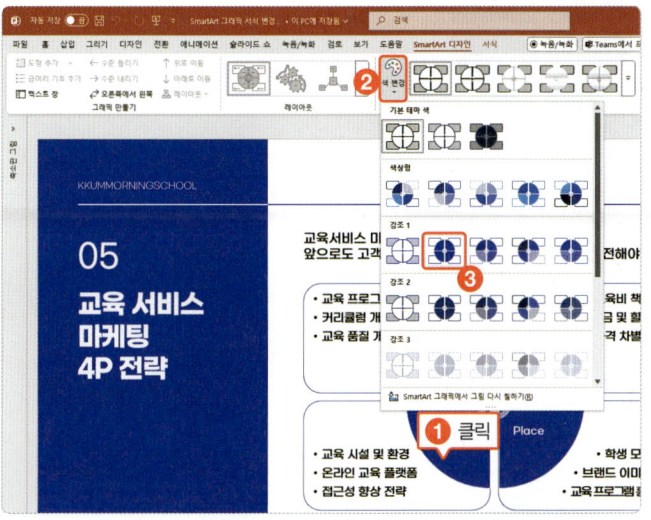

SmartArt 그래픽의 색 변경하기

01 ① 슬라이드에 삽입된 SmartArt 그래픽 클릭

② [SmartArt 디자인] 탭-[SmartArt 스타일] 그룹-[색 변경 🎨] 클릭

③ [색 채우기-강조 1]을 클릭합니다. SmartArt 그래픽 전체 색상이 변경됩니다.

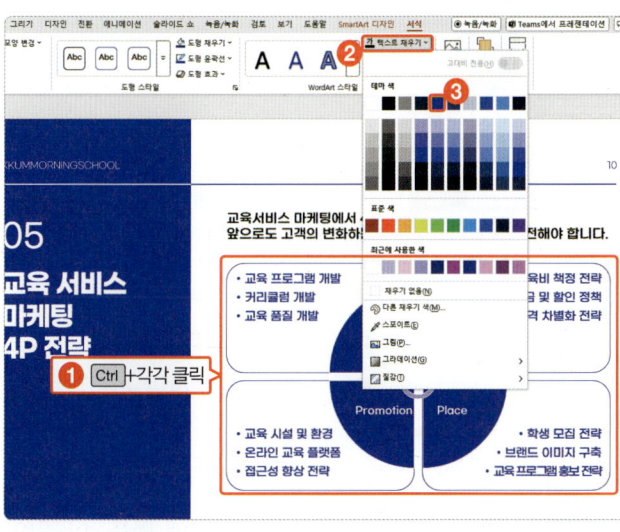

SmartArt 그래픽의 텍스트 색상 변경하기

02 ① Ctrl 을 누른 상태에서 모서리가 둥근 사각형 네 개 클릭

② [서식] 탭-[WordArt 스타일] 그룹-[텍스트 채우기 🗛] 클릭

③ [진한 파랑, 강조 1]을 클릭합니다. 글꼴 색이 변경됩니다.

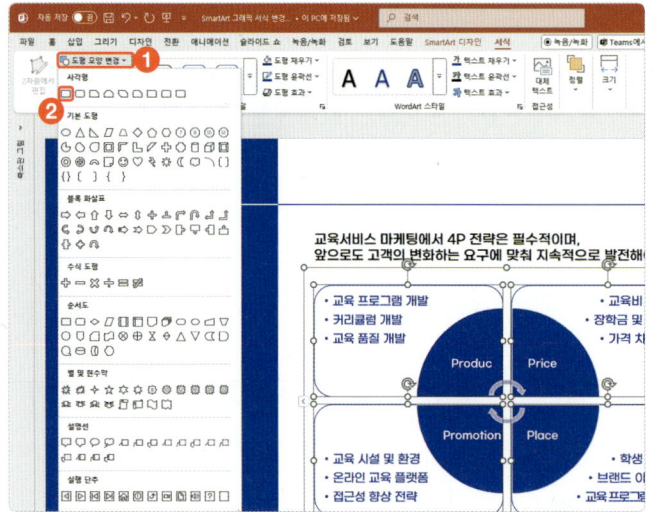

SmartArt 그래픽의 도형 서식 변경하기

03 모서리가 둥근 사각형이 선택된 상태에서

❶ [서식] 탭-[도형] 그룹-[도형 모양 변경 🔽] 클릭

❷ [사각형]-[직사각형 □]을 클릭합니다. 모서리가 둥근 사각형이 직사각형 모양으로 변경됩니다.

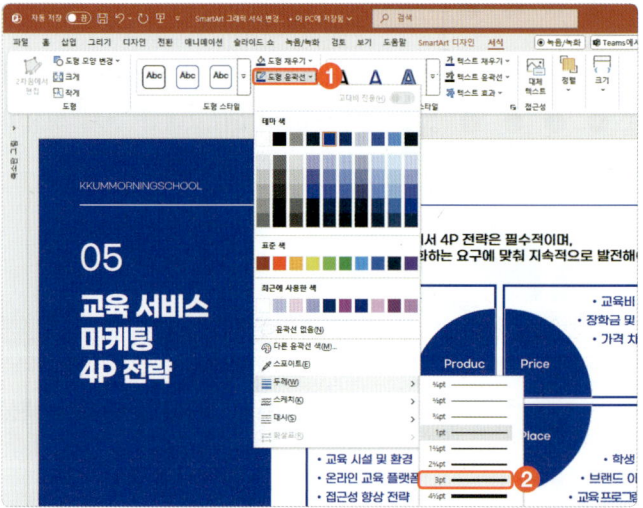

04 ❶ [서식] 탭-[도형 스타일] 그룹-[도형 윤곽선 🔽] 클릭

❷ [두께]-[3pt]를 클릭합니다. 사각형 윤곽선 두께가 변경됩니다.

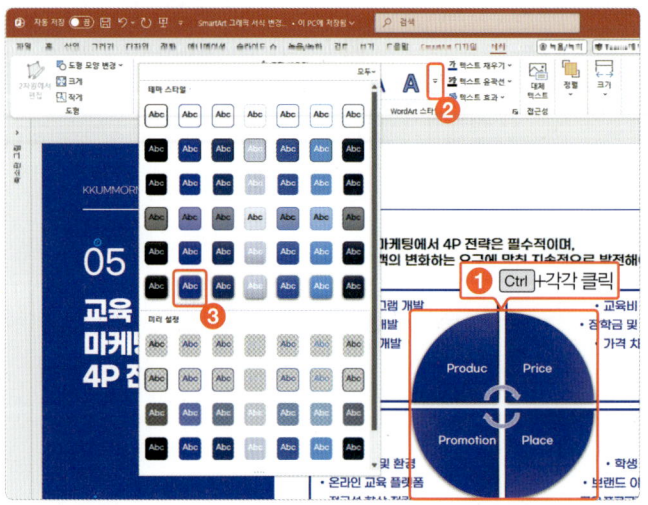

SmartArt 그래픽의 도형에 빠른 스타일 적용하기

05 ❶ Ctrl 을 누른 상태에서 가운데 네 개의 원형 클릭

❷ [서식] 탭-[도형 스타일] 그룹-[자세히 🔽] 클릭

❸ [강한 효과, 진한 파랑, 강조 1]을 클릭합니다. 도형에 빠른 스타일이 적용됩니다.

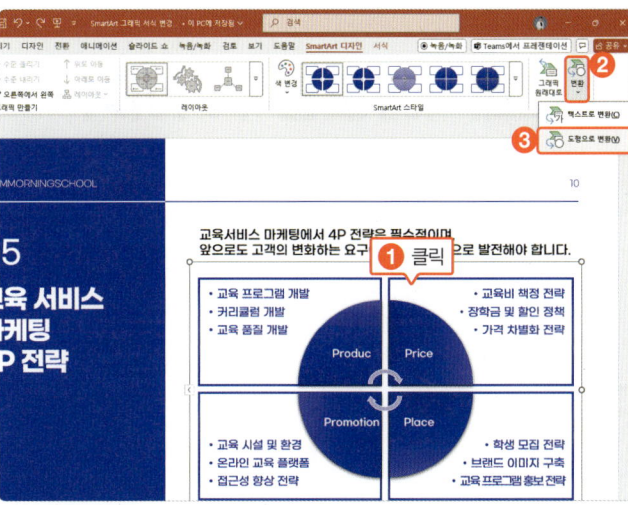

SmartArt 그래픽의 도형 삭제하기

06 ① SmartArt 그래픽 클릭
② [SmartArt 디자인] 탭-[원래대로] 그룹-[변환 🚲] 클릭
③ [도형으로 변환]을 클릭합니다. SmartArt 그래픽이 도형으로 변환됩니다.

Tip SmartArt 그래픽을 도형으로 변환하면 개체가 그룹화되어 있습니다. 개체를 편집하기 위해 그룹을 해제합니다.

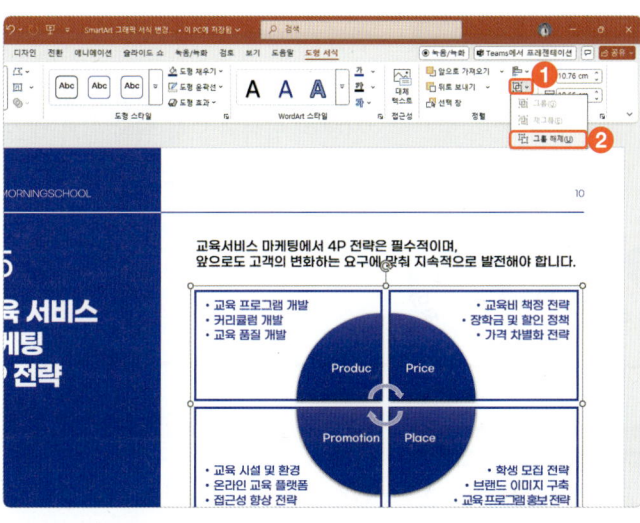

07 그룹을 해제하기 위해
① [도형 서식] 탭-[정렬] 그룹-[개체 그룹화 🖻] 클릭
② [그룹 해제]를 클릭합니다.

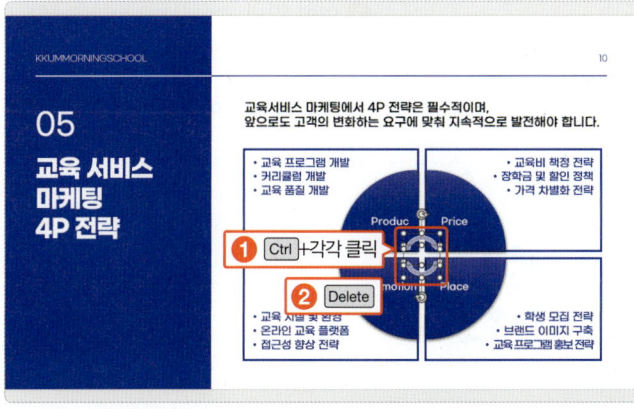

08 ① Ctrl 을 누른 상태에서 가운데 있는 원호 화살표 두 개 클릭
② Delete 를 눌러 삭제합니다.

040 SmartArt 그래픽에 도형 추가하기

실습 파일 4장\040_SmartArt 그래픽에 도형 추가하기.pptx **완성 파일** 4장\040_SmartArt 그래픽에 도형 추가하기_완성.pptx

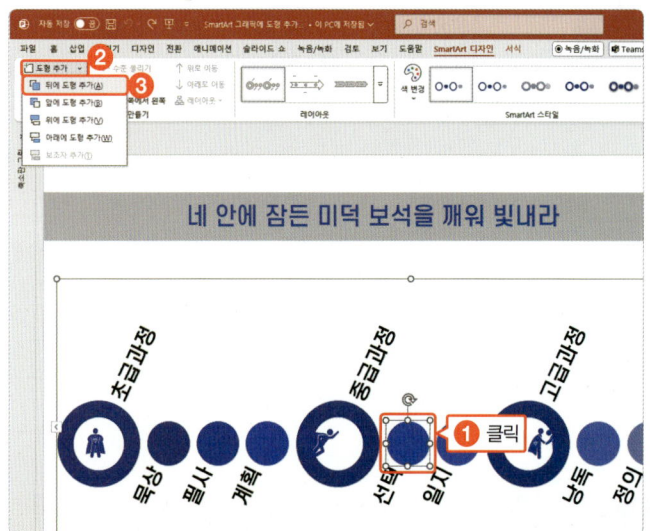

도형 추가하기

01 ❶ '선택'이 입력된 텍스트 상자 위의 원 클릭
❷ [SmartArt 디자인] 탭-[그래픽 만들기] 그룹-[도형 추가 🔲] 클릭
❸ [뒤에 도형 추가]를 클릭합니다. '선택'이 입력된 도형 뒤에 원과 텍스트 상자가 추가됩니다.

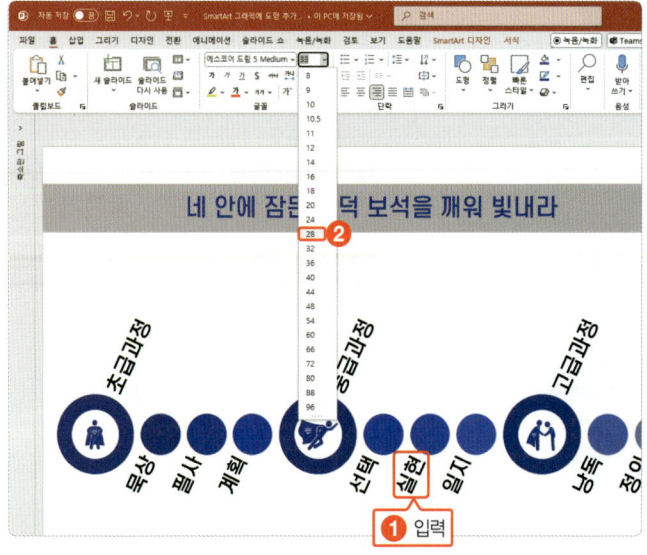

텍스트 입력하기

02 추가된 도형 아래로 텍스트 상자가 선택되어 있습니다.
❶ 실현 입력
❷ [홈] 탭-[글꼴] 그룹-[글꼴 크기]를 [28]로 변경하고 슬라이드를 완성합니다.

041 텍스트를 SmartArt 그래픽으로 변환하기

실습 파일 4장\041_텍스트를 SmartArt 그래픽으로 변환하기.pptx 완성 파일 4장\041_텍스트를 SmartArt 그래픽으로 변환하기_완성.pptx

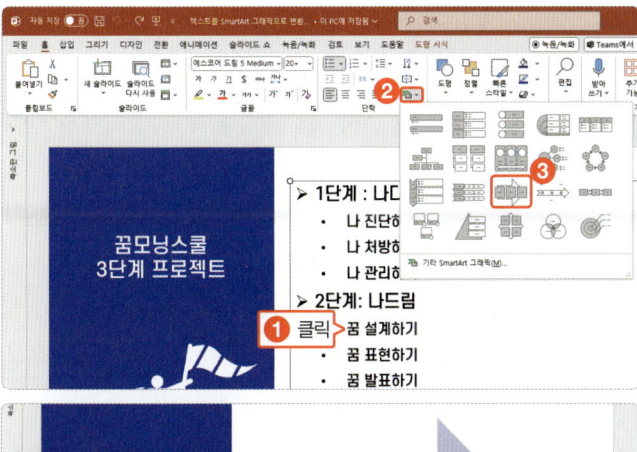

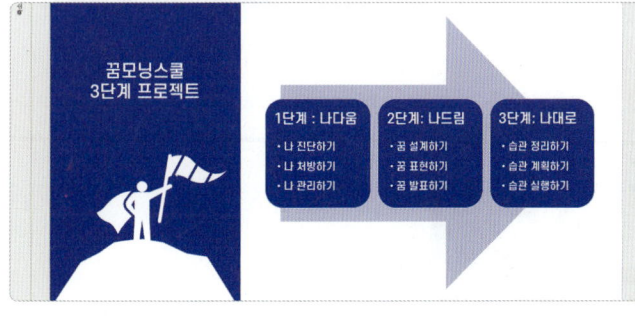

텍스트를 SmartArt 그래픽으로 변환하기

❶ 슬라이드 창에서 본문 텍스트 상자 클릭

❷ [홈] 탭-[단락] 그룹-[SmartArt 그래픽으로 변환] 클릭

❸ [연속 블록 프로세스형]을 클릭합니다. 텍스트가 SmartArt 그래픽으로 변경됩니다.

Note 텍스트를 SmartArt 그래픽으로 변환할 때 더 많은 SmartArt 그래픽을 보는 방법

[기타 SmartArt 그래픽]을 클릭하면 메시지에 적합한 레이아웃을 선택하여 SmartArt 그래픽을 만들 수 있습니다. 빠르고 쉽게 레이아웃을 전환할 수 있으므로 메시지를 가장 잘 표현하는 항목을 찾을 때까지 여러 유형의 레이아웃을 시험해보세요.

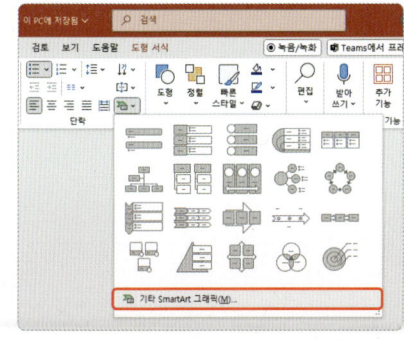

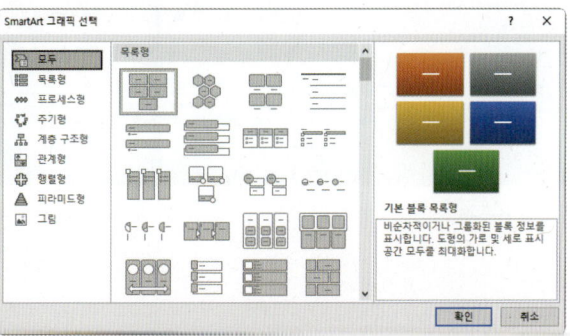

CHAPTER 04 프레젠테이션 시각화 및 서식 지정하기

042 그림을 SmartArt 그래픽으로 변환하기

실습 파일 4장\042_그림을 SmartArt 그래픽으로 변환하기.pptx   완성 파일 4장\042_그림을 SmartArt 그래픽으로 변환하기_완성.pptx

그림을 SmartArt 그래픽으로 변환하기

01 ① Ctrl 을 누른 상태에서 슬라이드에 있는 그림 네 개 클릭 ② [그림 서식] 탭-[그림 스타일] 그룹-[그림 레이아웃] 클릭 ③ [그림 설명형]을 클릭합니다. 선택한 그림이 SmartArt 그래픽으로 변환되어 아래에 설명 텍스트를 추가할 수 있습니다.

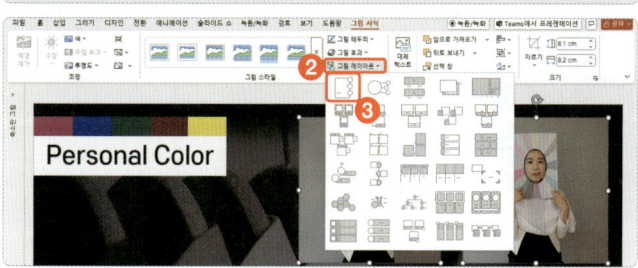

Tip 그림을 선택하는 순서대로 그림이 SmartArt 그래픽으로 변형됩니다.

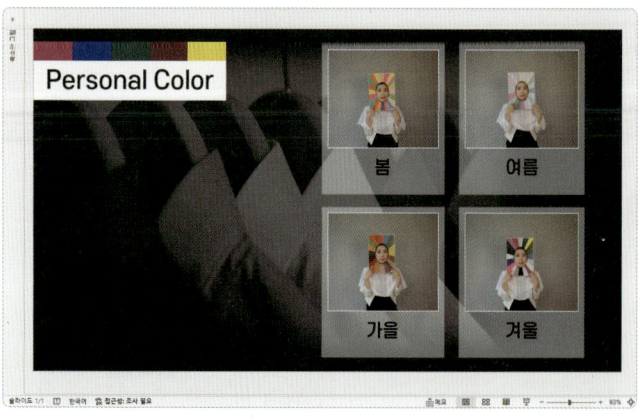

02 텍스트를 입력하여 슬라이드를 완성합니다.

혼자 해보기 — SmartArt 그래픽을 활용한 슬라이드 디자인하기

실습 파일 4장\혼자해보기\SmartArt 그래픽을 활용한 슬라이드 디자인하기.pptx
완성 파일 4장\혼자해보기\SmartArt 그래픽을 활용한 슬라이드 디자인하기_완성.pptx

예제 설명 및 완성 화면

벌집 모양의 육각형 구조로 정보를 표현해보겠습니다. [육각형 클러스터형] SmartArt 그래픽으로 설명 텍스트와 그림을 함께 표시합니다. 텍스트의 양이 적고 이미지를 조합하여 표현하는 경우 적합한 방식입니다. SmartArt 그래픽의 색과 스타일을 변경하면 항목의 중요도를 구분할 수 있어 완성도를 높일 수 있습니다. 기본적으로 제공되는 SmartArt 그래픽을 도형으로 변환하면 정보를 더 다양한 방식으로 표현할 수 있습니다.

01 SmartArt 그래픽 삽입하기

❶ [삽입] 탭–[일러스트레이션] 그룹–[SmartArt] 클릭 ❷ [SmartArt 그래픽 선택] 대화상자가 나타나면 [그림] 클릭 ❸ [육각형 클러스터형] 클릭 ❹ [확인]을 클릭합니다. SmartArt 그래픽이 슬라이드에 삽입됩니다.

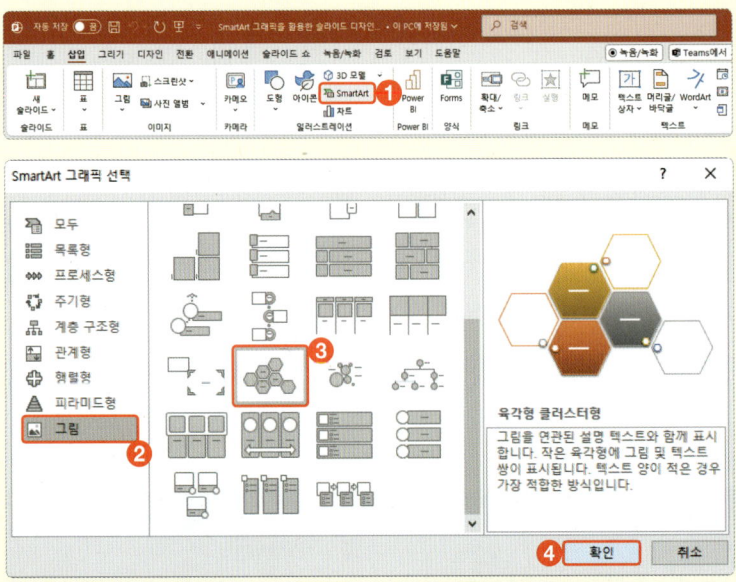

02 SmartArt 그래픽 색 변경하기

❶ [SmartArt 디자인] 탭–[SmartArt 스타일] 그룹–[색 변경] 클릭 ❷ [색 채우기–강조 1]을 클릭합니다.

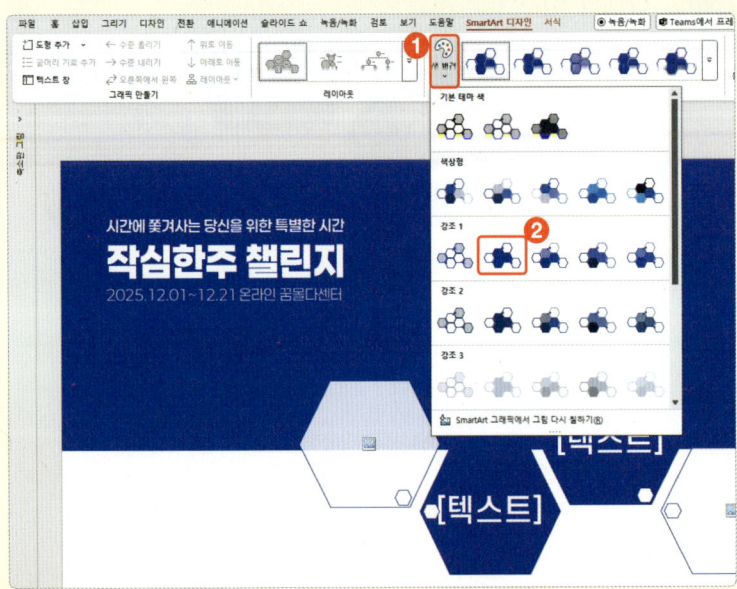

03 SmartArt 그래픽에 그림 삽입하기

❶❹❼ SmartArt 그래픽 도형의 그림 개체 틀 클릭 ❷❺❽ [그림 삽입] 대화상자가 나타나면 [파일에서] 클릭 ❸ '꿈모닝 시간관리 플래너1.jpg' 더블클릭, ❻ '꿈모닝 시간관리 플래너 2.jpg' 더블클릭 ❾ '꿈모닝 시간관리 플래너 3.jpg' 파일을 더블클릭해 삽입합니다.

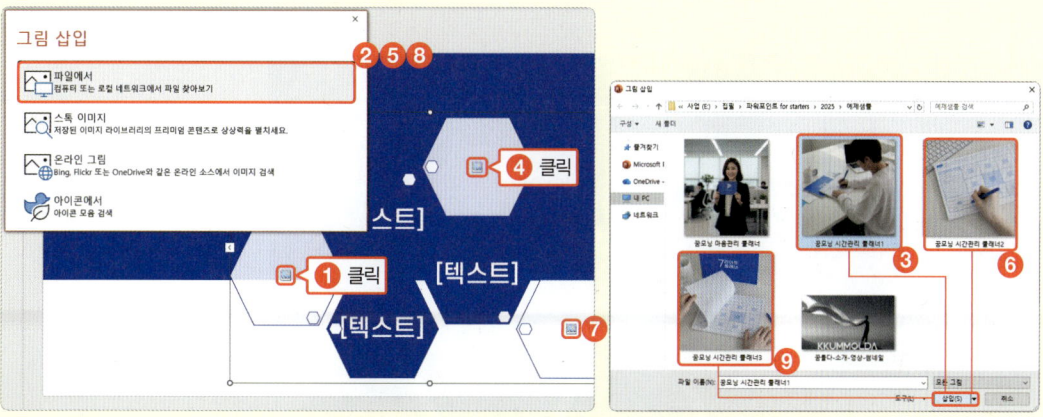

04 SmartArt를 도형으로 변환하기

❶ [SmartArt 디자인] 탭-[원래대로] 그룹-[변환] 클릭 ❷ [도형으로 변환]을 클릭합니다.

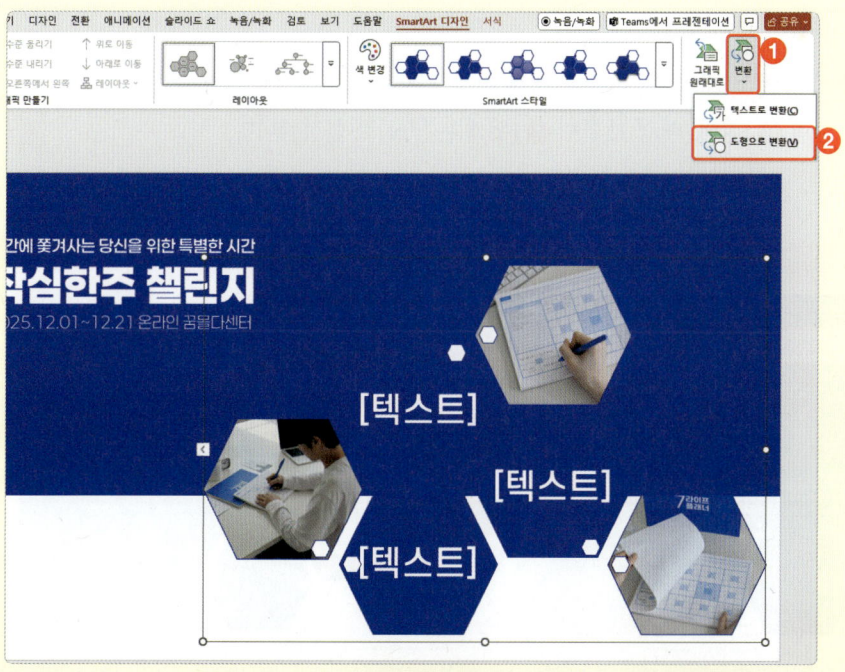

05 그룹 해제하여 개별 도형으로 만들기

❶ [도형 서식] 탭-[정렬] 그룹-[그룹화] 클릭 ❷ [그룹 해제]를 클릭합니다.

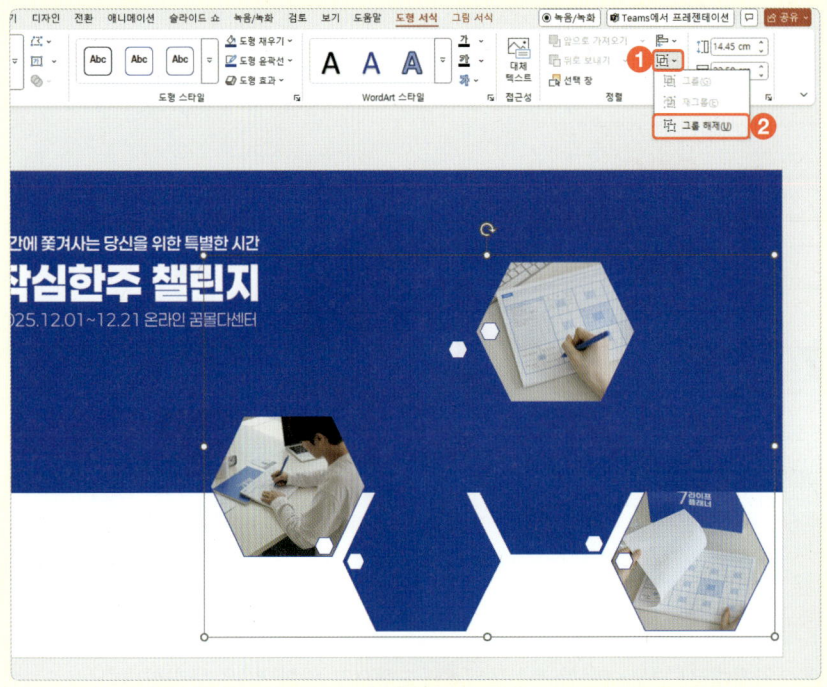

06 도형에 윤곽선 적용하기

❶ Ctrl 을 누른 상태에서 여섯 개의 큰 육각형 개체 각각 선택 ❷ [도형 서식] 탭-[도형 스타일] 그룹-[도형 윤곽선] 클릭 ❸ [흰색, 배경 1] 클릭 ❹ [두께]는 [3pt]로 설정합니다.

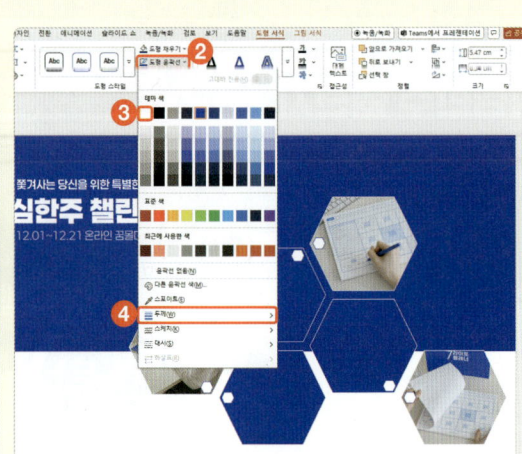

07 도형 삭제 및 배치하기

❶ Ctrl 을 누른 상태에서 작은 육각형 개체를 모두 선택한 후 Delete ❷ 큰 육각형 개체는 보기 좋게 배치합니다.

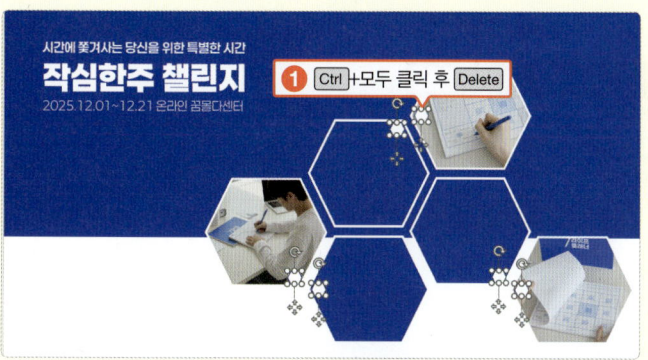

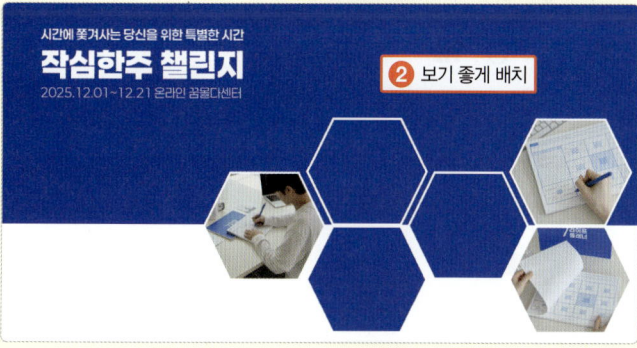

08 도형에 텍스트 입력하고 서식 변경하기

❶ 이미지가 없는 두 개의 육각형에 **TIME, FEEDBACK** 입력 ❷ 텍스트를 입력한 두 도형을 Ctrl 을 누른 상태에서 선택 ❸ [홈] 탭-[글꼴] 그룹-[글꼴 크기]의 ⌄ 클릭 ❹ [24]로 변경합니다.

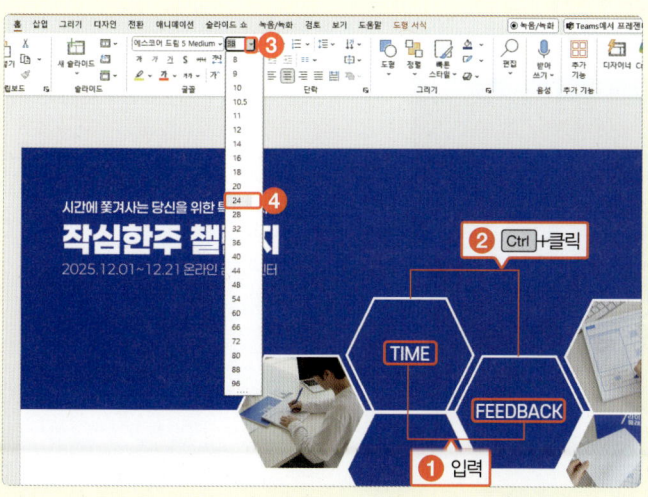

09 아이콘 삽입하기

나머지 육각형 위에 탁상 시계 아이콘을 삽입해보겠습니다. ❶ [삽입] 탭-[일러스트레이션] 그룹-[아이콘] 클릭 ❷ 아이콘 목록 대화상자가 나타나면 검색창에 **시계** 입력 ❸ 탁상 시계 아이콘 선택 ❹ [삽입]을 클릭합니다.

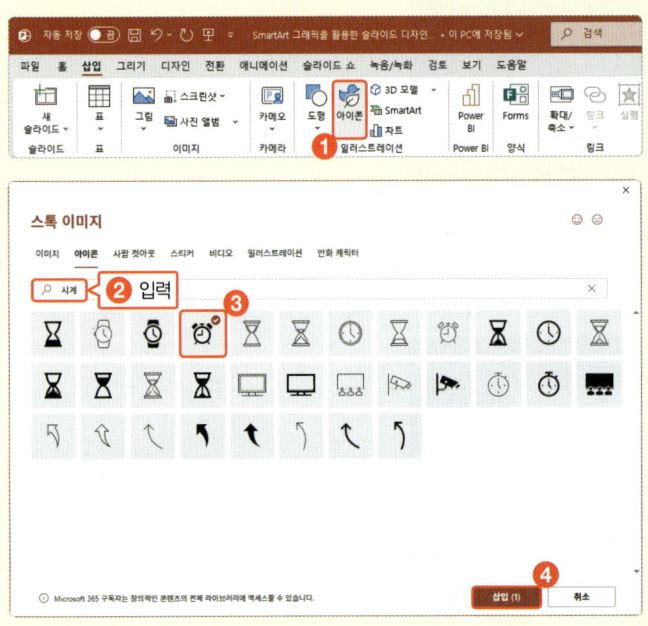

10 아이콘 서식 변경하고 배치하기

❶ 탁상 시계 아이콘이 선택된 상태에서 [그래픽 형식] 탭-[그래픽 스타일] 그룹-[그래픽 채우기] 클릭 ❷ [흰색, 배경 1] 클릭 ❸ 탁상 시계 아이콘을 육각형 안에 보기 좋게 배치합니다.

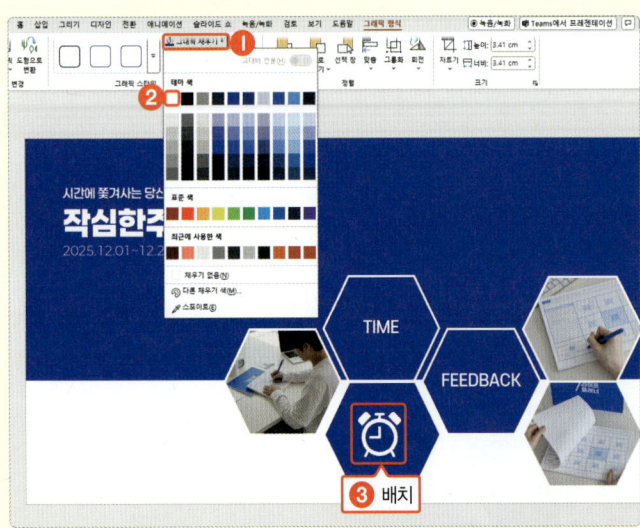

043 표 디자인하기

실습 파일 4장\043_표 디자인하기.pptx 완성 파일 4장\043_표 디자인하기_완성.pptx

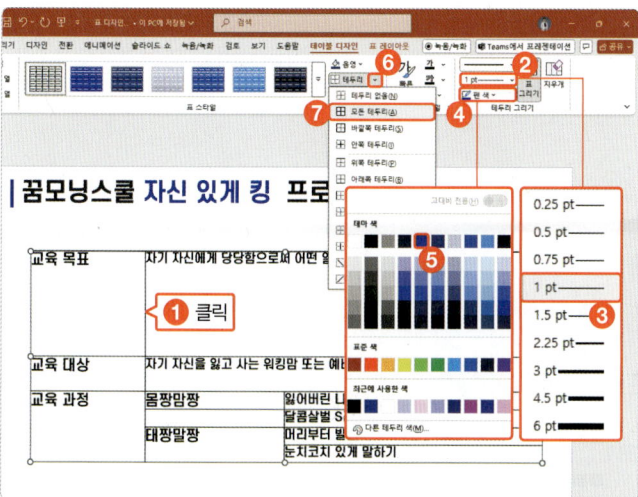

표 테두리 색 및 두께 변경하기

01 ❶ 슬라이드의 표 클릭

❷ [테이블 디자인] 탭-[테두리 그리기] 그룹-[펜 두께]의 ⌄ 클릭

❸ [1pt] 클릭

❹ [펜 색]의 ⌄ 클릭

❺ [진한 파랑, 강조 1] 클릭

❻ [표 스타일] 그룹-[테두리]의 ⌄ 클릭

❼ [모든 테두리]를 클릭합니다.

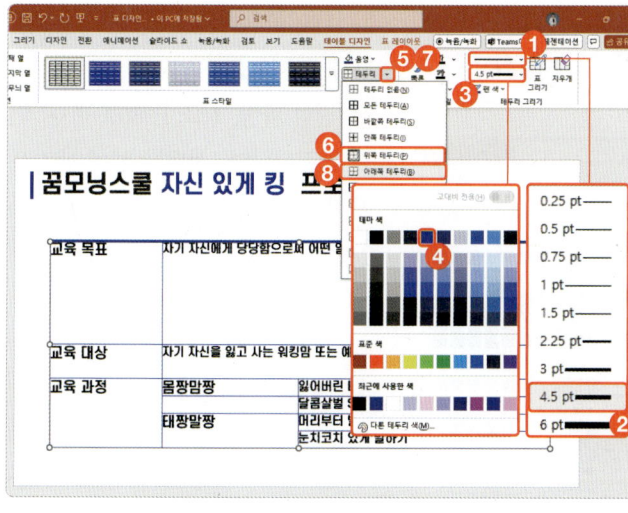

표 위쪽, 아래쪽 테두리 두껍게 하기

02 ❶ 표가 선택된 상태에서 [테이블 디자인] 탭-[테두리 그리기] 그룹-[펜 두께]의 ⌄ 클릭

❷ [4.5pt] 클릭

❸ [펜 색]의 ⌄ 클릭

❹ [진한 파랑, 강조 1] 클릭

❺ [표 스타일] 그룹-[테두리]의 ⌄ 클릭

❻ [위쪽 테두리] 클릭

❼ 다시 [표 스타일] 그룹-[테두리]의 ⌄ 클릭

❽ [아래쪽 테두리]를 클릭합니다. 위쪽, 아래쪽 테두리만 진하게 변경됩니다.

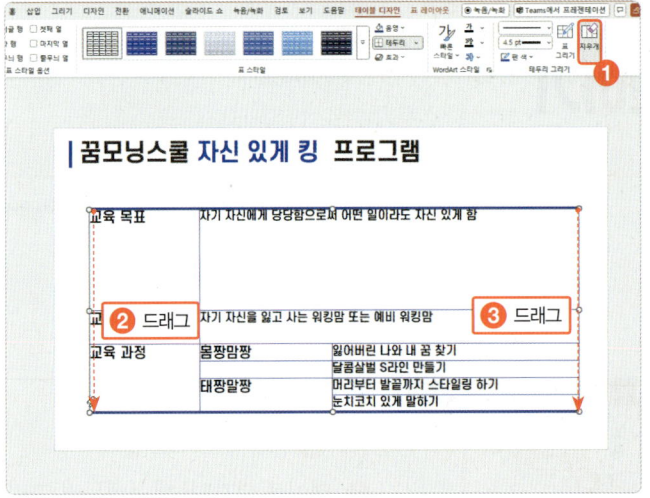

표 왼쪽 테두리와 오른쪽 테두리 지우기

03 ❶ [테이블 디자인] 탭-[테두리 그리기] 그룹-[지우개] 클릭

❷❸ 표의 왼쪽 테두리와 오른쪽 테두리를 드래그합니다. 표 왼쪽, 오른쪽 테두리가 지워집니다.

Tip 지우개로 드래그할 때 표시되는 지우개의 경로가 점선이면 선이 지워지지 않습니다. 실선 형태일 때만 지워집니다.

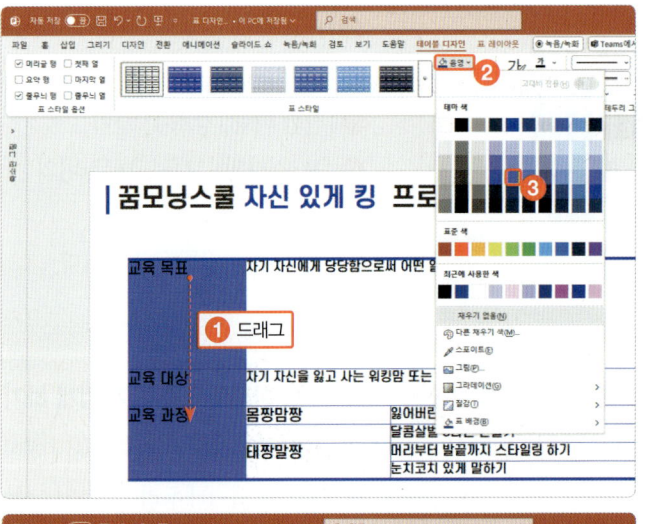

셀에 배경색 채우기

04 ❶ 표의 1열 드래그

❷ [테이블 디자인] 탭-[표 스타일] 그룹-[음영] 클릭

❸ [진한 파랑, 강조 1, 40% 더 밝게] 클릭

❹ '몸짱맘짱'부터 '태짱말짱'까지 드래그

❺ [테이블 디자인] 탭-[표 스타일] 그룹-[음영] 클릭

❻ [진한 파랑, 강조 1, 80% 더 밝게]를 클릭합니다. 선택한 셀에 배경색이 채워져 표 내용을 쉽게 구분할 수 있습니다.

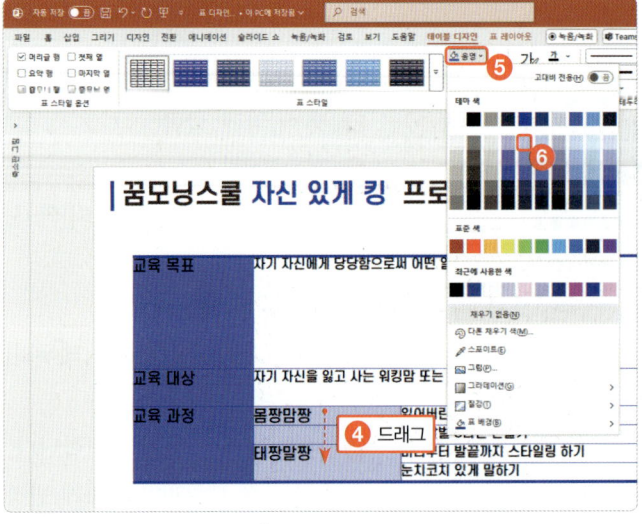

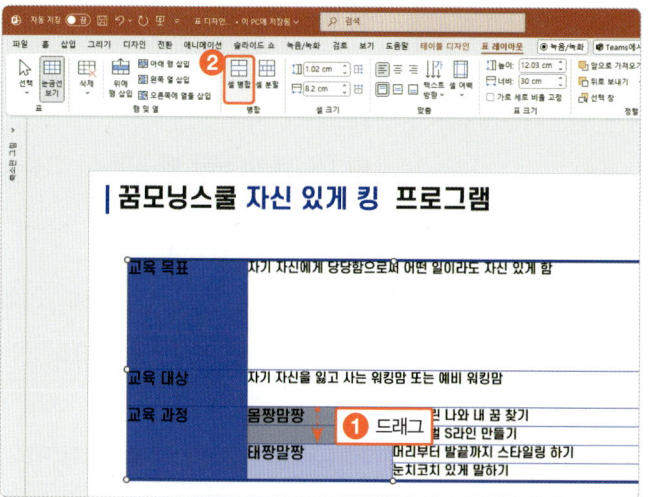

셀 병합하기

05 ① '몸짱맘짱' 텍스트와 아래쪽 셀까지 드래그
② [표 레이아웃] 탭-[병합] 그룹-[셀 병합]을 클릭합니다. 선택한 셀 두 개가 하나로 병합됩니다.

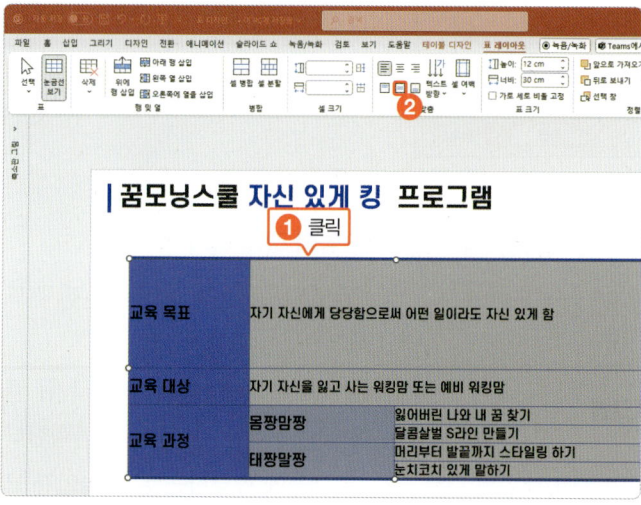

셀 안에 텍스트 위치 맞추기

06 ① 표 클릭
② [표 레이아웃] 탭-[맞춤] 그룹-[세로 가운데 맞춤]을 클릭합니다.

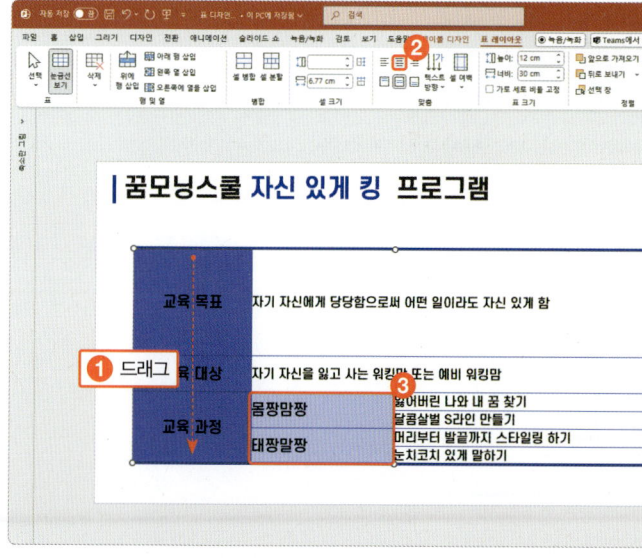

07 ① 표에서 구분에 해당하는 1열 드래그
② [표 레이아웃] 탭-[맞춤] 그룹-[가운데 맞춤] 클릭
③ 같은 방법으로 '몸짱맘짱'과 '태짱말짱'의 셀 안 텍스트 위치를 가운데로 맞춥니다.

셀 여백 지정하기

08 ① 내용에 해당하는 셀 전체 드래그

② [표 레이아웃] 탭-[맞춤] 그룹-[셀 여백 □] 클릭

③ [사용자 지정 여백] 클릭

④ [셀 텍스트 레이아웃] 대화상자에서 [안쪽 여백]-[왼쪽으로]에 **0.5** 입력

⑤ [확인]을 클릭합니다.

Tip 표의 구분에 해당하는 '몸짱맘짱'부터 '태짱말짱'까지 셀의 여백이 변경된다면 해당 셀을 드래그한 후 [레이아웃] 탭-[맞춤] 그룹-[셀 여백]-[없음]을 클릭합니다.

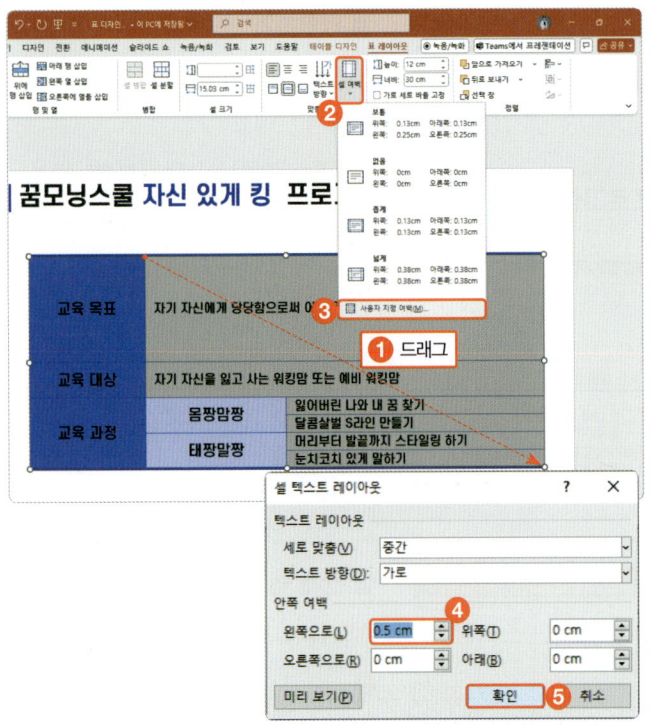

행 높이 같게 하기

09 ① 내용에 해당하는 셀 전체 드래그

② [표 레이아웃] 탭-[셀 크기] 그룹-[행 높이를 같게 □]를 클릭합니다. 내용에 해당하는 셀의 높이가 모두 같게 설정됩니다.

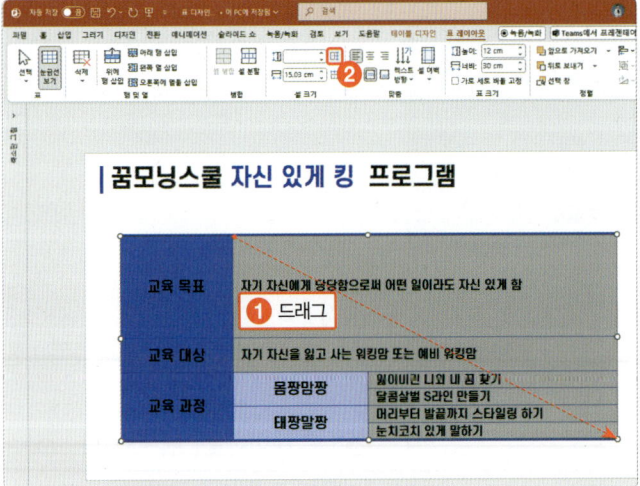

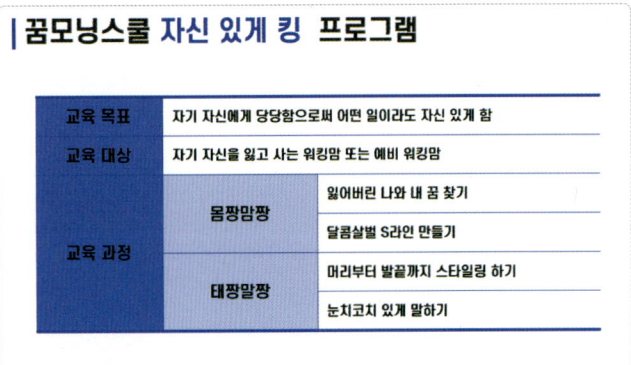

Note 파워포인트에 자동으로 엑셀 표 연동하기

엑셀의 표 서식을 그대로 유지한 상태에서 파워포인트에 붙여 넣으면 엑셀 데이터의 서식이 바뀌어도 주기적으로 업데이트되므로 유용하게 사용할 수 있습니다.

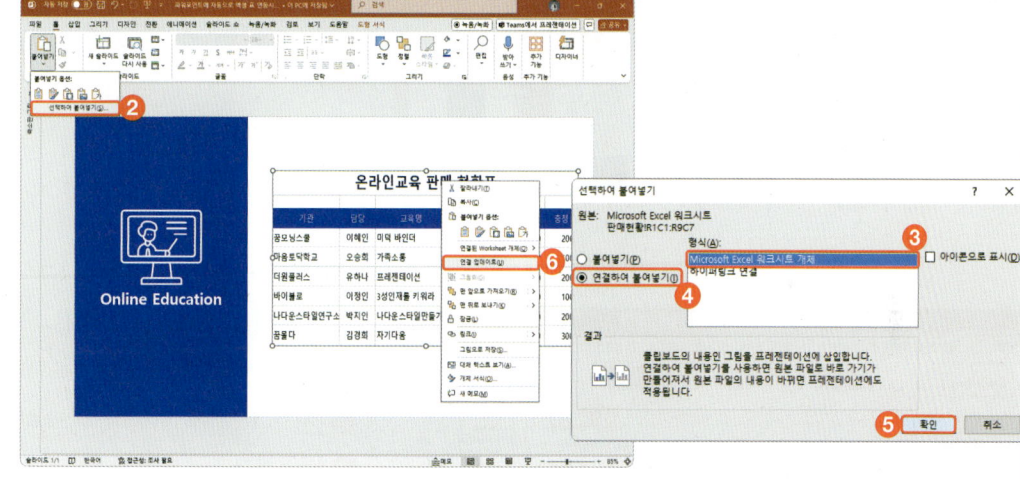

❶ 엑셀 표를 복사한 후 ❷ 파워포인트에서 [홈] 탭–[클립보드] 그룹–[붙여넣기]–[선택하여 붙여넣기]를 클릭합니다. ❸ [선택하여 붙여넣기] 대화상자가 나타나면 [형식]에서 [Microsoft Excel 워크시트 개체]를 클릭하고 ❹ [연결하여 붙여넣기]를 클릭합니다. ❺ [확인]을 클릭합니다. ❻ 바로 업데이트가 되지 않으면 파워포인트에 붙여 넣은 표에서 마우스 오른쪽 버튼을 클릭하고 [연결 업데이트]를 클릭합니다.

차트 디자인하기

실습 파일 4장\044_차트 디자인하기.pptx   완성 파일 4장\044_차트 디자인하기_완성.pptx

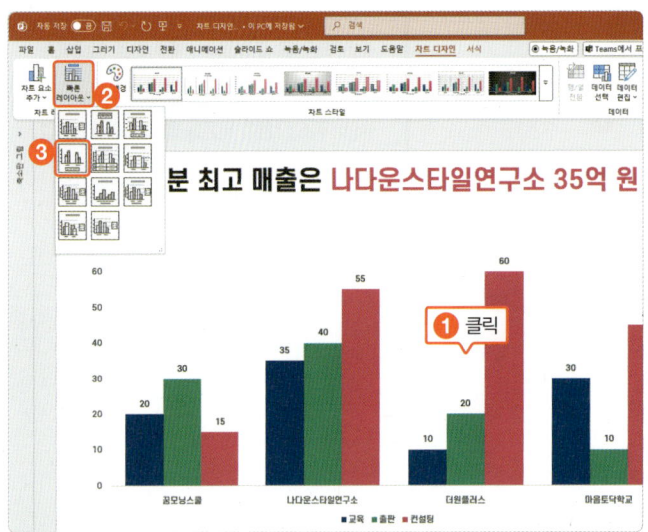

차트 레이아웃 변경하기

01 ❶ 차트 영역 클릭
❷ [차트 디자인] 탭–[차트 레이아웃] 그룹–[빠른 레이아웃] 클릭
❸ [레이아웃 4]를 클릭합니다. 차트 레이아웃이 선택한 레이아웃으로 변경됩니다.

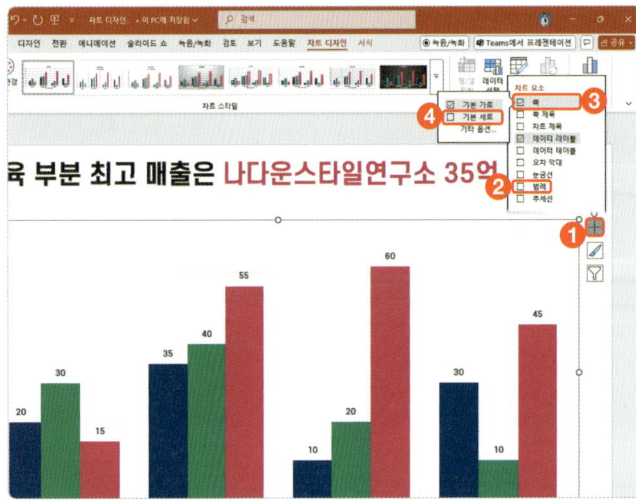

차트 범례 및 세로 축 없애기

02 ❶ [차트 요소] 클릭
❷ [차트 요소]에서 [범례] 체크 해제
❸ [축] 체크
❹ [기본 세로]의 체크를 해제합니다. 차트 아래쪽 범례와 세로축이 사라집니다.

원하는 계열만 보이기

03 차트 필터를 이용하면 차트에 표시할 데이터 요소를 간편하게 선택할 수 있습니다.

❶ [차트 필터 ▽] 클릭

❷ [값] 클릭

❸ [계열] 항목 중 [출판], [컨설팅]의 체크 해제

❹ [적용]을 클릭합니다. 교육에 해당하는 막대만 표시됩니다.

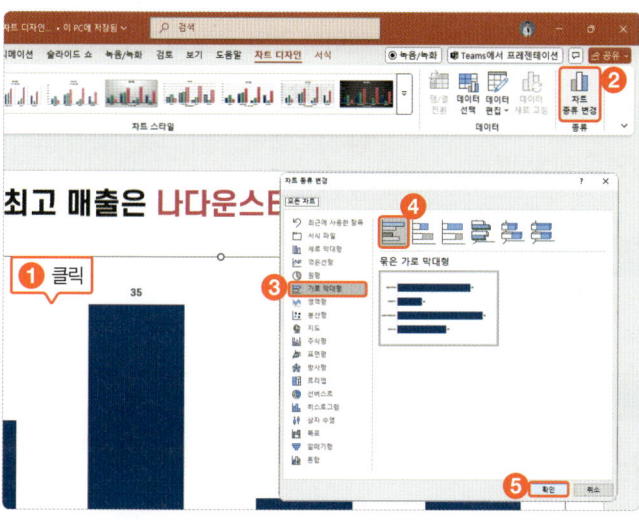

차트 종류 변경하기

04 세로 막대형 차트를 가로 막대형 차트로 변경해보겠습니다.

❶ 차트 영역 클릭

❷ [차트 디자인] 탭-[종류] 그룹-[차트 종류 변경] 클릭

❸ [차트 종류 변경] 대화상자에서 [가로 막대형] 클릭

❹ [묶은 가로 막대형] 클릭

❺ [확인]을 클릭하면 차트가 변경됩니다.

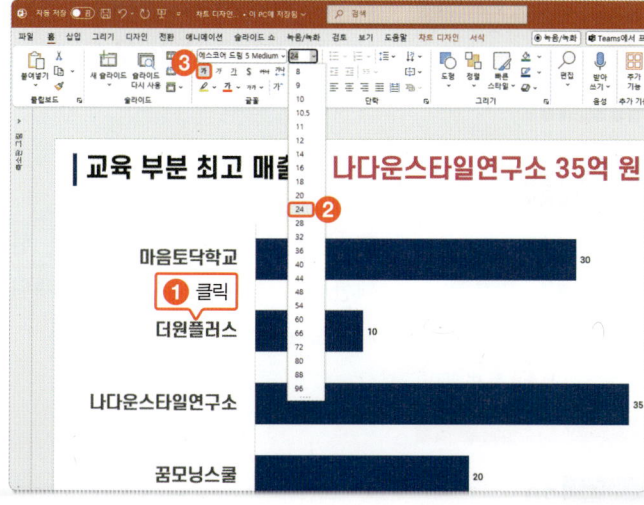

항목 글꼴 크기 변경하기

05 ❶ 세로축의 항목 클릭

❷ [홈] 탭-[글꼴] 그룹-[글꼴 크기]를 [24]로 설정

❸ [굵게 가]를 클릭합니다. 세로축 항목의 글꼴 크기가 커지고 진해집니다.

CHAPTER 04 프레젠테이션 시각화 및 서식 지정하기 **149**

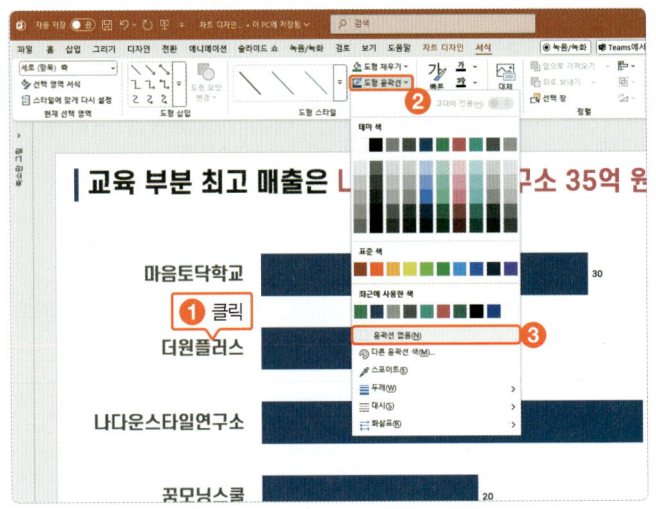

세로축 도형 윤곽선 없애기

06 ❶ 세로축의 항목 클릭
❷ [서식] 탭–[도형 스타일] 그룹–[도형 윤곽선 ☑] 클릭
❸ [윤곽선 없음]을 클릭합니다. 차트의 세로축 윤곽선이 사라집니다.

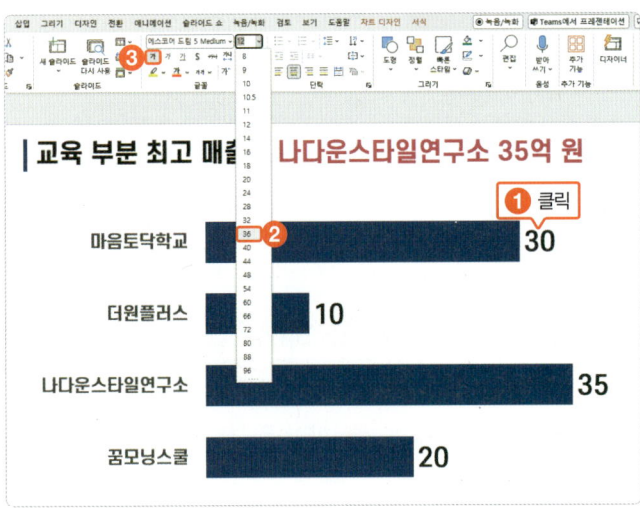

데이터 값의 글꼴 크기 변경하기

07 ❶ 데이터 레이블 클릭
❷ [홈] 탭–[글꼴] 그룹–[글꼴 크기]를 [36]으로 설정
❸ [굵게 가]를 클릭합니다. 데이터 값의 크기가 커지고 진해집니다.

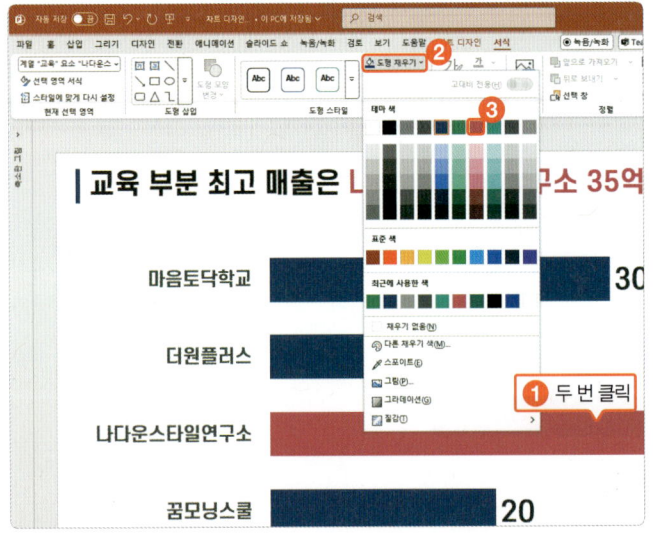

한 개의 막대 서식만 변경하기

08 ❶ 나다운스타일연구소 항목의 막대를 두 번 클릭
❷ [서식] 탭–[도형 스타일] 그룹–[도형 채우기 ☑] 클릭
❸ [분홍, 강조 3]을 클릭합니다. 선택한 가로 막대가 분홍색으로 채워져 강조됩니다.

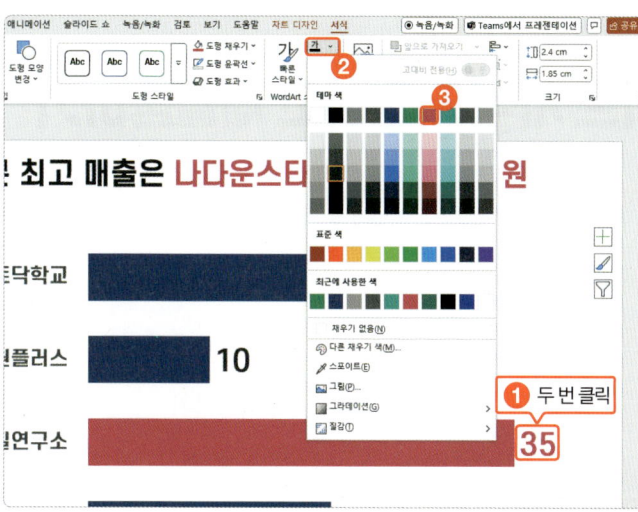

한 개의 텍스트 서식만 변경하기

09 ① 나다운스타일연구소의 데이터 레이블을 두 번 클릭

② [서식] 탭-[WordArt 스타일] 그룹-[텍스트 채우기 가] 클릭

③ [분홍, 강조 3]을 클릭합니다.

> **Note** 차트를 구성하는 요소에는 어떤 것이 있나요?
>
> 차트에는 계열, 축, 범례, 데이터 레이블 등 다양한 구성 요소가 있습니다. 차트를 선택하면 차트 영역 오른쪽에 차트 요소, 차트 스타일, 차트 필터가 표시됩니다. 간편하게 차트 요소를 추가, 제거하거나 차트 스타일을 선택할 수 있습니다. 차트 필터를 사용하면 원하는 데이터만 표시할 수 있습니다.

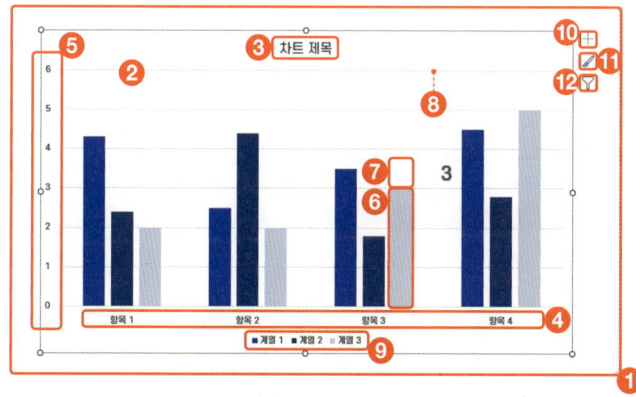

① **차트 영역** : 차트 전체 영역을 말하며 모든 구성 요소가 포함됩니다.
② **그림 영역** : 차트가 그려진 영역으로 데이터 계열, 항목, 항목 이름, 눈금선, 레이블 등을 포함합니다.
③ **차트 제목** : 차트 제목을 표시합니다.
④ **가로축** : 데이터 계열의 이름을 표시합니다.
⑤ **세로축** : 데이터 계열의 값을 표시합니다.
⑥ **데이터 계열/요소** : 데이터 요소나 값을 선택한 그래프 형태로 표시합니다.
⑦ **데이터 레이블** : 데이터 계열 또는 요소의 값과 이름을 표시합니다.
⑧ **눈금선** : 데이터의 값을 알기 쉽게 표시합니다.
⑨ **범례** : 데이터 계열별 이름과 색을 표시합니다.
⑩ **차트 요소** : 차트 요소를 숨기거나 표시할 수 있습니다.
⑪ **차트 스타일** : 차트 디자인 스타일을 선택할 수 있습니다.
⑫ **차트 필터** : 차트 데이터 중에서 특정 항목을 숨기거나 표시할 수 있습니다.

 ## 잘 만든 차트 서식 저장하고 재활용하기

실습 파일 4장\045_잘 만든 차트 서식 저장하고 재활용하기.pptx **완성 파일** 4장\045_잘 만든 차트 서식 저장하고 재활용하기_완성.pptx

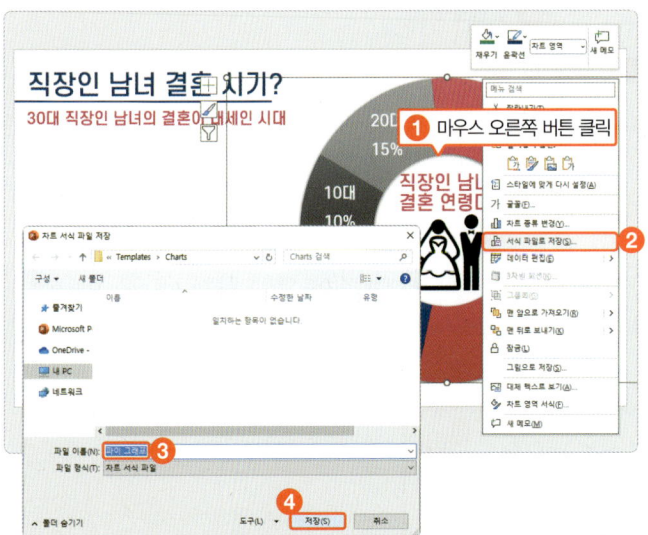

차트 서식 저장하기

01 ① [1번 슬라이드]에 삽입된 차트에서 마우스 오른쪽 버튼 클릭
② [서식 파일로 저장] 클릭
③ [차트 서식 파일 저장] 대화상자에서 [파일 이름]에 **파이 그래프** 입력
④ [저장]을 클릭합니다. 선택한 차트의 서식이 '파이 그래프.crtx' 파일로 저장됩니다.

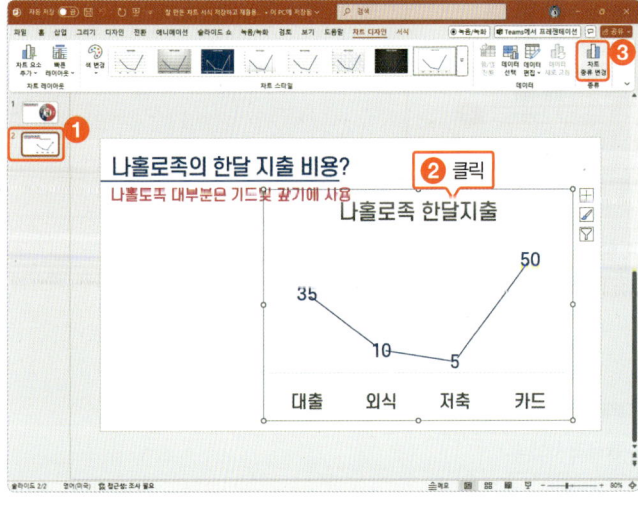

저장된 서식 파일 적용하기

02 ① 슬라이드 축소판 창에서 [2번 슬라이드] 클릭
② 차트 영역 클릭
③ [차트 디자인] 탭 [종류] 그룹-[차트 종류 변경]을 클릭합니다.

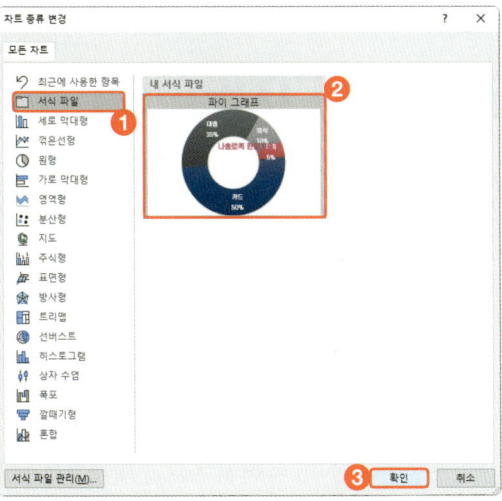

03 ❶ [차트 종류 변경] 대화상자에서 [서식 파일] 클릭

❷ [내 서식 파일]-[파이 그래프] 클릭

❸ [확인]을 클릭합니다.

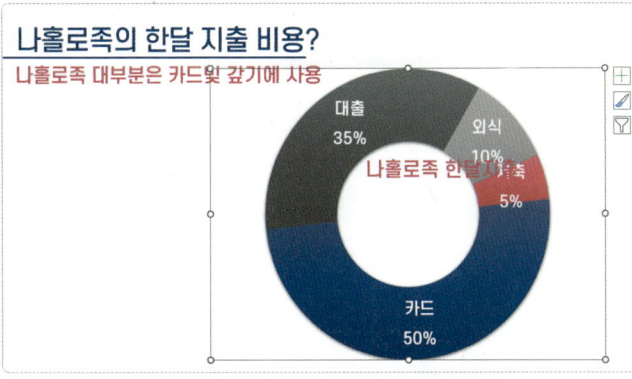

04 저장된 차트 서식 파일이 적용되어 차트 종류가 변경됩니다.

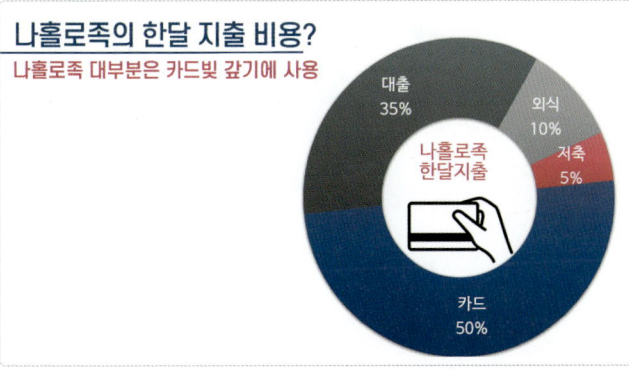

05 내용을 정리하여 그래프를 보기 좋게 완성합니다.

 # 차트를 활용한 슬라이드 디자인하기

실습 파일 4장\혼자해보기\차트를 활용한 슬라이드 디자인하기.pptx   **완성 파일** 4장\혼자해보기\차트를 활용한 슬라이드 디자인하기_완성.pptx

예제 설명 및 완성 화면

시간에 따른 데이터의 흐름을 볼 때는 꺾은선 그래프가 유용합니다. 이미 주어진 차트가 막대그래프인 경우에는 차트 종류를 변경하고 데이터 레이블을 표시해줍니다. 차트를 보는 입장에서 전달하고자 하는 내용을 쉽게 이해할 수 있도록 강조하고 싶은 데이터는 글꼴 크기를 더 크게 수정하고 꼭 필요한 요소만 남겨 차트를 단순하게 만듭니다.

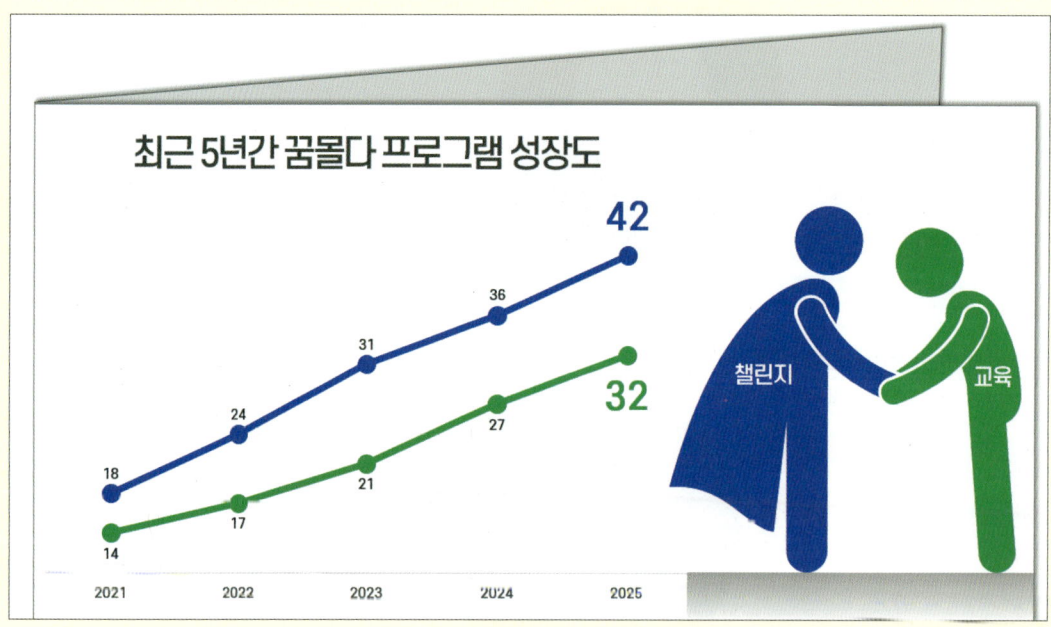

01 차트 종류 변경하기

막대형 차트를 꺾은선형 차트로 변경해보겠습니다. ❶ 차트 클릭 ❷ [차트 디자인] 탭-[종류] 그룹-[차트 종류 변경] 클릭 ❸ [차트 종류 변경] 대화상자가 나타나면 [꺾은선형] 클릭 ❹ [표식이 있는 꺾은선형] 클릭 ❺ [확인]을 클릭해 차트를 삽입합니다.

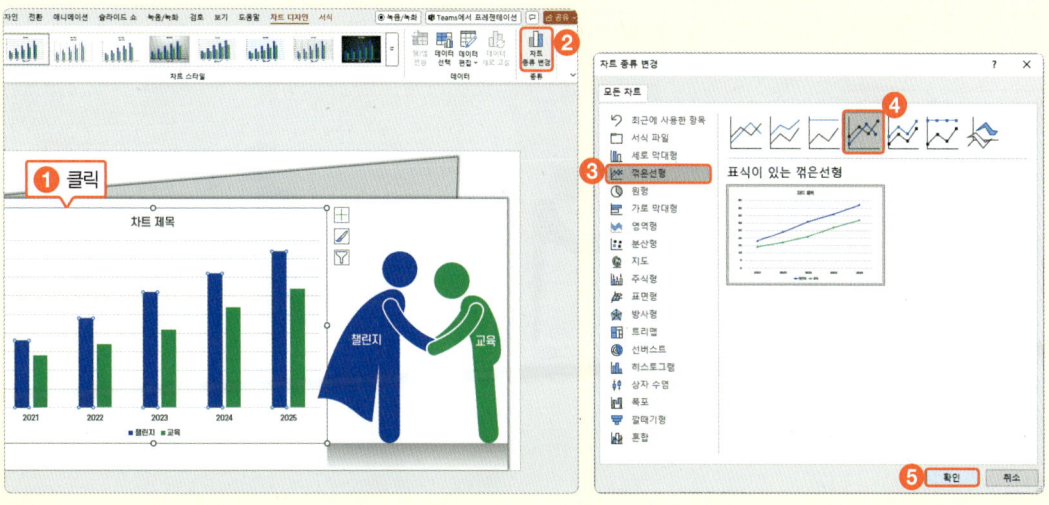

02 데이터 값 표시하기

❶ 차트가 선택된 상태에서 [차트 요소] 클릭 ❷ [데이터 레이블]의 클릭 ❸ [위쪽]을 클릭합니다. 꺾은선 그래프의 표식에 데이터 값이 표시됩니다.

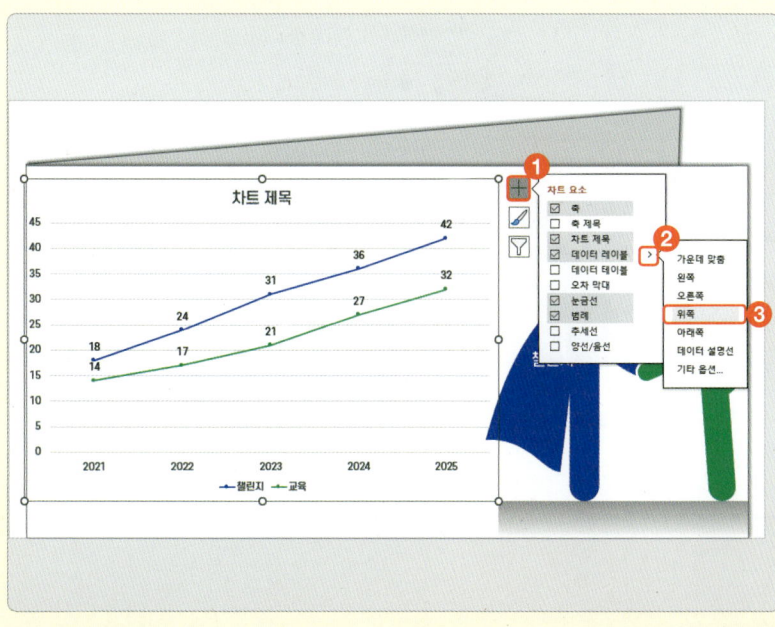

CHAPTER 04 프레젠테이션 시각화 및 서식 지정하기 **155**

03 축 서식 변경하기

① 세로축에서 마우스 오른쪽 버튼 클릭 ② [축 서식] 클릭 ③ [축 서식] 작업 창의 [축 옵션]-[경계]에서 [최솟값]에 **5**, [최댓값]에 **45** 입력 ④ [단위]-[기본]에는 **5**를 입력합니다.

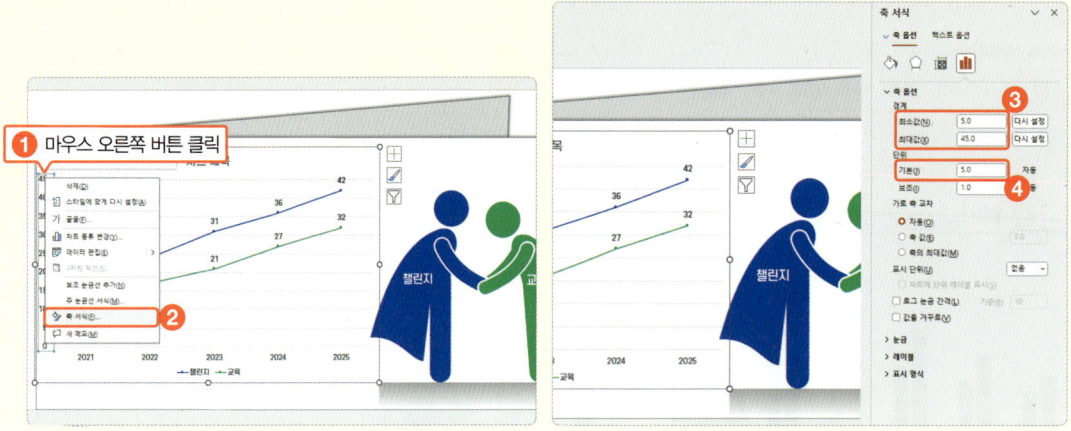

04 꺾은선 굵게 하기

① 차트 영역에서 [챌린지] 꺾은선 클릭 ② [데이터 계열 서식] 작업 창에서 [채우기 및 선 ◇] 클릭 ③ [선]-[선]의 [너비]에 **6pt** 입력 ④ [교육] 꺾은선도 동일하게 적용합니다.

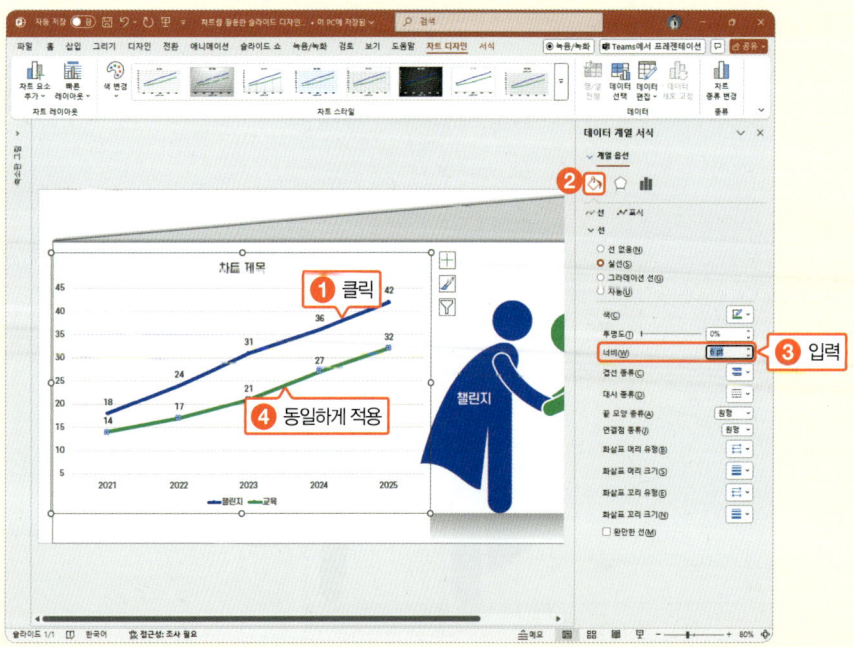

이미지 필터링하기

03 ❶ [필터] 클릭

❷ [크기]-[크게] 클릭

❸ [유형]-[사진] 클릭

❹ [레이아웃]-[넓게] 클릭

❺ [색]-[컬러만] 클릭

❻ 필터링된 이미지만 나타나는 것을 확인하고 검색된 이미지 중에 하나를 클릭

❼ [삽입]을 클릭합니다. 선택한 이미지가 슬라이드 창에 삽입됩니다.

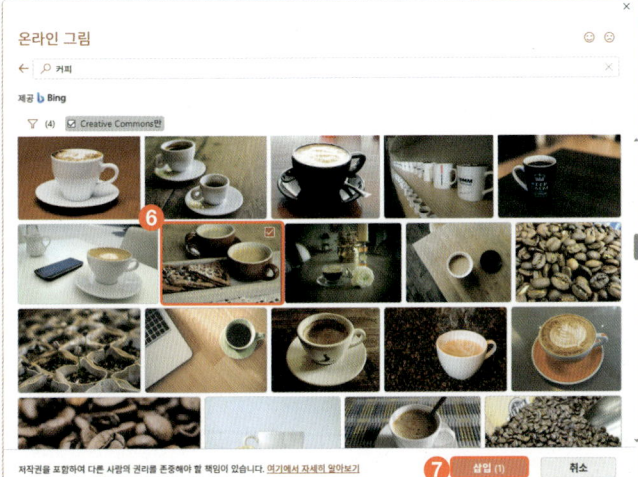

04 삽입된 이미지를 슬라이드의 적당한 위치에 배치해 화면을 완성합니다.

Tip [온라인 그림]은 Microsoft Bing 검색 서비스의 실시간 검색 결과입니다. 따라서 예제와 다른 이미지가 나올 수 있습니다.

046 온라인 그림 삽입하기

실습 파일 4장\046_온라인 그림 삽입하기.pptx   완성 파일 4장\046_온라인 그림 삽입하기_완성.pptx

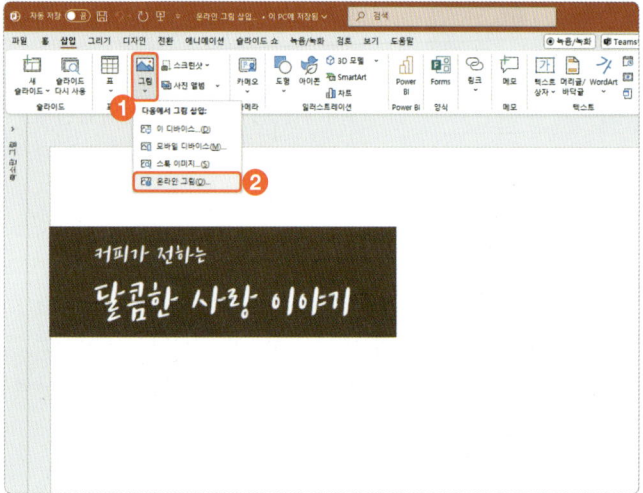

온라인에서 그림 검색하기

01 ❶ [삽입] 탭-[이미지] 그룹-[그림 🖼] 클릭

❷ [온라인 그림]을 클릭합니다. [온라인 그림] 대화상자가 나타납니다.

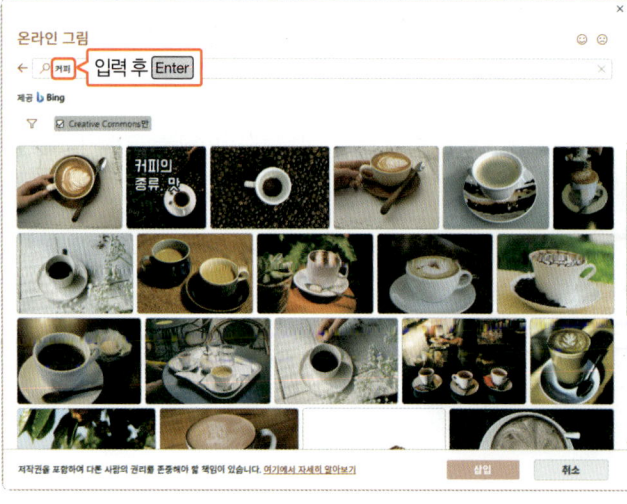

02 [온라인 그림] 대화상자에서 [Bing 검색]에 **커피**를 입력한 후 Enter 를 누릅니다. 커피와 관련된 다양한 이미지가 나타납니다.

Tip [Creative Commons만]에 체크한 후 검색한 그림은 일정한 기준 아래에서 창작물을 마음대로 활용할 수 있습니다.

CHAPTER 04 프레젠테이션 시각화 및 서식 지정하기   **159**

07 특정 데이터 값 강조하기

❶ '2025'에 해당하는 [챌린지] 데이터 레이블 두 번 클릭 ❷ 글꼴 서식은 다음 표와 같이 변경 ❸ [교육]의 데이터 레이블 두 번 클릭 ❹ 글꼴 서식은 다음 표와 같이 변경 ❺ [교육] 데이터 레이블의 위치를 표식 아래로 이동합니다.

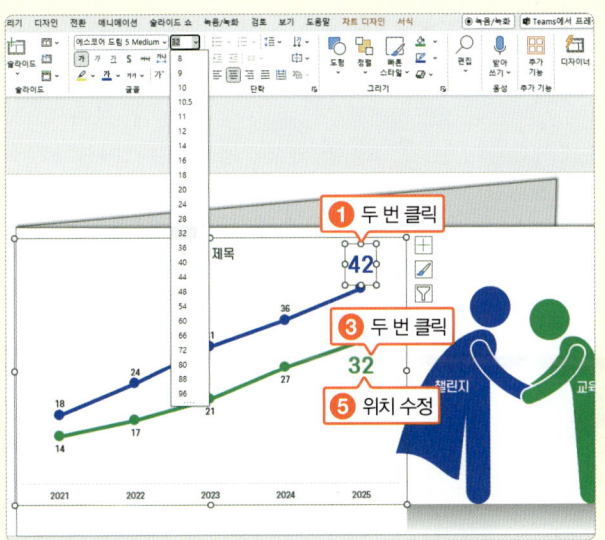

	❷ 챌린지	❹ 교육
글꼴 크기	32pt	32pt
글꼴 색	파랑, 강조1	진한 녹색, 강조2
글꼴 스타일	굵게	굵게

08 차트 제목 입력하기

❶ 차트 제목에 **최근 5년간 꿈몰다 프로그램 성장도** 입력 ❷ [글꼴 크기]는 [32] ❸ 글꼴 스타일은 [굵게 가] ❹ [문자 간격 가↔]-[매우 좁게]를 적용해 슬라이드를 완성합니다.

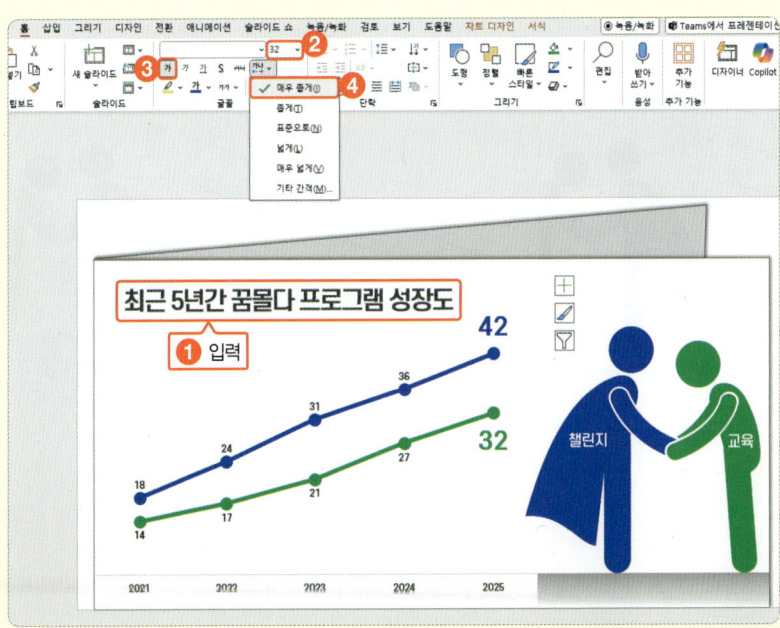

05 표식 크기 변경하기

❶ 차트 영역에서 [챌린지] 꺾은선 클릭 ❷ [데이터 계열 서식] 작업 창에서 [채우기 및 선]-[표식] 클릭
❸ [표식 옵션]-[기본 제공] 클릭 ❹ [크기]에 **12** 입력 ❺ [교육] 꺾은선도 동일하게 적용합니다.

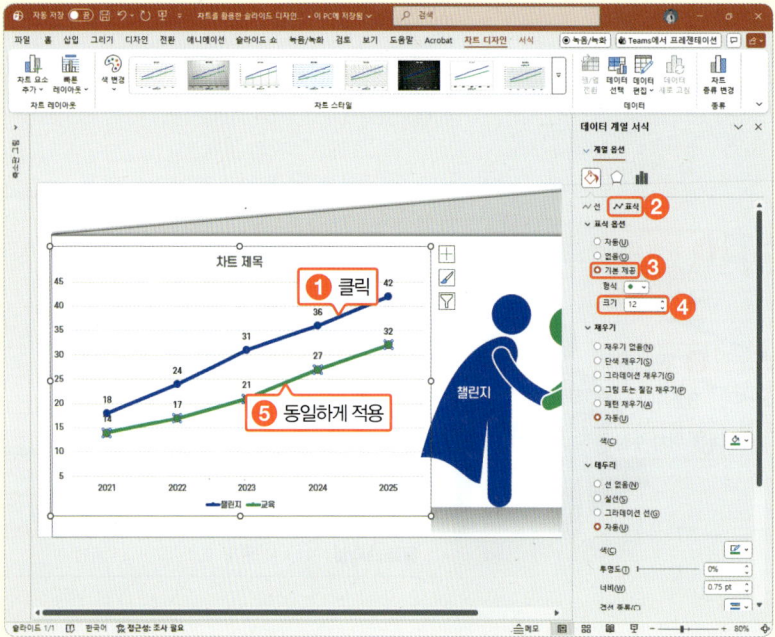

06 불필요한 요소 삭제하기

차트에서 각각 범례, 세로축, 눈금선을 Delete 를 눌러 삭제합니다.

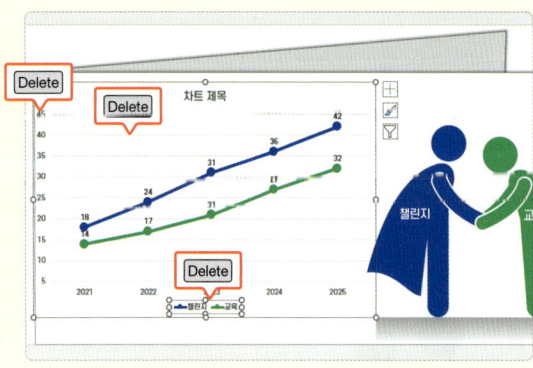
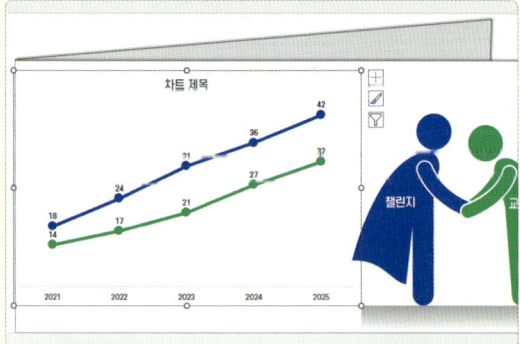

Note 이미지 무료로 다운로드하기

무료로 이미지를 다운로드할 수 있는 웹사이트로는 Pixabay, Unsplash, Pexels가 대표적입니다. 저작권 없이 다양한 고품질의 이미지를 영리 및 비영리 목적으로 사용할 수 있습니다. 검색 상자에 검색어를 입력한 후 검색 이미지를 클릭하면 무료로 다운로드할 수 있습니다.

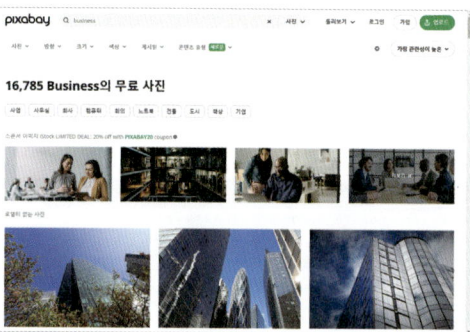

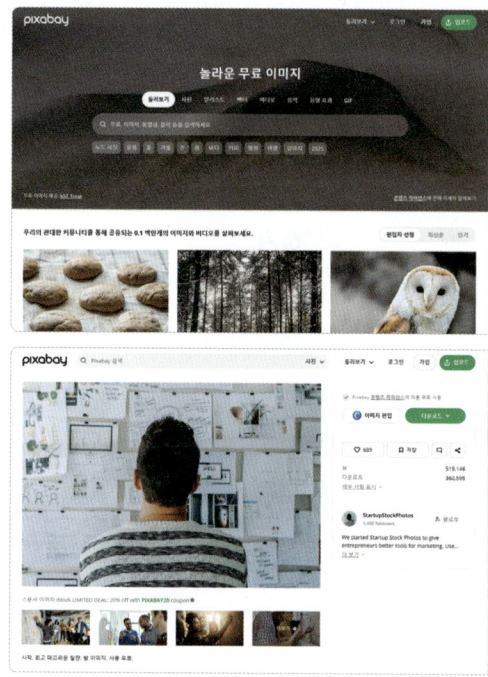

 디자이너로 쉽고 빠르게 슬라이드 만들기

실습 파일 4장\047_디자이너로 쉽고 빠르게 슬라이드 만들기.pptx   **완성 파일** 4장\047_디자이너로 쉽고 빠르게 슬라이드 만들기_완성.pptx

표지 슬라이드에 디자인 아이디어 적용하기

01 ❶ 슬라이드 축소판 창에서 표지로 사용할 [1번 슬라이드] 클릭
❷ [삽입] 탭-[이미지] 그룹-[그림 🖼] 클릭
❸ [이 디바이스] 클릭
❹ [그림 삽입] 대화상자에서 '제스처.jpg' 파일 클릭
❺ [삽입]을 클릭합니다.

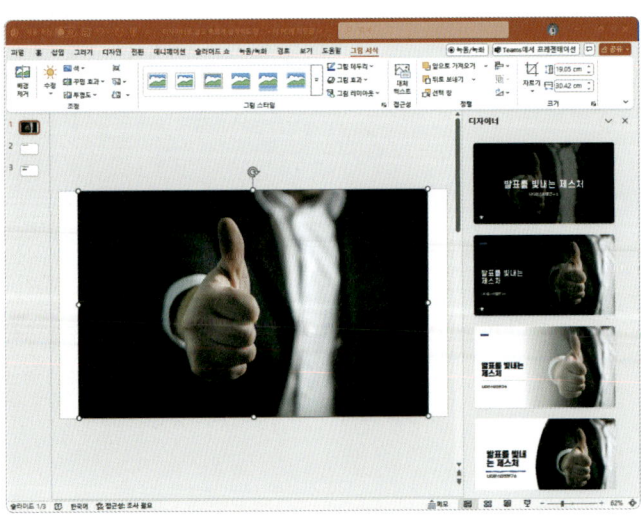

02 슬라이드에 그림이 삽입되며 자동으로 [디자이너] 작업 창이 나타납니다. 다양한 디자인 아이디어 중에서 원하는 디자인을 클릭하면 바로 슬라이드에 적용됩니다.

Tip 작업 창에 원하는 디자인이 없다면 작업 창 가장 아래쪽의 [더 많은 디자인 아이디어 보기]를 클릭하여 더 많은 디자인을 찾아볼 수 있습니다.

Tip [디자인 아이디어] 작업 창이 보이지 않는 경우에는 [디자인] 탭-[Designer] 그룹-[디자이너]를 클릭합니다.

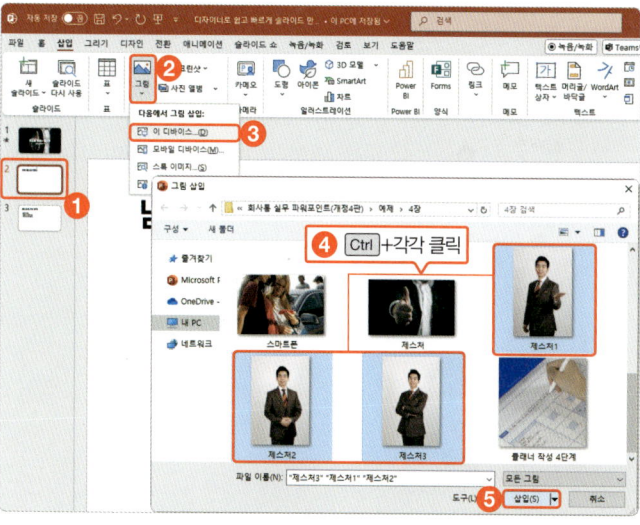

그림이 세 개인 슬라이드에 디자인 아이디어 적용하기

03 ① [2번 슬라이드] 클릭
② [삽입] 탭-[이미지] 그룹-[그림 🖼] 클릭
③ [이 디바이스] 클릭
④ [그림 삽입] 대화상자에서 Ctrl 을 누른 상태로 '제스처1.jpg, 제스처2.jpg, 제스처3.jpg' 파일 클릭
⑤ [삽입]을 클릭합니다.

Tip 그림을 다중 선택할 때는 Ctrl 또는 Shift 를 누른 상태에서 선택합니다.

04 슬라이드에 그림이 삽입되며 자동으로 [디자이너] 작업 창이 나타납니다. 다양한 디자인 아이디어 중에서 원하는 디자인을 클릭하면 바로 슬라이드에 적용됩니다.

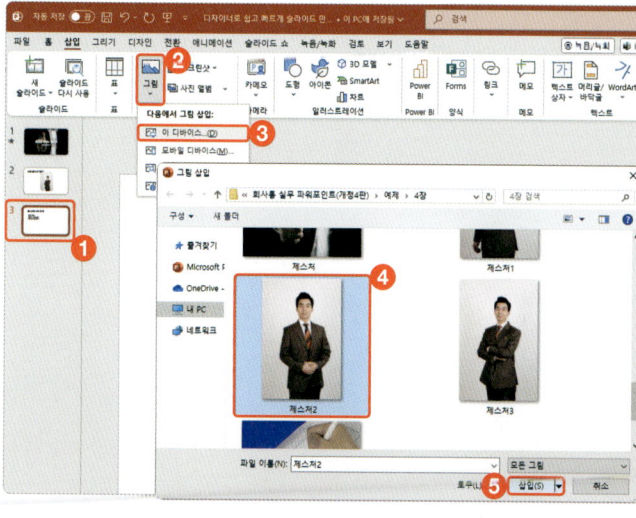

그림 한 개와 텍스트로 이루어진 슬라이드에 디자인 아이디어 적용하기

05 ① [3번 슬라이드] 클릭
② [삽입] 탭-[이미지] 그룹-[그림 🖼] 클릭
③ [이 디바이스] 클릭
④ [그림 삽입] 대화상자에서 '제스처2.jpg' 파일 클릭
⑤ [삽입]을 클릭합니다.

CHAPTER 04 프레젠테이션 시각화 및 서식 지정하기 **163**

06 슬라이드에 그림이 삽입되며 자동으로 [디자이너] 작업 창이 나타납니다. 다양한 디자인 아이디어 중에서 원하는 디자인을 클릭하면 바로 슬라이드에 적용됩니다.

048 그림의 특정 부분만 강조하기

실습 파일 4장\048_그림의 특정 부분만 강조하기.pptx 완성 파일 4장\048_그림의 특정 부분만 강조하기_완성.pptx

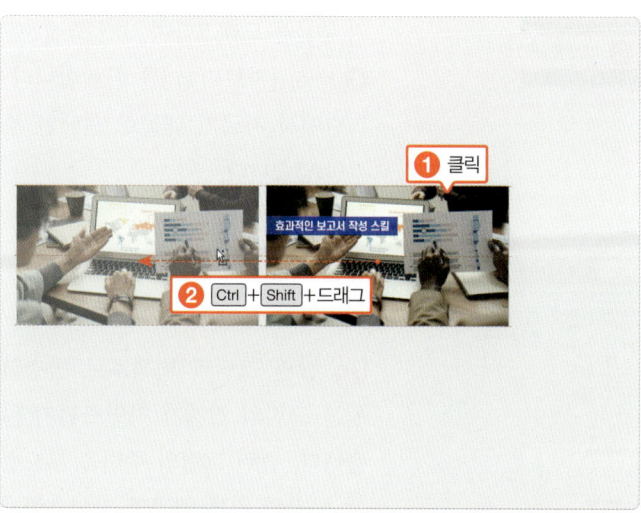

그림을 수평으로 이동 복사하기

01 그림의 특정 부분만 강조하기 위해 그림을 복사하여 원본과 겹쳐 두고 강조할 부분만 남긴 후 잘라내겠습니다.

❶ 슬라이드의 그림 클릭

❷ Ctrl + Shift 를 누른 상태에서 왼쪽으로 드래그합니다. 선택한 그림이 드래그한 방향으로 수평 복사됩니다.

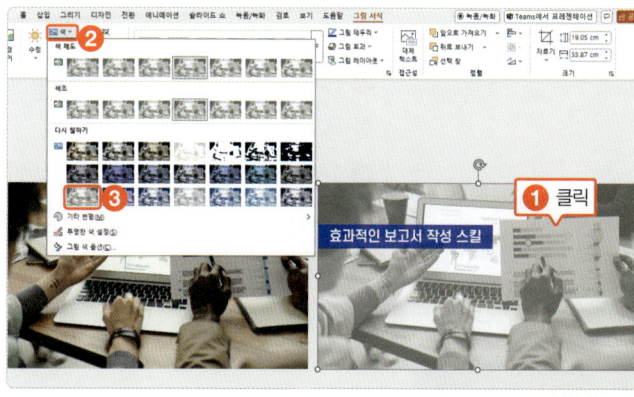

그림 색 변경하기

02 ❶ 원본 그림 클릭

❷ [그림 서식] 탭-[조정] 그룹-[색 🖼] 클릭

❸ [다시 칠하기]에서 [회색, 배경색 밝게 2]를 클릭합니다. 원본 그림이 흑백 사진처럼 변경됩니다.

CHAPTER 04 프레젠테이션 시각화 및 서식 지정하기 **165**

그림에서 원하는 부분만 남기고 자르기

03 ① 복사한 그림을 원본과 겹치도록 드래그

② [그림 도구]-[서식] 탭-[크기] 그룹-[자르기] 클릭

③ 강조하고 싶은 부분만 남도록 그림 테두리에 생긴 꺾쇠 모양의 자르기 핸들을 드래그하여 크기 조절

④ 다시 [자르기]를 클릭합니다. 그림에서 자르기 핸들로 선택한 부분만 남습니다.

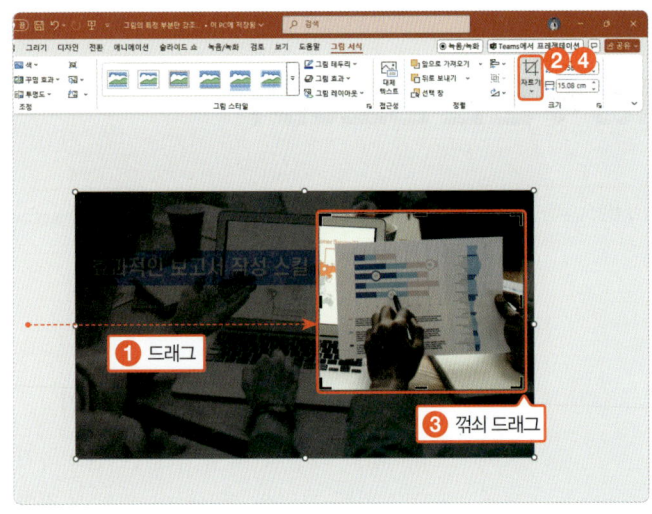

잘린 그림의 주변을 부드럽게 처리하기

04 잘린 그림과 회색조로 변경한 원본 그림의 경계가 자연스럽지 않습니다. 잘린 그림의 주변을 부드럽게 처리해 원본 배경과 자연스럽게 어울리도록 수정해보겠습니다.

① 잘린 그림 클릭

② [그림 서식] 탭-[그림 스타일] 그룹-[그림 효과] 클릭

③ [부드러운 가장자리]-[50 포인트]를 클릭합니다. 전체 그림 중 특정 부분의 색이 사연스럽게 강조되었습니다.

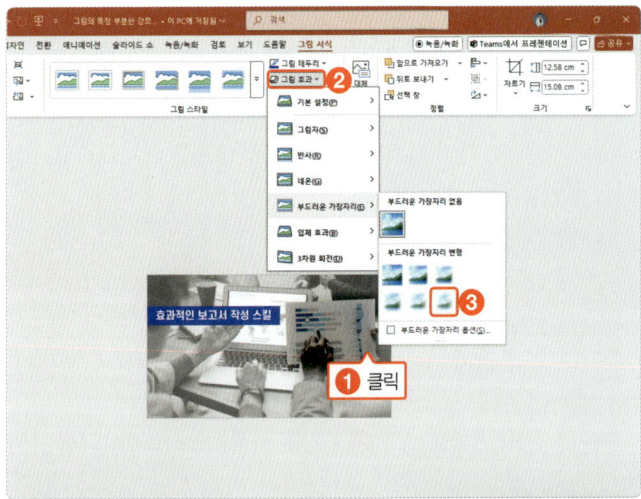

> **Note** 그림의 투명도를 조정할 수 있나요?
>
> 그림 뒤의 항목이 표시되도록 그림의 투명도를 조정할 수 있습니다. 투명도를 적용할 그림을 선택한 후 [그림 서식] 탭-[조정] 그룹-[투명도]를 클릭한 후 원하는 투명도를 클릭합니다.
>
>

그림 서식 변경 후 서식은 유지하고 그림만 변경하기

실습 파일 4장\049_그림 서식 변경 후 서식은 유지하고 그림만 변경하기.pptx
완성 파일 4장\049_그림 서식 변경 후 서식은 유지하고 그림만 변경하기_완성.pptx

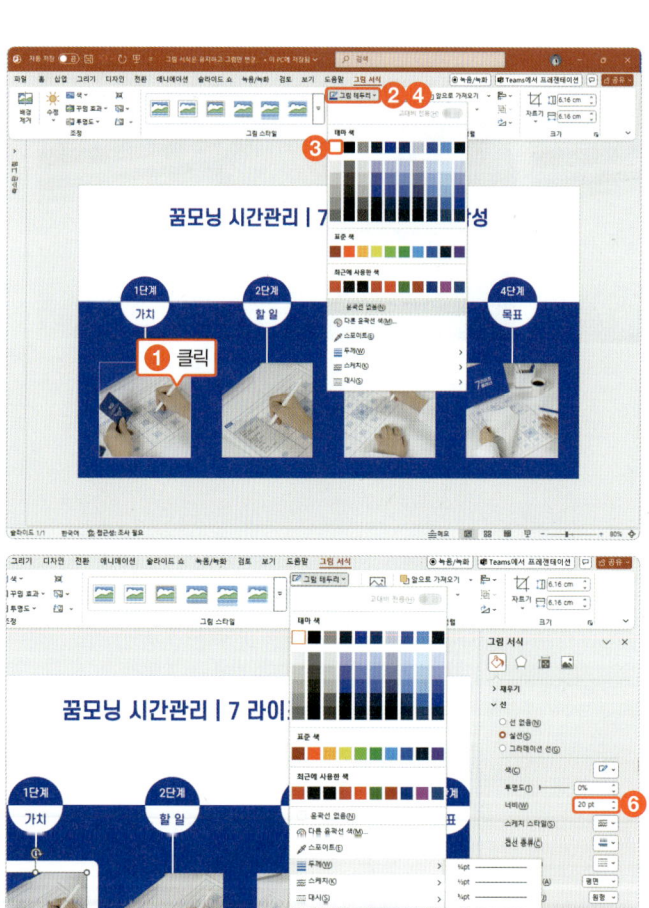

그림 테두리 색과 두께 변경하기

01 ❶ 슬라이드에 있는 첫 번째 그림 클릭
❷ [그림 서식] 탭-[그림 스타일] 그룹-[그림 테두리] 클릭
❸ [흰색, 배경 1] 클릭
❹ 다시 한번 [그림 테두리] 클릭
❺ [두께]-[다른 선] 클릭
❻ [그림 서식] 작업 창에서 [선]-[실선]-[너비]에 **20**을 입력합니다. 왼쪽 첫 번째 그림에 흰색 테두리가 적용됩니다.

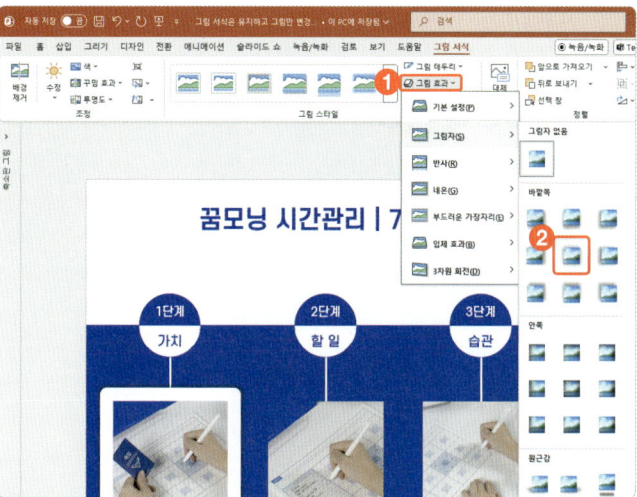

그림에 그림자 적용하기

02 ❶ [그림 서식] 탭-[그림 스타일] 그룹-[그림 효과 ⓘ] 클릭
❷ [그림자]-[바깥쪽]-[오프셋 가운데]를 클릭합니다. 왼쪽 첫 번째 그림에 그림자 효과가 적용됩니다.

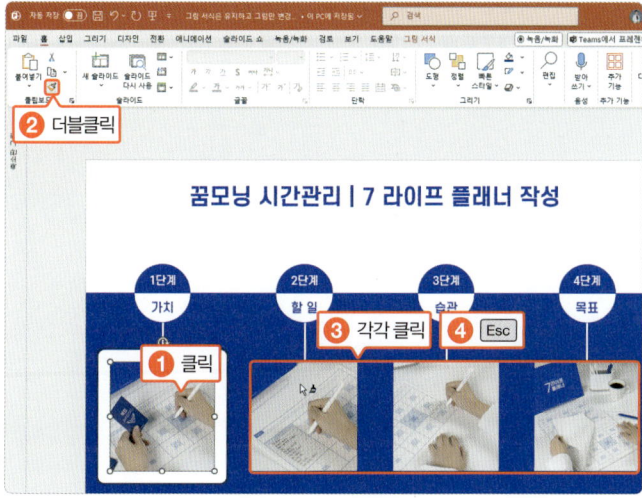

그림 서식 복사하고 붙여넣기

03 ❶ 서식이 적용된 그림 클릭
❷ [홈] 탭-[클립보드] 그룹-[서식 복사 ⓘ] 더블클릭
❸ 마우스 포인터가 페인트 붓 모양이 되면 서식을 붙여 넣을 그림 각각 클릭
❹ 작업을 완료했으면 Esc 를 눌러 다중 복사 모드를 종료합니다.

Tip [서식 복사]를 사용하면 한 개체의 모든 서식을 복사하여 다른 항목에 똑같이 적용할 수 있습니다.

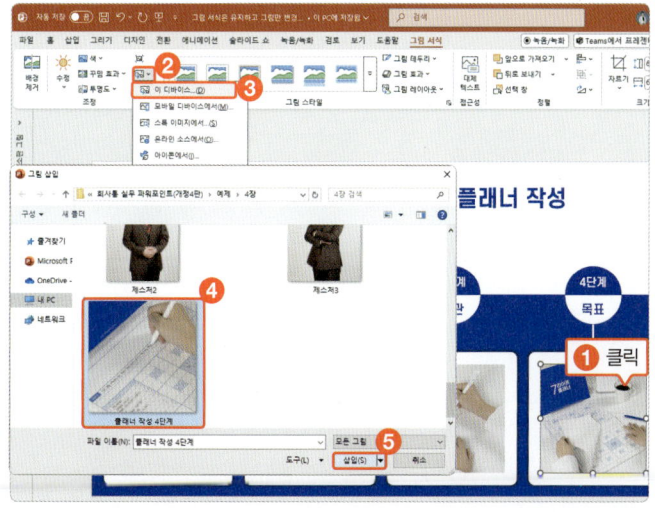

다른 그림으로 변경하기

04 그림에 적용한 서식은 유지한 채 그림만 변경해보겠습니다.
❶ 네 번째 그림 클릭
❷ [그림 서식] 탭-[조정] 그룹-[그림 바꾸기 ⓘ] 클릭
❸ [이 디바이스] 클릭
❹ [그림 삽입] 대화상자에서 '플래너 작성 4단계.jpg' 파일 클릭
❺ [삽입]을 클릭합니다.

05 서식은 그대로 유지한 채 그림이 바뀌었습니다.

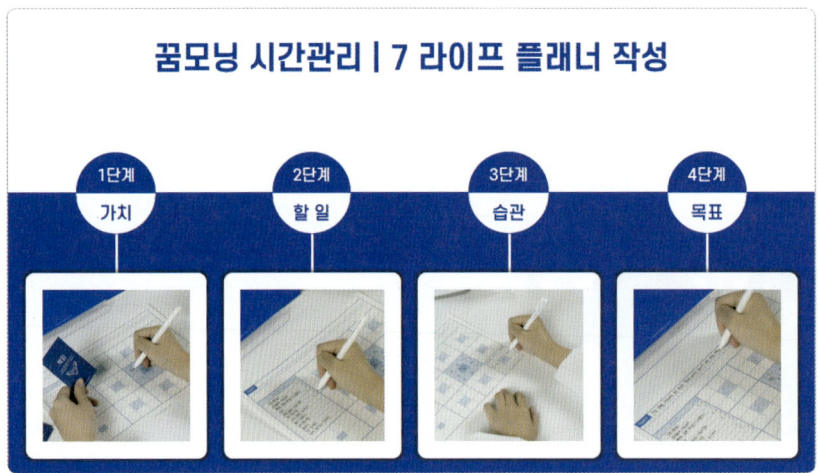

Tip 그림 원래대로 만들기

현재 그림에 적용된 다양한 효과(꾸밈 효과, 색, 밝기, 대비, 선명도, 투명도 등)를 제거하여 원래대로 만들고 싶다면 [그림 서식] 탭-[조정] 그룹-[그림 원래대로]를 클릭합니다.

050 그림에서 불필요한 부분 제거하기

실습 파일 4장\050_그림에서 불필요한 부분 제거하기.pptx   완성 파일 4장\050_그림에서 불필요한 부분 제거하기_완성.pptx

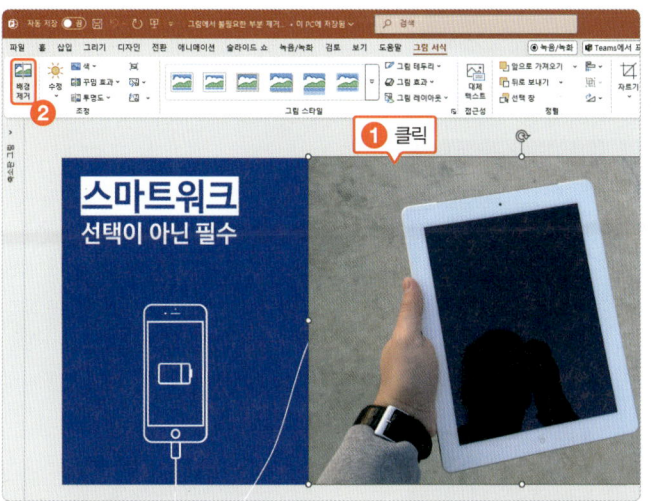

배경 제거하기

01 ❶ 슬라이드의 그림 클릭
❷ [그림 서식] 탭-[조정] 그룹-[배경 제거 🖼]를 클릭합니다. 리본 메뉴에서 [배경 제거] 탭이 선택되고 이미지의 배경 부분이 자홍색으로 표시됩니다.

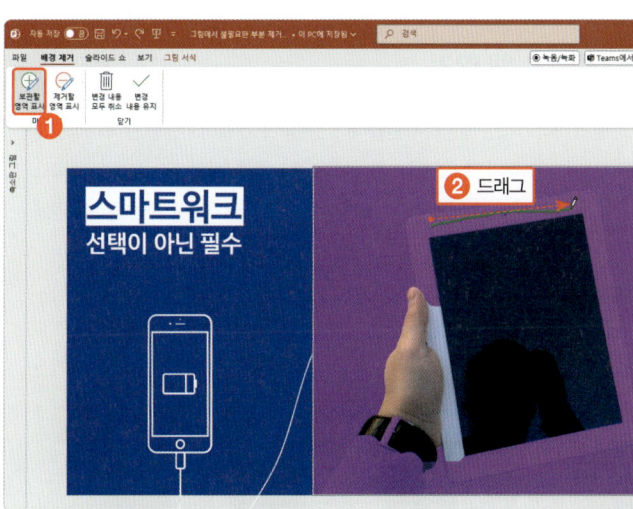

02 자홍색이 칠해진 부분이 그림에서 제거될 배경입니다. 그림에서 불필요한 부분만 선택되도록 조절해보겠습니다.
❶ [배경 제거] 탭-[미세 조정] 그룹-[보관할 영역 표시 ⊕] 클릭
❷ 마우스 포인터가 연필 모양으로 바뀌면 자홍색 부분에서 남기고 싶은 부분을 드래그하여 원래 이미지 색이 나오도록 합니다.

Tip 그림에서 제거할 영역을 표시하고 싶을 때는 [제거할 영역 표시]를 클릭합니다. 마우스 포인터가 연필 모양으로 바뀌면 드래그하여 제거할 영역을 표시합니다.

03 그림에서 남기고 싶은 부분만 원래 이미지 색이 되었다면 [배경 제거] 탭-[닫기] 그룹-[변경 내용 유지 ✓]를 클릭합니다. 그림에서 자홍색으로 선택되었던 부분이 제거되고 프레젠테이션에 필요한 그림만 남습니다.

> **Note** 그림에서 특정 색만 투명하게 설정할 수 있나요?
>
> [투명한 색 설정]은 전체 그림을 투명하게 만드는 것과 달리 하나의 색만 투명하게 만듭니다. 클립아트와 같이 간단한 단색 이미지에 사용하기 적합한 기능입니다. 투명하게 할 그림을 클릭하고 [그림 서식] 탭-[조정] 그룹-[색]을 클릭한 후 [투명한 색 설정]을 클릭하여 투명하게 만들고 싶은 색을 선택합니다. 단, 단색처럼 보이지만 실제로 여러 가지 색이 섞여 구성된 경우에는 원하는 효과를 얻을 수 없습니다.
>
>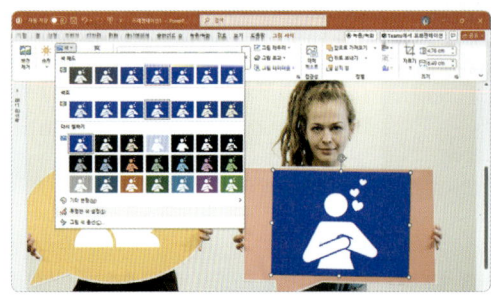

051 원하는 모양으로 그림 자르고 용량 줄이기

실습 파일 4장\051_원하는 모양으로 그림 자르고 용량 줄이기.pptx 완성 파일 4장\051_원하는 모양으로 그림 자르고 용량 줄이기_완성.pptx

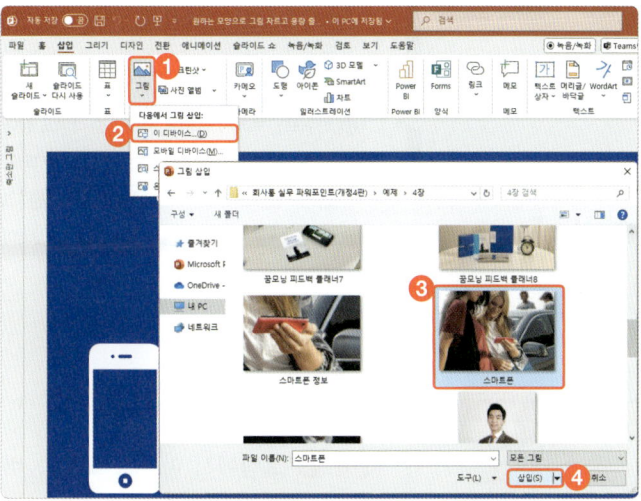

그림 삽입하기

01 ❶ [삽입] 탭-[이미지] 그룹-[그림] 클릭
❷ [이 디바이스] 클릭
❸ [그림 삽입] 대화상자에서 '스마트폰.jpg' 파일 클릭
❹ [삽입]을 클릭합니다.

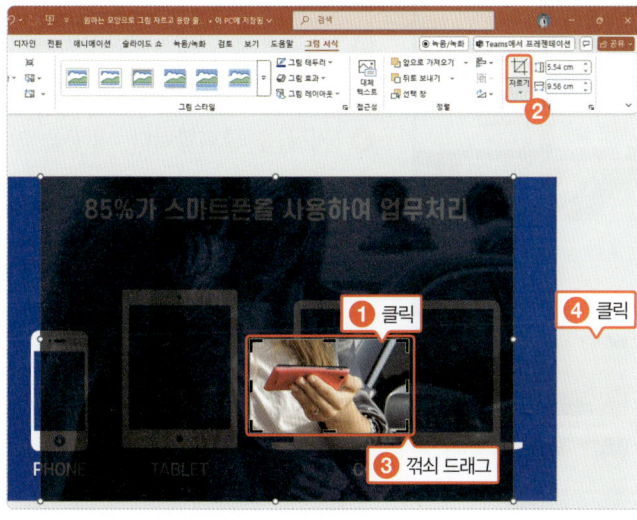

그림 자르기

02 ❶ 슬라이드에 삽입된 그림 클릭
❷ [그림 서식] 탭-[크기] 그룹-[자르기] 클릭
❸ 꺾쇠 모양의 자르기 핸들을 드래그하여 원하는 부분만 남도록 영역 조정
❹ 그림 외의 부분을 클릭합니다. 그림에서 필요한 부분만 남습니다.

Tip 직사각형이 아닌 다른 모양으로 자르려면 [그림 서식] 탭-[크기] 그룹-[자르기]를 클릭한 후 [도형에 맞춰 자르기]에서 원하는 모양을 선택합니다.

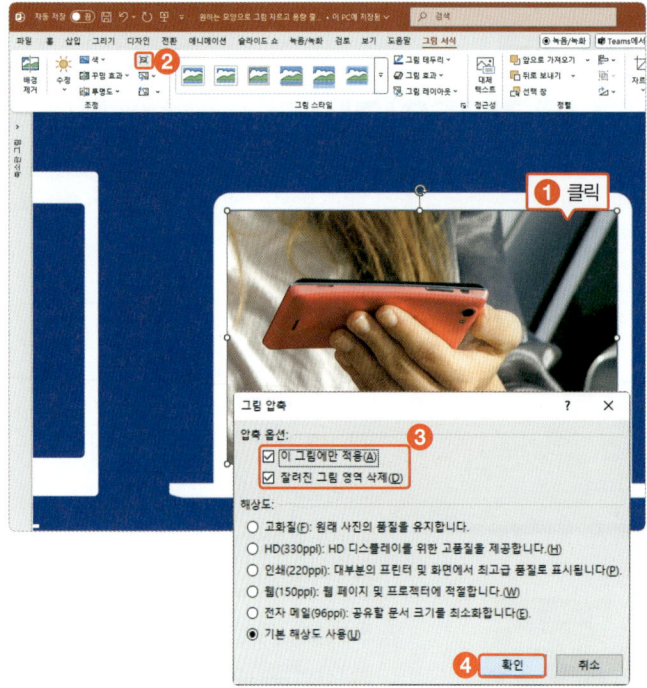

그림 용량 줄이기

03 ❶ 자르고 남은 부분의 그림 클릭
❷ [그림 서식] 탭-[조정] 그룹-[그림 압축] 클릭
❸ [그림 압축] 대화상자의 [압축 옵션]-[이 그림에만 적용]과 [잘려진 그림 영역 삭제]에 각각 체크
❹ [확인]을 클릭합니다. 그림에서 잘려진 부분이 완전히 삭제되어 그림의 용량이 줄어듭니다.

Tip 파워포인트에서 그림을 자르면 슬라이드 창에서는 보이지 않지만 그림의 원본은 유지되고 용량 역시 그대로입니다. 용량을 줄이려면 [그림 압축]을 사용해 잘린 부분을 완전히 없애야 합니다.

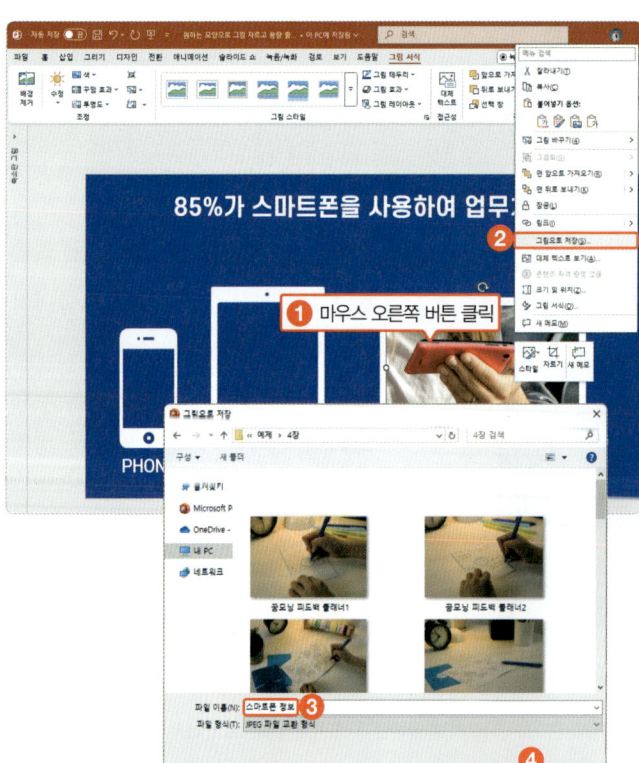

압축한 그림 저장하기

04 ❶ 그림에서 마우스 오른쪽 버튼 클릭
❷ [그림으로 저장] 클릭
❸ [그림으로 저장] 대화상자에서 [파일 이름]에 **스마트폰 정보** 입력
❹ [저장]을 클릭합니다. 용량을 압축한 그림이 JPEG 이미지 파일로 저장됩니다.

05 저장한 그림의 파일 크기를 비교해보면 원본 그림 '스마트폰.jpg' 파일은 6.21MB이고, 압축한 그림 '스마트폰 정보.jpg' 파일은 59.9KB입니다. 용량이 크게 줄었습니다.

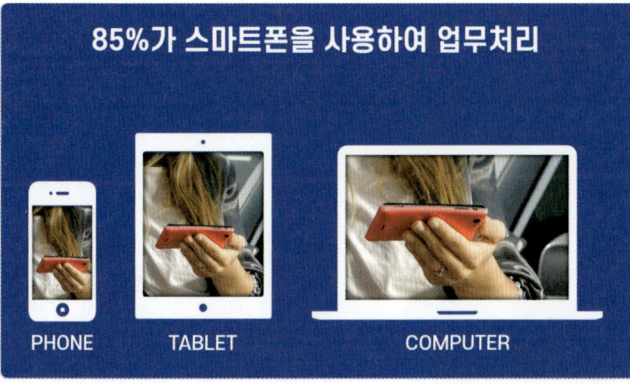

06 크기를 줄인 그림은 테두리와 그림자를 적용하여 서식을 변경합니다. 옆으로 그림 두 개를 복사한 후 화면에 어울리게 배치하여 슬라이드를 완성합니다.

052 사진 앨범으로 프레젠테이션 만들기

실습 파일 4장\052_사진 앨범으로 프레젠테이션 만들기.pptx **완성 파일** 4장\052_사진 앨범으로 프레젠테이션 만들기_완성.pptx

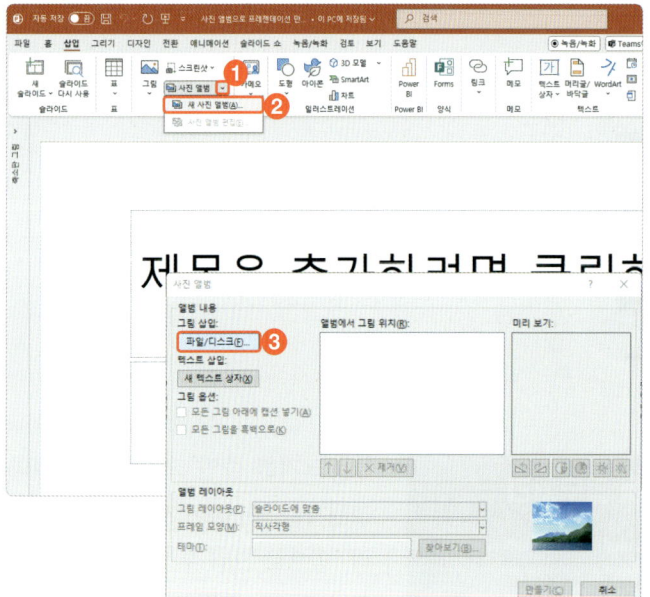

새 사진 앨범 만들기

01 ❶ [삽입] 탭-[이미지] 그룹-[사진 앨범 ]의 ▼ 클릭
❷ [새 사진 앨범] 클릭
❸ [사진 앨범] 대화상자에서 [앨범 내용]-[그림 삽입]-[파일/디스크]를 클릭합니다. [새 그림 삽입] 대화상자가 나타납니다.

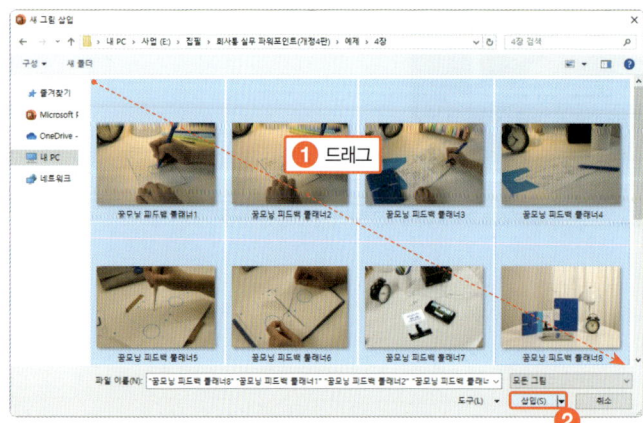

02 ❶ [새 그림 삽입] 대화상자에서 '꿈모닝 피드백 플래너1.jpg'부터 '꿈모닝 피드백 플래너8.jpg' 파일까지 모두 선택
❷ [삽입]을 클릭합니다. 선택한 그림이 모두 [사진 앨범] 대화상자에 추가됩니다.

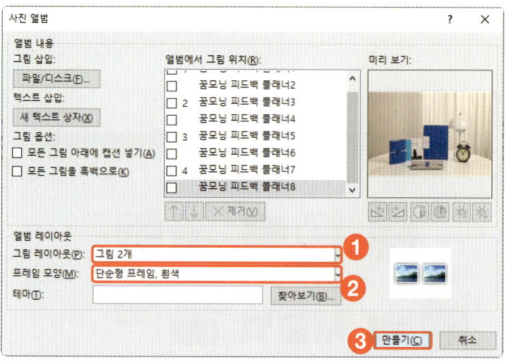

03 [사진 앨범] 대화상자에서 [앨범 내용]-[앨범에서 그림 위치]에 삽입한 사진이 선택한 차례대로 추가됩니다.

❶ [앨범 레이아웃]-[그림 레이아웃]을 [그림 2개]로 설정

❷ [프레임 모양]을 [단순형 프레임, 흰색]으로 설정

❸ [만들기]를 클릭합니다.

04 제목 슬라이드 아래로 이미지가 두 개씩 들어간 슬라이드가 네 장 만들어집니다. 첫 번째 슬라이드에 사진과 어울리는 제목을 입력하여 슬라이드를 완성합니다.

> **Tip** 앨범 배경 변경하기
> 배경을 변경하고 싶다면 [삽입] 탭-[이미지] 그룹-[사진 앨범]을 클릭하고 [사진 앨범 편집]을 클릭합니다. [사진 앨범 편집] 대화상자에서 [테마]-[찾아보기]를 클릭한 후 [테마 선택] 대화상자에서 원하는 테마를 클릭하고 [열기]를 클릭합니다. [사진 앨범 편집] 대화상자에서 [업데이트]를 클릭하여 적용합니다.

Note [사진 앨범] 대화상자의 구성 요소 알아보기

❶ **파일/디스크** : 추가하고 싶은 그림을 선택합니다.

❷ **새 텍스트 상자** : 텍스트 개체 틀이 슬라이드에 추가됩니다.

❸ **모든 그림 아래에 캡션 넣기** : 그림의 파일명이 그림 아래에 텍스트로 표시됩니다. [모든 그림 아래에 캡션 넣기]가 회색으로 표시되어 사용할 수 없는 경우에는 [앨범 레이아웃]에서 [슬라이드에 맞춤] 이외의 레이아웃을 선택해주어야 합니다.

❹ **모든 그림을 흑백으로** : 추가된 그림이 모두 흑백으로 바뀝니다.

❺ **앨범에서 그림 위치** : 각각의 슬라이드에 추가한 그림과 텍스트 상자가 어떻게 표시되는지를 보여주며, 체크하면 위치, 제거, 회전, 대비, 밝기를 변경할 수 있습니다.

❻ **앨범 레이아웃** : 슬라이드에서 그림의 레이아웃과 모양을 어떻게 표시할지 결정합니다. 전체 배경의 디자인을 테마 부분에서 선택하여 적용할 수 있습니다.

Note   사진 앨범 서식 다운로드하기

온라인에서 파워포인트 사진 앨범 서식 파일을 다운로드하여 사진 앨범을 만들 수 있습니다.

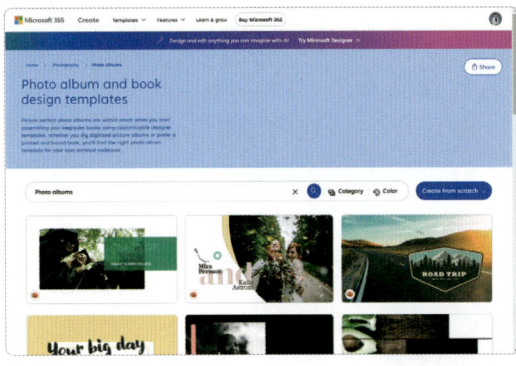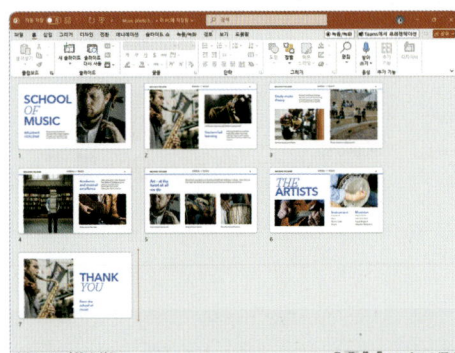

▲ https://create.microsoft.com/en-us/templates/photo-albums

053 아이콘 삽입하고 편집하기

실습 파일 4장\053_아이콘 삽입하고 편집하기.pptx 완성 파일 4장\053_아이콘 삽입하고 편집하기_완성.pptx

아이콘 삽입하기

01 ① [삽입] 탭-[일러스트레이션] 그룹-[아이콘] 클릭
② 검색 상자에 **책** 입력
③ 나타나는 책 모양 아이콘 중 원하는 아이콘 클릭
④ [삽입]을 클릭합니다. 슬라이드 창에 책 모양 아이콘이 삽입됩니다.

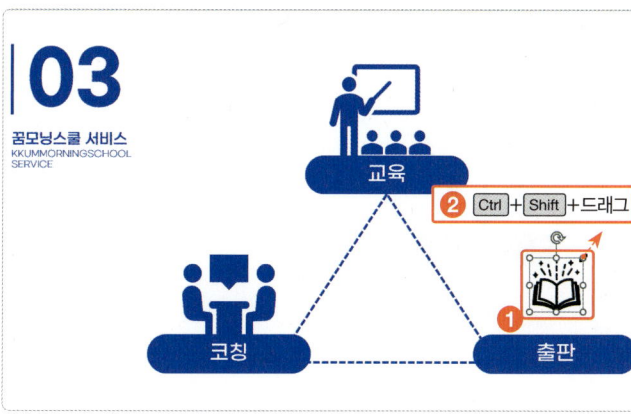

아이콘 크기 조정하기

02 ① 삽입한 아이콘을 '출판' 위쪽으로 배치
② 아이콘 개체의 크기 조절 핸들 위에 마우스 포인터를 위치하여 마우스 포인터가 양쪽 화살표 모양으로 변하면 Ctrl + Shift 를 누른 채 드래그해 크기를 조절합니다.

Tip Shift 를 누른 상태에서 크기 조절 핸들을 드래그하면 개체의 가로세로 비율을 유지하며 크기를 조절할 수 있습니다. Ctrl 을 누른 상태로 크기 조절 핸들을 드래그하면 개체의 중심을 기준으로 크기가 조절됩니다.

아이콘을 도형으로 변환하기

03 ① 삽입한 아이콘 클릭
② [그래픽 형식] 탭–[변경] 그룹–[도형으로 변환] 클릭
③ 아이콘의 그룹이 해제되어 개별 도형으로 변경되면 책 모양 도형 위쪽에서 드래그하여 빛 효과 모양 도형을 모두 선택
④ Delete 를 눌러 삭제합니다.

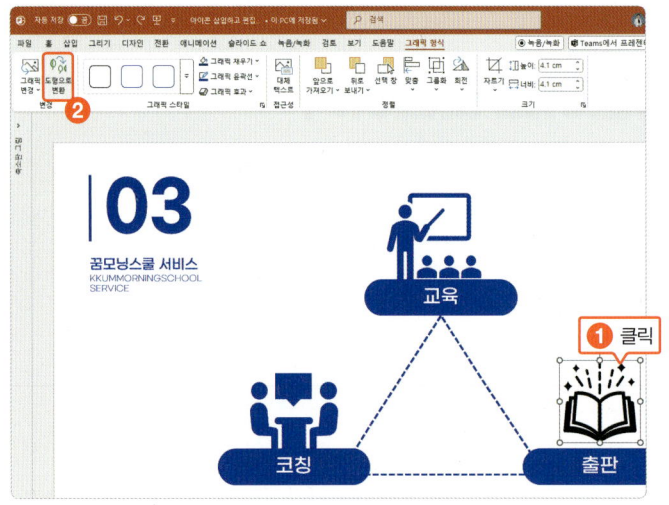

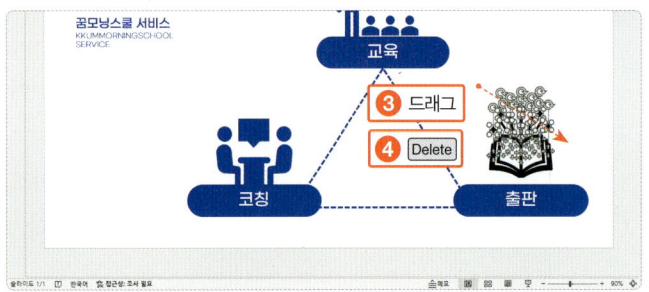

아이콘 색 변경하기

04 ① 책 모양 도형 클릭
② [도형 서식] 탭–[도형 스타일] 그룹–[도형 채우기]의 클릭
③ [진한 파랑, 강조 1]을 클릭합니다. 책 모양 도형의 색이 변경됩니다.

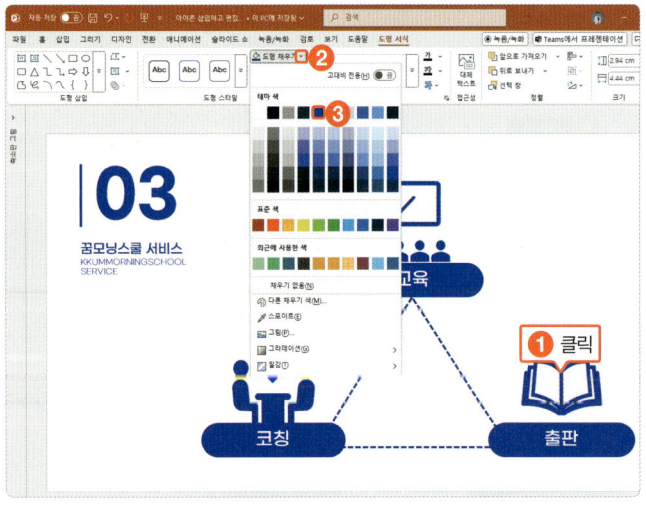

054 3D 모델 삽입하기

실습 파일 4장\054_3D 모델 삽입하기.pptx **완성 파일** 4장\054_3D 모델 삽입하기_완성.pptx

3D 모델 삽입하기

01 ❶ [삽입] 탭-[일러스트레이션] 그룹-[3D 모델]의 ⌄ 클릭
❷ [스톡 3D 모델]을 클릭합니다. [온라인 3D 모델] 대화상자가 나타납니다.

Tip 파워포인트 2019 이후 버전에서만 3D 모델을 삽입할 수 있습니다.

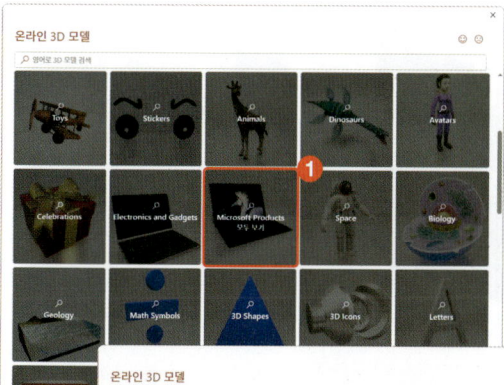
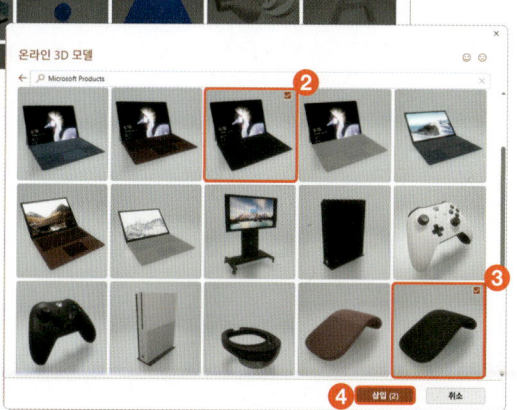

02 ❶ [온라인 3D 모델] 대화상자에서 [Microsoft Products] 클릭
❷❸ 서피스와 마우스 각각 클릭
❹ [삽입]을 클릭합니다. 선택한 3D 모델이 슬라이드 창에 삽입됩니다.

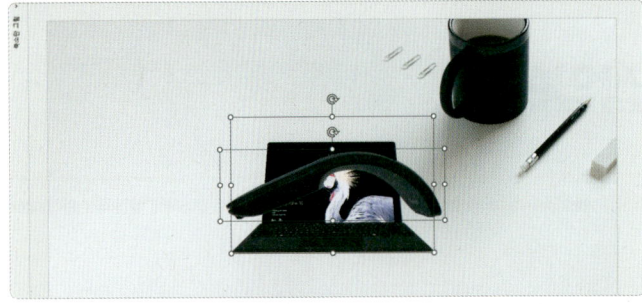

03 삽입된 서피스와 마우스 모델을 3D 컨트롤을 이용하여 회전하거나 기울인 후 크기를 조절하여 화면에 어울리도록 배치합니다.

> **Note** 3D 모델의 구성 요소 알아보기

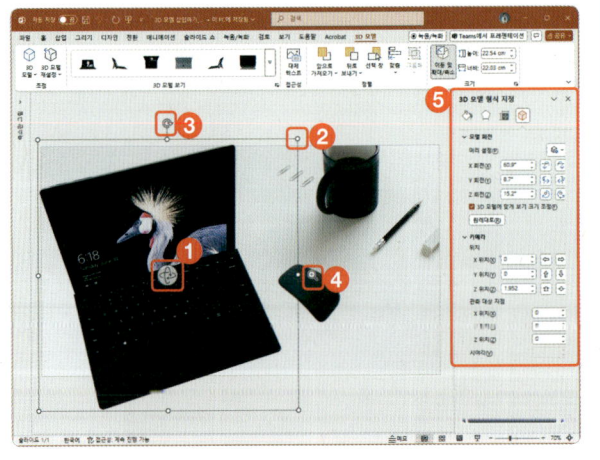

❶ **3D 컨트롤** : 3D 모델을 원하는 방향으로 회전하거나 기울입니다. 3D 컨트롤을 사용하면 3D 이미지를 더 풍부하게 표현할 수 있습니다.

❷ **이미지 핸들** : 3D 모델을 확대하거나 축소합니다.

❸ **회전 핸들** : 3D 모델을 시계 방향 또는 시계 반대 방향으로 회전할 수 있습니다.

❹ **이동 및 확대/축소** : 3D 모델의 위치와 크기를 프레임 내에서 조정합니다. [3D 모델] 탭-[크기] 그룹-[이동 및 확대/축소]를 클릭한 후 프레임 내에서 개체를 드래그하여 이동합니다. 프레임 오른쪽에 있는 확대/축소 아이콘을 사용하여 프레임 내에서 개체를 확대하거나 축소할 수 있습니다.

❺ **3D 모델 형식 지정** : 3D 모델의 모양을 세밀하게 조정합니다.

 # 디지털 잉크로 그리고 리플레이하기

실습 파일 4장\055_디지털 잉크로 그리고 리플레이하기.pptx 완성 파일 4장\055_디지털 잉크로 그리고 리플레이하기_완성.pptx

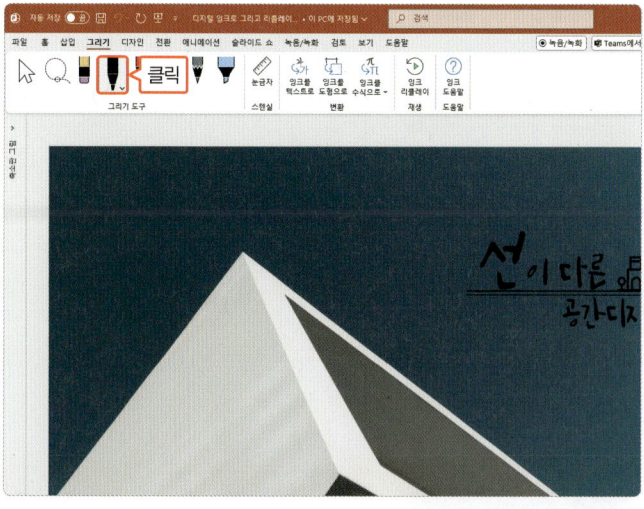

그리기 도구 선택하기

01 [그리기] 탭-[그리기 도구] 그룹에서 원하는 그리기 도구를 클릭합니다.

Tip 태블릿 PC처럼 터치가 지원되면 [그리기] 탭이 자동으로 활성화됩니다. 터치 지원 장치에서 손가락, 디지털 펜 또는 마우스를 사용하여 그립니다.

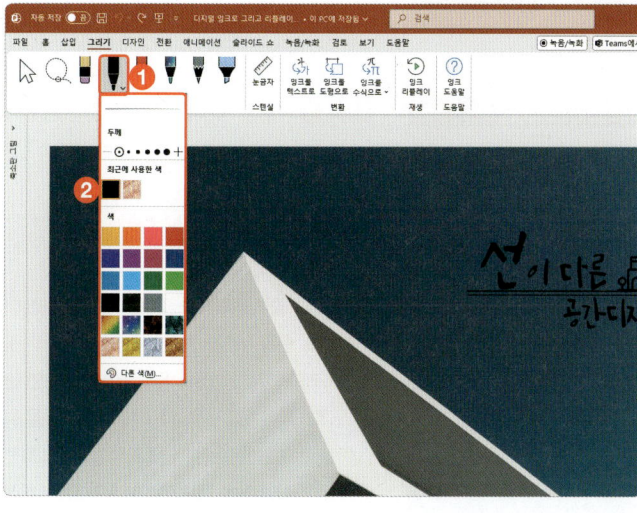

펜 두께, 색상 변경하기

02 ❶ 선택한 펜을 다시 한번 클릭 ❷ 두께와 색상을 변경합니다.

펜으로 그리기

03 변경된 펜으로 슬라이드에서 자유롭게 그려줍니다.

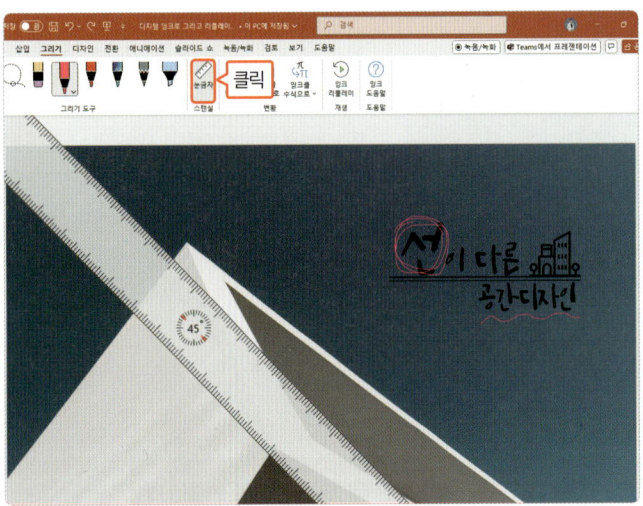

눈금자 사용하기

04 [그리기] 탭-[스텐실] 그룹-[눈금자]를 클릭합니다. 화면에 눈금자가 나타납니다.

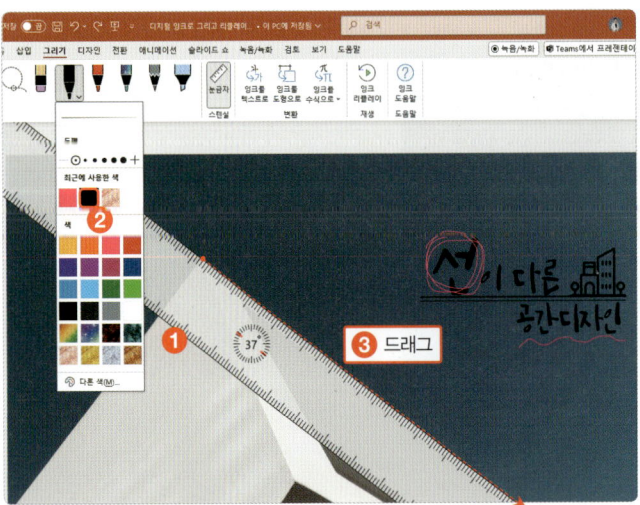

05 ① 배경 이미지에 있는 건물의 외곽선에 맞춰 눈금자 이동
② 펜은 [검정]으로 색 선택
③ 눈금자를 따라 선을 그립니다.

Tip 마우스를 사용하여 눈금자를 이동시키려면 마우스 왼쪽 버튼을 클릭한 상태에서 눈금자를 드래그합니다. 마우스 왼쪽 버튼을 놓으면 눈금자 제어가 중지됩니다. 마우스 휠 버튼을 위로 스크롤하면 눈금자가 1도씩 늘어나며 회전하고, 아래로 스크롤하면 1도씩 줄어들며 회전합니다.

> **Note** 손과 키보드, 각각 어떻게 눈금자를 제어하나요?

손을 사용하여 눈금자 제어하기

① 한 손가락을 사용하여 눈금자를 위/아래 또는 왼쪽/오른쪽으로 이동합니다.

② 두 손가락을 사용하여 눈금자를 원하는 각도로 회전합니다.

③ 세 손가락을 사용하여 눈금자를 5도씩 회전합니다.

키보드를 사용하여 눈금자 제어하기

키보드 사용을 선호하는 경우에는 슬라이드 표면에 눈금자를 활성화한 후 단축키를 조합하여 눈금자를 조작할 수 있습니다.

① [그리기] 탭–[스텐실] 그룹–[눈금자]를 클릭하여 슬라이드의 그리기 화면에 눈금자가 나타나도록 합니다.

② 눈금자를 클릭합니다.

③ Shift + F6 을 눌러 눈금자 조작 모드를 시작합니다.

④ 바로 가기 키를 사용하여 눈금자를 조작합니다.

작업	단축키
눈금자를 위쪽, 아래쪽, 왼쪽 또는 오른쪽으로 이동	↑, ↓, ←, →
눈금자를 15도씩 회전	Alt 를 누른 채 15도마다 ← 또는 → 를 한 번씩 누릅니다. ← 는 눈금자를 시계 반대 방향으로 회전하고 → 는 시계 방향으로 회전합니다.
눈금자를 1도씩 회전	Alt + Ctrl 을 누른 채 ← 또는 → 를 한 번씩 누르면 1도씩 회전합니다. ← 는 눈금자를 시계 반대 방향으로 회전시키고 → 는 시계 방향으로 회전합니다.

눈금자를 이동하면 눈금자 가장자리에 눈금자 조작 모드가 켜져 있음을 나타내는 진한 회색 테두리가 표시됩니다.

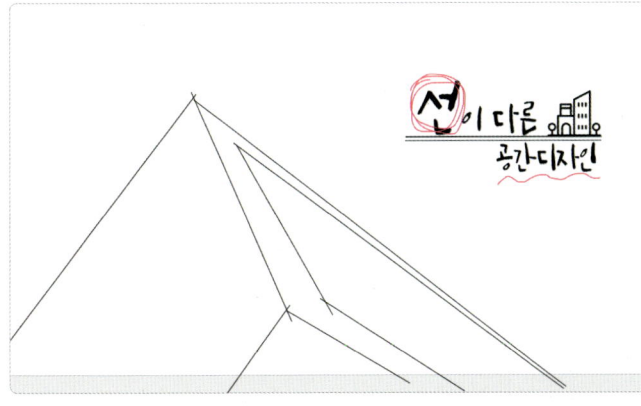

06 슬라이드 배경 이미지를 삭제하면 펜으로 그린 화면만 남습니다.

잉크 리플레이 실행하기

07 [그리기] 탭–[재생] 그룹–[잉크 리플레이]를 클릭합니다. 잉크 스트로크가 그려지는 모습을 볼 수 있습니다.

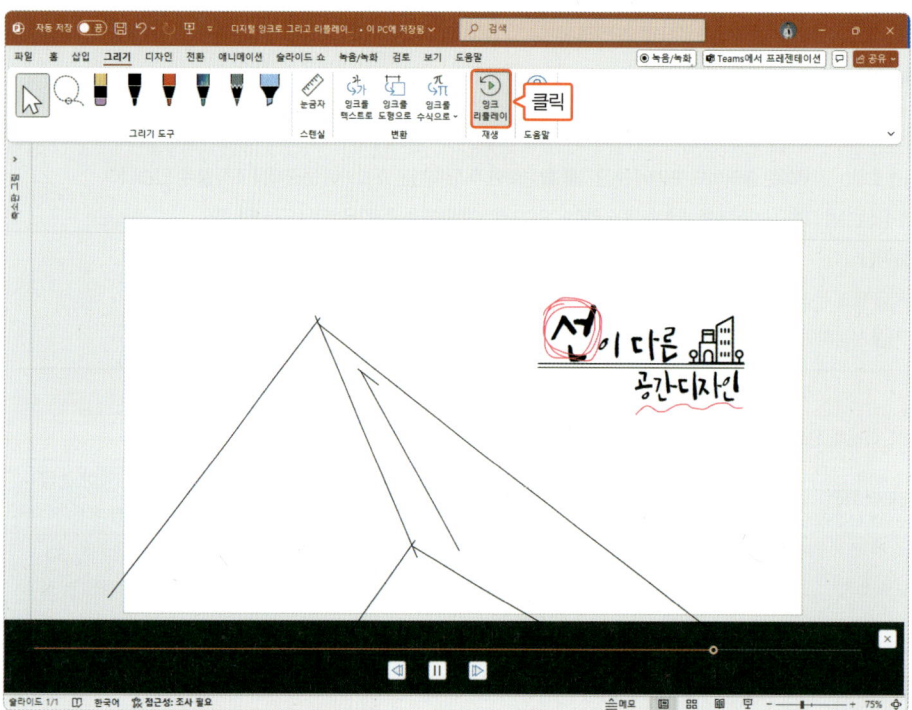

Tip 슬라이드 쇼에서 잉크 리플레이를 실행하려면 [애니메이션] 탭–[애니메이션] 그룹에서 [재생] 또는 [되감기]를 적용한 후 파일을 저장합니다.

056 화면의 일부분을 캡처하여 슬라이드에 추가하기

실습 파일 4장\056_화면의 일부분을 캡처하여 슬라이드에 추가하기.pptx
완성 파일 4장\056_화면의 일부분을 캡처하여 슬라이드에 추가하기_완성.pptx

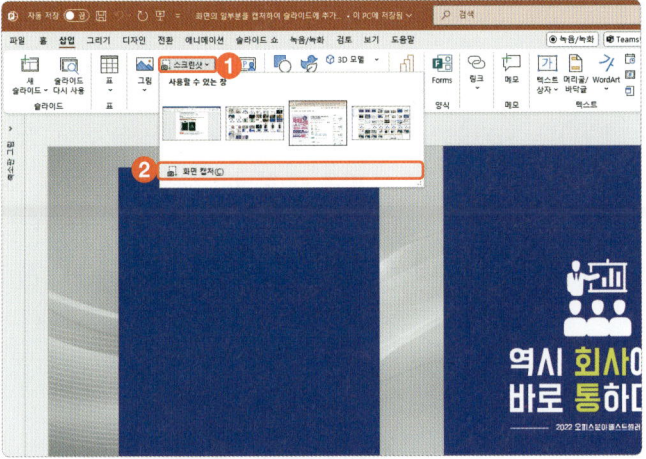

화면 캡처하기

01 캡처할 화면이 있는 웹사이트에 접속한 후 파워포인트를 실행합니다.
❶ [삽입] 탭-[이미지] 그룹-[스크린샷] 클릭
❷ [화면 캡처]를 클릭합니다.

Tip 여러 개의 창이 열려 있으면 화면 캡처를 하기 전에 캡처할 부분이 있는 창을 클릭해야 합니다. 해당 창이 [화면 캡처]를 클릭했을 때 바로 열립니다.

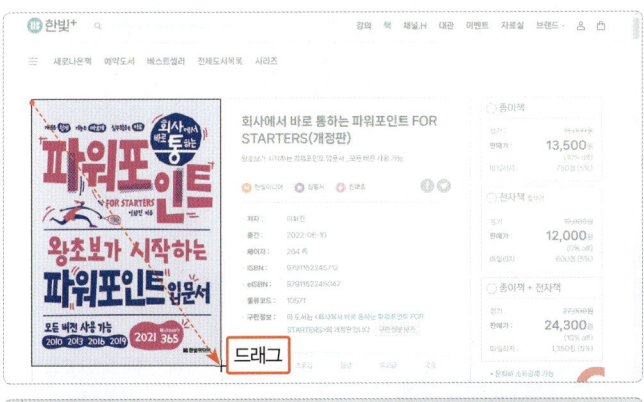

02 파워포인트 화면을 표시하기 직전에 창이 열리며 화면이 흐린 상태로 변경됩니다. 마우스 포인터가 십자 모양으로 바뀌면 캡처할 영역을 드래그합니다. 드래그한 부분이 캡처되어 슬라이드에 추가됩니다. 캡처한 이미지는 화면에 어울리게 크기를 조절하고 적당한 위치에 배치합니다.

CHAPTER 04 프레젠테이션 시각화 및 서식 지정하기

혼자 해보기 — 사진과 아이콘을 활용한 슬라이드 디자인하기

실습 파일 4장\혼자해보기\사진과 아이콘을 활용한 슬라이드 디자인하기.pptx
완성 파일 4장\혼자해보기\사진과 아이콘을 활용한 슬라이드 디자인하기_완성.pptx

예제 설명 및 완성 화면

한 장의 슬라이드로 자기소개서를 만들어보겠습니다. '원 페이지 보고서'처럼 자신에 대해 소개하고 싶은 핵심 내용을 상대방이 쉽게 파악할 수 있습니다. 자기소개서에 사진이 들어가면 신뢰성을 높이고 오래도록 기억할 수 있는 슬라이드가 됩니다. 하지만 텍스트 내용이 많을 때 화려한 사진이 들어가면 자칫 슬라이드가 복잡해보일 수 있으니 주의해야 합니다. [배경 제거] 기능으로 사진의 배경을 제거한 후 적절한 위치에 배치하고 아이콘을 활용하여 내용의 주목도를 높여줍니다.

01 배경 제거하기

슬라이드에 삽입한 사진의 배경을 제거해보겠습니다. ❶ 사진 클릭 ❷ [그림 서식] 탭-[조정] 그룹-[배경 제거]를 클릭합니다.

02 유지할 영역 표시하기

❶ [배경 제거] 탭-[미세 조정] 그룹-[보관할 영역 표시] 클릭 ❷ 사진에서 유지하고 싶은 부분을 드래그합니다.

03 배경 제거하기

유지할 영역이 모두 표시되면 [배경 제거] 탭-[닫기] 그룹-[변경 내용 유지 ✓]를 클릭합니다. 배경이 제거된 그림만 남겨놓습니다.

04 그림자 적용과 순서 변경하기

❶ 사진의 크기를 적당히 줄이고 ❷ [그림 서식] 탭-[그림 스타일] 그룹-[그림 효과] 클릭 ❸ [그림자]-[바깥쪽]-[오프셋: 가운데] 클릭 ❹ 그림자가 적용된 사진은 하단의 파란색 개체보다는 뒤로 보내고 상단의 큰 원 개체보다는 앞으로 보기 좋게 배치합니다.

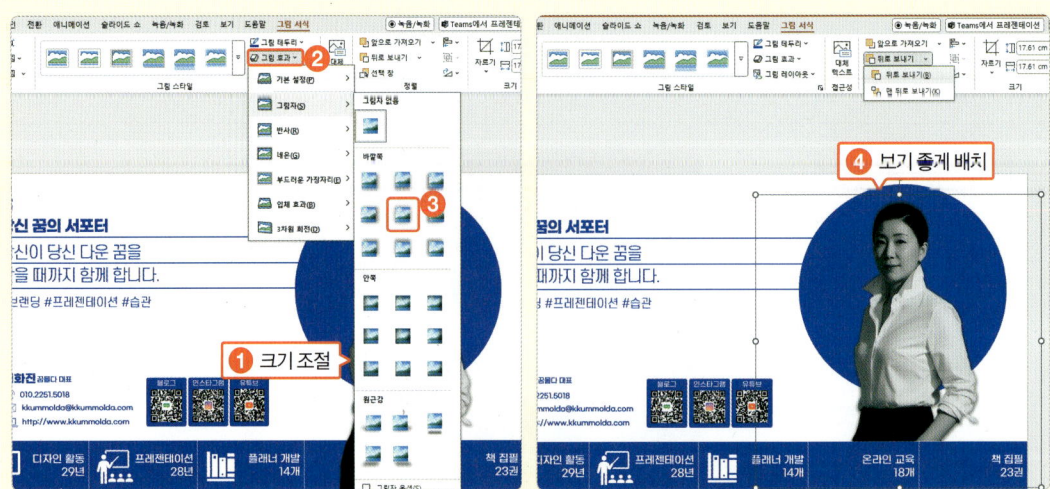

05 관련 아이콘으로 주목도 올리기

'온라인 교육'과 '책 집필' 관련 아이콘을 삽입해보겠습니다. [삽입] 탭-[일러스트레이션] 그룹-[아이콘]을 클릭합니다.

06 아이콘 삽입하기

❶ 아이콘 목록 대화상자가 나타나면 검색창에 **온라인** 입력 ❷ 원하는 아이콘을 선택 ❸ 다시 검색창에 **책** 입력 ❹ 원하는 아이콘을 선택 ❺ [삽입]을 클릭합니다. 슬라이드 창에 선택한 아이콘이 모두 삽입됩니다.

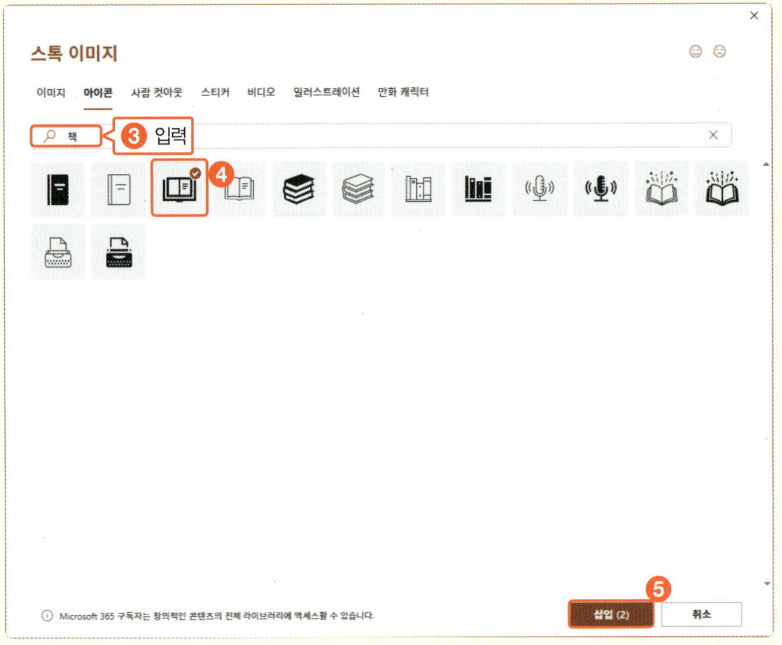

07 아이콘 색상 변경하기

① 아이콘이 선택된 상태에서 [그래픽 형식] 탭-[그래픽 스타일] 그룹-[그래픽 채우기] 클릭 ② [흰색, 배경 1] 클릭 ③ 두 개의 아이콘을 보기 좋게 배치하여 슬라이드를 완성합니다.

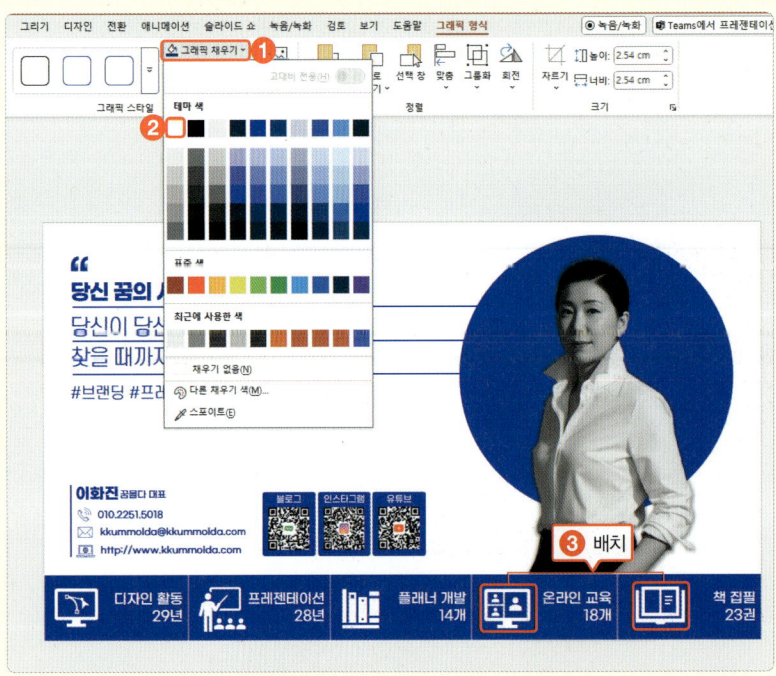

CHAPTER
05

멀티미디어 요소 삽입하고 서식 지정하기

우선순위 057 오디오 삽입 후 특정 슬라이드까지 실행하기

실습 파일 5장\057_오디오 삽입 후 특정 슬라이드까지 실행하기.pptx **완성 파일** 5장\057_오디오 삽입 후 특정 슬라이드까지 실행하기_완성.pptx

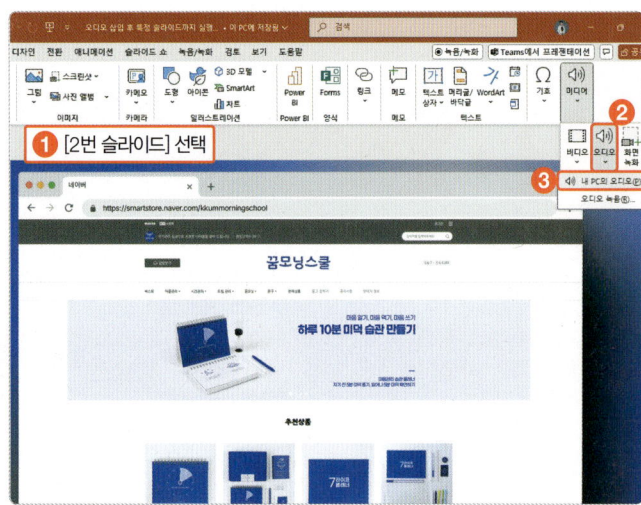

오디오 삽입하기

01 ❶ [2번 슬라이드] 클릭
❷ [삽입] 탭-[미디어] 그룹-[오디오] 클릭
❸ [내 PC의 오디오]를 클릭합니다. [오디오 삽입] 대화상자가 나타납니다.

Tip 파워포인트 창의 너비가 좁으면 [미디어] 그룹이 별도의 아이콘 메뉴로 표시됩니다.

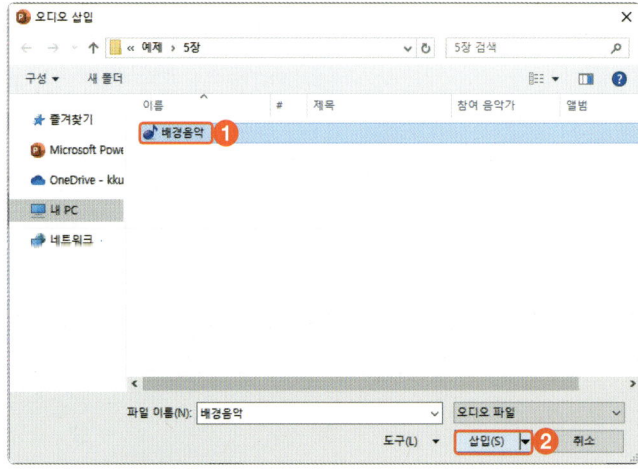

02 ❶ [오디오 삽입] 대화상자에서 '배경음악.mp3' 파일 클릭
❷ [삽입]을 클릭합니다.

Tip 오디오 삽입 옵션 알아보기

[오디오 삽입] 대화상자에서 [삽입]의 ▼를 클릭하면 삽입 관련 옵션을 지정할 수 있습니다.
- **삽입** : 파워포인트 문서에 오디오 파일이 포함되므로 파일의 용량이 커집니다.
- **파일에 연결** : 파워포인트 파일과 오디오 파일의 경로가 같아야 하며 연결된 오디오 파일의 경로가 다를 경우 오디오가 실행되지 않습니다.

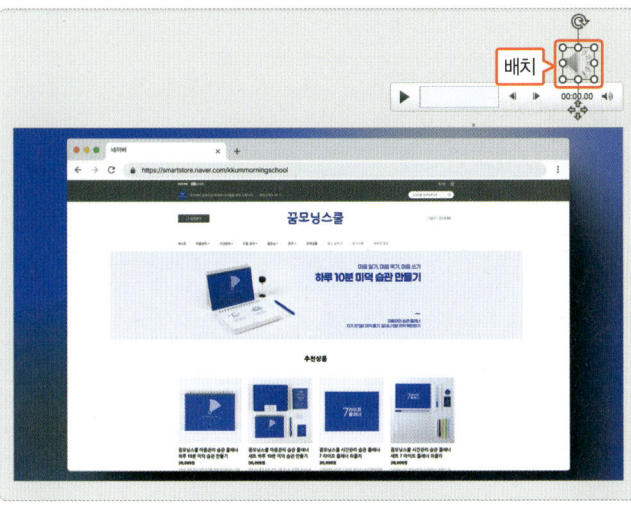

03 오디오 파일이 삽입되면 스피커 모양의 오디오 아이콘을 슬라이드 창 밖으로 배치합니다.

Tip 오디오 아이콘은 [재생] 탭-[오디오 옵션] 그룹-[쇼 동안 숨기기]에 체크하면 슬라이드 쇼 화면에서 보이지 않습니다.

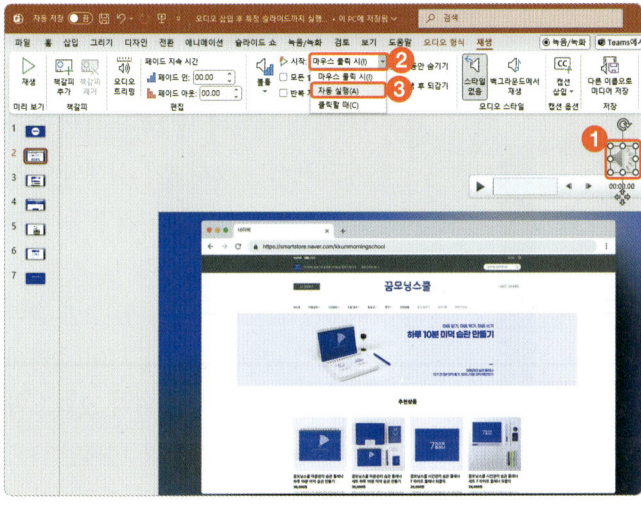

슬라이드 쇼 실행 시 오디오 자동 실행하기

04 ① 오디오 아이콘 클릭
② [재생] 탭-[오디오 옵션] 그룹-[시작] 클릭
③ [자동 실행]을 클릭합니다. 슬라이드 쇼를 실행하면 삽입한 오디오가 자동으로 재생됩니다.

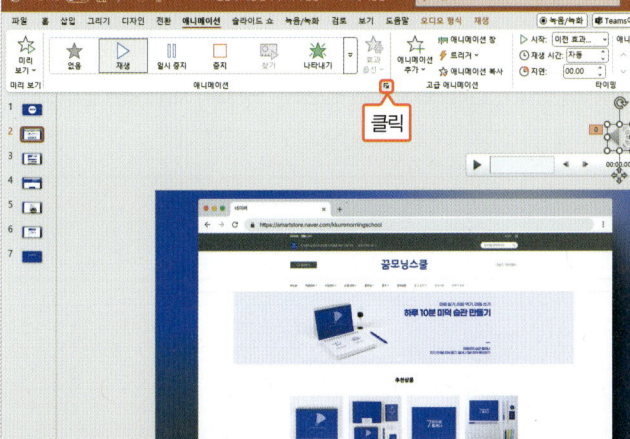

오디오를 [6번 슬라이드]까지 실행하기

05 [애니메이션] 탭-[애니메이션] 그룹에서 [추가 효과 옵션 표시]를 클릭합니다. [오디오 재생] 대화 상자가 나타납니다.

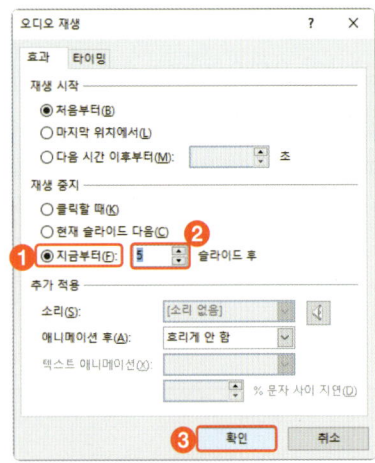

06 ① [오디오 재생] 대화상자에서 [효과] 탭-[재생 중지]-[지금부터] 클릭

② **5** 입력

③ [확인]을 클릭합니다.

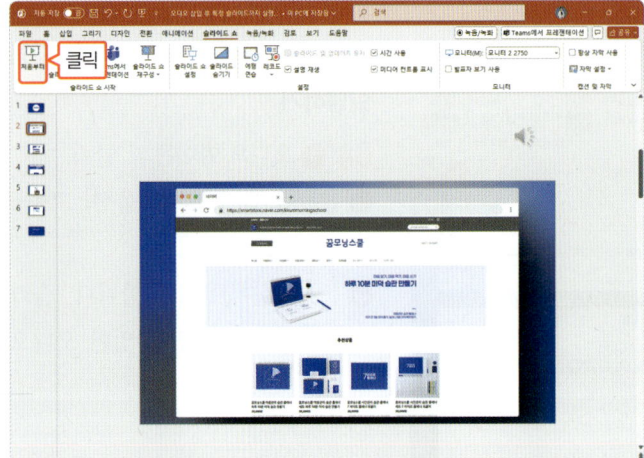

Tip 빠른 실행 도구 모음에서 [처음부터 시작]을 클릭하거나 F5 를 눌러도 처음부터 슬라이드 쇼가 실행됩니다.

슬라이드 쇼 실행하기

07 [슬라이드 쇼] 탭-[슬라이드 쇼 시작] 그룹-[처음부터]를 클릭합니다. 첫 번째에 해당하는 [1번 슬라이드]에서는 오디오가 실행되지 않습니다. 슬라이드를 넘기면 두 번째에 해당하는 [2번 슬라이드]부터 오디오가 함께 실행됩니다. [3번 슬라이드], [4번 슬라이드], [5번 슬라이드], [6번 슬라이드]까지 오디오가 계속 실행되다가 일곱 번째인 [7번 슬라이드]에서 재생이 중지됩니다.

Note 지원되는 오디오 파일 형식 알아보기

MP4 파일은 파워포인트 2013 이상 버전에서만 사용 가능합니다. 32비트의 파워포인트 2010 버전에서 사용하려면 컴퓨터에 QuickTime Player가 설치되어 있어야 합니다.

파일 형식	확장자
AIFF 오디오 파일	aiff
AU 오디오 파일	au
MIDI 파일	mid 또는 midi
MP3 오디오 파일	mp3
고급 오디오 코딩 - MPEG-4 오디오 파일	m4a, mp4
Windows 오디오 파일	wav
Windows Media 오디오 파일	wma

058 오디오 트리밍 후 시작과 끝부분 부드럽게 만들기

실습 파일 5장\058_오디오 트리밍 후 시작과 끝부분 부드럽게 만들기.pptx
완성 파일 5장\058_오디오 트리밍 후 시작과 끝부분 부드럽게 만들기_완성.pptx

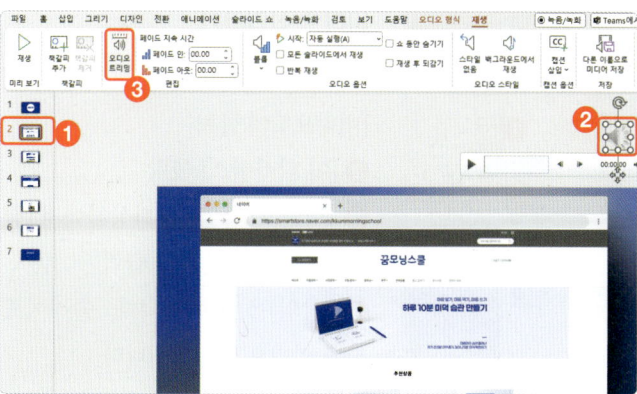

오디오 트리밍하기

01 ❶ [2번 슬라이드] 클릭
❷ 슬라이드에 있는 오디오 아이콘 🔊 클릭
❸ [재생] 탭-[편집] 그룹-[오디오 트리밍]을 클릭합니다.

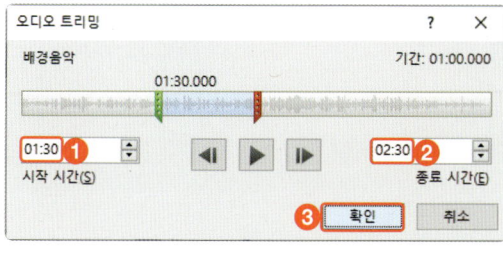

02 ❶ [오디오 트리밍] 대화상자에서 [시작 시간]에 **01:30** 입력
❷ [종료 시간]에 **02:30** 입력
❸ [확인]을 클릭합니다. 오디오를 재생하면 [시작 시간]부터 [종료 시간]까지에 해당하는 부분만 재생됩니다.

Tip 시간 표시 막대에서 초록색 표식으로 시작 시간을, 빨간색 표식으로 종료 시간을 설정할 수 있습니다. 트리밍을 해도 파일 용량은 변하지 않으며 오디오를 원상태로 복원할 수 있습니다.

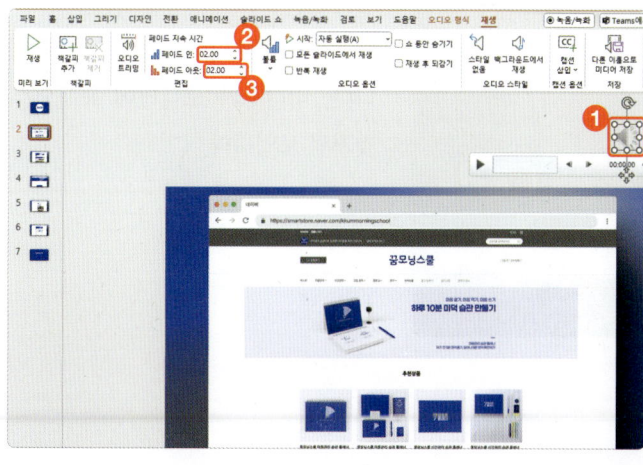

페이드 인/아웃 설정하기

03 ❶ 오디오 아이콘 🔊 클릭
❷ [재생] 탭-[편집] 그룹-[페이드 인]에 **02:00** 입력
❸ [페이드 아웃]에 **02:00**을 입력합니다. 페이드 인/아웃 처리되어 오디오가 부드럽게 시작하고 부드럽게 끝납니다.

Tip 오디오를 재생하려면 오디오 컨트롤에서 [재생 ▶]을 클릭합니다.

우선순위

059 비디오 삽입 후 빠른 스타일 적용하기

실습 파일 5장\059_비디오 삽입 후 빠른 스타일 적용하기.pptx   **완성 파일** 5장\059_비디오 삽입 후 빠른 스타일 적용하기_완성.pptx

비디오 삽입하기

01 ❶ [삽입] 탭-[미디어] 그룹-[비디오 □] 클릭
❷ [이 디바이스] 클릭
❸ [비디오 삽입] 대화상자에서 '꿈모닝 음악.mp4' 파일 클릭
❹ [삽입]을 클릭합니다. 슬라이드 창에 비디오가 삽입됩니다.

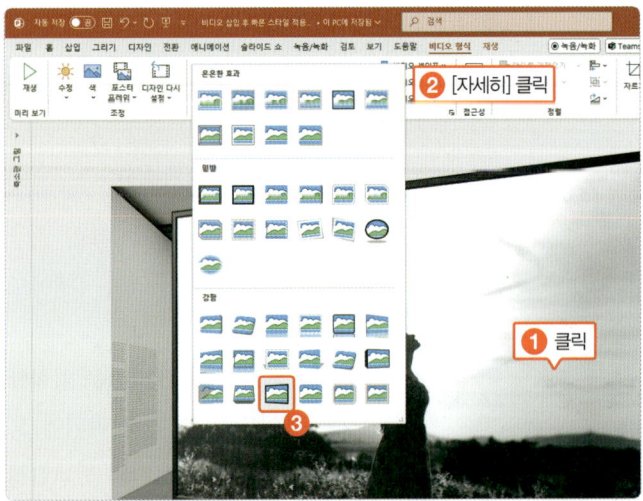

비디오에 빠른 스타일 적용하기

02 ❶ 슬라이드 창에서 비디오 클릭
❷ [비디오 형식] 탭-[비디오 스타일] 그룹-[자세히 ▽] 클릭
❸ [강함]-[모니터, 회색]을 클릭합니다. 비디오가 모니터에 표시되는 것처럼 보입니다.

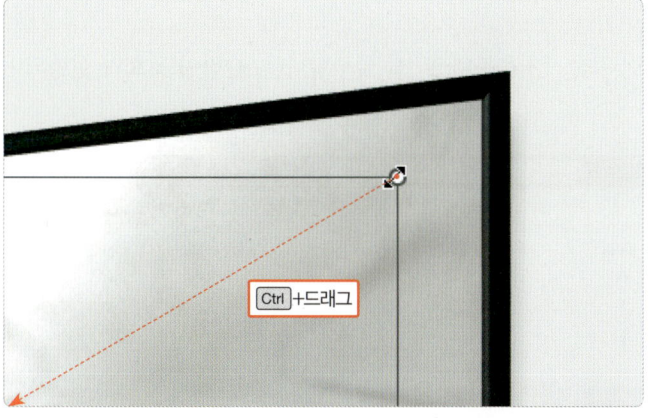

비디오 크기 줄이기

03 비디오를 클릭한 후 크기 조절 핸들 위에 마우스 포인터를 위치시키고 마우스 포인터가 양쪽 화살표 모양으로 변하면 Ctrl 을 누른 채 드래그해 크기를 조절합니다.

Tip 온라인 비디오 삽입하기

슬라이드에 Youtube, SlideShare, Vimeo, SharePoint, OneDrive for Business의 온라인 비디오를 삽입할 수 있습니다. 온라인 비디오를 성공적으로 재생하려면 인터넷에 연결되어 있어야 합니다. 웹 브라우저에서 원하는 비디오를 찾아 URL을 복사하고, 파워포인트의 비디오를 배치할 슬라이드에서 [삽입] 탭-[미디어] 그룹-[비디오]-[온라인 비디오] 를 클릭합니다. [온라인 비디오] 대화상자에 복사한 URL을 붙여 넣고 [삽입]을 클릭합니다.

슬라이드 쇼 실행 시 자동으로 비디오 실행하기

04 ❶ 비디오 클릭
❷ [재생] 탭-[비디오 옵션] 그룹-[시작 ▼] 클릭
❸ [자동 실행]을 클릭합니다.

Tip [전체 화면 재생]에 체크하면 비디오에 적용된 서식과 상관없이 비디오만 화면 전체에서 재생됩니다. 슬라이드 공간이 부족하거나 비디오를 선택적으로 재생할 때 유용합니다.

슬라이드 쇼 실행하기

05 [슬라이드 쇼] 탭-[슬라이드 쇼 시작] 그룹-[처음부터]를 클릭합니다. 슬라이드 쇼가 실행되며 비디오도 함께 실행됩니다.

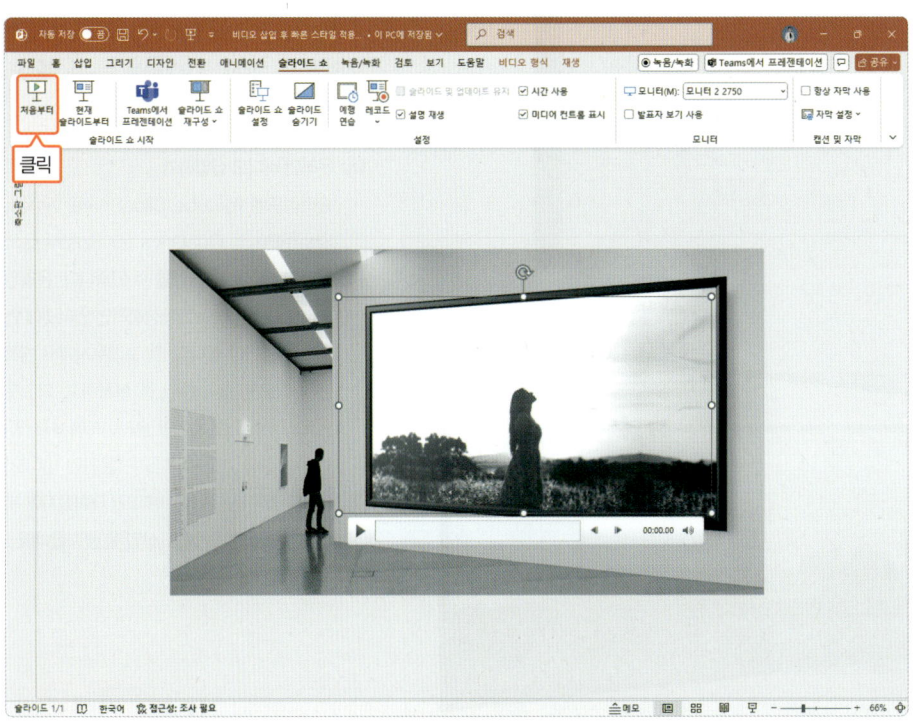

> **Note** 지원되는 비디오 형식 알아보기

mp4 파일은 파워포인트 2013 이상 버전에서만 사용할 수 있습니다. 32비트 버전의 파워포인트 2010에서 사용하려면 컴퓨터에 QuickTime Player가 설치되어 있어야 합니다. 일부 윈도우 비디오 파일은 추가 코덱이 필요할 수 있습니다.

파일 형식	확장자
윈도우 미디어 파일	asf
윈도우 비디오 파일	avi
MP4 비디오 파일	mp4, m4v, mov
동영상 파일	mpg 또는 mpeg
Windows Media 비디오 파일	wmv

060 비디오 모양 및 서식 변경하기

실습 파일 5장\060_비디오 모양 및 서식 변경하기.pptx   완성 파일 5장\060_비디오 모양 및 서식 변경하기_완성.pptx

비디오 밝기 및 대비 개선하기

01 ① 슬라이드 창에 삽입된 비디오 클릭

② [비디오 형식] 탭-[조정] 그룹-[수정] 클릭

③ [밝기: 0% (표준), 대비: +20%]를 클릭합니다. 비디오 화면이 선명해집니다.

비디오 자르기

02 ① 비디오가 선택된 상태에서 [비디오 형식] 탭-[크기] 그룹-[자르기] 클릭

② 꺾쇠 모양의 자르기 핸들을 드래그하여 원하는 부분만 남도록 영역 조정

③ 슬라이드 창에서 비디오 외의 영역을 클릭합니다. 비디오에서 필요한 부분만 남습니다.

Tip 남겨지는 비디오 영역을 변경하려면 비디오를 드래그하여 이동합니다.

비디오 모양 변경하기

03 ① 비디오 클릭
② [비디오 형식] 탭-[비디오 스타일] 그룹-[비디오 셰이프] 클릭
③ [사각형: 둥근 위쪽 모서리] 클릭
④ 오른쪽 상단의 모양 조절 핸들을 좌우로 움직여 원하는 모양으로 변경합니다.

비디오 테두리와 그림자 효과 적용하기

04 비디오를 선택한 상태에서
① [비디오 형식] 탭-[비디오 스타일] 그룹-[비디오 테두리] 클릭
② [흰색, 배경 1] 클릭
③ [두께]는 [6pt]를 클릭합니다. 비디오에 흰색 테두리가 생깁니다.

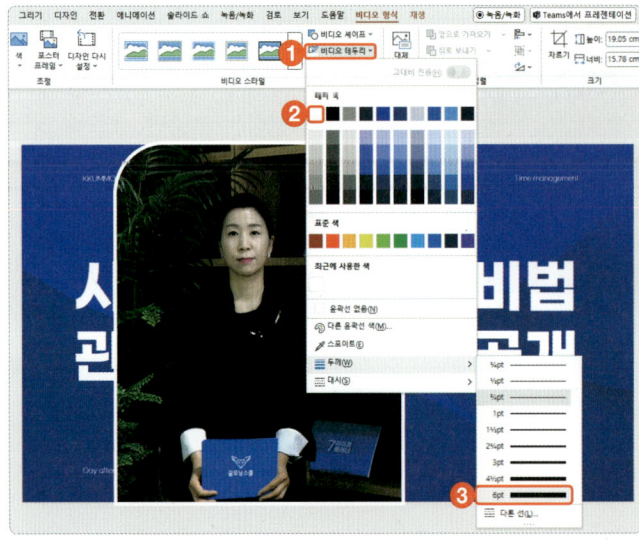

05 ❶ [비디오 형식] 탭-[비디오 스타일] 그룹-[비디오 효과] 클릭 ❷ [그림자]-[바깥쪽]-[오프셋: 가운데]를 클릭합니다. 비디오 바깥쪽으로 그림자가 생깁니다.

Tip 선택한 비디오에서 변경한 모든 서식을 취소하려면 비디오를 클릭한 후 [비디오 형식] 탭-[조정] 그룹-[디자인 다시 설정]을 클릭합니다.

06 비디오가 슬라이드와 어울리게 크기를 조정한 후 배치합니다.

061 전체 비디오 중 원하는 부분만 남기기

실습 파일 5장\061_전체 비디오 중 원하는 부분만 남기기.pptx   완성 파일 5장\061_전체 비디오 중 원하는 부분만 남기기_완성.pptx

비디오 트리밍하기

01 ❶ 슬라이드에서 비디오 클릭
❷ [재생] 탭-[편집] 그룹-[비디오 트리밍]을 클릭합니다. [비디오 트리밍] 대화상자가 나타납니다.

시작과 종료 지점 지정하기

02 ❶ [비디오 트리밍] 대화상자에서 [시작 시간]에 **00:29** 입력
❷ [종료 시간]에 **00:36** 입력
❸ [확인]을 클릭합니다.

03 비디오 하단의 컨트롤에서 [재생/일시 중지 ⏸]를 클릭합니다. 앞서 트리밍한 약 7초 분량의 구간만 재생되는 것을 확인할 수 있습니다.

062 비디오에 특정 지점 지정하기

실습 파일 5장\062_비디오에 특정 지점 지정하기.pptx　**완성 파일** 5장\062_비디오에 특정 지점 지정하기_완성.pptx

비디오 클립에 책갈피 추가하기

01 비디오에 특정 지점을 표시해 보겠습니다.

❶ 슬라이드에서 비디오 클릭
❷ 비디오 하단 컨트롤의 [재생/일시 중지 ▶] 클릭
❸ 표시하고 싶은 특정 지점에서 [재생/일시 중지 ▮▮]를 클릭해 일시 중지
❹ [재생] 탭-[책갈피] 그룹-[책갈피 추가]를 클릭합니다.

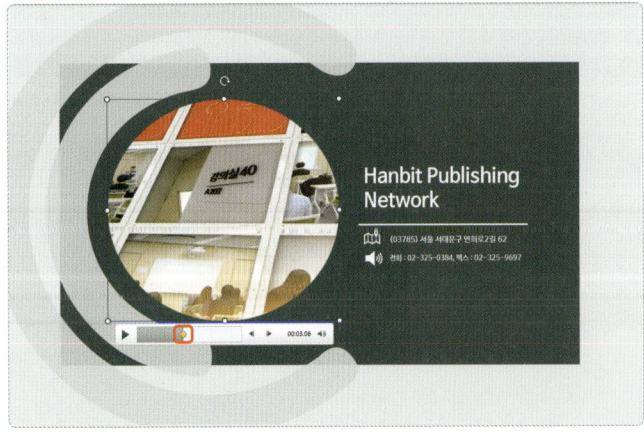

02 책갈피를 추가한 지점에 노란색 원이 표시됩니다.

Tip 추가된 책갈피를 삭제하려면 시간 표시 막대에서 제거할 책갈피를 찾아 클릭한 후 [재생] 탭-[책갈피] 그룹-[책갈피 제거]를 클릭합니다.

063 비디오 표지 만들기

실습 파일 5장\063_비디오 표지 만들기.pptx 완성 파일 5장\063_비디오 표지 만들기_완성.pptx

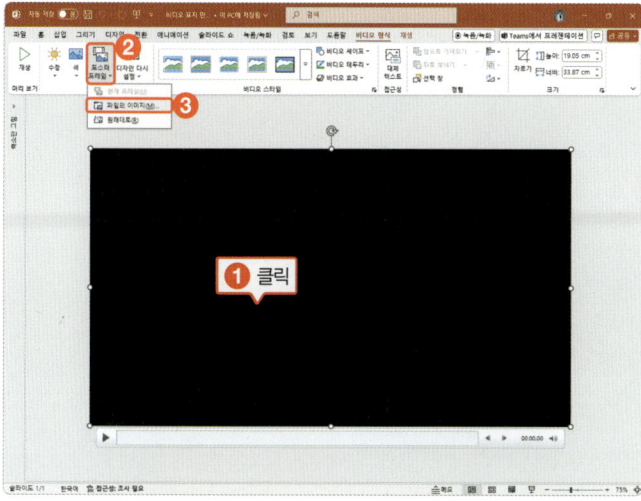

비디오 미리 보기 이미지 설정하기

01 비디오의 내용을 잘 전달할 수 있도록 관련 이미지를 비디오의 표지로 설정해보겠습니다.
❶ 비디오 클릭
❷ [비디오 형식] 탭-[조정] 그룹-[포스터 프레임 🖼] 클릭
❸ [파일의 이미지]를 클릭합니다.

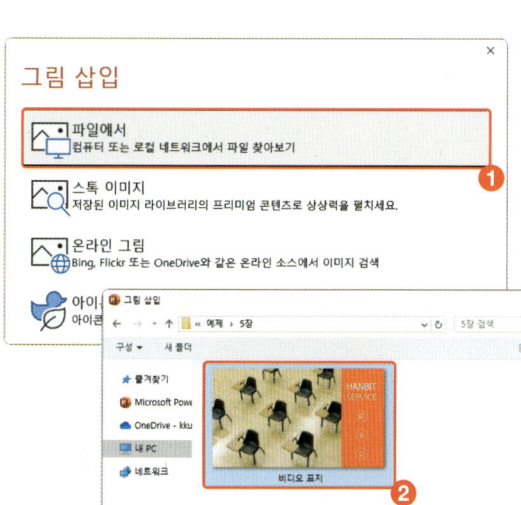

02 ❶ [그림 삽입]-[파일에서] 클릭
❷ [그림 삽입] 대화상자에서 '비디오 표지.jpg' 파일 클릭
❸ [삽입]을 클릭합니다. 삽입한 그림이 비디오의 첫 화면으로 적용됩니다.

페이드 인 기능으로 비디오를 부드럽게 시작하기

03 미리 보기 이미지에서 비디오 영상으로 부드럽게 넘어가도록 설정해보겠습니다. ❶ 비디오 클릭 ❷ [재생] 탭–[편집] 그룹–[페이드 인]에 **03.00** 입력 ❸ [재생 ▷]을 클릭합니다. 페이드 인 기능이 적용되어 미리 보기 이미지에서 비디오 영상으로 부드럽게 시작합니다.

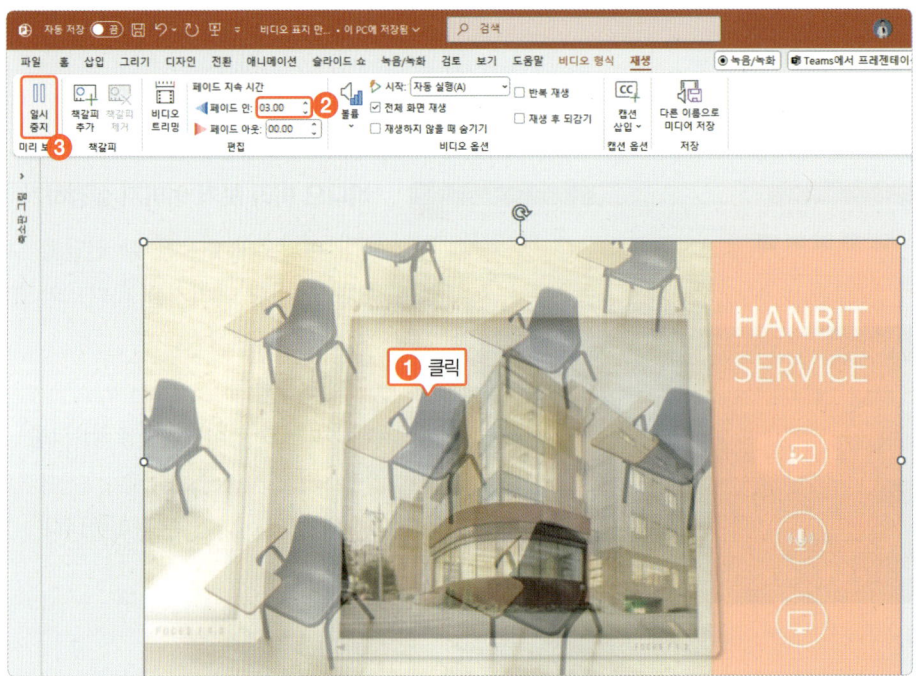

Tip 비디오를 재생하려면 하단의 비디오 컨트롤에서 [재생 ▷]을 클릭해도 됩니다.

064 미디어 파일 압축하기

실습 파일 5장\064_미디어 파일 압축하기.pptx 완성 파일 5장\064_미디어 파일 압축하기_완성.pptx

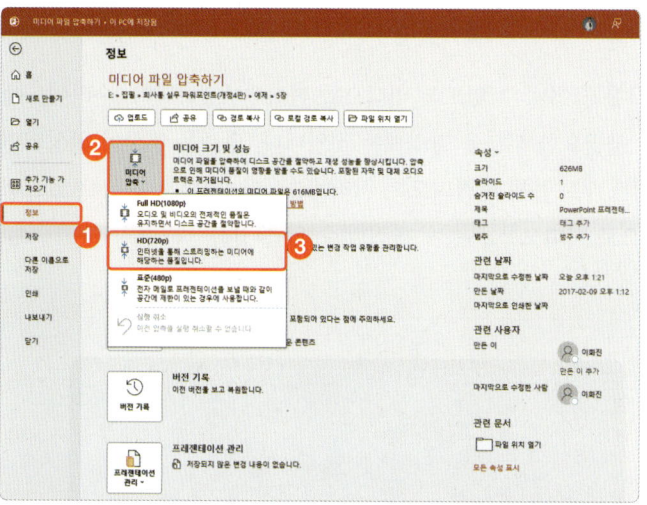

미디어 파일 압축하기

01 ❶ [파일] 탭-[정보] 클릭
❷ [미디어 크기 및 성능]-[미디어 압축] 클릭
❸ [HD(720p)]를 클릭합니다. [미디어 압축] 대화상자가 나타나고 압축이 진행됩니다.

Tip [미디어 크기 및 성능]에서 프레젠테이션 파일에 포함된 미디어 용량의 합계를 확인할 수 있습니다. 압축 전 용량은 616MB입니다.

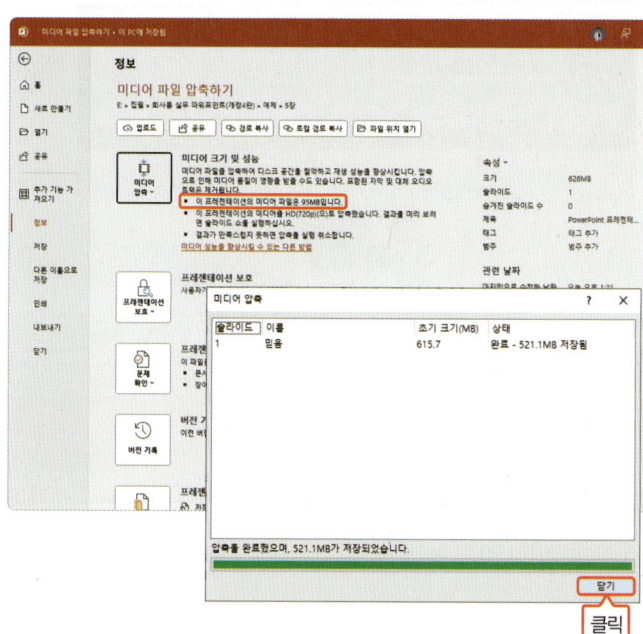

02 [미디어 압축] 대화상자에서 압축 진행률을 확인할 수 있습니다. 압축이 끝나면 [닫기]를 클릭하여 대화상자를 닫아줍니다. 미디어 파일의 용량이 95MB로 줄어들었습니다.

Tip 압축된 미디어 파일을 원래대로 복구하려면 [파일] 탭-[정보]를 클릭한 후 [미디어 압축]-[실행 취소]를 클릭합니다.

동영상을 활용한 슬라이드 디자인하기

실습 파일 5장\혼자해보기\동영상을 활용한 슬라이드 디자인하기.pptx　**완성 파일** 5장\혼자해보기\동영상을 활용한 슬라이드 디자인하기_완성.pptx

🔍 예제 설명 및 완성 화면

슬라이드에 역동성을 더하여 청중의 주목을 끌어낼 수 있도록 비디오를 편집해보겠습니다. 슬라이드에 비디오를 삽입할 때 가장 중요한 작업은 불필요한 부분을 잘라내는 것입니다. 발표용 영상이 완성되면 비디오 표지를 만들고 표지와 영상 사이가 부드럽게 연결되도록 처리해줍니다. 비디오 편집 프로그램을 따로 사용할 필요 없이 파워포인트만으로 비디오를 손쉽게 편집할 수 있습니다.

01 비디오 삽입하기

❶ [삽입] 탭-[미디어] 그룹-[비디오] 클릭 ❷ [이 디바이스] 클릭 ❸ [비디오 삽입] 대화상자가 나타나면 '꿈몰다 소개 영상.mp4' 파일 클릭 ❹ [삽입]을 클릭합니다.

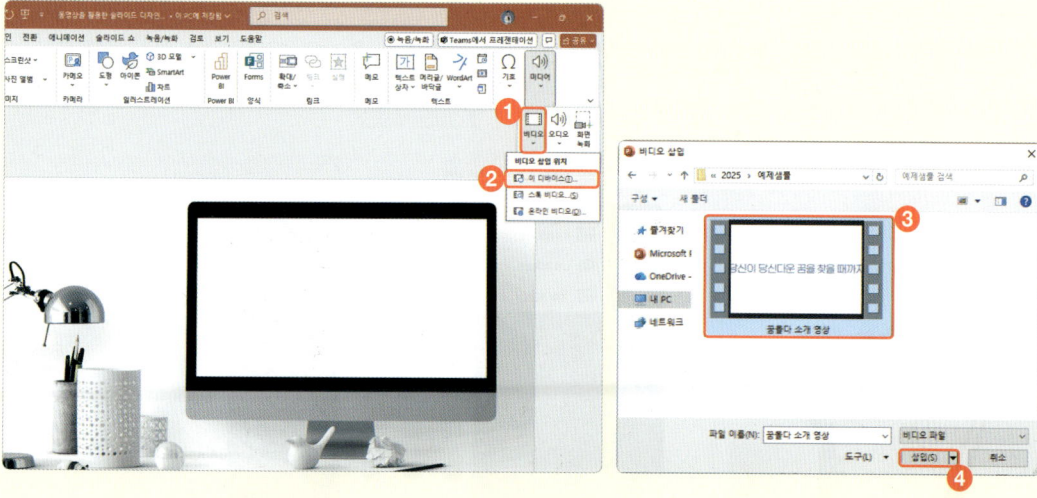

02 비디오 모양 변경하기

❶ 모니터 부분에 비디오가 위치하도록 크기를 줄여 배치 ❷ [비디오 형식] 탭-[비디오 스타일] 그룹-[비디오 셰이프] 클릭 ❸ [사각형]-[사각형: 둥근 모서리] 클릭 ❹ 동영상 클립 왼쪽 상단에 있는 노란색 조절점을 왼쪽으로 드래그해 둥근 테두리를 적절하게 조절합니다.

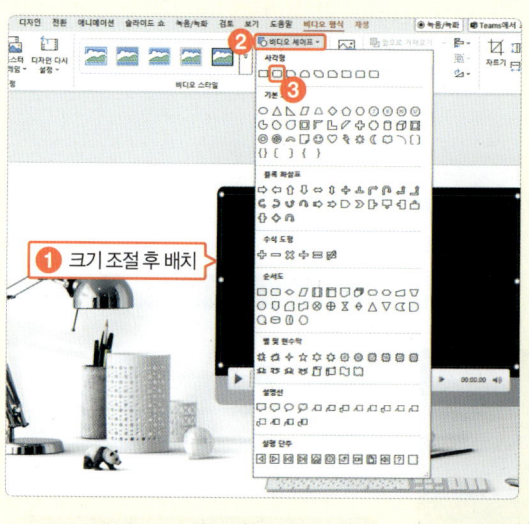 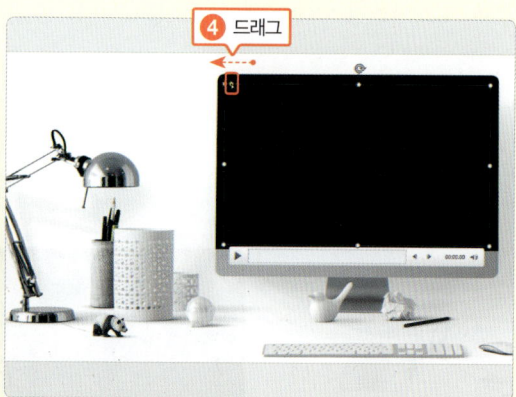

03 비디오 스타일 변경하기

❶ [비디오 형식] 탭–[비디오 스타일] 그룹–[비디오 효과] 클릭 ❷ [그림자]–[안쪽]–[안쪽: 가운데]를 클릭합니다.

04 비디오 트리밍하기

❶ 비디오가 선택된 상태에서 [재생] 탭–[편집] 그룹–[비디오 트리밍] 클릭 ❷ [비디오 트리밍] 대화상자가 나타나면 [종료 시간]에 **01:54** 입력 ❸ [확인]을 클릭합니다. 비디오 분량이 잘려 앞서 입력한 종료 시간 이후의 구간은 재생되지 않습니다.

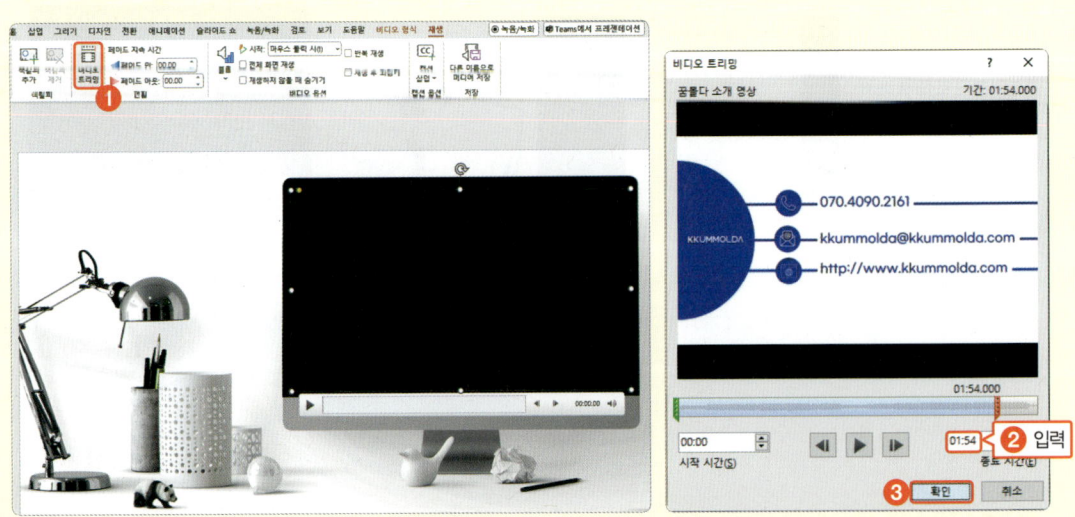

05 비디오 표지 삽입하기

❶ [비디오 형식] 탭-[조정] 그룹-[포스터 프레임 🖼️] 클릭 ❷ [파일의 이미지 🖼️] 클릭 ❸ [그림 삽입] 대화상자가 나타나면 [파일에서] 클릭 ❹ [그림 삽입] 대화상자에서 '꿈몰다 소개 영상 썸네일.jpg' 파일 클릭 ❺ [삽입]을 클릭합니다. 선택한 그림 파일이 비디오 표지로 삽입됩니다.

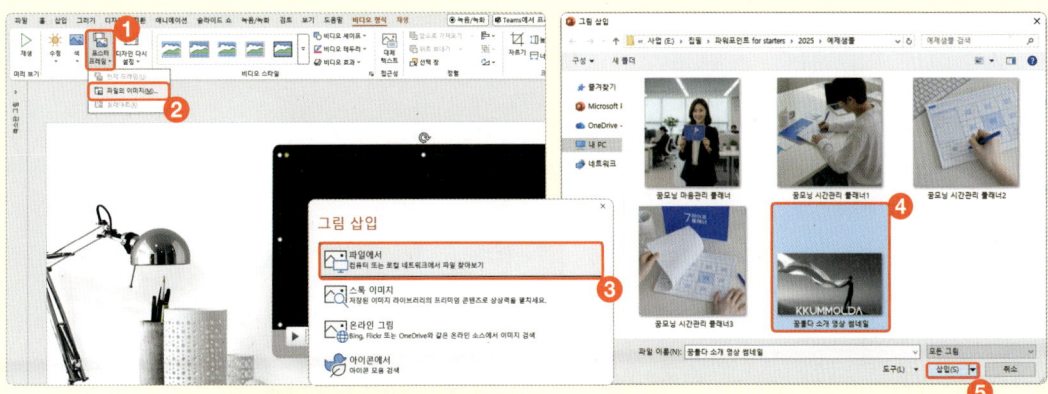

06 페이드 인 설정하고 비디오 자동 실행하기

비디오 표지와 영상 사이를 부드럽게 연결하기 위해 [페이드 인]을 설정하겠습니다. ❶ [재생] 탭-[편집] 그룹-[페이드 인]에 **02.00** 입력 ❷ 슬라이드 쇼 실행 시 비디오를 자동으로 재생하기 위해 [비디오 옵션] 그룹-[시작 🎬]의 ▼ 클릭 ❸ [자동 실행] 클릭 ❹ F5 를 눌러 슬라이드 쇼를 실행해봅니다. 비디오가 자동으로 재생되고 페이드 인 기능이 적용되어 부드럽게 시작됩니다.

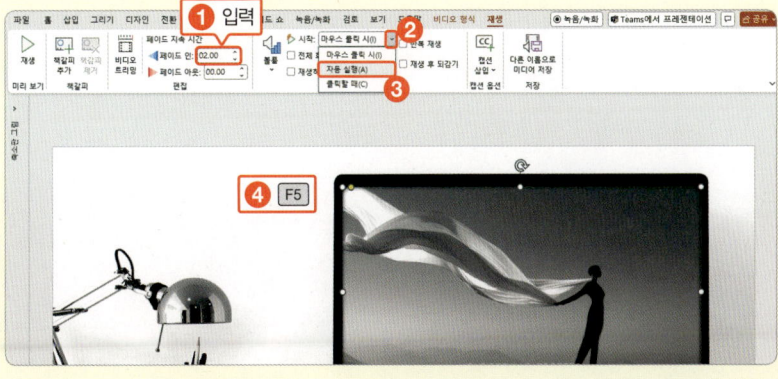

CHAPTER 06

프레젠테이션 슬라이드 정리 및 저장하기

065 슬라이드를 구역으로 나누어 정리하기

실습 파일 6장\065_슬라이드를 구역으로 나누어 정리하기.pptx 완성 파일 6장\065_슬라이드를 구역으로 나누어 정리하기_완성.pptx

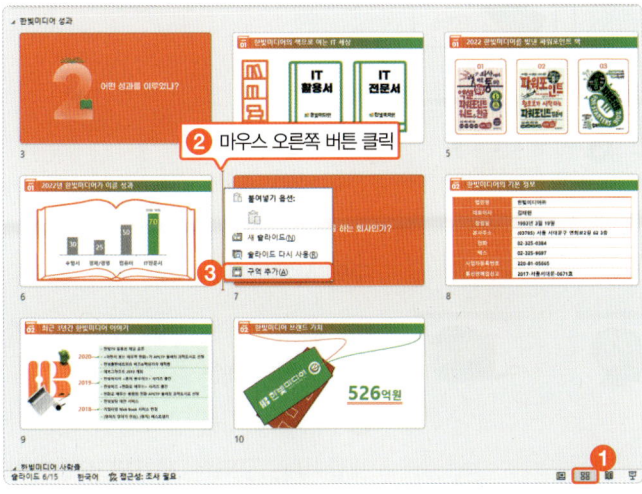

구역 추가하기

01 ① 화면 오른쪽 아래에서 [여러 슬라이드 보기 □□] 클릭

② 구역을 추가하고자 하는 [6번 슬라이드]와 [7번 슬라이드] 사이에서 마우스 오른쪽 버튼 클릭

③ [구역 추가]를 클릭합니다. [7번 슬라이드]부터 새로운 구역이 추가됩니다.

Tip 여러 슬라이드 보기는 [보기] 탭-[프레젠테이션 보기] 그룹-[여러 슬라이드]를 클릭해도 됩니다.

Tip 구역을 추가할 때는 [홈] 탭-[슬라이드] 그룹-[구역]을 클릭한 후 [구역 추가]를 클릭해도 됩니다.

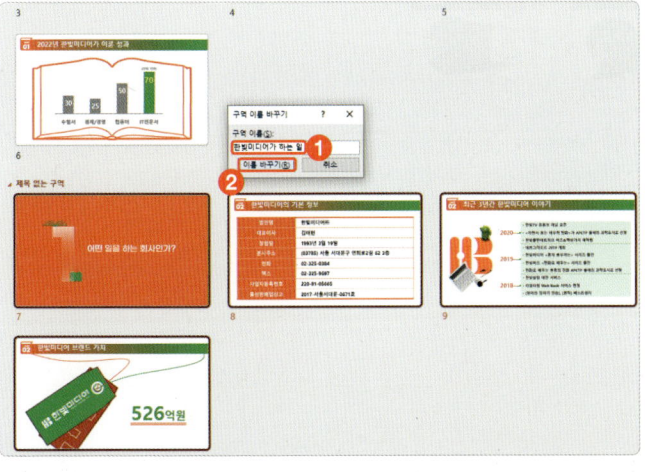

구역 이름 바꾸기

02 ① [구역 이름 바꾸기] 대화상자가 나타나면 [구역 이름]에 **한빛미디어가 하는 일** 입력

② [이름 바꾸기]를 클릭합니다. 구역 이름이 '한빛미디어가 하는 일'로 변경되었습니다.

Tip 구역 이름을 바꿀 때는 구역 이름에서 마우스 오른쪽 버튼을 클릭하여 [구역 이름 바꾸기]를 클릭하거나 [홈] 탭-[슬라이드] 그룹-[구역]을 클릭한 후 [구역 이름 바꾸기]를 클릭합니다.

구역 이동하기

03 ① 이동하려는 [한빛미디어가 하는 일] 구역에서 마우스 오른쪽 버튼 클릭

② [구역을 위로 이동]을 클릭합니다. 구역이 위로 이동하면서 슬라이드 순서도 변경되었습니다.

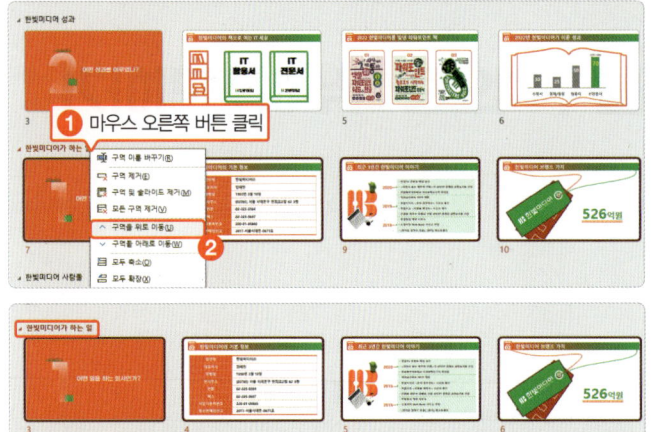

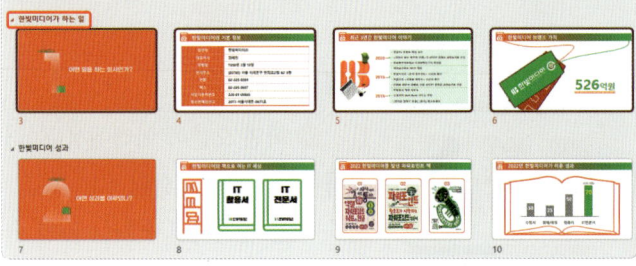

구역 삭제하기

04 ① 불필요한 [로고] 구역에서 마우스 오른쪽 버튼 클릭

② [구역 제거]를 클릭해 구역을 삭제합니다. 구역은 제거되고 슬라이드는 그대로 남습니다.

Tip 구역을 제거할 때는 [홈] 탭-[슬라이드] 그룹-[구역]을 클릭한 후 [구역 제거]를 클릭해도 됩니다. 만들어진 모든 구역을 제거하려면 [홈] 탭-[슬라이드] 그룹-[구역]을 클릭한 후 [모든 구역 제거]를 클릭합니다.

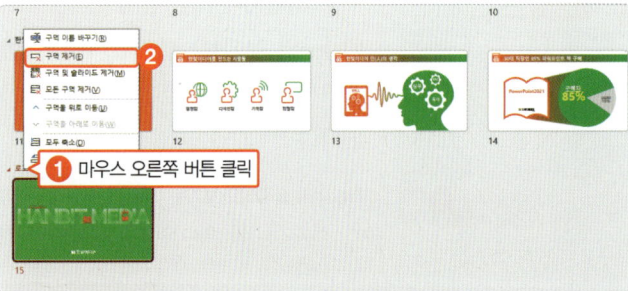

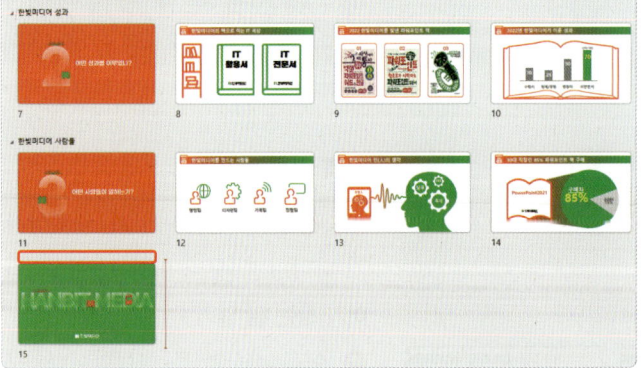

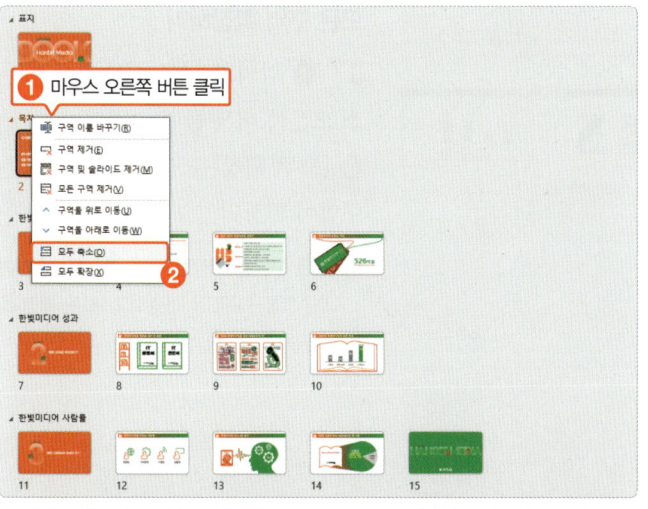

모든 구역 축소하기

05 ❶ 임의의 구역 이름에서 마우스 오른쪽 버튼 클릭

❷ [모두 축소]를 클릭합니다. 모든 구역이 축소되고 각 구역 이름 옆에 해당 구역이 포함하는 슬라이드 개수가 표시됩니다.

Tip 모든 구역을 축소할 때는 [홈] 탭-[슬라이드] 그룹-[구역]을 클릭한 후 [모두 축소]를 클릭해도 됩니다.

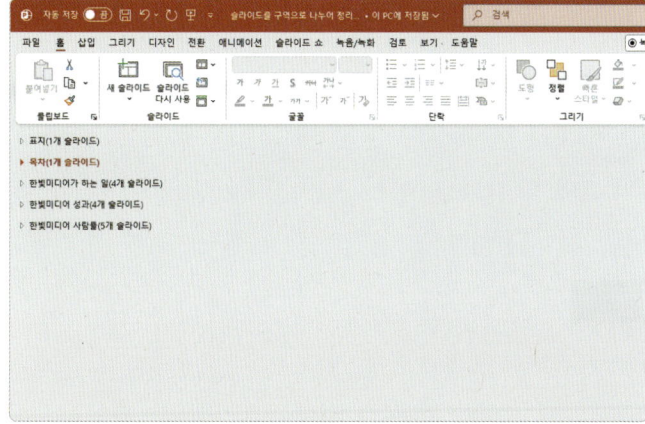

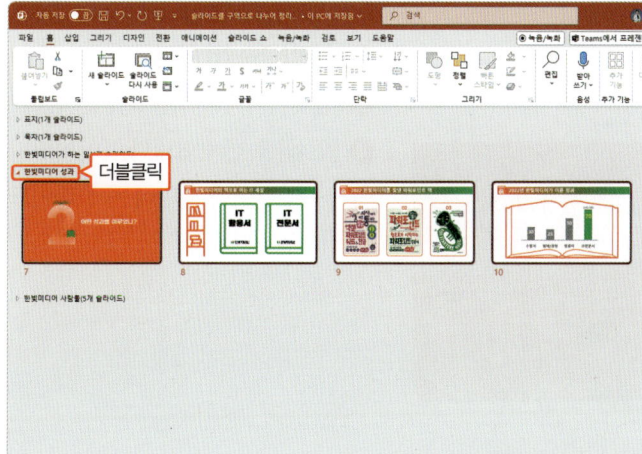

특정 구역만 확장하기

06 [한빛미디어 성과] 구역을 더블클릭합니다. 더블클릭한 구역이 확장됩니다.

Tip 특정 구역만 축소하고 싶다면 확장된 구역을 더블클릭합니다.

모든 구역 확장하기

07 ① 임의의 구역 이름에서 마우스 오른쪽 버튼 클릭
② [모두 확장]을 클릭합니다. 모든 구역이 확장되었습니다.

Tip 모든 구역을 확장할 때는 [홈] 탭-[슬라이드] 그룹-[구역]을 클릭하고 [모두 확장]을 클릭해도 됩니다.

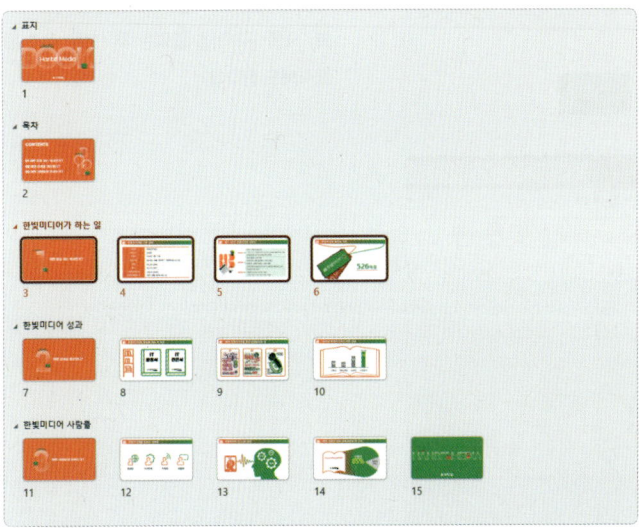

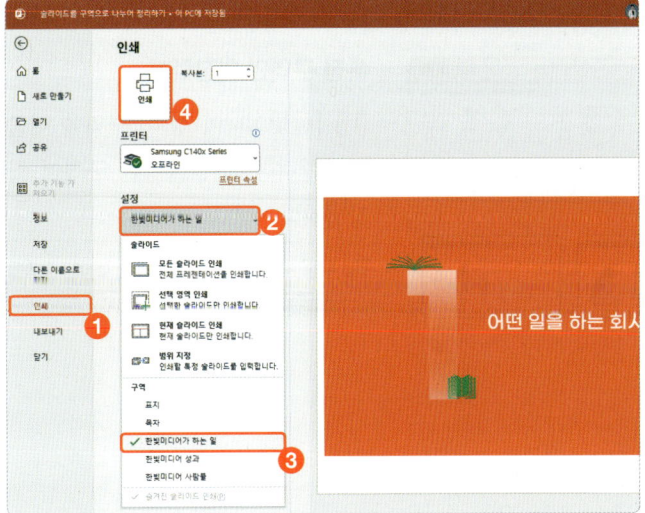

특정 구역 슬라이드만 인쇄하기

08 ① [파일] 탭-[인쇄] 클릭
② [설정]-[구역] 클릭
③ [한빛미디어가 하는 일] 클릭
④ [인쇄]를 클릭합니다. [한빛미디어가 하는 일]에 해당하는 슬라이드만 인쇄됩니다.

특정 구역 슬라이드만 화면 전환하기

09 ❶ [한빛미디어 성과] 구역 클릭 ❷ [전환] 탭–[슬라이드 화면 전환] 그룹–[자세히 ▼] 클릭 ❸ [화려한 효과]–[갤러리]를 클릭합니다.

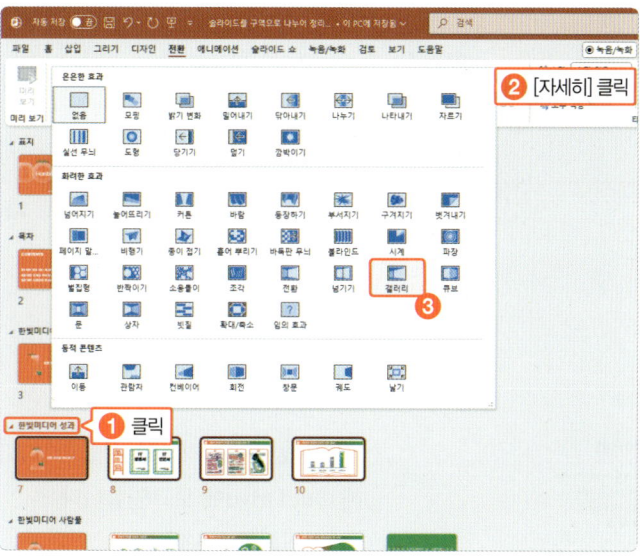

10 [한빛미디어 성과] 구역에 해당하는 슬라이드에 [갤러리] 화면 전환 효과가 적용됩니다. 각 슬라이드 오른쪽 아래에 화면 전환 효과가 적용되었다는 별 모양이 표시됩니다.

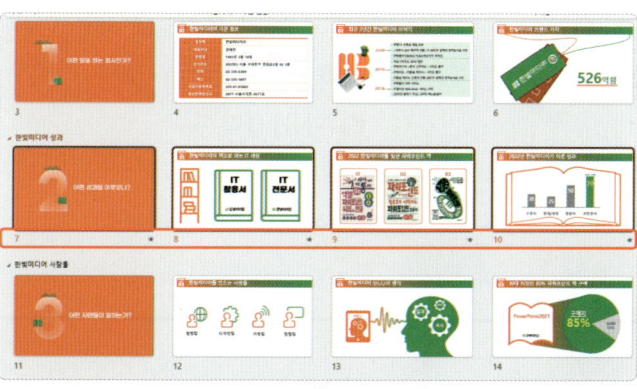

특정 구역 슬라이드만 숨기기

11 ❶ [한빛미디어 사람들] 구역 클릭 ❷ [슬라이드 쇼] 탭–[설정] 그룹–[슬라이드 숨기기 ▨]를 클릭합니다. [한빛미디어 사람들] 구역에 해당하는 슬라이드가 흐리게 변하고 아래쪽 번호에 사선 표시가 생깁니다. 사선 표시는 슬라이드 쇼 실행 시 슬라이드가 보이지 않는다는 의미입니다.

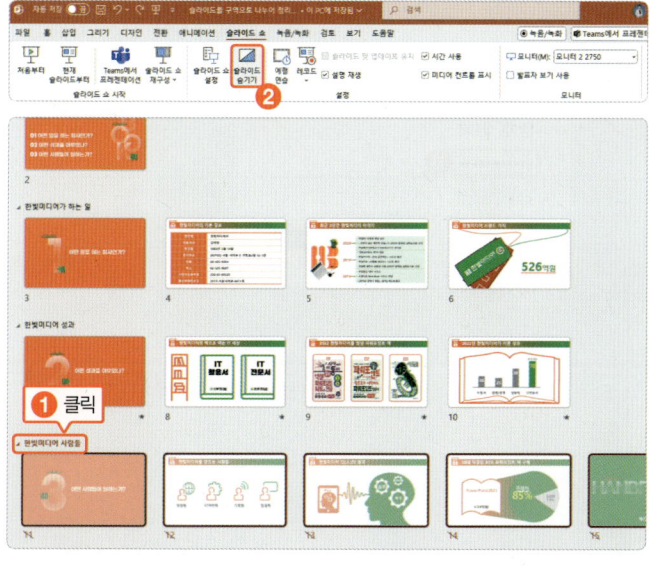

CHAPTER 06 프레젠테이션 슬라이드 정리 및 저장하기

066 자동 저장 파일 만들기

실습 파일 6장\066_자동 저장 파일 만들기.pptx   완성 파일 없음

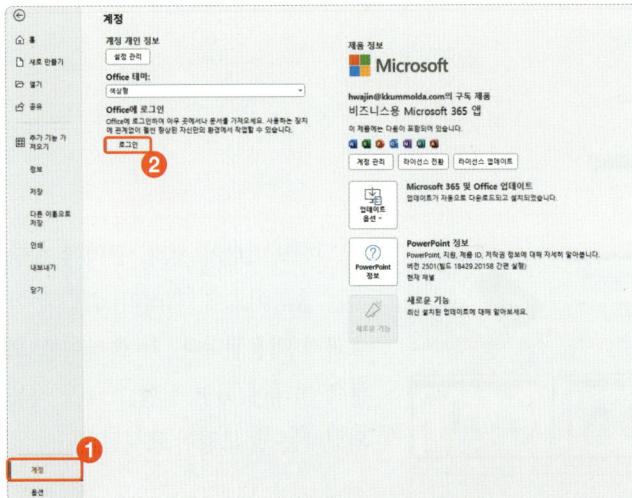

로그인하기

01 자동 저장 기능을 사용하기 위해 OneDrive에 로그인합니다.

❶ [파일] 탭-[계정] 클릭
❷ [Office에 로그인]-[로그인] 클릭
❸ Microsoft에 등록된 이메일 계정 입력
❹ [다음] 클릭
❺ 암호 입력
❻ [로그인]을 클릭합니다.

Tip OneDrive 계정을 설정하려면 Microsoft 계정이 있어야 합니다.

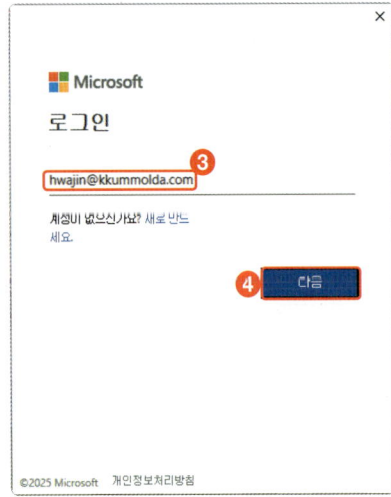

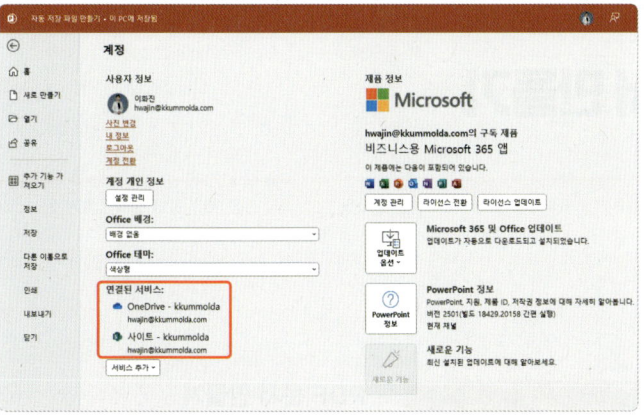

02 연결된 서비스에 OneDrive가 추가됩니다.

Tip OneDrive가 보이지 않으면 [서비스 추가]–[저장소]–[OneDrive]를 클릭합니다.

OneDrive에 파일 저장하기

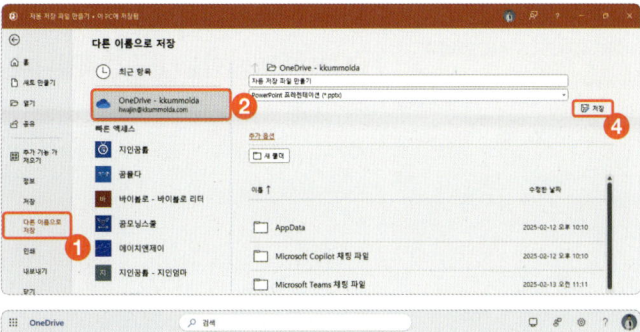

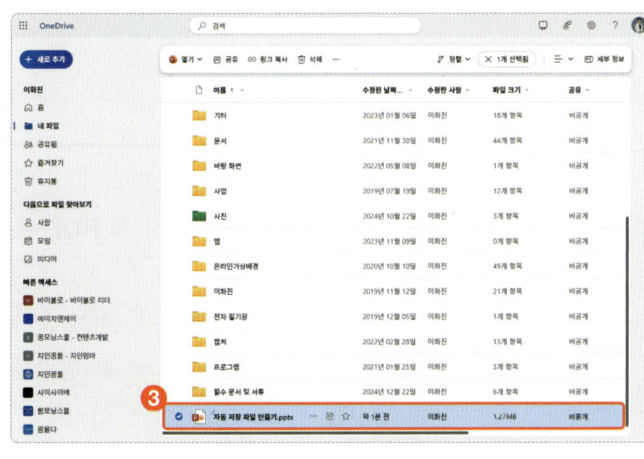

03 자동 저장 기능을 켜기 위해 파일을 OneDrive에 저장합니다.
① [파일] 탭–[다른 이름으로 저장] 클릭
② [OneDrive–사용자 계정] 클릭
③ OneDrive 내에서 저장 위치 지정
④ [저장]을 클릭합니다. OneDrive에 파일이 저장됩니다.

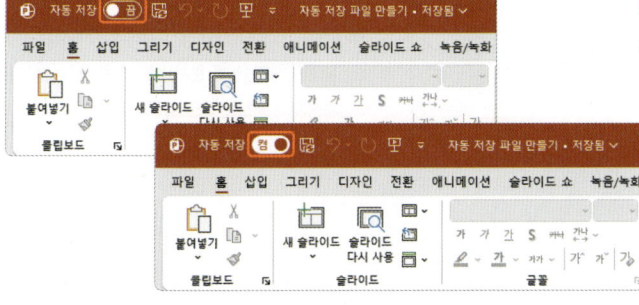

04 화면 왼쪽 상단의 자동 저장 [끔]이 자동 저장 [켬]으로 전환됩니다.

Tip 자동 저장 스위치가 [켬]이면 자동 저장이 설정되고 [끔]이면 자동 저장이 해제됩니다. 자동 저장은 Microsoft 365 버전에서 사용할 수 있는 기능입니다. 자동 저장 기능을 사용하면 몇 초마다 파일을 저장합니다.

CHAPTER 06 프레젠테이션 슬라이드 정리 및 저장하기 **221**

067 PDF 문서 만들기

실습 파일 6장\067_PDF 문서 만들기.pptx   완성 파일 6장\067_PDF 문서 만들기_완성.pdf

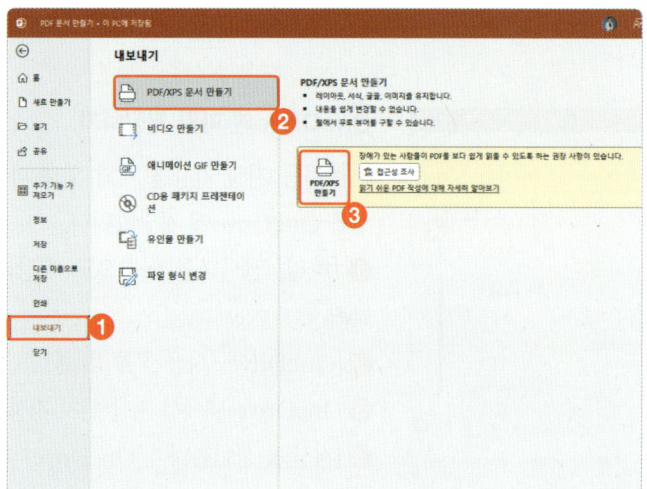

PDF 문서 만들기

01 ① [파일] 탭-[내보내기] 클릭
② [PDF/XPS 문서 만들기] 클릭
③ [PDF/XPS 만들기]를 클릭합니다.

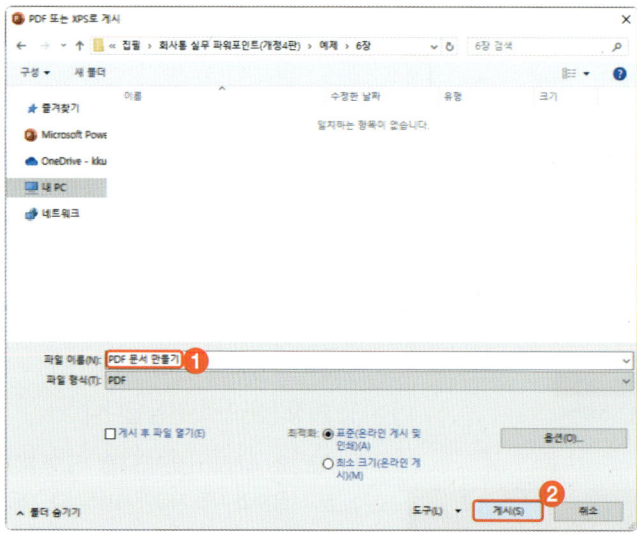

02 ① [PDF 또는 XPS로 게시] 대화상자에서 [파일 이름]에 **PDF 문서 만들기** 입력
② [게시]를 클릭합니다. 전체 슬라이드 내용이 PDF 형식으로 변경됩니다.

Tip PDF Reader가 설치되어 있어야 PDF 파일을 볼 수 있습니다.

Tip [PDF 또는 XPS로 게시] 대화상자에서 [옵션]을 클릭하면 PDF 문서의 범위 및 게시 형태를 사용자가 원하는 대로 설정할 수 있습니다.

068 비디오 파일 만들기

실습 파일 6장\068_비디오 파일 만들기.pptx   완성 파일 6장\068_비디오 파일 만들기_완성.mp4

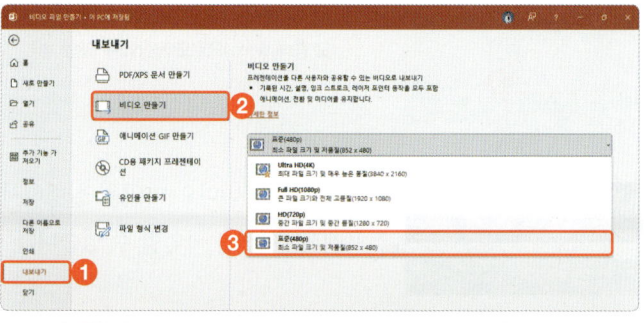

비디오 저장하기

01 ❶ [파일] 탭-[내보내기] 클릭
❷ [비디오 만들기] 클릭
❸ [비디오 품질을 [표준(480p)]로 선택
❹ 기록된 시간 및 설명 사용 여부를 [기록된 시간 및 설명 사용 안 함]으로 선택합니다.

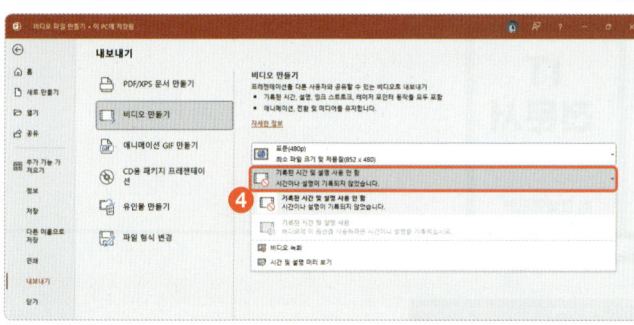

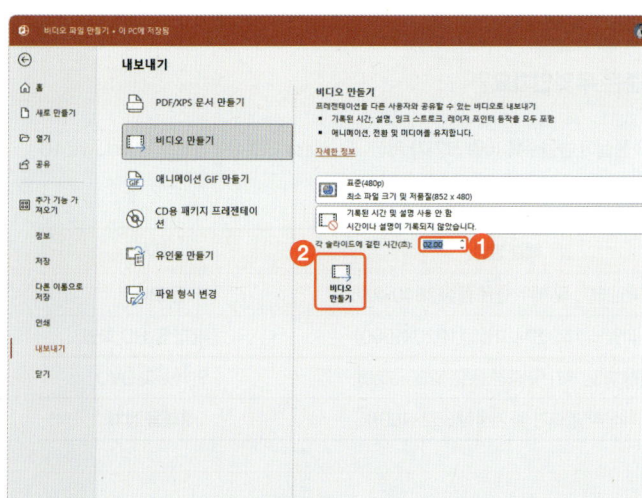

02 비디오 재생 시 각각의 슬라이드를 2초씩 보여주면서 화면이 재생되도록 설정해보겠습니다.
❶ [각 슬라이드에 걸린 시간(초)]에 **02.00** 입력
❷ [비디오 만들기]를 클릭합니다.

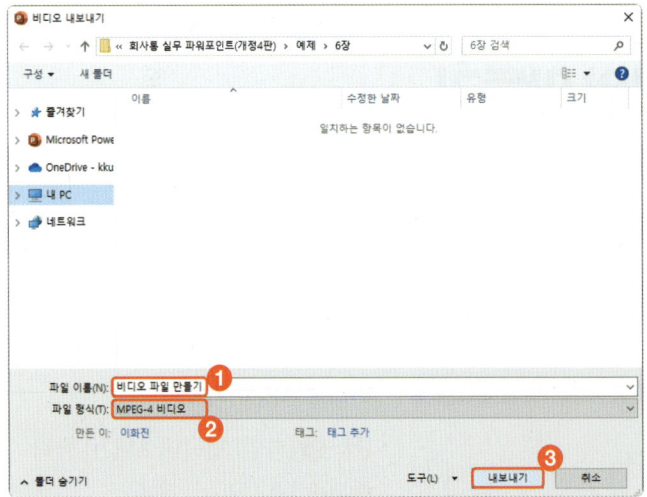

03 ① [비디오 내보내기] 대화상자에서 [파일 이름]에 **비디오 파일 만들기** 입력

② [파일 형식]을 [MPEG-4 비디오] 선택

③ [내보내기]를 클릭합니다. '비디오 만들기.mp4' 파일이 저장됩니다.

Tip 압축률이 좋은 MPEG-4 비디오가 기본 파일 형식(.mp4)이지만 Windows Media 비디오 형식(.wmv)으로도 저장할 수 있습니다.

04 저장된 비디오 파일을 실행해서 프레젠테이션을 확인할 수 있습니다.

Note 비디오 품질을 선택하는 기준은 무엇인가요?

비디오를 재생하는 기기에 따라 달라집니다. 비디오 품질이 높을수록 파일 크기가 커집니다. Ultra HD(4K) 옵션은 Windows 10 이상의 사용 환경에서만 사용할 수 있습니다.

옵션	해결 방법	표시
Ultra HD(4K)	최대 파일 크기 및 매우 높은 품질(3840×2160)	큰 모니터
Full HD(1080p)	큰 파일 크기와 전체 고품질(1920×1080)	컴퓨터 및 HD 화면
HD(720p)	중간 파일 크기 및 중간 품질(1280×720)	인터넷 및 DVD
Standard(480p)	최소 파일 크기 및 저품질(852×480)	휴대용 장치

069 그림 프레젠테이션 만들기

실습 파일 6장\069_그림 프레젠테이션 만들기.pptx   완성 파일 6장\069_그림 프레젠테이션 만들기_완성.pptx

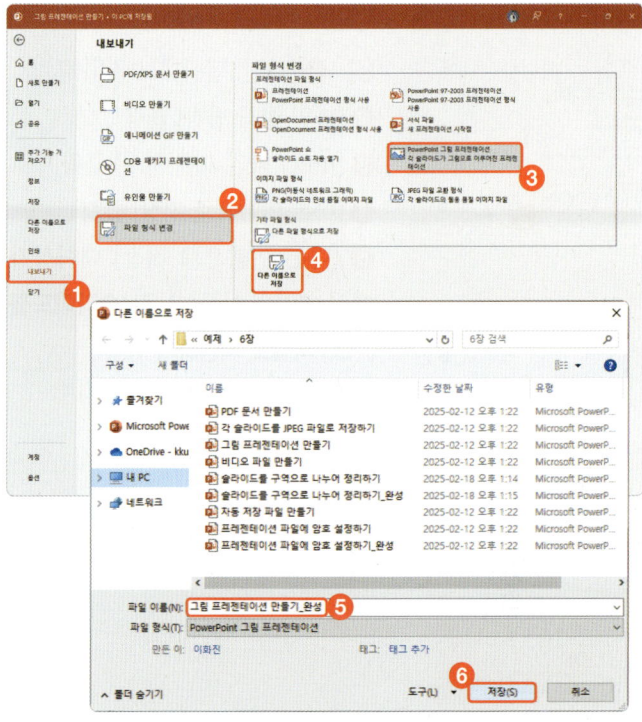

그림 프레젠테이션 만들기

01 ❶ [파일] 탭-[내보내기] 클릭
❷ [파일 형식 변경] 클릭
❸ [PowerPoint 그림 프레젠테이션] 클릭
❹ [다른 이름으로 저장] 클릭
❺ [다른 이름으로 저장] 대화상자에서 [파일 이름]에 **그림 프레젠테이션 만들기_완성** 입력
❻ [저장]을 클릭합니다.

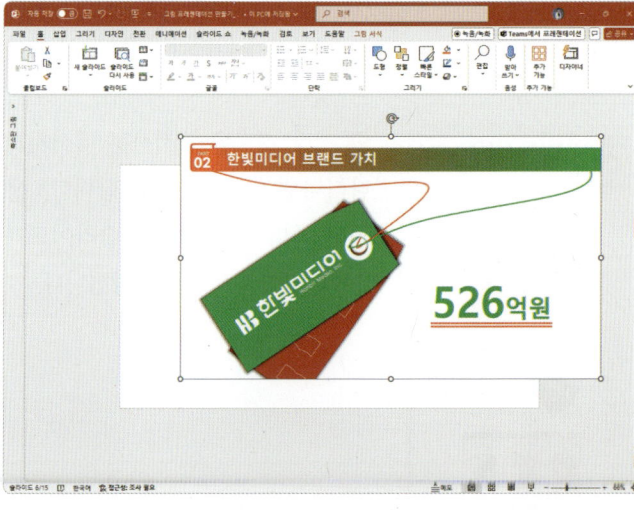

02 저장된 '그림 프레젠테이션 만들기_완성.pptx' 파일을 열어보면 각 슬라이드가 그림으로 이루어져 있는 것을 확인할 수 있습니다.

070 각 슬라이드를 JPEG 파일로 저장하기

실습 파일 6장\070_각 슬라이드를 JPEG 파일로 저장하기.pptx   완성 파일 6장\070_각 슬라이드를 JPEG 파일로 저장하기_완성 폴더

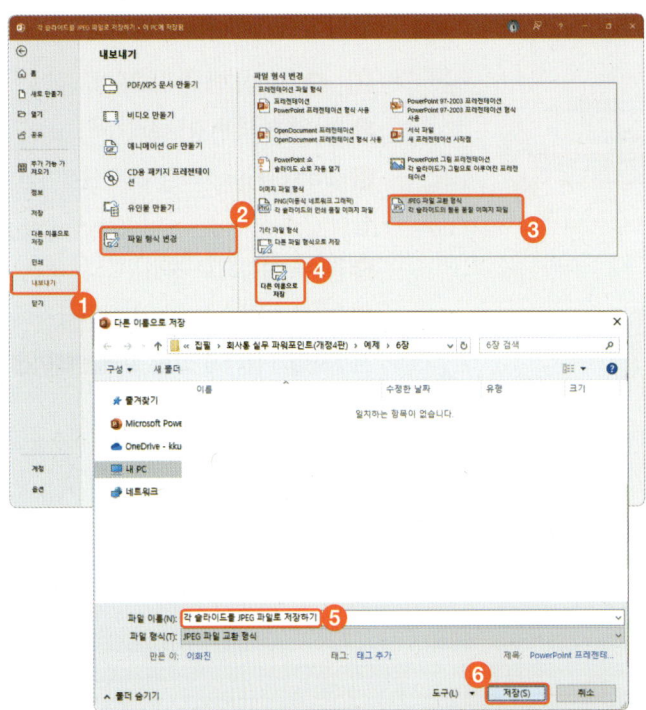

이미지 파일로 저장하기

01 ① [파일] 탭-[내보내기] 클릭
② [파일 형식 변경] 클릭
③ [JPEG 파일 교환 형식] 클릭
④ [다른 이름으로 저장] 클릭
⑤ [다른 이름으로 저장] 대화상자에서 [파일 이름]에 **각 슬라이드를 JPEG 파일로 저장하기** 입력
⑥ [저장]을 클릭합니다.

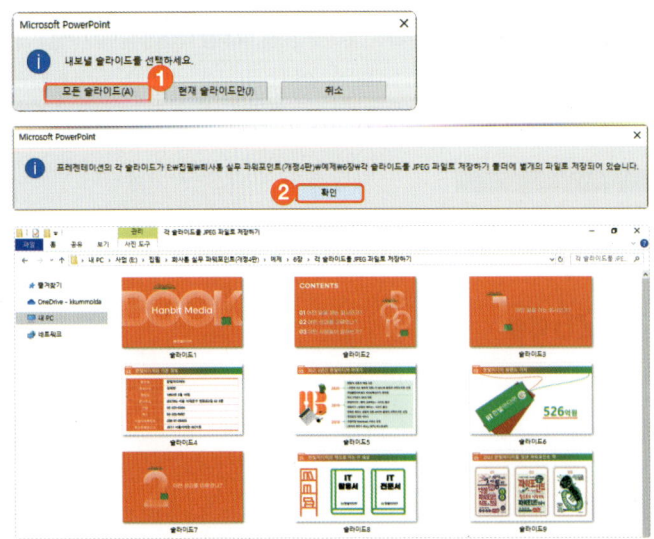

02 ① 내보낼 슬라이드를 선택하라는 메시지가 나타나면 [모든 슬라이드] 클릭
② 저장 경로를 표시하는 메시지가 나타나면 [확인]을 클릭합니다. 생성된 폴더 안에 각각의 슬라이드가 JPEG 이미지 파일로 저장됩니다.

071 프레젠테이션 파일에 암호 설정하기

실습 파일 6장\071_프레젠테이션 파일에 암호 설정하기.pptx   완성 파일 6장\071_프레젠테이션 파일에 암호 설정하기_완성.pptx

암호 설정하기

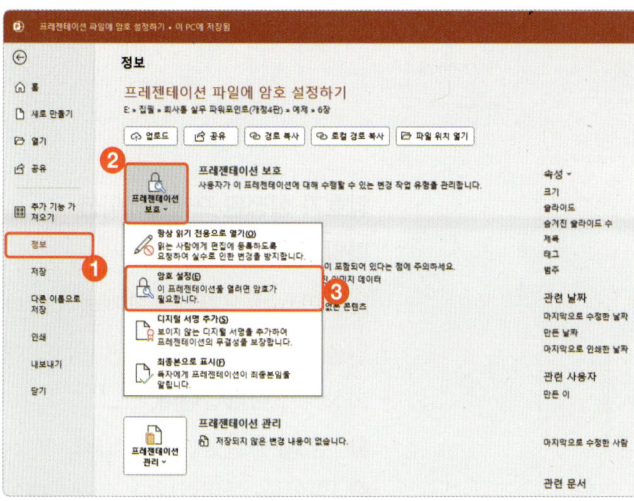

01 ① [파일] 탭-[정보] 클릭
② [프레젠테이션 보호] 클릭
③ [암호 설정]을 클릭합니다. [문서 암호화] 대화상자가 나타납니다.

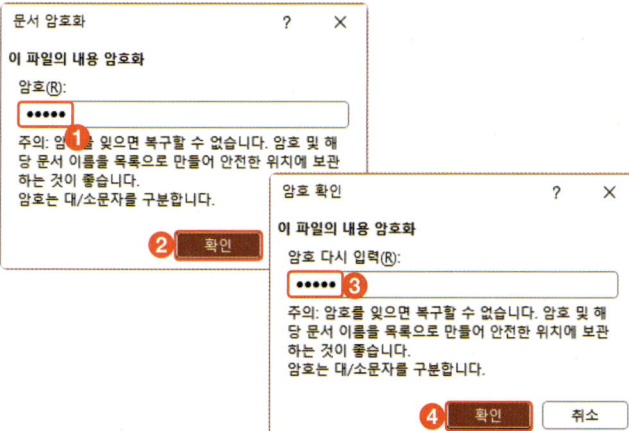

02 ① [문서 암호화] 대화상자에서 [암호]에 설정하고 싶은 암호 입력
② [확인] 클릭
③ [암호 확인] 대화상자가 나타나면 [암호 다시 입력]에 동일한 암호 입력
④ [확인]을 클릭합니다.

Tip 완성 파일 암호는 '12345'로 설정했습니다.

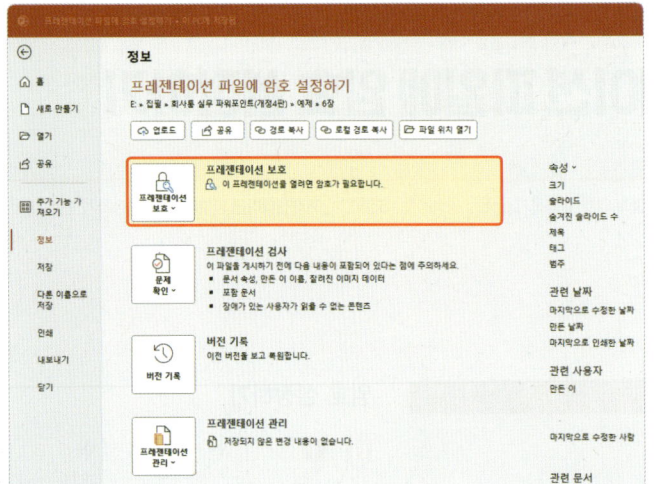

03 [프레젠테이션 보호]가 노란색으로 표시되며 암호가 설정됩니다.

암호가 설정된 프레젠테이션 파일 열기

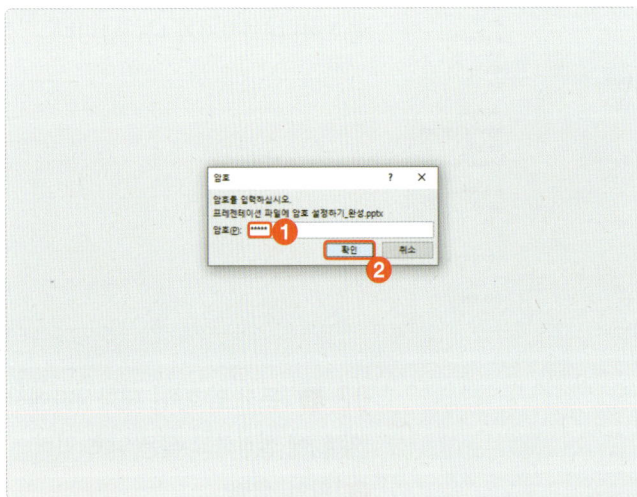

04 암호가 설정된 프레젠테이션 파일을 저장한 후 다시 열면 [암호] 대화상자가 나타납니다.

❶ [암호]에 설정한 암호 입력
❷ [확인]을 클릭합니다. 프레젠테이션 파일이 열리는 것을 확인할 수 있습니다.

Note 프레젠테이션 파일의 암호는 어떻게 해제하나요?

[파일] 탭-[정보]-[프레젠테이션 보호]를 클릭한 후 [암호 설정]을 클릭합니다. [문서 암호화] 대화상자가 나타나면 [암호]에 입력된 기존 암호를 삭제하고 [확인]을 클릭합니다.

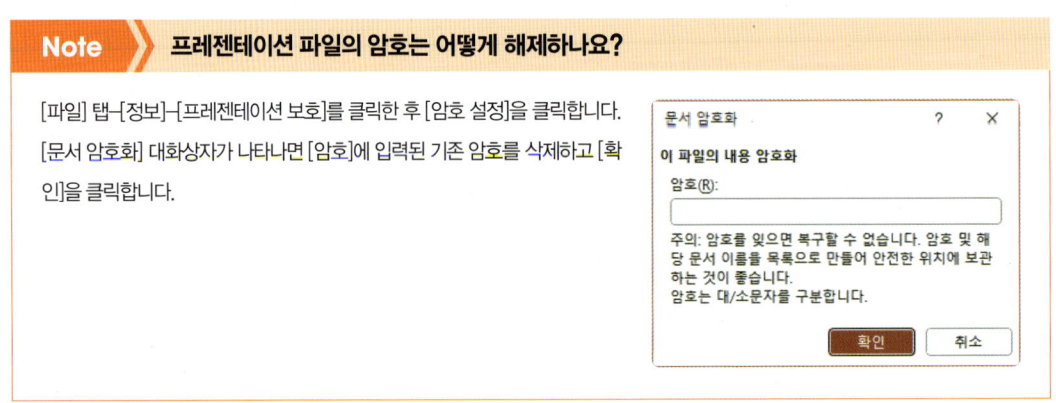

내용별로 슬라이드 구역을 나누고 편집하기

혼자 해보기

실습 파일 6장\혼자해보기\내용별로 슬라이드 구역을 나누고 편집하기.pptx
완성 파일 6장\혼자해보기\내용별로 슬라이드 구역을 나누고 편집하기_완성.pptx

예제 설명 및 완성 화면

폴더를 사용하여 주제별로 파일을 정리하는 것과 마찬가지로 구역을 사용하여 슬라이드를 그룹으로 구성할 수 있습니다. 또한, 빈 프레젠테이션에서 작업을 시작하는 경우 구역을 사용하여 프레젠테이션 개요를 만들 수 있습니다. 작업 시 구역을 할당하여 슬라이드 성격을 명확하게 지정하고 인쇄 영역이나 슬라이드 전환 효과 등을 설정할 때 원하는 구역에 간편히 적용합니다. 특히 슬라이드 양이 많을 때 구역을 나누어 작업하면 효율성을 높일 수 있습니다.

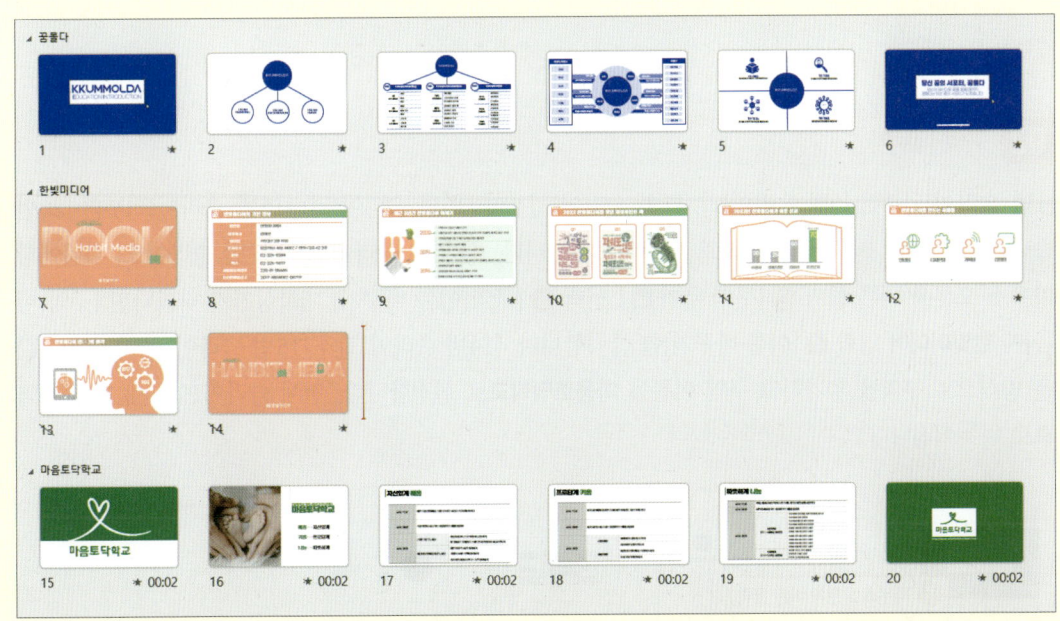

01 화면 보기 변경하기

[보기] 탭-[프레젠테이션 보기] 그룹-[여러 슬라이드]를 클릭해 화면 보기를 여러 슬라이드 보기로 변경합니다.

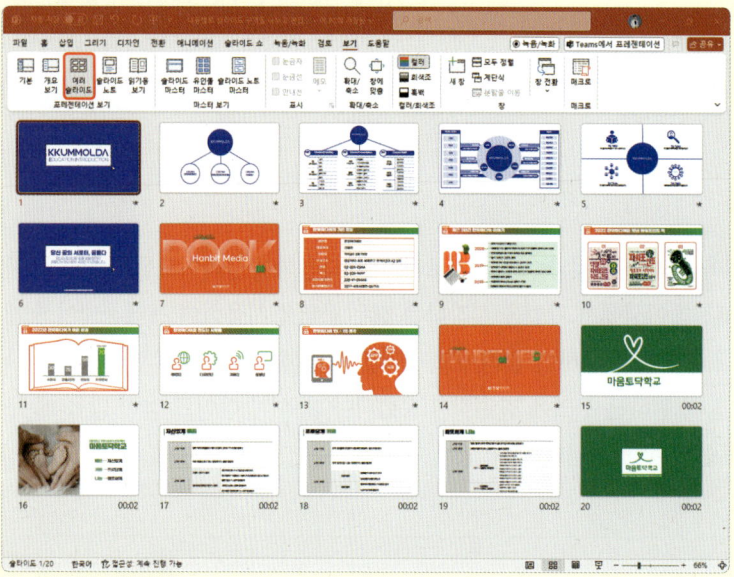

02 구역 나누기

[1번 슬라이드]부터 [6번 슬라이드], [7번 슬라이드]부터 [14번 슬라이드], [15번 슬라이드]부터 [20번 슬라이드]와 같이 세 개의 구역으로 나누어보겠습니다. ❶ [6번 슬라이드]와 [7번 슬라이드] 사이에서 마우스 오른쪽 버튼 클릭 ❷ [구역 추가] 선택 ❸ [구역 이름 바꾸기] 대화상자가 나타나면 [구역 이름]에 **한빛미디어** 입력 ❹ [이름 바꾸기]를 클릭합니다. [14번 슬라이드]와 [15번 슬라이드] 사이에도 같은 방식으로 구역을 추가하고 구역 이름을 **마음토닥학교**로 설정합니다. 전체 슬라이드가 세 개의 구역으로 나누어집니다

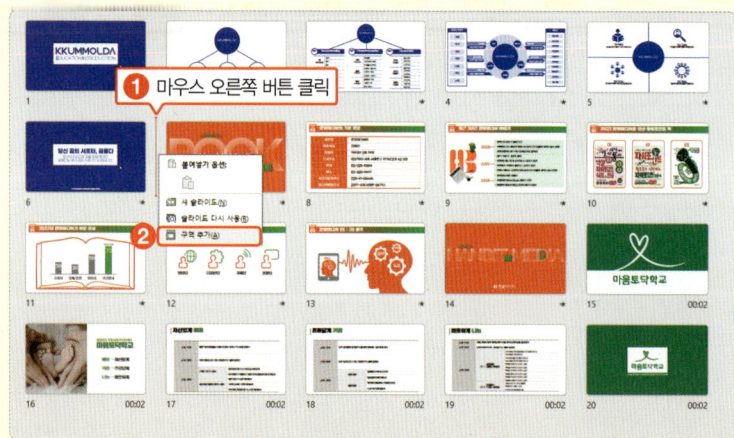
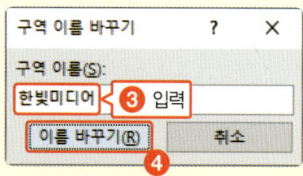

03 구역 이름 바꾸기

[기본 구역]의 이름을 바꿔보겠습니다. ❶ [기본 구역]에서 마우스 오른쪽 버튼 클릭 ❷ [구역 이름 바꾸기 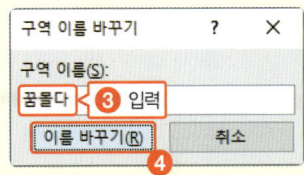] 선택 ❸ [구역 이름 바꾸기] 대화상자가 나타나면 [구역 이름]에 **꿈몰다** 입력 ❹ [이름 바꾸기]를 클릭합니다.

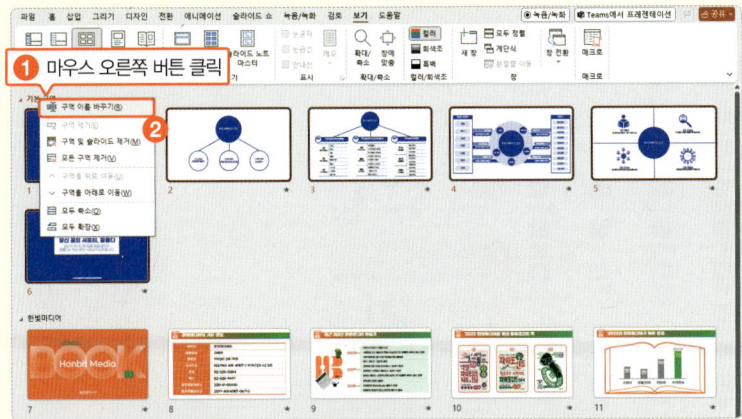

04 특정 구역의 슬라이드만 숨기기

❶ [한빛미디어] 구역 클릭 ❷ [슬라이드 쇼] 탭-[설정] 그룹-[슬라이드 숨기기 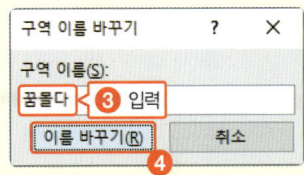]를 클릭합니다. [한빛미디어] 구역에 해당하는 슬라이드가 흐리게 변하고 아래쪽 번호에 사선 표시가 생깁니다. 번호에 사선 표시가 있는 슬라이드는 슬라이드 쇼에서 제외됩니다.

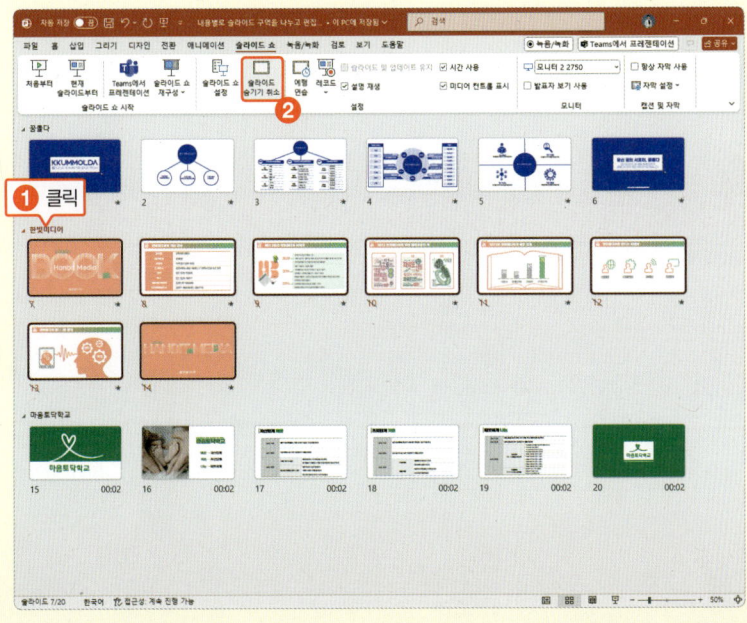

05 특정 구역 슬라이드만 화면 전환 효과 적용하기

❶ [마음토닥학교] 구역 클릭 ❷ [전환] 탭-[슬라이드 화면 전환] 그룹-[자세히]를 클릭하고 [화려한 효과]-[큐브]를 클릭합니다. [마음토닥학교] 구역 안에 있는 모든 슬라이드에 동일한 화면 전환 효과가 한번에 적용됩니다.

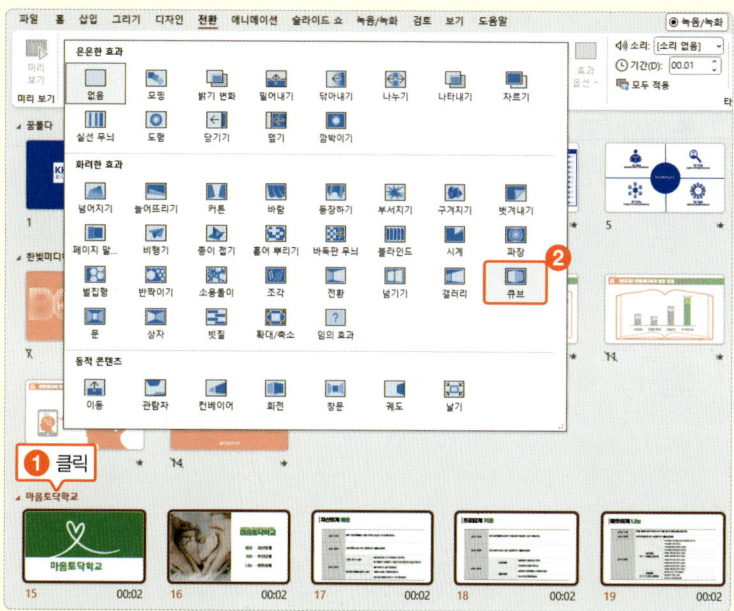

# CHAPTER 07

프레젠테이션 발표 준비 및 발표하기

072 개체에 애니메이션 적용하기

실습 파일 7장\072_개체에 애니메이션 적용하기.pptx   완성 파일 7장\072_개체에 애니메이션 적용하기_완성.pptx

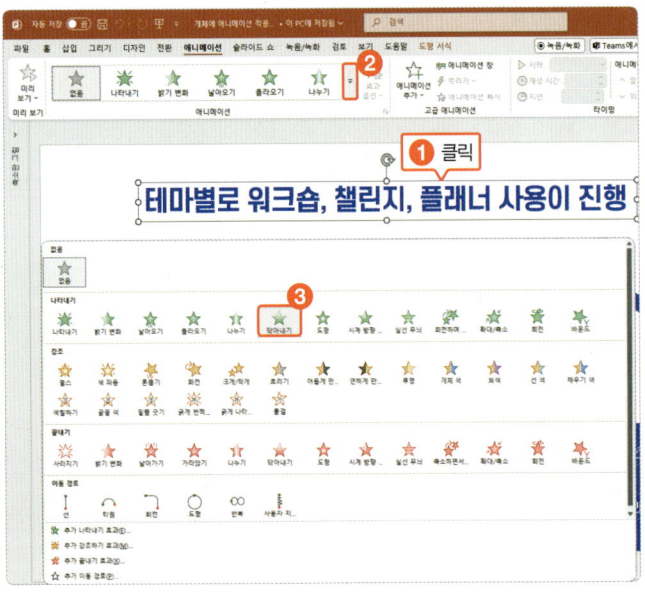

텍스트에 애니메이션 적용하기

01 ❶ 슬라이드에서 제목 텍스트 상자 클릭
❷ [애니메이션] 탭-[애니메이션] 그룹-[자세히 ▼] 클릭
❸ 애니메이션 목록에서 [나타내기]-[닦아내기]를 클릭하면 텍스트가 아래쪽부터 나타나는 애니메이션이 적용됩니다.

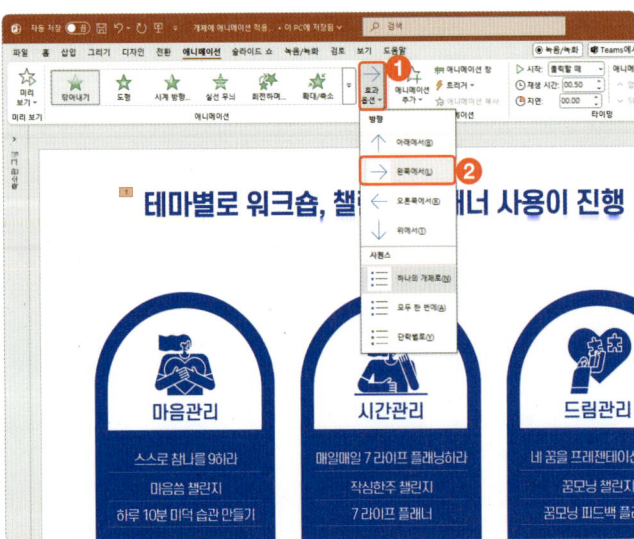

애니메이션 효과 옵션 변경하기

02 ❶ 텍스트 상자가 선택된 상태에서 [애니메이션] 탭-[애니메이션] 그룹-[효과 옵션 →] 클릭
❷ [왼쪽에서]를 클릭합니다. 텍스트가 왼쪽부터 나타나는 애니메이션으로 옵션이 변경됩니다.

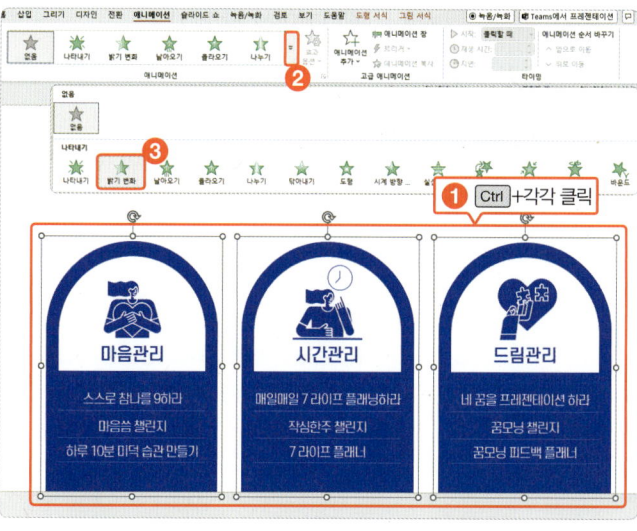

세 개의 개체에 같은 애니메이션 적용하기

03 ❶ 세 개의 개체를 Ctrl을 누른 상태에서 각각 클릭

❷ [애니메이션] 탭–[애니메이션] 그룹–[자세히 ▼] 클릭

❸ 애니메이션 목록에서 [나타내기]–[밝기 변화]를 클릭합니다. 세 개의 개체가 서서히 나타나는 애니메이션이 적용됩니다.

Tip 애니메이션 목록 하단에 있는 [추가 나타내기 효과]를 클릭하면 더 많은 종류의 애니메이션을 지정할 수 있습니다.

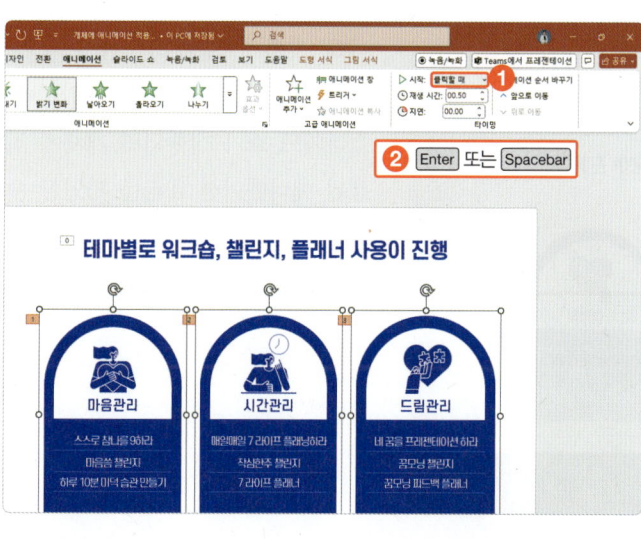

애니메이션 시작 방법 변경하기

04 세 개의 개체가 선택된 상태에서

❶ [애니메이션] 탭–[타이밍] 그룹–[시작 ▷]을 [클릭할 때]로 설정

❷ 슬라이드 쇼에서 화면을 클릭하거나 Enter 또는 Spacebar를 누르면 애니메이션이 실행됩니다.

Tip 슬라이드 제목 개체의 시작은 [이전 효과와 함께]로 변경합니다.

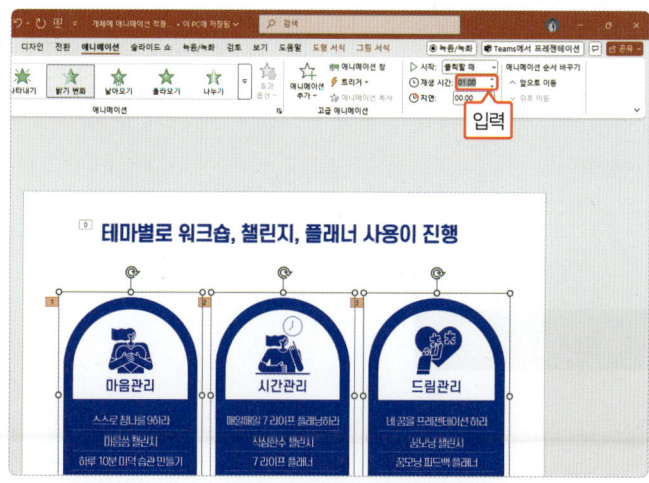

애니메이션 재생 시간 변경하기

05 세 개의 개체가 선택된 상태에서 [애니메이션] 탭–[타이밍] 그룹–[재생 시간]에 **01.00**을 입력합니다. 적용한 애니메이션이 1초 동안 동작하도록 설정됩니다.

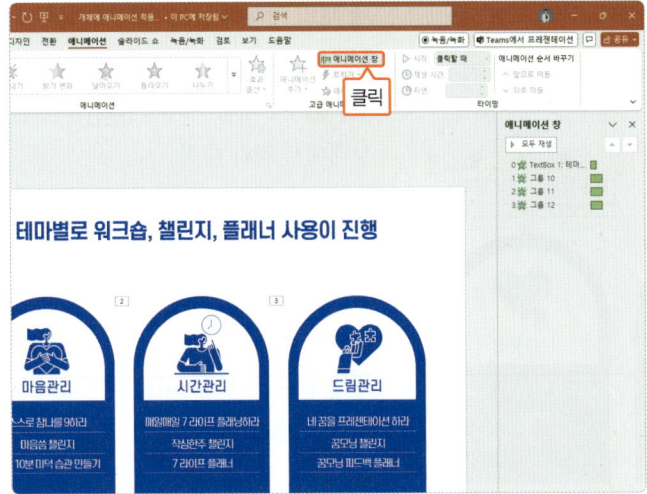

애니메이션 창 열기

06 [애니메이션] 탭-[고급 애니메이션] 그룹-[애니메이션 창]을 클릭하면 화면 오른쪽에 [애니메이션 창] 작업 창이 나타납니다. [애니메이션 창] 작업 창에는 지금까지 개체에 적용한 애니메이션 목록이 나타납니다.

Tip 개체에 적용한 애니메이션의 종류, 실행 순서, 시작 방법, 시간을 확인할 수 있습니다.

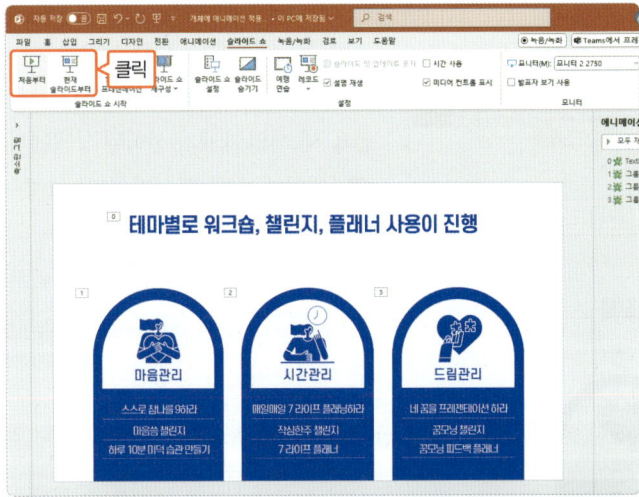

애니메이션 실행하기

07 [슬라이드 쇼] 탭-[슬라이드 쇼 시작] 그룹-[처음부터] 또는 [현재 슬라이드부터]를 클릭합니다. 슬라이드 쇼가 실행되면 개체에 적용된 애니메이션 효과를 확인할 수 있습니다.

Tip 슬라이드 쇼를 끝내려면 Esc 를 누릅니다.

우선순위 073 애니메이션 추가하고 다른 개체에 똑같이 적용하기

실습 파일 7장\073_애니메이션 추가하고 다른 개체에 똑같이 적용하기.pptx
완성 파일 7장\073_애니메이션 추가하고 다른 개체에 똑같이 적용하기_완성.pptx

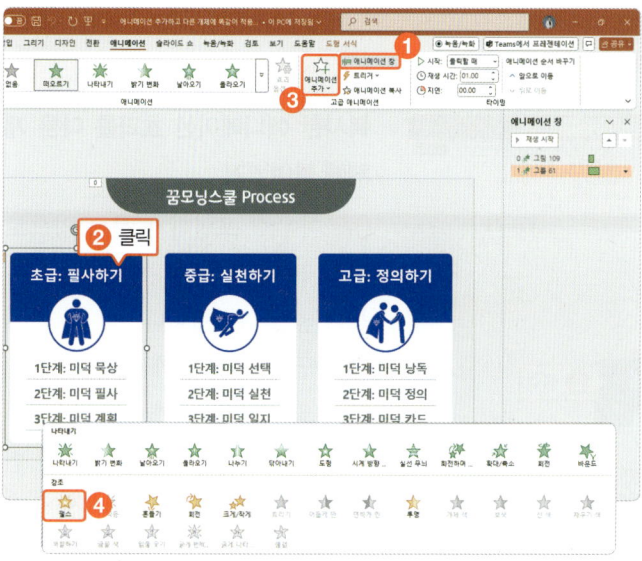

애니메이션 추가하고 다른 개체에 똑같이 적용하기

01 ① [애니메이션] 탭-[고급 애니메이션] 그룹-[애니메이션 창] 클릭

② '초급: 필사하기' 개체 클릭

③ [애니메이션] 탭-[고급 애니메이션] 그룹-[애니메이션 추가] 클릭

④ 애니메이션 목록에서 [강조]-[펄스]를 클릭합니다. 개체에 적용되어 있던 [나타내기] 애니메이션에 이어 [펄스] 애니메이션이 추가됩니다.

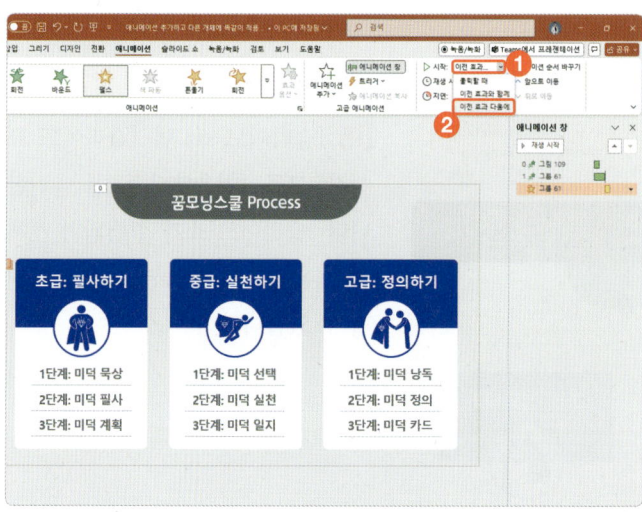

애니메이션 시작 방법 변경하기

02 ① [애니메이션] 탭-[타이밍] 그룹-[시작] 클릭

② [이전 효과 다음에]를 클릭합니다. 개체에 추가한 [펄스] 애니메이션은 이전 애니메이션이 실행된 후 자동으로 실행됩니다.

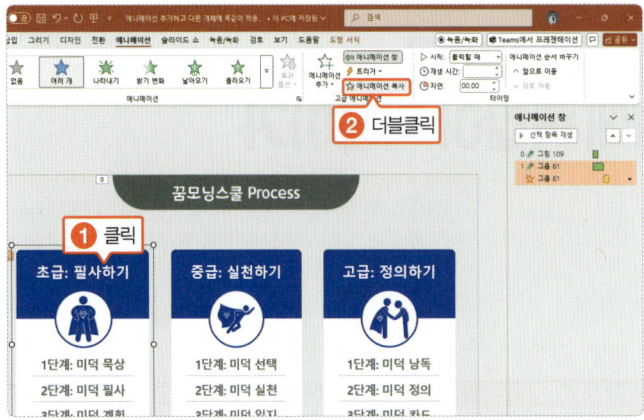

애니메이션 복사하기

03 ① '초급: 필사하기' 개체 클릭
② [애니메이션] 탭-[고급 애니메이션] 그룹-[애니메이션 복사 ☆]를 더블클릭합니다.

Tip [애니메이션 복사]를 더블클릭하면 여러 개체에 같은 애니메이션을 연속으로 적용할 수 있습니다.

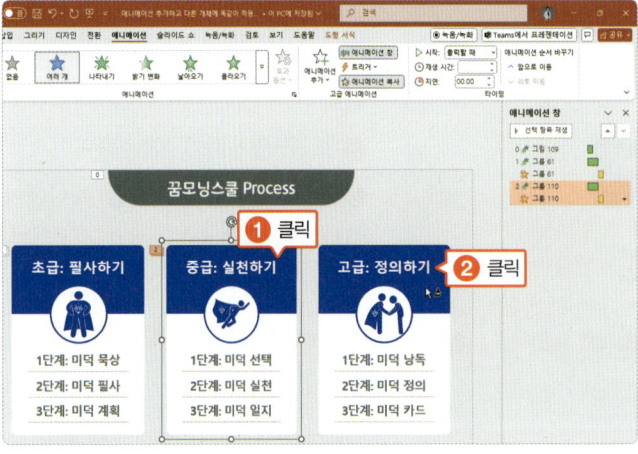

복사한 애니메이션 효과를 다른 개체에 붙여넣기

04 마우스 포인터가 붓 모양으로 변경되면 복사한 애니메이션 효과를 붙여 넣을 수 있습니다.
① '중급: 실천하기' 개체 클릭
② '고급: 정의하기' 개체도 클릭하여 애니메이션을 붙여 넣습니다. 첫 번째 개체에 적용된 애니메이션이 다른 두 개체에 똑같이 적용됩니다.

Tip 애니메이션 복사를 끝내려면 Esc 를 누릅니다.

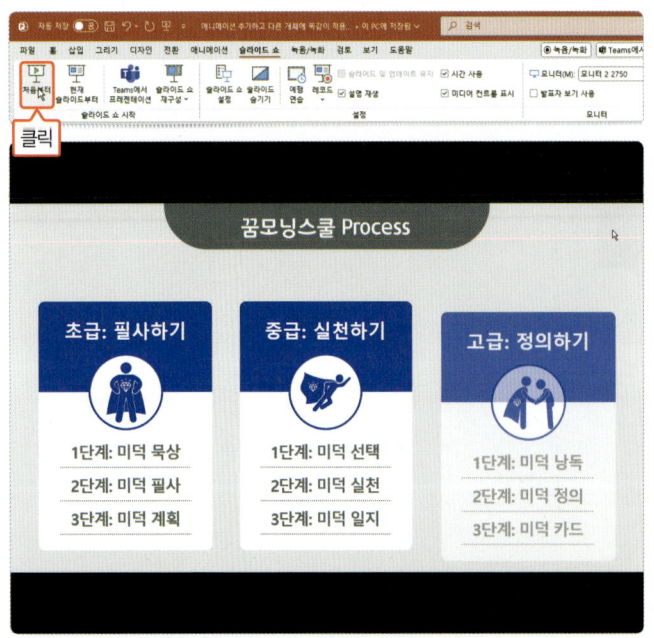

애니메이션 실행하기

05 [슬라이드 쇼] 탭-[슬라이드 쇼 시작] 그룹-[처음부터 ☲]를 클릭합니다. 슬라이드 쇼가 실행되며 개체에 적용된 애니메이션 효과를 확인할 수 있습니다.

074 슬라이드에 화면 전환 효과 적용하기

실습 파일 7장\074_슬라이드에 화면 전환 효과 적용하기.pptx 완성 파일 7장\074_슬라이드에 화면 전환 효과 적용하기_완성.pptx

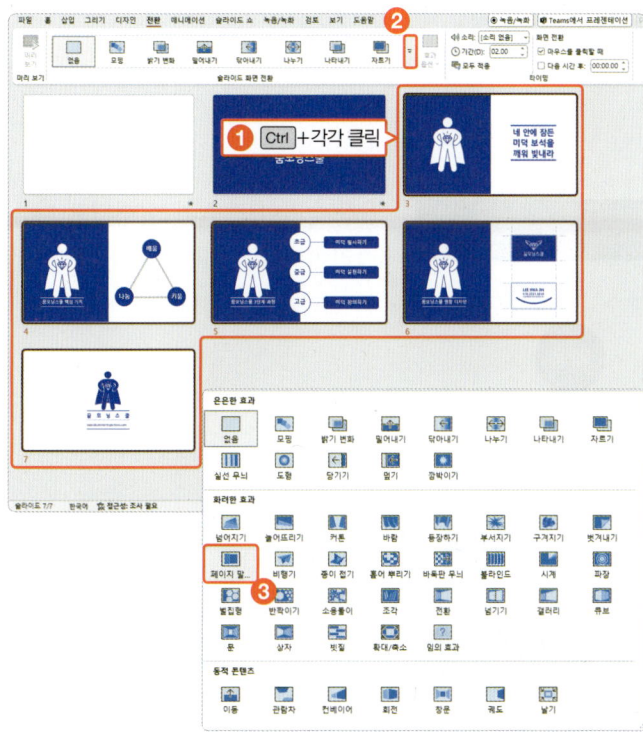

슬라이드에 화면 전환 효과 적용하기

01 여러 슬라이드 보기 상태에서 ① Ctrl 을 누른 상태로 [3번 슬라이드], [4번 슬라이드], [5번 슬라이드], [6번 슬라이드], [7번 슬라이드] 각각 클릭 ② [전환] 탭-[슬라이드 화면 전환] 그룹-[자세히 ▼] 클릭 ③ 전환 효과 목록에서 [화려한 효과]-[페이지 말아 넘기기]를 클릭합니다. 선택한 슬라이드에 페이지를 넘기는 듯한 전환 효과가 적용됩니다.

Tip 여러 슬라이드 보기 상태로 만들기 위해서는 [보기] 탭-[프레젠테이션 보기] 그룹-[여러 슬라이드]를 클릭합니다. 화면 전환 효과를 선택하면 슬라이드 창에서 미리 보기가 제공되므로 원하는 전환 효과를 쉽게 확인할 수 있습니다.

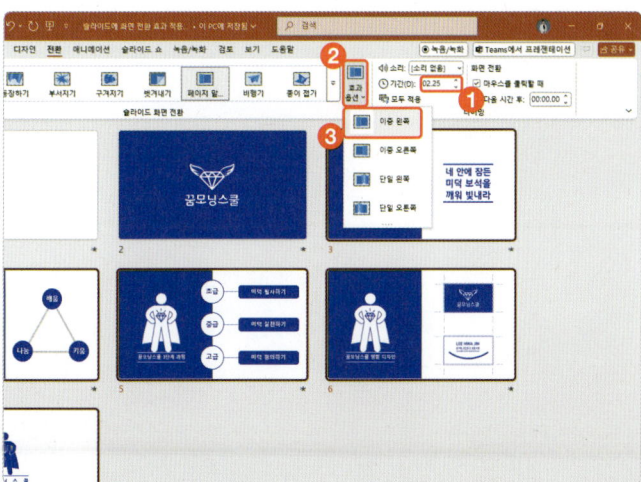

전환 길이 지정하고 효과 옵션 변경하기

02 ① [전환] 탭-[타이밍] 그룹-[기간]에 **02.25** 입력 ② [전환] 탭-[슬라이드 화면 전환] 그룹-[효과 옵션 ▣] 클릭 ③ [이중 왼쪽]을 클릭합니다. 선택한 슬라이드에 2.25초 동안 페이지를 안쪽으로 넘기는 듯한 전환 효과가 적용됩니다.

화면 전환 효과 실행하기

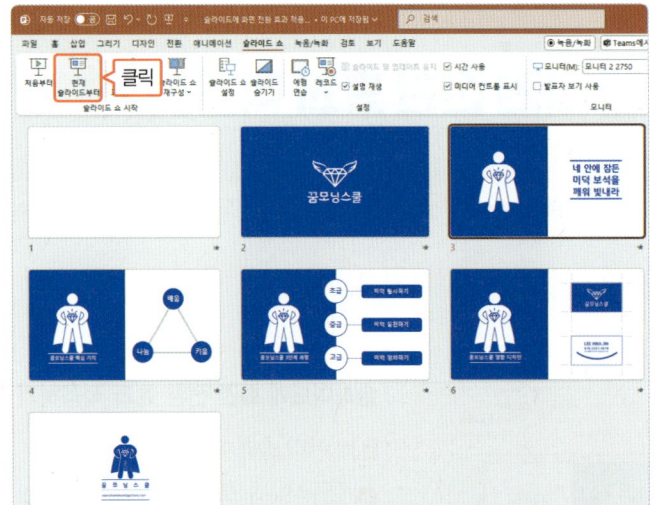

03 [슬라이드 쇼] 탭-[슬라이드 쇼 시작] 그룹-[현재 슬라이드부터 🖳]를 클릭합니다.

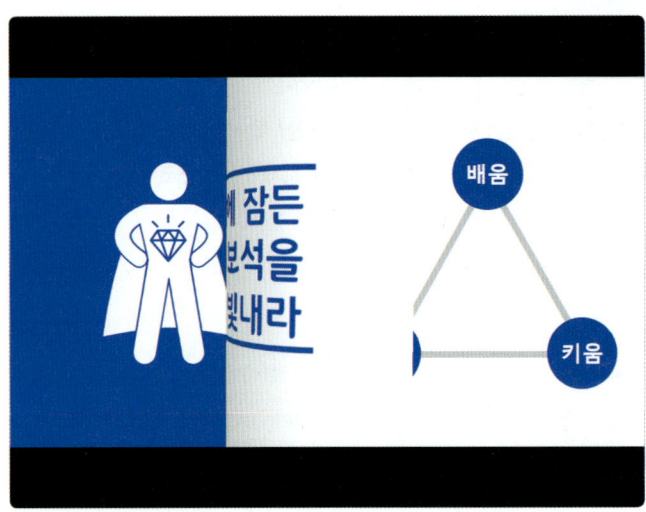

04 슬라이드 쇼가 실행되고 다음 슬라이드로 넘기면 적용한 화면 전환 효과가 나타납니다.

우선순위
075 모핑 전환 효과 적용하기

실습 파일 7장\075_모핑 전환 효과 적용하기.pptx   완성 파일 7장\075_모핑 전환 효과 적용하기_완성.pptx

슬라이드 복제하기

01 ❶ 슬라이드 축소판 창에서 [1번 슬라이드] 클릭
❷ [홈] 탭-[클립보드] 그룹-[복사]의 ▼ 클릭
❸ [복제]를 클릭합니다. [1번 슬라이드]를 복제한 [2번 슬라이드]가 아래쪽에 추가됩니다.

02 ❶ 복제된 [2번 슬라이드] 클릭
❷ 동그라미 개체를 보기 좋게 배치하고 색상도 변경합니다. 모니터와 빛의 위치를 아래로 이동시키고 모니터와 텍스트의 색상을 변경합니다.

Tip 복제 단축키는 Ctrl + D 입니다.

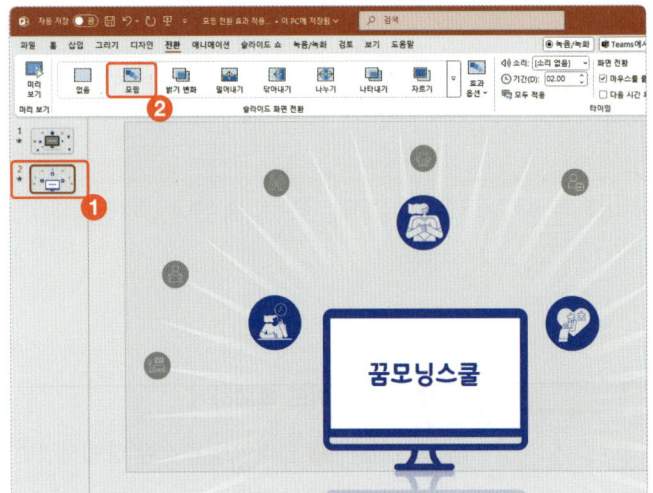

모핑 전환 효과 적용하고 슬라이드 쇼 실행하기

03 ❶ [2번 슬라이드] 클릭 ❷ [전환] 탭-[슬라이드 화면 전환] 그룹-[모핑]을 클릭합니다. [2번 슬라이드]에 슬라이드 모양이 서서히 전환되는 효과가 적용됩니다.

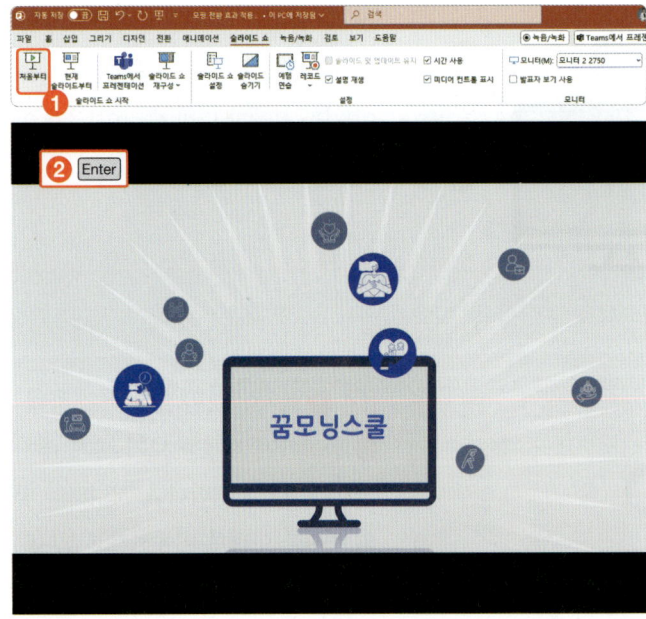

04 ❶ [슬라이드 쇼] 탭-[슬라이드 쇼 시작] 그룹-[처음부터 ▭] 클릭 ❷ 슬라이드 쇼가 실행되면 Enter 를 누릅니다. 동그라미 개체가 부드럽게 이동하고 색과 크기가 변경됩니다. 모니터와 빛이 아래로 이동하고 색이 변경됩니다.

076 자동으로 넘어가는 슬라이드 만들기

실습 파일 7장\076_자동으로 넘어가는 슬라이드 만들기.pptx   완성 파일 7장\076_자동으로 넘어가는 슬라이드 만들기_완성.pptx

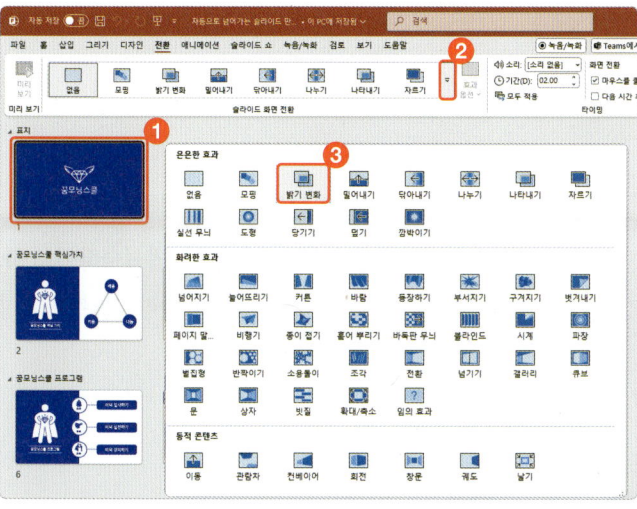

슬라이드에 화면 전환 효과 적용하기

01 ❶ 여러 슬라이드 보기 상태에서 [1번 슬라이드] 클릭
❷ [전환] 탭-[슬라이드 화면 전환] 그룹-[자세히 ⏷] 클릭
❸ 전환 효과 목록에서 [은은한 효과]-[밝기 변화]를 클릭합니다. [1번 슬라이드]에 슬라이드가 서서히 밝아지는 전환 효과가 적용됩니다.

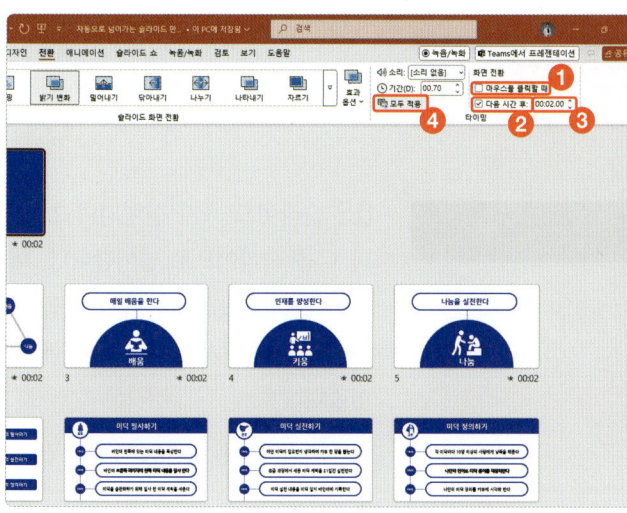

전체 슬라이드 자동 전환하기

02 ❶ [전환] 탭-[타이밍] 그룹-[화면 전환]-[마우스를 클릭할 때]의 체크 해제
❷ [다음 시간 후]에 체크
❸ **00:02.00** 입력
❹ [모두 적용]을 클릭합니다. 슬라이드 전체에 같은 전환 효과와 시간이 적용됩니다.

슬라이드 쇼 계속 실행하기

03 ① [슬라이드 쇼] 탭-[설정] 그룹-[슬라이드 쇼 설정] 클릭
② [쇼 설정] 대화상자에서 [보기 옵션]-[〈Esc〉 키를 누를 때까지 계속 실행]에 체크
③ [확인]을 클릭합니다. Esc 를 누르기 전까지 슬라이드 쇼가 반복됩니다.

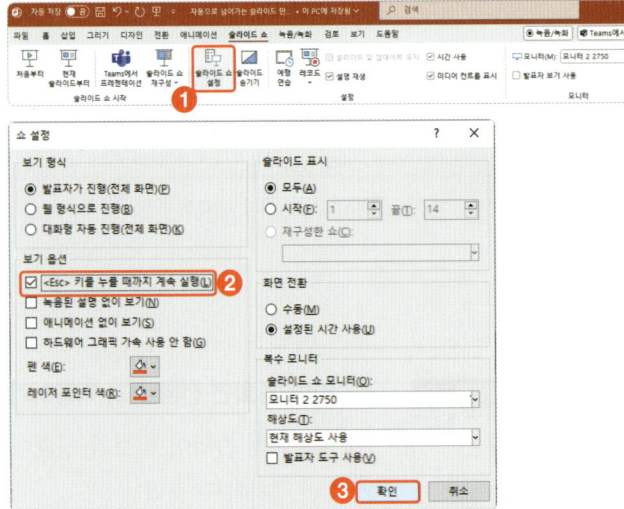

화면 전환 효과 실행하기

04 [슬라이드 쇼] 탭-[슬라이드 쇼 시작] 그룹-[현재 슬라이드부터]를 클릭합니다.

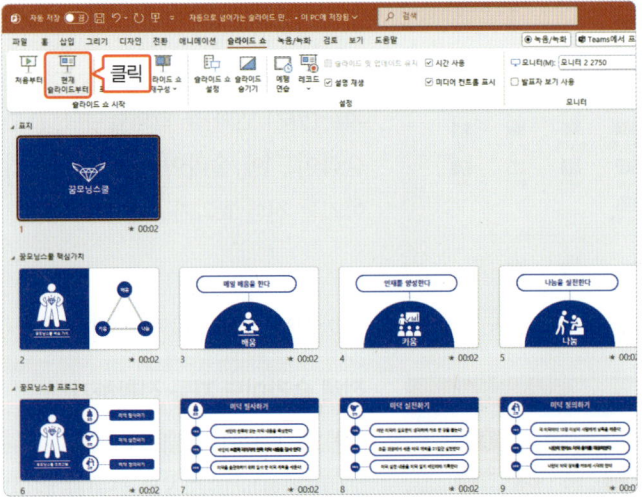

05 슬라이드 쇼가 실행되며 2초마다 다음 슬라이드로 넘어갑니다. 마지막 슬라이드에서는 다시 처음 슬라이드로 넘어가는 것을 확인할 수 있습니다.

Tip 슬라이드 쇼를 끝내려면 Esc 를 누릅니다.

Note 슬라이드 쇼를 설정할 수 있는 옵션 알아보기

❶ 보기 형식

- **발표자가 진행(전체 화면)(P)** : 일반적인 쇼 보기 상태입니다. 발표자가 Enter 나 마우스 왼쪽 버튼을 클릭하면 다른 슬라이드로 전환됩니다.
- **웹 형식으로 진행** : 슬라이드 쇼를 [읽기용 보기]에서 진행합니다. 웹 페이지처럼 표시합니다.
- **대화형 자동 진행(전체 화면)(K)** : 슬라이드 쇼에서 Enter 나 클릭을 사용할 수 없으며 하이퍼링크로 설정된 개체를 클릭하여 슬라이드 쇼를 진행합니다.

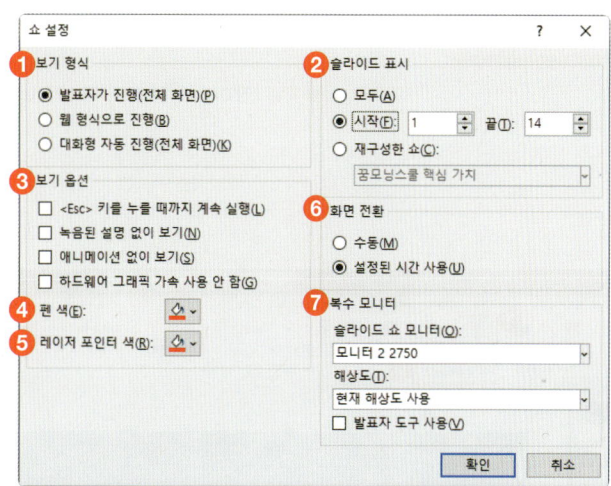

❷ 슬라이드 표시

- **모두(A)** : 프레젠테이션 내의 모든 슬라이드를 보여줍니다.
- **시작(F)/끝(T)** : 시작 슬라이드와 끝 슬라이드를 지정합니다.
- **재구성한 쇼(C)** : [슬라이드 쇼 재구성]에서 재구성한 슬라이드 쇼로 프레젠테이션을 진행합니다.

❸ 보기 옵션

- **〈ESC〉 키를 누를 때까지 계속 실행(L)** : 슬라이드 쇼를 반복 실행하도록 설정할 수 있습니다.
- **녹음된 설명 없이 보기(N)** : 녹음된 설명 없이 슬라이드 쇼를 진행합니다.
- **애니메이션 없이 보기(S)** : 애니메이션을 사용하지 않고 슬라이드 쇼를 진행합니다.
- **하드웨어 그래픽 가속 사용 안 함(G)** : 하드웨어 그래픽 가속의 사용 여부를 선택합니다.

❹ 펜 색

슬라이드 쇼에서 밑줄이나 코멘트를 표시할 수 있는 펜의 초기 색상을 지정해줍니다. Ctrl + P 를 누르면 펜 기능을 실행할 수 있습니다.

❺ 레이저 포인터 색

슬라이드 쇼에서 레이저 포인터를 사용하는 경우 레이저 포인터의 색상을 지정해줍니다. 기본값은 빨간색입니다.

❻ 화면 전환

- **수동** : 발표자가 직접 조작하여 화면 전환을 실행합니다.
- **설정된 시간 사용** : 화면 전환 시간을 지정하여 자동으로 화면 전환을 실행합니다.

❼ 복수 모니터

- **슬라이드 쇼 모니터** : 복수 모니터 혹은 프로젝터 사용 시 슬라이드 쇼가 표시될 모니터를 선택합니다.
- **해상도** : 모니터 해상도를 선택합니다.
- **발표자 도구 사용** : 발표자 도구 사용 여부를 선택합니다.

077 슬라이드 쇼 재구성하기

실습 파일 7장\077_슬라이드 쇼 재구성하기.pptx   완성 파일 7장\077_슬라이드 쇼 재구성하기_완성.pptx

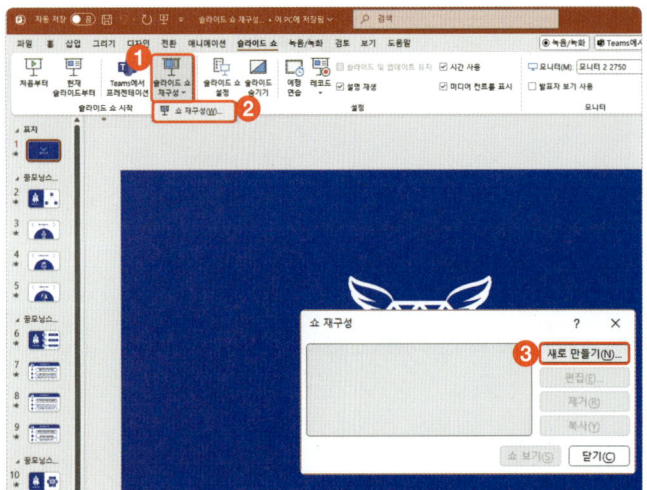

슬라이드 쇼 재구성하기

01 ① [슬라이드 쇼] 탭-[슬라이드 쇼 시작] 그룹-[슬라이드 쇼 재구성] 클릭
② [쇼 재구성] 클릭
③ [쇼 재구성] 대화상자에서 [새로 만들기]를 클릭합니다. [쇼 재구성하기] 대화상자가 나타납니다.

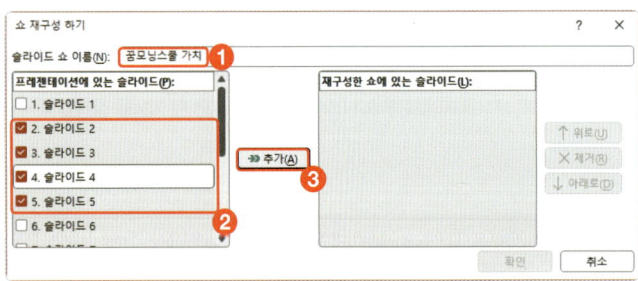

02 ① [쇼 재구성하기] 대화상자에서 [슬라이드 쇼 이름]에 **꿈모닝스쿨 가치** 입력
② [프레젠테이션에 있는 슬라이드]에서 2~5번 슬라이드에 체크
③ [추가]를 클릭합니다.

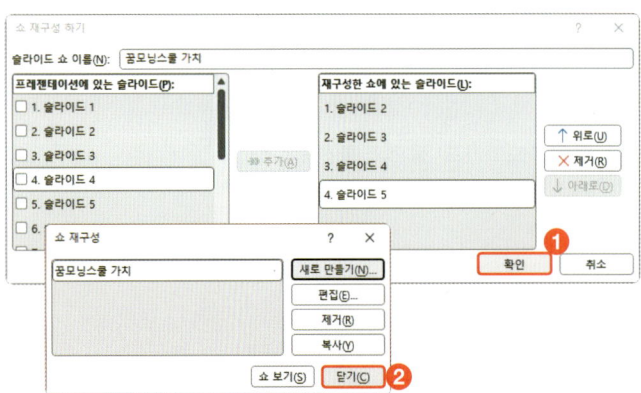

03 ① [재구성한 쇼에 있는 슬라이드]에 2~5번 슬라이드가 추가된 것을 확인하고 [확인] 클릭
② [쇼 재구성] 대화상자의 목록에 추가된 [꿈모닝스쿨 가치]를 확인한 후 [닫기]를 클릭합니다.

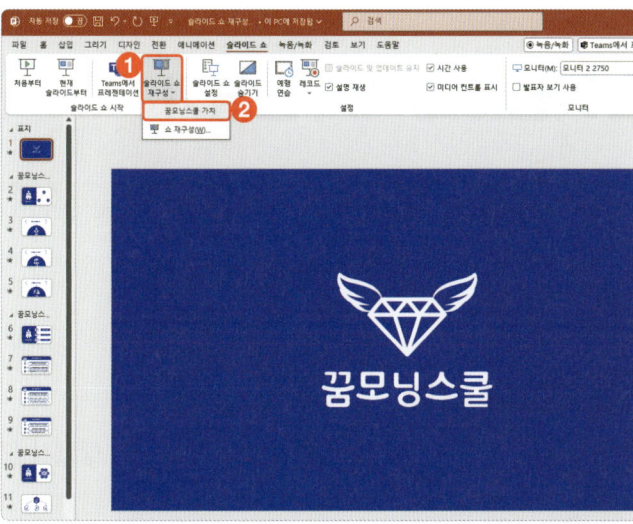

재구성한 슬라이드 쇼 실행하기

04 ❶ [슬라이드 쇼] 탭-[슬라이드 쇼 시작] 그룹-[슬라이드 쇼 재구성 ▦] 클릭

❷ [꿈모닝스쿨 가치]를 클릭합니다.

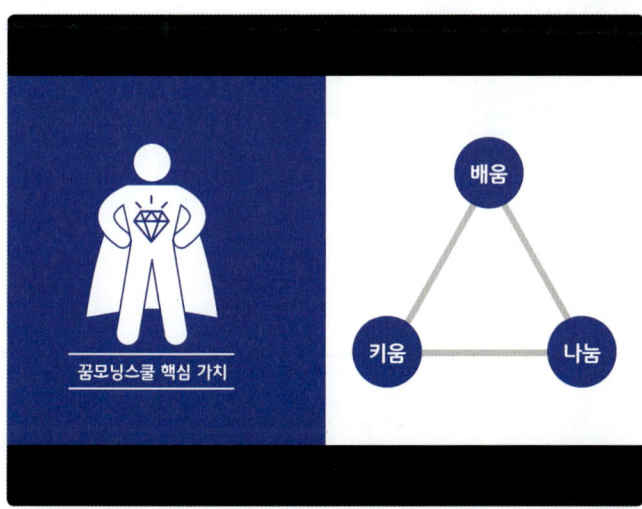

05 전체 슬라이드 중 [꿈모닝스쿨 가치]에 해당하는 슬라이드만 슬라이드 쇼에 나타납니다.

078 확대/축소 기능으로 목차 만들기

실습 파일 7장\078_확대/축소 기능으로 목차 만들기.pptx 완성 파일 7장\078_확대/축소 기능으로 목차 만들기_완성.pptx

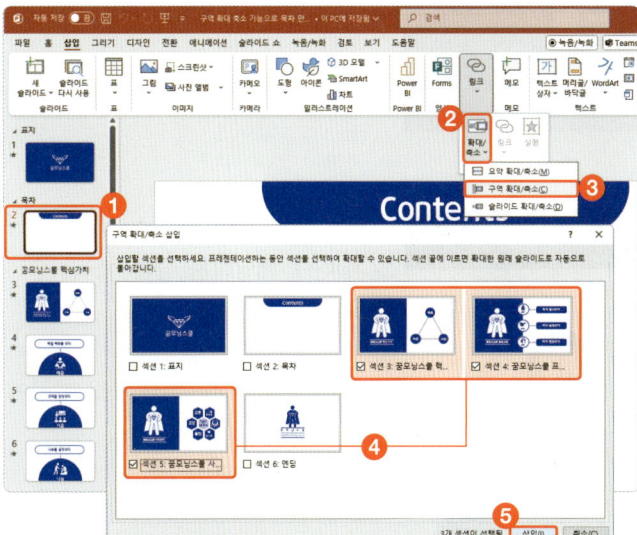

구역 확대/축소 만들기

01 ❶ 슬라이드 축소판 창에서 [2번 슬라이드] 클릭
❷ [삽입] 탭–[링크] 그룹–[확대/축소] 클릭
❸ [구역 확대/축소] 클릭
❹ [구역 확대/축소 삽입] 대화상자에서 목차로 사용할 [섹션 3], [섹션 4], [섹션 5]에 체크
❺ [삽입]을 클릭합니다.

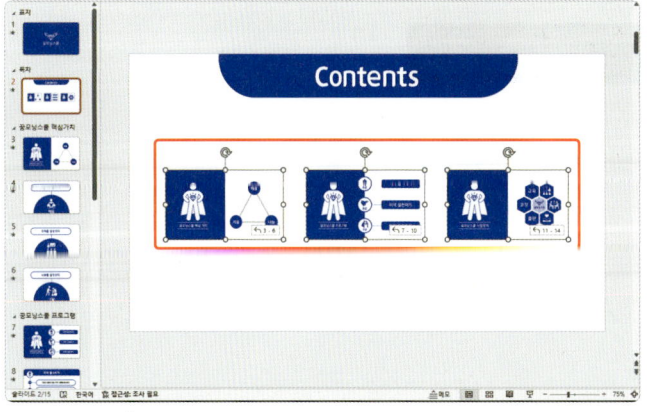

02 체크한 섹션의 슬라이드가 그림 형태로 나타나면 순서대로 배치합니다.

Tip 추가된 그림 형태의 슬라이드 오른쪽 아래의 번호는 몇 번 슬라이드부터 몇 번 슬라이드까지 보여지는지 표시합니다.

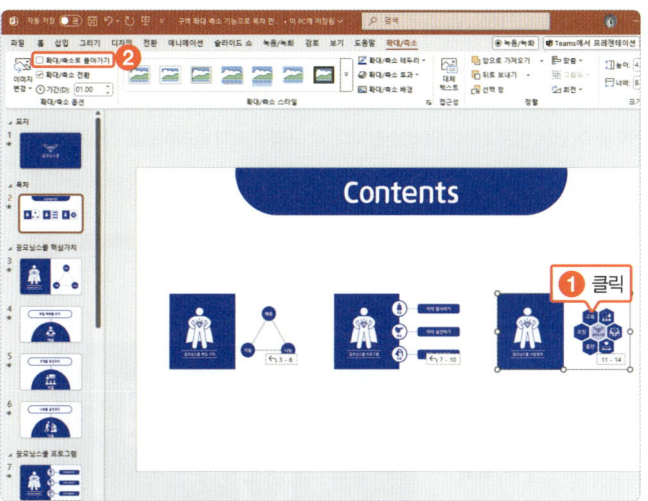

영역 확대/축소 편집하기

03 ❶ [섹션 5: 꿈모닝스쿨 사업영역]에 해당하는 그림 슬라이드 클릭 ❷ [확대/축소] 탭-[확대/축소 옵션] 그룹-[확대/축소로 돌아가기]의 체크를 해제합니다. 섹션의 끝에서 목차로 돌아가지 않고 다음 섹션의 슬라이드로 넘어갑니다.

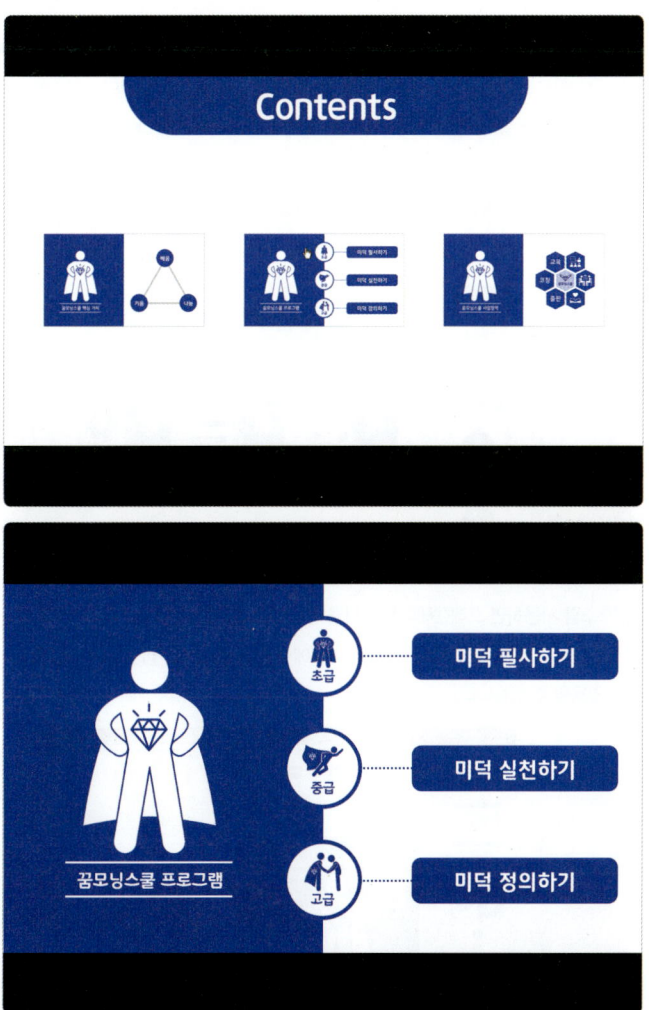

구역 확대/축소 확인하기

04 슬라이드 쇼를 진행하여 구역 확대/축소를 확인합니다. 이동하려는 섹션의 그림 슬라이드를 클릭하면 해당 섹션으로 바로 이동합니다. [섹션 5]를 제외하고는 해당 섹션의 슬라이드 쇼가 끝나면 다시 목차 슬라이드로 돌아옵니다.

Tip [섹션 5: 꿈모닝스쿨 사업영역]에 해당하는 슬라이드 쇼가 끝났을 때도 목차 슬라이드로 돌아가고 싶으면 해당 섹션의 그림 슬라이드를 클릭한 후 [확대/축소] 탭-[확대/축소 옵션] 그룹-[확대/축소로 돌아가기]에 체크합니다.

> **Note** 확대/축소 만들기의 종류와 각각의 기능 알아보기

❶ 요약 확대/축소 만들기

요약 확대/축소는 프레젠테이션의 구성을 한눈에 볼 수 있는 방문 페이지와 비슷합니다. 각 구역의 시작 슬라이드를 선택하여 프레젠테이션 중에 빠르게 이동할 수 있으며 해당 구역의 마지막 슬라이드가 끝나면 요약 확대/축소가 삽입된 슬라이드로 돌아옵니다.

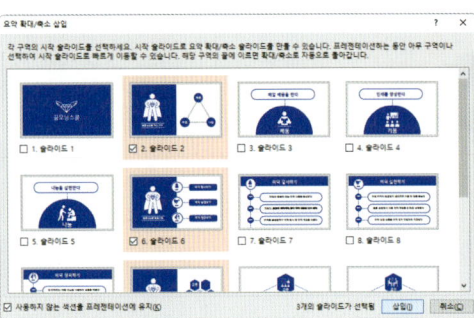 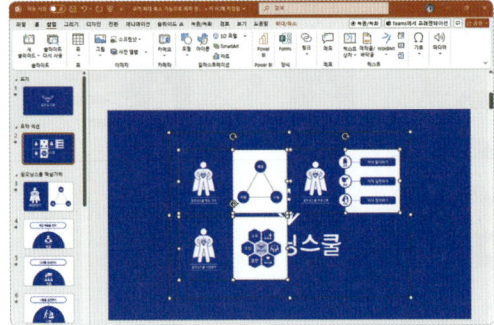

❷ 구역 확대/축소 만들기

구역 확대/축소를 사용하여 목차 슬라이드를 만들면 프레젠테이션의 특정 부분이 연결되는 방식을 강조할 수 있습니다. 구역 확대/축소로 만들 구역을 선택하여 프레젠테이션 중에 바로 이동할 수 있으며 해당 구역의 마지막 슬라이드가 끝나면 구역 확대/축소가 삽입된 슬라이드로 돌아옵니다.

 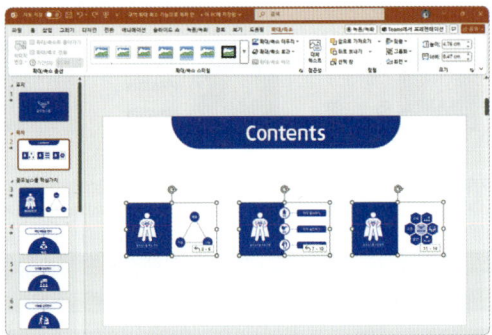

❸ 슬라이드 확대/축소 만들기

슬라이드의 링크를 만들어줍니다. 슬라이드 확대/축소를 사용하면 프레젠테이션 흐름을 방해하지 않으면서 선택한 슬라이드로 자유롭게 이동할 수 있습니다. 슬라이드 확대/축소는 구역이 많지 않은 짧은 프레젠테이션에서 사용하기 좋은 옵션이며 다양한 프레젠테이션 시나리오에서 슬라이드 확대/축소를 활용할 수 있습니다.

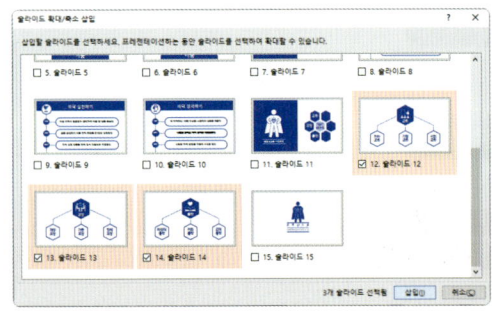 

079 슬라이드 노트로 발표 원고 작성하고 인쇄하기

실습 파일 7장\079_슬라이드 노트로 발표 원고 작성하고 인쇄하기.pptx   완성 파일 7장\079_슬라이드 노트로 발표 원고 작성하고 인쇄하기_완성.pptx

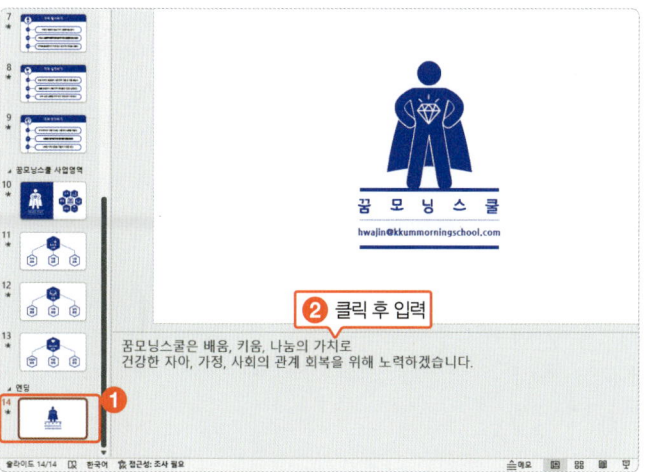

슬라이드 노트 창 열기

01 ❶ 슬라이드 축소판 창에서 [14번 슬라이드] 클릭
❷ 슬라이드 아래에서 [메모]를 클릭하고 슬라이드 노트 창이 나타나면 원하는 발표 내용을 입력합니다.

Tip [보기] 탭-[프레젠테이션 보기] 그룹-[슬라이드 노트]를 클릭하면 노트와 함께 인쇄되는 프레젠테이션의 모양을 확대하면서 편집할 수 있습니다.

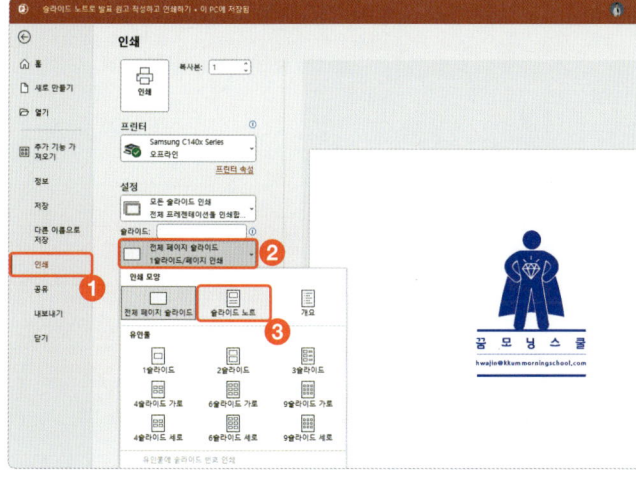

슬라이드 노트 인쇄하기

02 ❶ [파일] 탭-[인쇄] 클릭
❷ [설정]에서 [전체 페이지 슬라이드] 클릭
❸ [인쇄 모양]-[슬라이드 노트]를 클릭합니다.

CHAPTER 07 프레젠테이션 발표 준비 및 발표하기 **251**

03 [인쇄]를 클릭하면 각 페이지에 하나의 슬라이드와 해당 슬라이드 노트가 포함되어 인쇄됩니다.

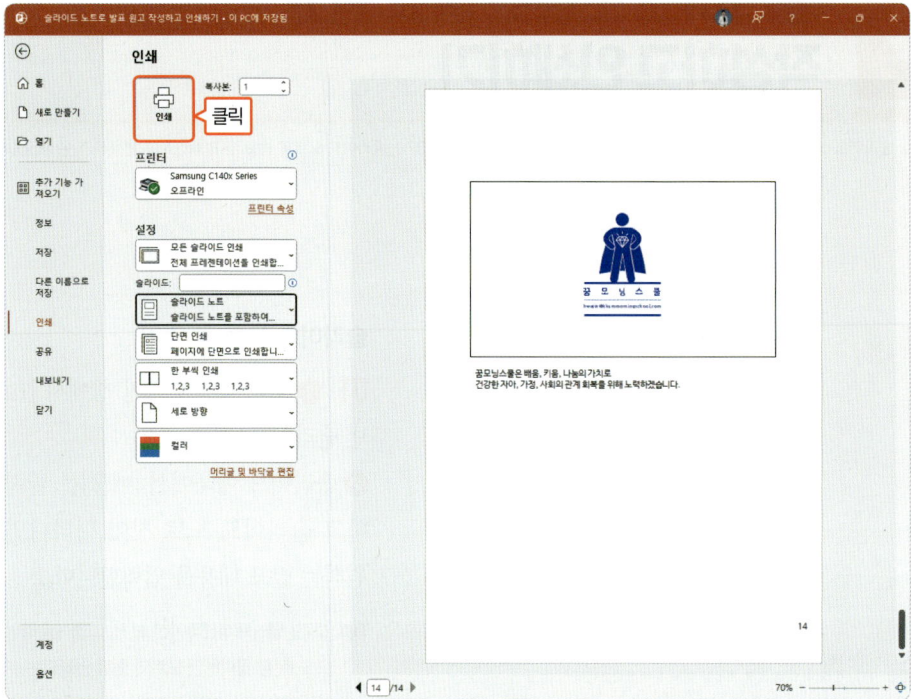

080 청중 유인물 만들고 인쇄하기

실습 파일 7장\080_청중 유인물 만들고 인쇄하기.pptx 완성 파일 7장\080_청중 유인물 만들고 인쇄하기_완성.pptx

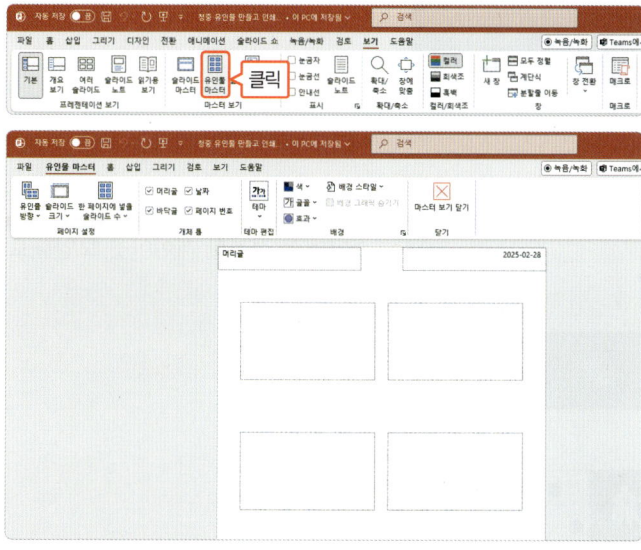

유인물 레이아웃 설정하기

01 청중에게 배포할 유인물에 배포 단체, 날짜, 로고 등이 표시되도록 유인물 레이아웃을 수정하겠습니다. [보기] 탭-[마스터 보기] 그룹-[유인물 마스터]를 클릭해 유인물 마스터 보기로 전환합니다.

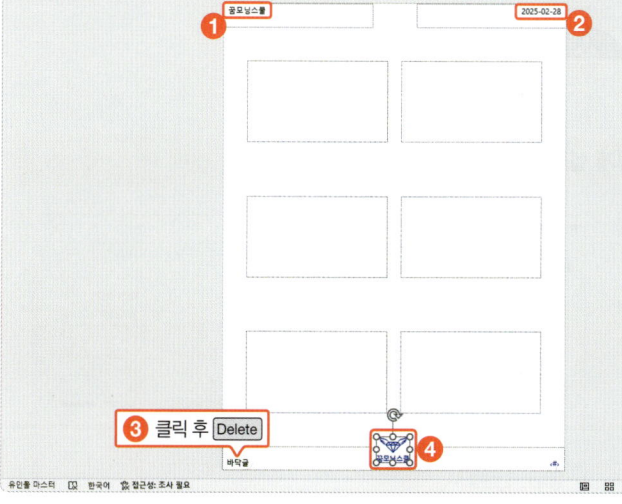

02 ❶ 왼쪽 위 머리글 개체 틀에 **꿈모닝스쿨** 입력

❷ 오른쪽 위 머리글 개체 틀에 원하는 날짜 입력

❸ 왼쪽 아래의 바닥글 개체 틀을 클릭한 후 Delete 를 눌러 삭제

❹ 가운데 아래에 '꿈모닝스쿨 로고.png' 파일을 삽입합니다.

Tip 로고 삽입은 [삽입] 탭-[이미지] 그룹-[그림]-[이 디바이스]를 이용합니다. 로고 삽입 후 로고의 크기와 위치를 적절히 조절합니다.

Tip 오른쪽 아래의 '⟨#⟩'은 슬라이드 번호 개체입니다. 슬라이드 번호 개체의 글꼴 서식을 변경하려면 '⟨#⟩'을 클릭하고 [홈] 탭-[글꼴] 그룹에서 글꼴 색과 글꼴 크기 등을 변경합니다.

인쇄물 인쇄하기

03 ① [파일] 탭-[인쇄] 클릭
② [설정]-[인쇄 모양]-[전체 페이지 슬라이드] 클릭
③ [유인물]-[3슬라이드]를 클릭합니다.

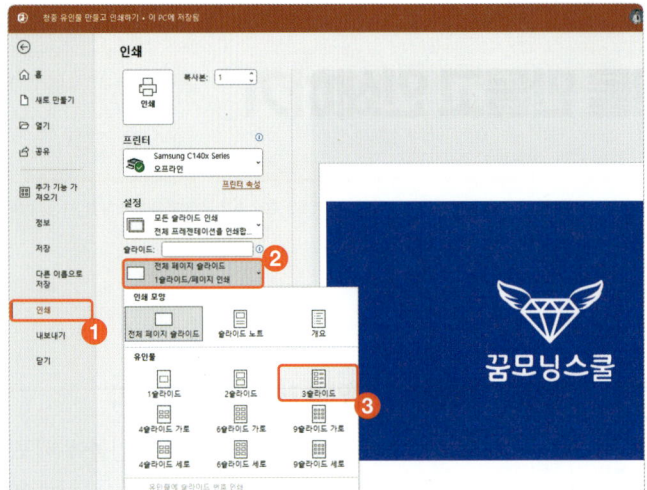

04 [인쇄]를 클릭합니다. 유인물 마스터에서 적용한 레이아웃 모양대로 인쇄됩니다.

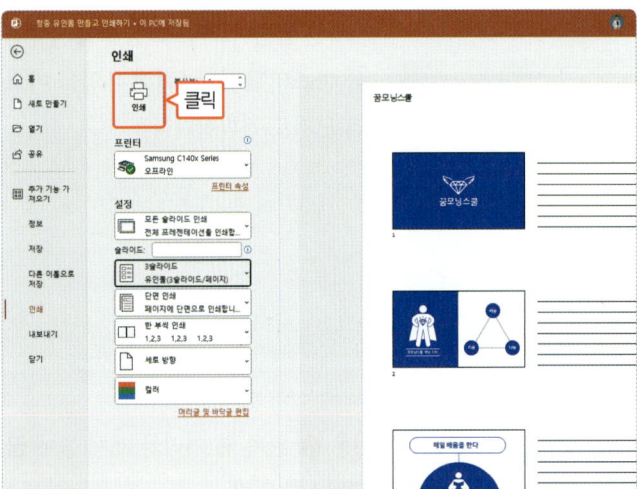

> **Note** 유인물의 페이지 번호는 어떻게 설정해야 하나요?
>
> [삽입] 탭-[텍스트] 그룹-[슬라이드 번호 삽입]을 클릭합니다. [머리글/바닥글] 대화상자에서 [슬라이드 노트 및 유인물] 탭을 클릭하고 [페이지 번호]에 체크합니다. [모두 적용]을 클릭하면 유인물 오른쪽 아래에 페이지 번호가 표시됩니다.
>
>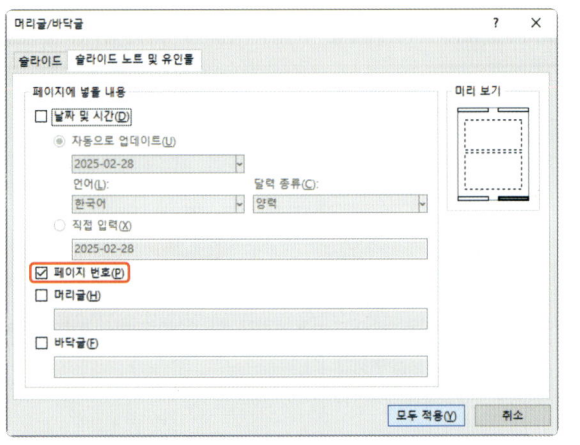

081 발표 전 예행 연습하기

실습 파일 7장\081_발표 전 예행 연습하기.pptx 완성 파일 7장\081_발표 전 예행 연습하기_완성.pptx

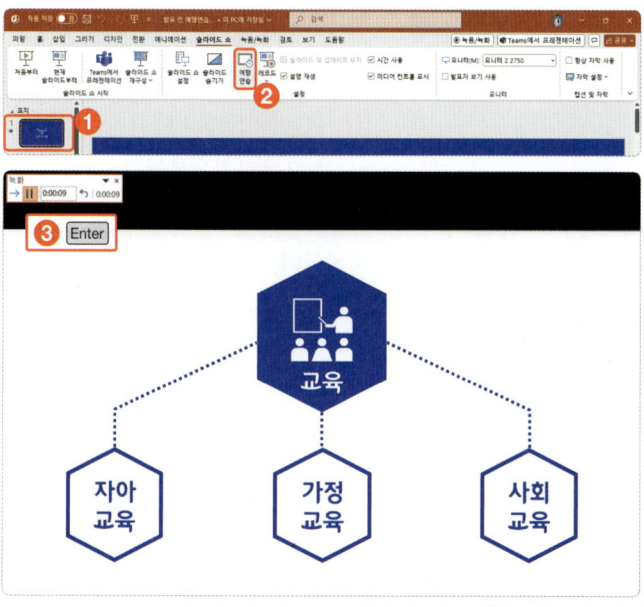

유인물 레이아웃 설정하기

01 ❶ 슬라이드 축소판 창에서 [1번 슬라이드] 클릭

❷ [슬라이드 쇼] 탭-[설정] 그룹-[예행 연습] 클릭

❸ 슬라이드 쇼가 실행되며 화면 왼쪽 위에 [녹화] 대화상자가 나타납니다. 실제 원고를 이용해 발표를 연습해봅니다. Enter 를 눌러 슬라이드를 넘깁니다.

> **Tip** [녹화] 대화상자에서 왼쪽 시간은 쇼가 진행되고 있는 현재 슬라이드의 시간이고 오른쪽 시간은 전체 녹화된 슬라이드 쇼의 누적 시간입니다.

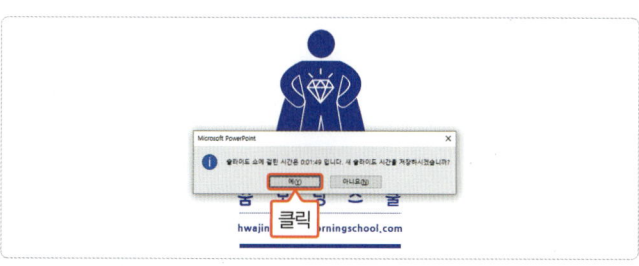

02 슬라이드 쇼가 끝까지 실행되면 마지막에 사용 시간 저장 여부를 묻는 메시지가 나타납니다. [예]를 클릭합니다. 여러 슬라이드 보기 화면에서 각각의 슬라이드 아래에 발표 소요 시간이 표시됩니다.

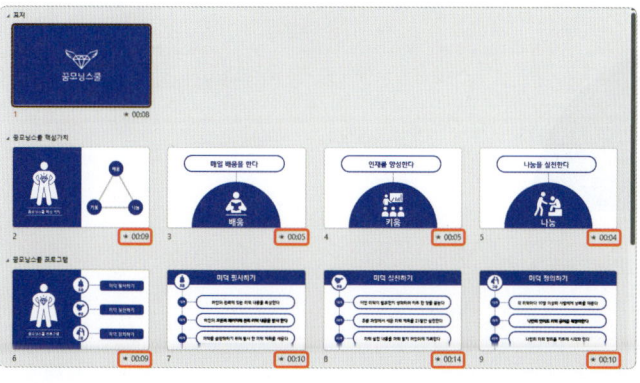

우선순위 082 슬라이드 쇼 시작하기

실습 파일 7장\082_슬라이드 쇼 시작하기.pptx 완성 파일 7장\082_슬라이드 쇼 시작하기_완성.pptx

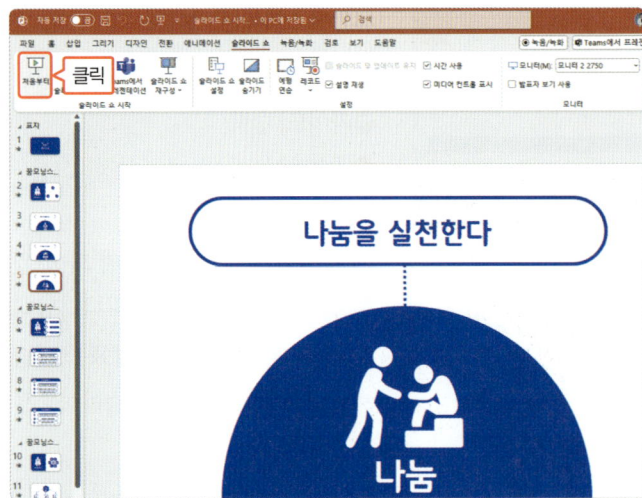

첫 번째 슬라이드부터 슬라이드 쇼 하기

01 [슬라이드 쇼] 탭-[슬라이드 쇼 시작] 그룹-[처음부터 🖵]를 클릭합니다. 첫 번째 슬라이드부터 쇼가 시작됩니다.

Tip 첫 번째 슬라이드부터 슬라이드 쇼를 시작하려면 빠른 실행 도구 모음의 [처음부터 시작]을 클릭하거나 F5 를 눌러도 됩니다.

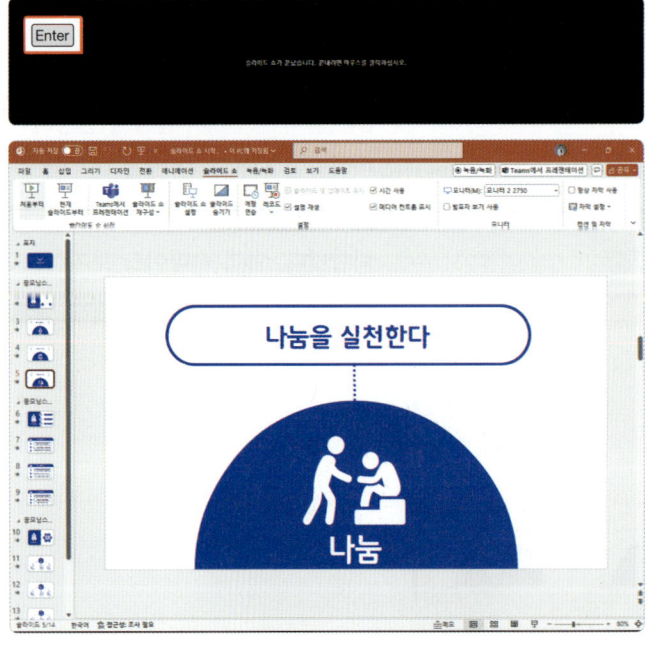

02 Enter 를 눌러 슬라이드를 넘깁니다. 마지막 슬라이드 다음에 나타나는 화면을 클릭하거나 Enter 를 눌러 기본 보기 화면으로 돌아옵니다.

Tip 슬라이드 쇼를 도중에 바로 끝내려면 Esc 를 누릅니다.

현재 슬라이드부터 슬라이드 쇼 시작하기

03 ❶ [10번 슬라이드] 클릭
❷ [슬라이드 쇼] 탭-[슬라이드 쇼 시작] 그룹-[현재 슬라이드부터 🖵]를 클릭합니다. [10번 슬라이드]부터 슬라이드 쇼가 시작됩니다.

Tip 현재 슬라이드부터 슬라이드 쇼를 시작하려면 화면 오른쪽 아래에 있는 [슬라이드 쇼 🖵]를 클릭하거나 Shift + F5 를 눌러도 됩니다.

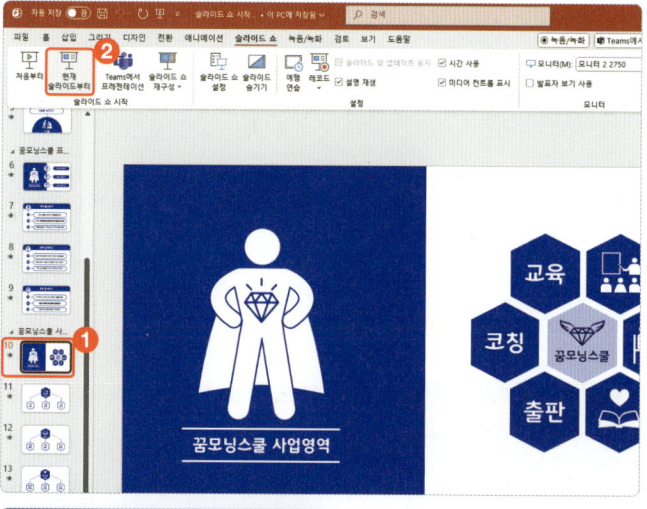

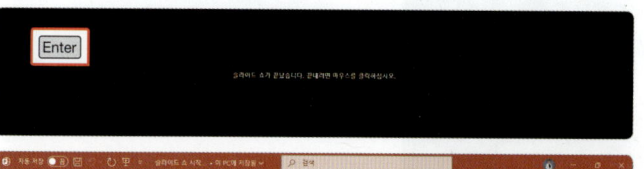

04 Enter 를 눌러 슬라이드를 넘깁니다. 마지막 슬라이드 다음에 나타나는 화면을 클릭하거나 Enter 를 눌러 기본 보기 화면으로 돌아옵니다.

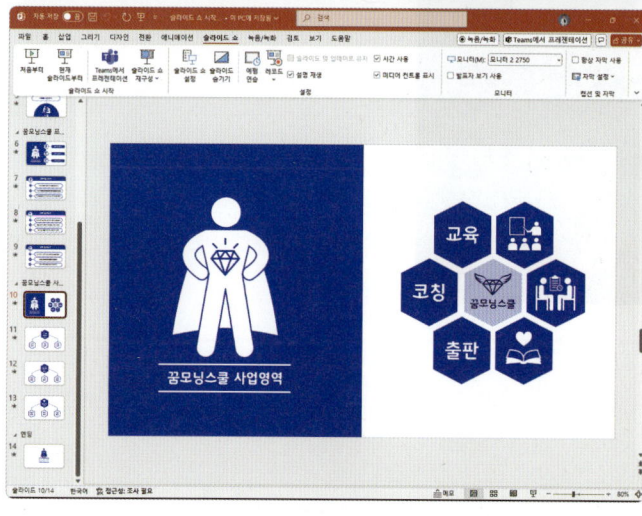

우선순위 083 발표자 도구를 사용하여 발표하기

실습 파일 7장\083_발표자 도구를 사용하여 발표하기.pptx   완성 파일 7장\083_발표자 도구를 사용하여 발표하기_완성.pptx

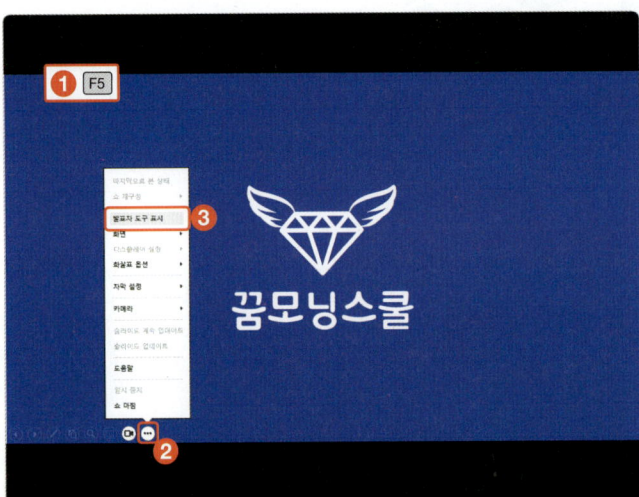

발표자 도구 표시하기

01 ① F5 를 눌러 슬라이드 쇼 실행 ② 화면 왼쪽 아래에 있는 컨트롤 막대에서 [슬라이드 쇼 옵션 더 보기 ▦] 클릭 ③ [발표자 도구 표시]를 클릭합니다. 발표자 보기 화면으로 바뀝니다.

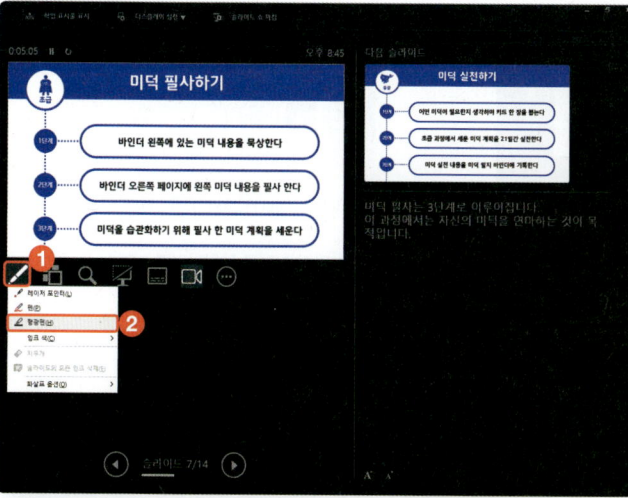

펜으로 주석 달기

02 ❶ 발표자 도구에서 [펜 및 레이저 포인트 도구 ✏️] 클릭

❷ [형광펜] 클릭

❸ 마우스 포인터가 형광펜으로 변경되면 원하는 곳을 드래그하여 표시합니다.

Tip 마우스 포인터를 본래 화살표 모양으로 변경하려면 Ctrl + A 를 누릅니다.

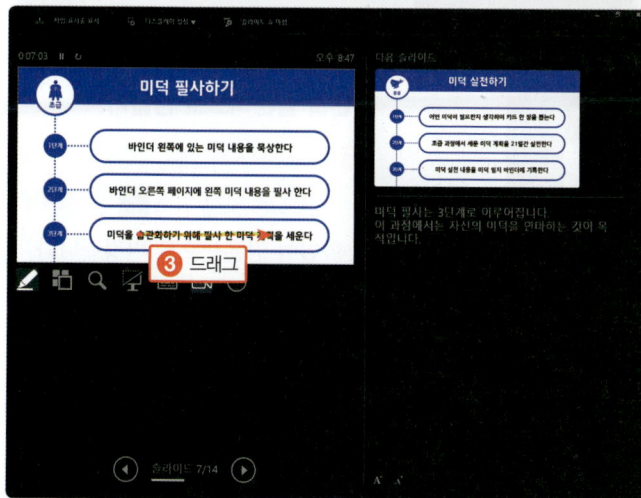

모든 슬라이드 보기

03 발표자 도구에서 [모든 슬라이드 보기 🔳]를 클릭합니다. 모든 슬라이드를 확인할 수 있습니다.

Tip 이전 상태로 돌아가려면 Esc 를 누릅니다.

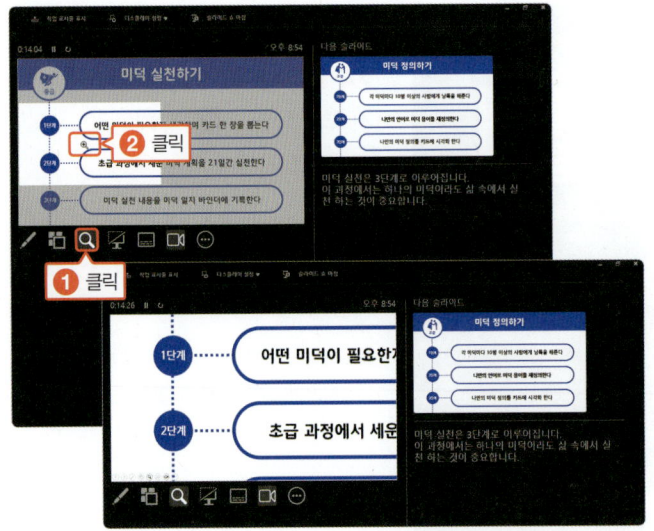

슬라이드 특정 부분 확대하기

04 ① 발표자 도구에서 [슬라이드 확대 🔍] 클릭
② 확대하려는 부분에 클릭합니다. 해당 부분이 확대됩니다.

Tip 이전 상태로 돌아가려면 발표자 도구에서 [축소 🔍]를 클릭합니다.

화면을 검은색으로 만들기

05 발표자 도구에서 [슬라이드 쇼를 검정으로 설정/취소 ▨]를 클릭하면 화면이 검은색으로 변경됩니다.

Tip 이전 상태로 돌아가려면 [슬라이드 쇼 검정으로 설정/취소 ▨]를 다시 클릭합니다.

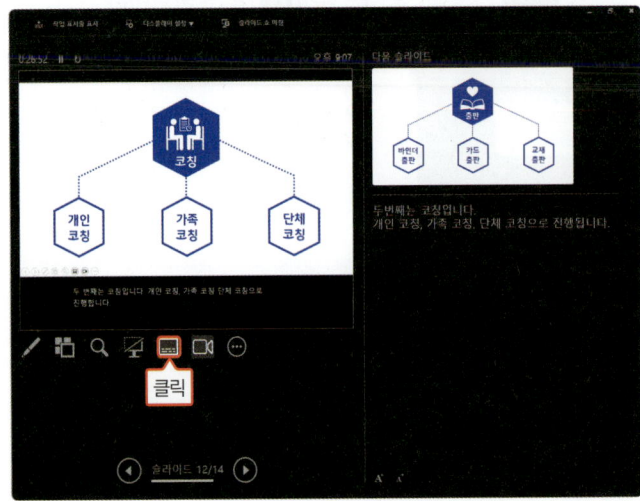

자막 켜기

06 발표자 도구에서 [자막 켜기/끄기 ▭]를 클릭합니다. 슬라이드 아래에 자막이 나타납니다.

Tip 자막을 끄려면 [자막 켜기/끄기 ▭]를 다시 클릭합니다.

> **Note** 자막의 위치나 자막 언어를 변경하려면 어떻게 해야 하나요?
>
> [슬라이드 쇼 옵션 더 보기]-[자막 설정]-[기타 설정]에서 변경합니다.

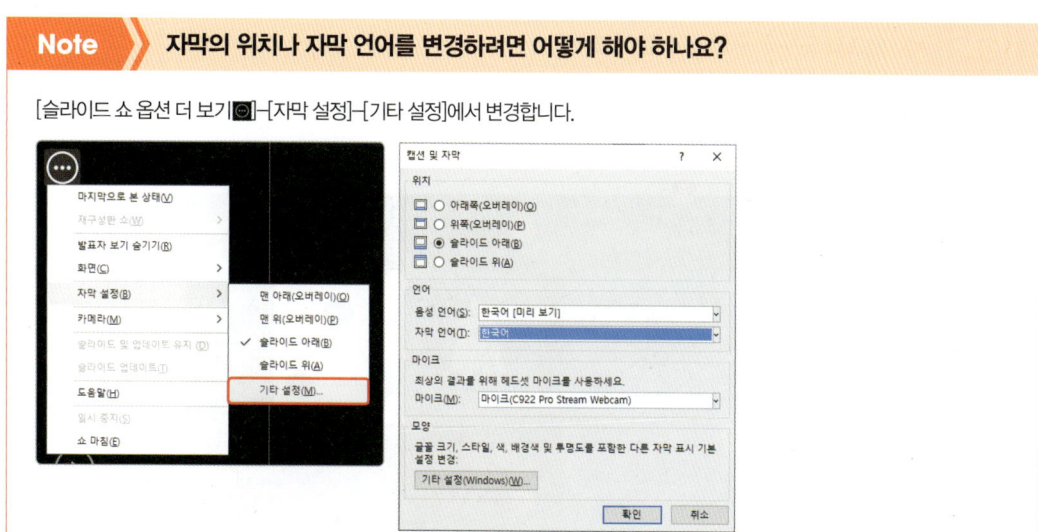

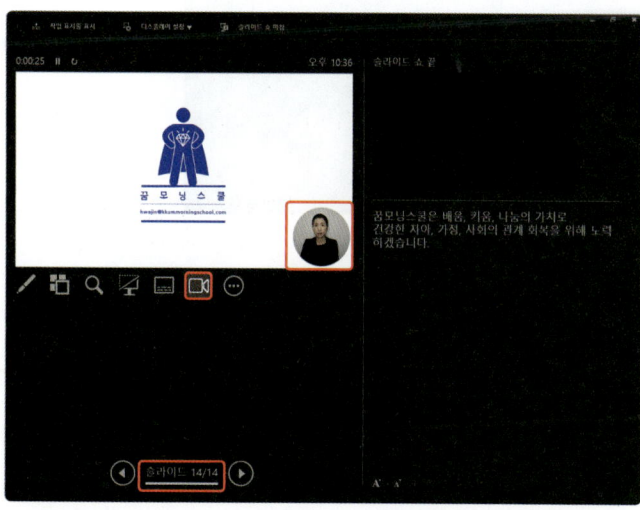

카메라 켜기

07 [카메라 토글]이 활성화되어 있는 것을 확인한 후 마지막 슬라이드인 14번 슬라이드로 이동합니다. 슬라이드 오른쪽 아래에 동그라미 모양으로 발표자가 라이브로 보입니다.

Tip 카메라를 끄려면 [카메라 토글]을 클릭하여 아이콘에 사선이 나타나게 합니다.

Tip 슬라이드에 카메라를 켜기 위해서는 사전에 슬라이드 창에서 [삽입] 탭-[카메라] 그룹-[카메오]를 클릭하여 카메오 개체가 슬라이드에 나타나도록 해야 합니다.

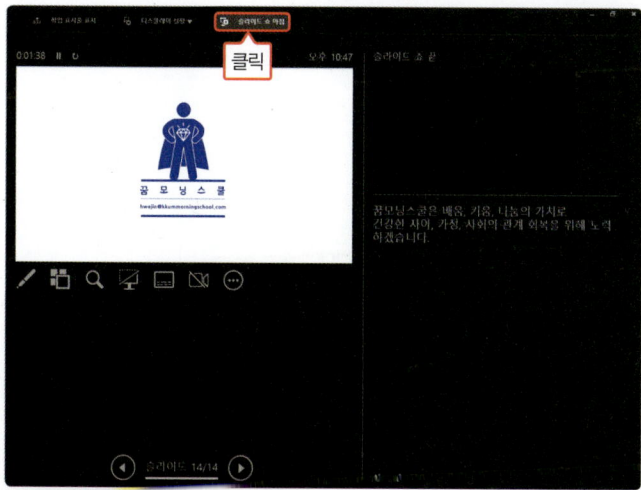

슬라이드 쇼 마치기

08 화면의 위쪽에 있는 [슬라이드 쇼 마침]을 클릭합니다. 기본 보기 화면으로 돌아옵니다.

> **Note** 발표자 도구의 구성 요소 알아보기

슬라이드 쇼를 실행할 때 나타나는 발표자 도구는 발표자에게만 보입니다. 발표자 도구에서는 현재 슬라이드와 다음 슬라이드에 추가한 노트 내용을 미리 볼 수 있는 기능 등 발표할 때 유용한 기능이 제공됩니다.

① **작업 표시줄 표시** : 프로그램을 전환할 수 있도록 작업 표시줄을 표시합니다.
② **디스플레이 설정** : 발표자 보기 및 슬라이드 쇼 화면을 바꾸거나 슬라이드 쇼 화면을 복제할 수 있습니다.
③ **슬라이드 쇼 마침** : 현재 슬라이드 쇼를 마칩니다.
④ **시간 표시** : 슬라이드 쇼 진행 시간, 타이머 일시 중지 시간, 타이머 다시 시작, 현재 시간을 표시합니다.
⑤ **현재 슬라이드** : 현재 청중이 보는 화면입니다.
⑥ **펜 및 레이저 포인터 도구** : 레이저 포인터, 펜, 형광펜, 지우개를 실행합니다.
⑦ **모든 슬라이드 보기** : 모든 슬라이드의 축소판 그림을 볼 수 있고, 원하는 슬라이드를 클릭하면 해당 슬라이드만 보입니다.
⑧ **슬라이드 확대** : 슬라이드에서 확대하고 싶은 특정 부분을 클릭하면 해당 부분이 확대됩니다. Esc 를 누르면 원래 상태로 바뀝니다.
⑨ **슬라이드 쇼를 검정으로 설정/취소** : 화면이 검은색으로 변하며 Esc 를 누르면 원래 상태로 바뀝니다.
⑩ **자막 켜기/끄기** : 발표자가 말하고 있는 것과 동일한 언어나 자막으로 또는 다른 언어의 자막으로 번역하여 화면에 표시합니다. 자막 위치와 언어를 변경할 수 있습니다.
⑪ **카메라 토글** : 카메오를 삽입한 슬라이드에서 라이브로 발표자를 보이게 합니다.
⑫ **슬라이드 쇼 옵션 더 보기** : 슬라이드 쇼 관련 옵션을 지정합니다.
⑬ **이전** : 이전 애니메이션이나 슬라이드로 돌아갑니다.
⑭ **슬라이드 번호** : 전체 슬라이드 중에서 현재 슬라이드가 몇 번째 슬라이드인지 보여줍니다.
⑮ **다음** : 다음 애니메이션이나 슬라이드로 넘어갑니다.
⑯ **다음 슬라이드** : 다음 슬라이드를 미리 보여줍니다.
⑰ **슬라이드 노트** : 현재 슬라이드에 입력한 노트 내용이 보입니다.
⑱ **텍스트 확대/축소** : 슬라이드 노트의 텍스트 크기를 조정합니다.

084 슬라이드에 라이브로 발표자 추가하기

실습 파일 7장\084_슬라이드에 라이브로 발표자 추가하기.pptx · 완성 파일 7장\084_슬라이드에 라이브로 발표자 추가하기_완성.pptx

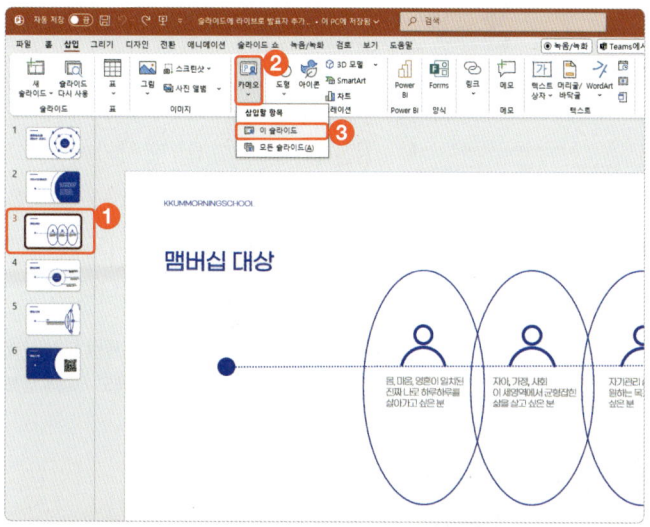

슬라이드에 카메오 추가하기

01 ① 슬라이드 축소판 창에서 [3번 슬라이드] 클릭

② [삽입] 탭-[카메라] 그룹-[카메오] 클릭

③ [이 슬라이드]를 클릭합니다. 슬라이드의 오른쪽 아래에 원 모양으로 카메오 개체가 표시됩니다.

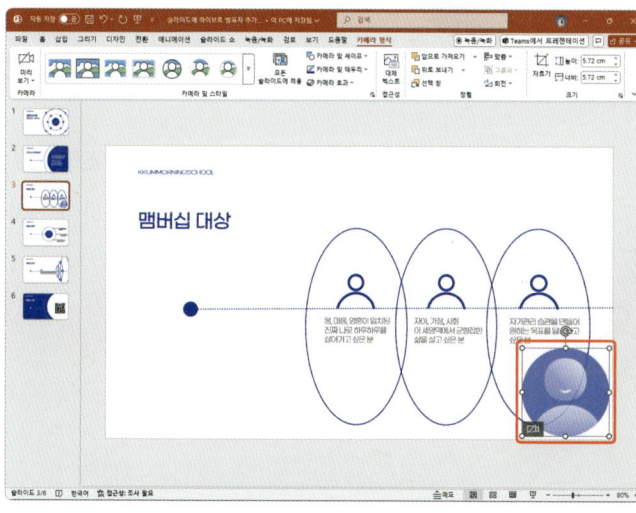

카메라 선택하기

02 ① 카메오 개체 클릭
② [카메라 형식] 탭-[카메라] 그룹-[미리 보기 □] 클릭
③ 사용할 카메라를 클릭합니다.

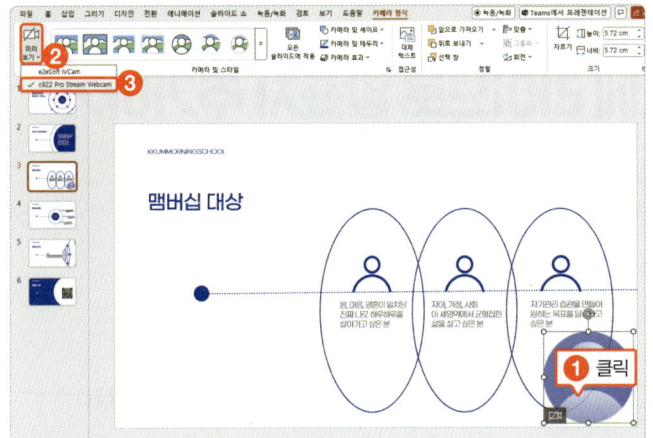

03 [카메라 형식] 탭-[카메라] 그룹-[카메라 미리 보기 사용 □]을 클릭합니다. 모든 슬라이드의 카메오 개체에 발표자가 보입니다.

Tip 카메오 개체에 있는 [카메라 미리 보기 사용 □] 아이콘을 클릭해도 카메오 개체에 발표자가 보입니다.

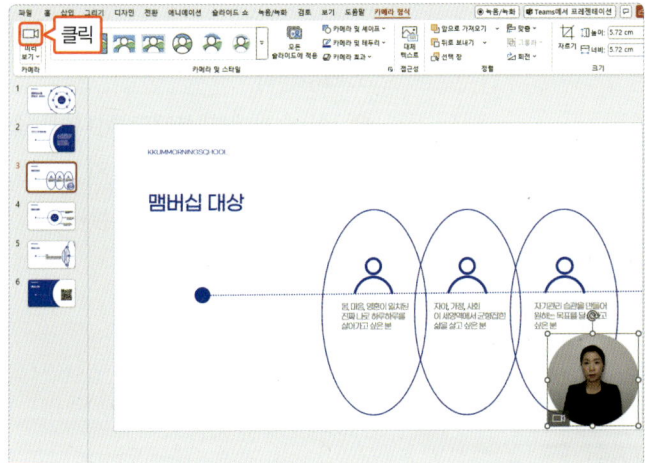

카메오 위치 변경 및 크기 조정하기

04 카메오 개체를 드래그하여 원하는 위치에 배치합니다.

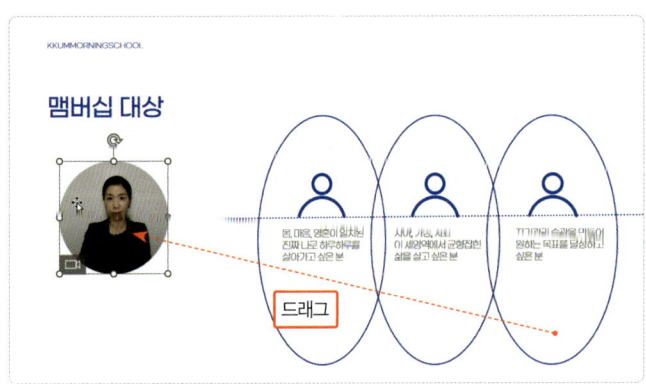

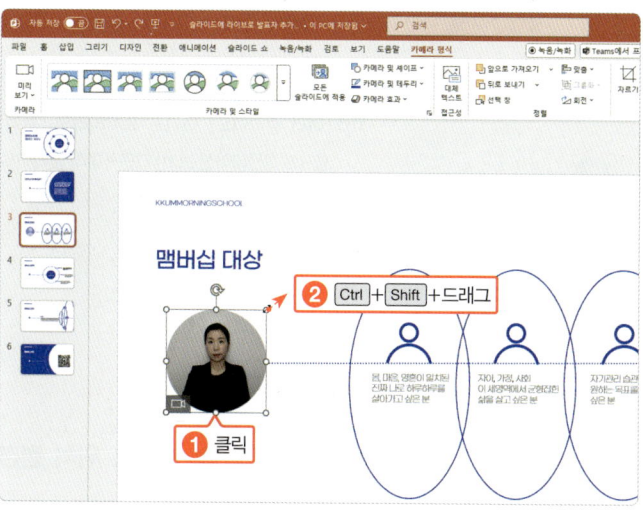

05 ❶ 카메오 개체 클릭

❷ Ctrl + Shift 를 누른 상태에서 꼭 지점의 크기 조정 핸들 하나를 바깥쪽으로 드래그하여 크기를 키웁니다.

Tip Ctrl 과 Shift 를 같이 누른 상태에서 드래그하면 정비례로 개체가 커지거나 작아집니다.

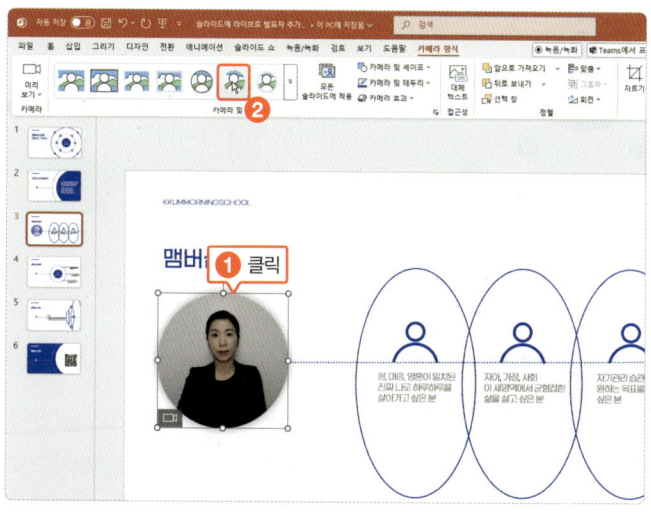

카메오 스타일 변경하기

06 ❶ 카메오 개체 클릭

❷ [카메라 형식] 탭-[카메라 및 스타일] 그룹-[가운데 그림자 원]을 클릭합니다. 카메오 개체에 그림자 효과가 적용됩니다.

Tip 카메오 모양, 테두리, 그림자, 네온 반사, 3차원 회전과 같은 시각 효과를 다양하게 적용할 수 있습니다.

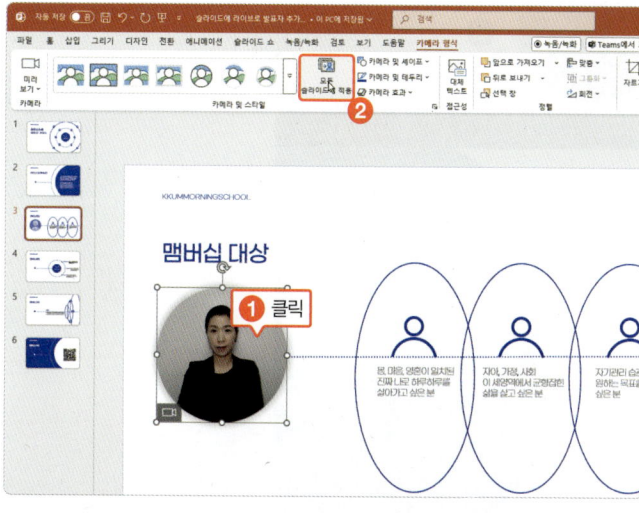

카메오 위치 및 서식을 모든 슬라이드에 적용하기

07 ❶ 카메오 개체 클릭

❷ [카메라 형식] 탭-[카메라 및 스타일] 그룹-[모든 슬라이드에 적용]을 클릭합니다.

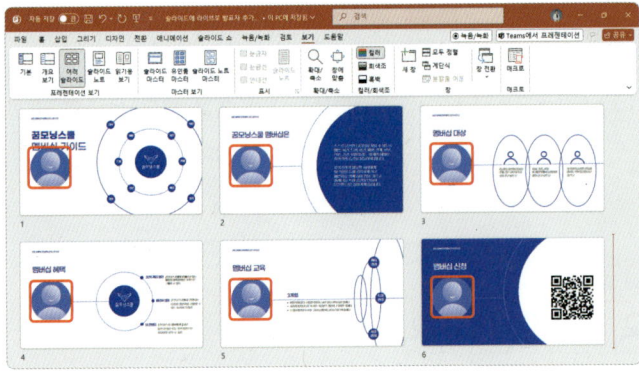

08 모든 슬라이드에서 카메오 개체가 같은 위치에 추가됩니다.

Tip [여러 슬라이드] 보기로 표시하려면 [보기] 탭─[프레젠테이션 보기] 그룹─[여러 슬라이드]를 클릭합니다.

특정 슬라이드의 카메오 위치 변경하기

09 ❶ 슬라이드 축소판 창에서 [1번 슬라이드] 클릭
❷ 카메오 개체를 드래그해서 원하는 위치로 이동합니다.

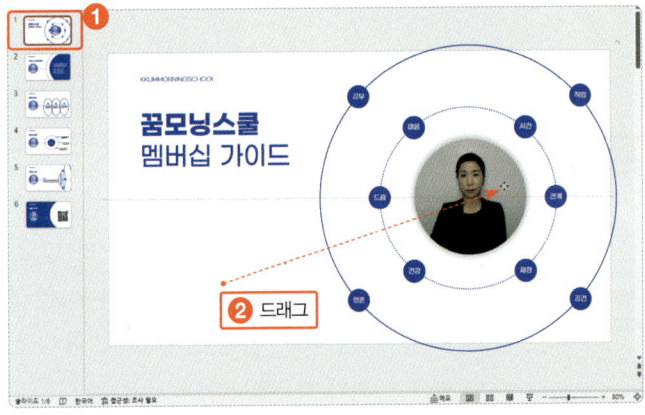

라이브로 발표자 보기

10 ❶ F5 를 눌러 슬라이드 쇼 실행
❷ Enter 를 눌러 다음 슬라이드로 넘깁니다. 슬라이드 쇼 동안 각각의 슬라이드에 발표자의 모습이 라이브로 보여집니다.

085 슬라이드 쇼 녹화하기

실습 파일 7장\085_슬라이드 쇼 녹화하기.pptx   완성 파일 7장\085_슬라이드 쇼 녹화하기_완성.pptx

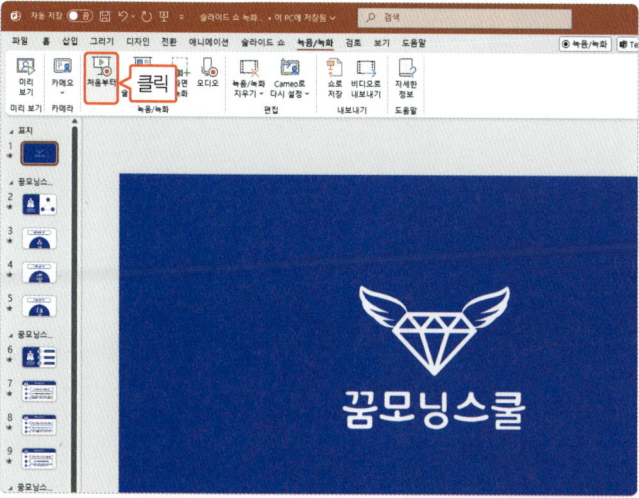

녹음/녹화 창으로 이동하기

01 [녹음/녹화] 탭-[녹음/녹화] 그룹-[처음부터]를 클릭합니다. 녹음/녹화 창에서 슬라이드 쇼가 시작됩니다.

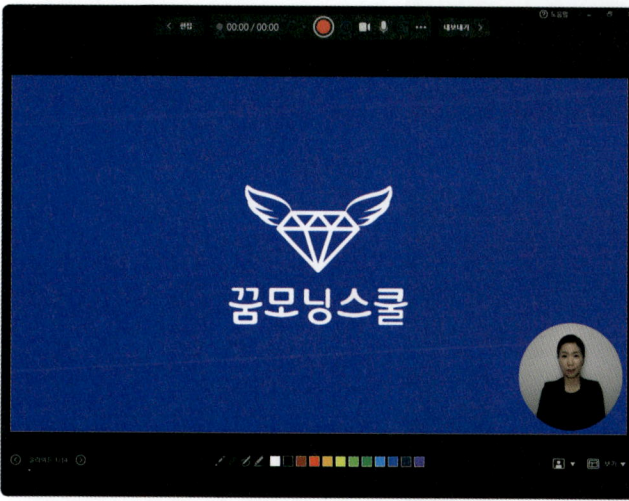

02 녹음/녹화 창에서는 프레젠테이션 발표를 녹음/녹화하기 위한 여러 기능이 제공됩니다.

녹음/녹화 창 설정하기

03 현재 녹음/녹화 창은 슬라이드 보기 상태입니다. 발표 원고로 활용할 슬라이드 노트를 화면 상단에 표시하여 발표자가 청중과 시선을 마주하도록 만들어보겠습니다.

① 오른쪽 아래에서 [보기 🔲] 클릭
② [텔레프롬프터]를 클릭합니다. 화면 상단에 노트 내용이 표시됩니다.

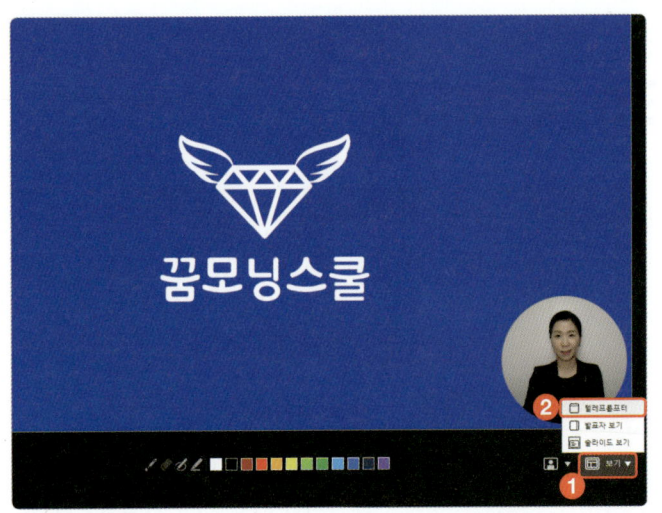

슬라이드 쇼 녹화하기

04 발표 준비가 완료됐다면 [녹음/녹화 시작 🔴]을 클릭하거나 단축키 R을 눌러 녹화를 시작합니다. 3초 카운트 후에 녹화가 시작됩니다.

Tip 발표자 영상을 원하지 않는다면 화면 위쪽의 [카메라 끄기]를 클릭합니다.

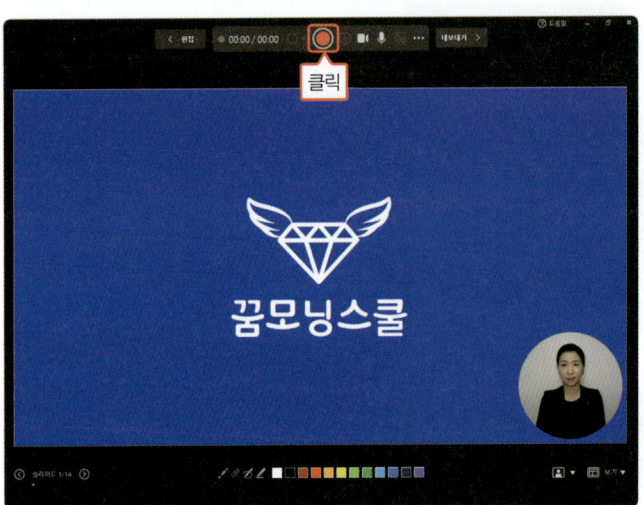

슬라이드 쇼 녹화 중지하기

05 녹화가 끝나면 [녹음/녹화 중지 🔴]를 클릭하거나 단축키 S를 눌러 녹화를 저장합니다. 슬라이드 쇼를 실행하여 확인할 수 있습니다.

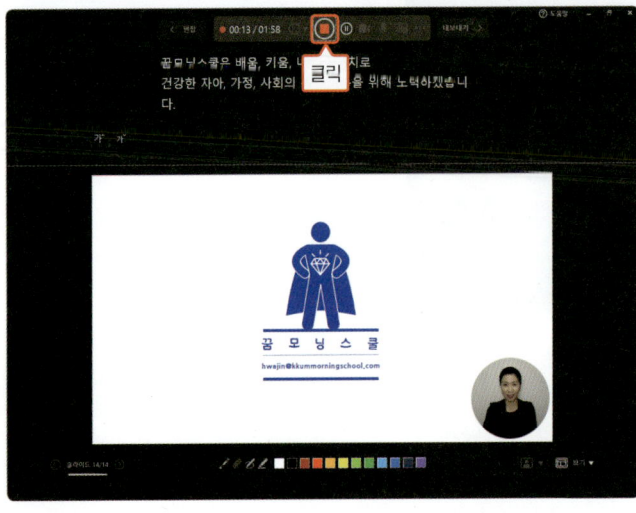

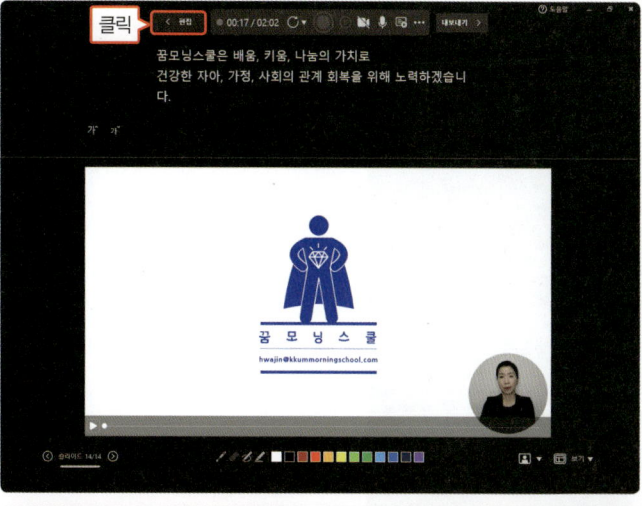

녹화된 영상 확인하기

06 기본 보기 화면으로 돌아가기 위해 [편집◀]을 클릭합니다. 슬라이드 창의 오른쪽 아래에 녹화된 발표자 영상이 나타납니다.

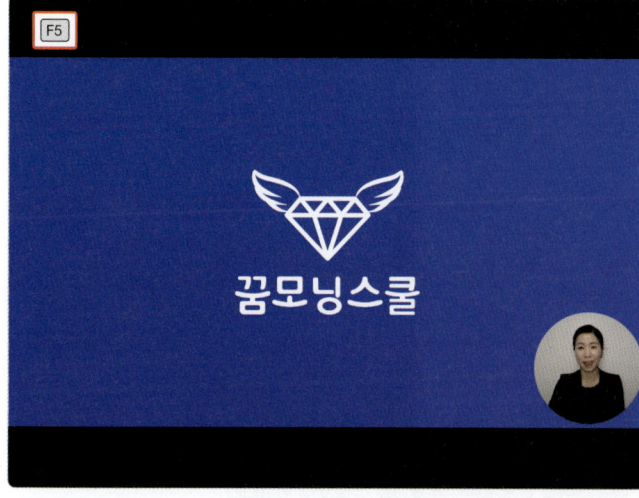

07 단축키 F5 를 눌러 슬라이드 쇼를 실행해보면 슬라이드 쇼에 발표자 영상이 함께 보입니다.

Tip 각 슬라이드에 녹화된 시간이 지나면 다음 슬라이드로 자동으로 넘어갑니다.

> **Note** 녹음/녹화 창은 어떤 요소로 구성되어 있나요?

녹음/녹화 창에서는 프레젠테이션을 진행하며 녹음/녹화하기 위한 여러 가지 기능이 제공됩니다.

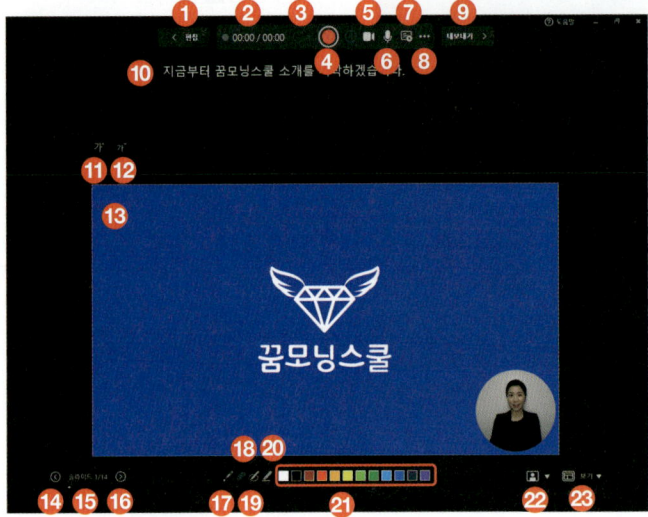

① **편집** : 기본 보기 화면으로 이동합니다.

② **타이머** : 현재 슬라이드의 녹화 시간과 누적 녹화 시간을 표시합니다.

③ **재촬영** : 현재 슬라이드 또는 모든 슬라이드에서 간단하게 영상을 다시 녹화할 수 있습니다.

④ **녹음/녹화** : 클릭하면 슬라이드 쇼 녹음/녹화가 시작되고 다시 클릭하면 중지됩니다.

⑤ **카메라** : 발표자의 모습을 촬영할 수 있습니다.

⑥ **마이크** : 녹음할 수 있습니다.

⑦ **자동 스크롤** : 자막을 자동으로 스크롤할 수 있습니다. 스크롤의 속도를 조정할 수 있습니다.

⑧ **더 보기** : 녹음/녹화를 위한 카메라, 마이크 옵션을 설정할 수 있습니다.

⑨ **내보내기** : 녹음/녹화한 비디오를 파일로 저장할 수 있습니다. 기본적으로 영상은 MP4 비디오 파일 형식의 Full HD(1080p) 해상도로 제공되며 프레젠테이션이 저장되는 곳과 동일한 위치에 저장됩니다.

⑩ **슬라이드 노트** : 현재 슬라이드에 대한 노트를 표시합니다.

⑪ **텍스트 확대** : 슬라이드 노트의 텍스트 크기를 크게 합니다.

⑫ **텍스트 축소** : 슬라이드 노트의 텍스트 크기를 작게 합니다.

⑬ **현재 슬라이드** : 현재 녹화되고 있는 슬라이드를 표시합니다.

⑭ **이전** : 이전 슬라이드로 돌아갑니다.

⑮ **슬라이드 번호** : 전체 슬라이드 중에 현재 슬라이드가 몇 번째 슬라이드인지 보여줍니다.

⑯ **다음** : 다음 슬라이드로 넘어갑니다.

⑰ **레이저 포인터** : 녹음/녹화 중인 슬라이드에 레이저 포인터를 사용할 수 있습니다.

⑱ **지우개** : 펜 및 형광펜 표시를 지워줍니다.

⑲ **펜** : 녹음/녹화 중인 슬라이드에 펜을 사용하여 주석을 표시할 수 있습니다.

⑳ **형광펜** : 녹음/녹화 중인 슬라이드에 형관펜을 사용하여 내용을 강조할 수 있습니다.

㉑ **펜 및 형광펜 색상** : 펜과 형광펜의 색상을 선택합니다.

㉒ **카메라 모드 선택** : 배경을 표시하거나 녹화하는 동안 주변을 흐리게 만드는 효과를 적용할 수 있습니다.

㉓ **보기 선택** : [텔레프롬프터], [발표자 보기], [슬라이드 보기]를 선택할 수 있습니다. [텔레프롬프터]는 현재 슬라이드 위쪽에 슬라이드 노트를 표시하여 녹화된 영상에서 청중과 시선을 마주하도록 연출할 수 있습니다. [발표자 보기]는 슬라이드 노트를 현재 슬라이드 오른쪽에 표시하고 작은 화면에 다음 슬라이드를 표시합니다.

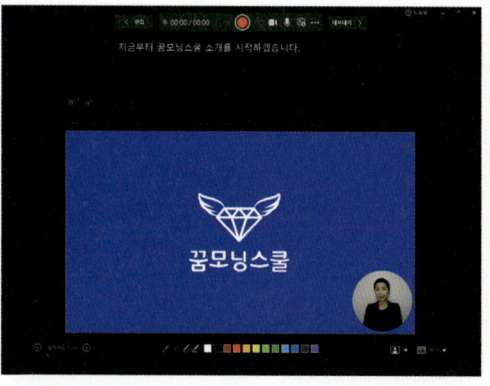

▲ 텔레프롬프터 　　　　　　　　　　　　　▲ 발표자 보기

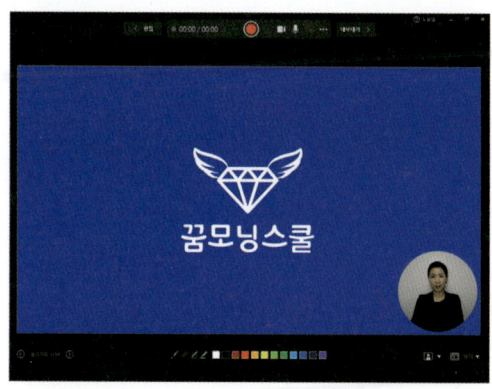

▲ 슬라이드 보기

개체에 적절한 애니메이션 적용하기

실습 파일 7장\혼자해보기\개체에 적절한 애니메이션 적용하기.pptx **완성 파일** 7장\혼자해보기\개체에 적절한 애니메이션 적용하기_완성.pptx

예제 설명 및 완성 화면

프레젠테이션을 진행할 때 애니메이션을 적절하게 사용하면 청중을 집중시키고 발표의 흐름을 원하는 대로 이끌어갈 수 있습니다. 슬라이드 내용에 맞는 적절한 애니메이션을 적용하는 것이 중요합니다. 프레젠테이션에서 가장 많이 쓰이는 애니메이션을 적용해보겠습니다.

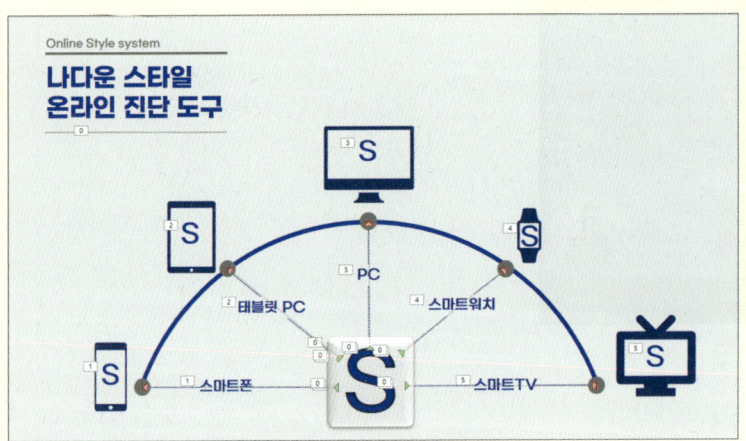

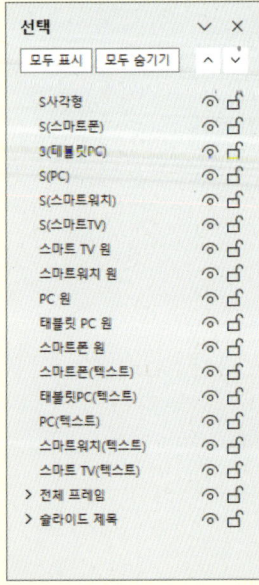

01 선택 창 열기

❶ [홈] 탭-[편집] 그룹-[선택] 클릭 ❷ [선택 창]을 클릭합니다. 화면 오른쪽에 [선택] 작업 창이 나타납니다.

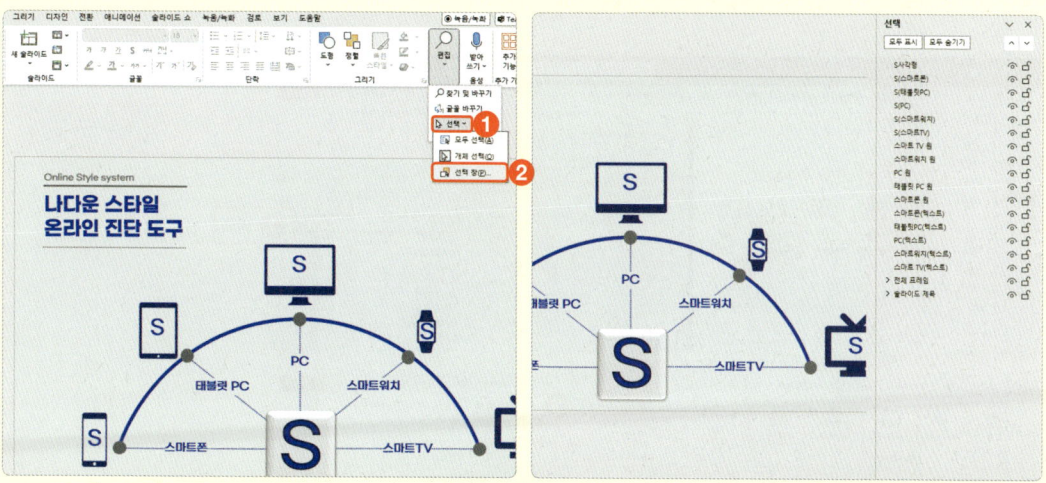

02 애니메이션 창 열기

[애니메이션] 탭-[고급 애니메이션] 그룹-[애니메이션 창]을 클릭합니다. 화면 오른쪽에 [애니메이션 창] 작업 창이 나타납니다.

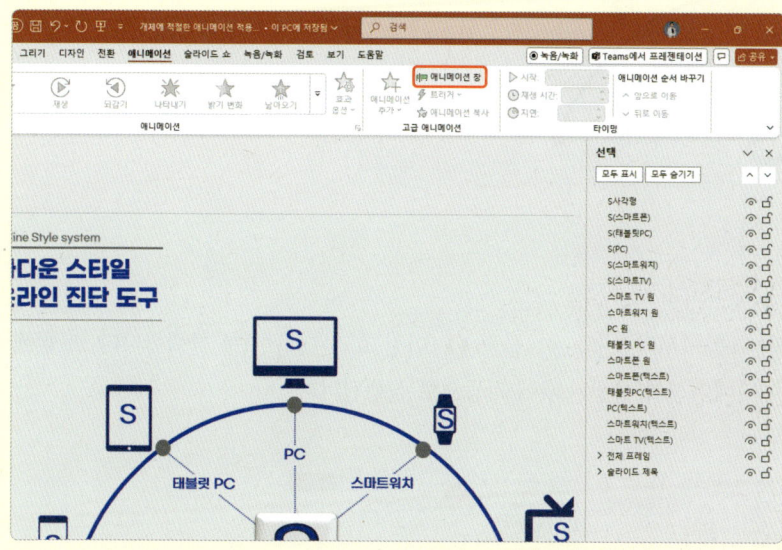

03 도형에 애니메이션 적용하기

❶ [선택] 작업 창에서 [S사각형] 클릭 ❷ [애니메이션] 탭-[애니메이션] 그룹-[자세히]-[나타내기]-[확대/축소 ⭐] 클릭 ❸ [애니메이션 창 🖭]을 클릭해 [애니메이션 창] 작업 창을 엽니다. 도형에 적용한 애니메이션을 확인합니다.

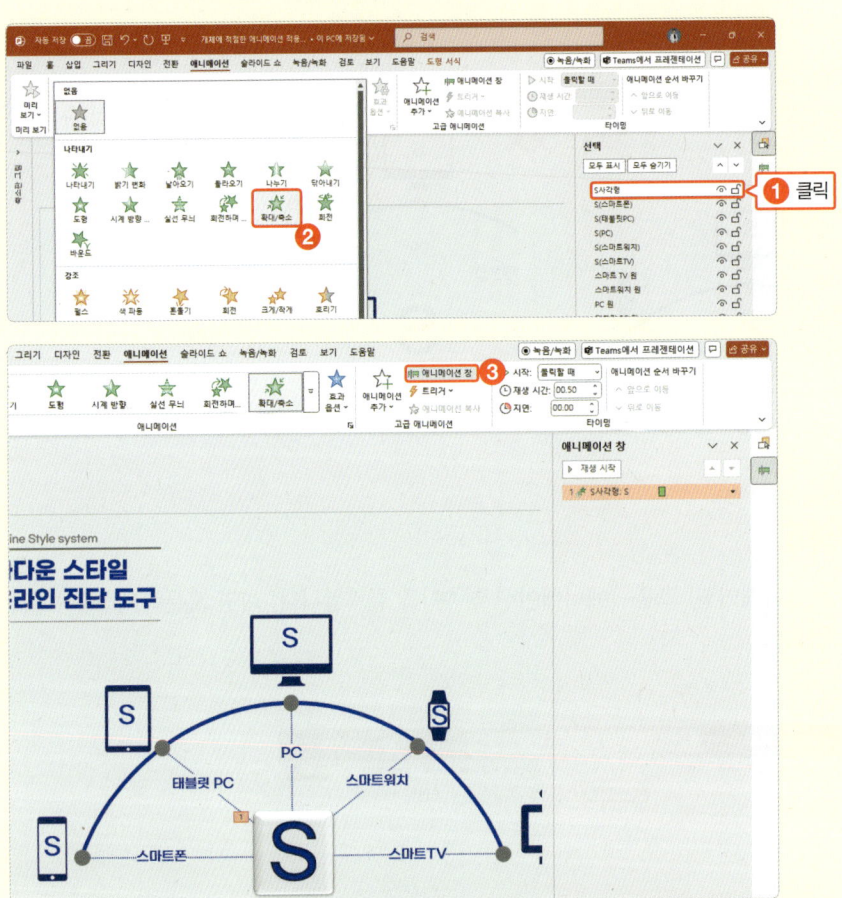

04 애니메이션 시작 시점 선택하기

❶ [애니메이션] 탭-[타이밍] 그룹-[시작 ▷]의 ⌄ 클릭 ❷ [이전 효과 다음에]를 클릭합니다. 도형에 추가한 애니메이션이 이전 애니메이션이 실행된 후에 자동으로 실행됩니다.

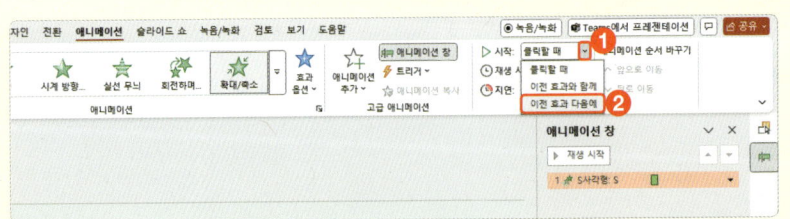

05 애니메이션 재생 시간 설정하기

[애니메이션] 탭-[타이밍] 그룹-[재생 시간]에 **00.75**를 입력합니다. 적용한 애니메이션이 0.75초 동안 동작합니다.

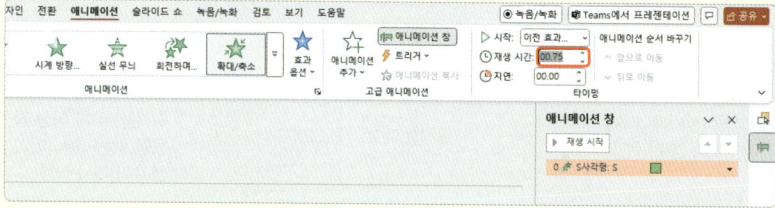

06 애니메이션 효과 지정하기

나머지 개체에 다음과 같이 애니메이션 효과를 지정합니다.

순서	개체 이름	애니메이션 종류	효과 옵션	시작 방법	재생 시간	지연	참고
0	S사각형	[나타내기]-[확대/축소]	개체 센터	이전 효과 다음에	00.75		
	전체 프레임	[나타내기]-[밝기 변화]		이전 효과 다음에	00.50		
	스마트폰 원	[나타내기]-[밝기 변화]		이전 효과 다음에	00.50		
	태블릿 PC원	[나타내기]-[밝기 변화]		이전 효과와 함께	00.50		
	PC 원	[나타내기]-[밝기 변화]		이전 효과와 함께	00.50		
	스마트워치 원	[나타내기]-[밝기 변화]		이전 효과와 함께	00.50		
	스마트 TV 원	[나타내기]-[밝기 변화]		이전 효과와 함께	00.50		
1	스마트폰 원	[고급애니메이션]-[애니메이션 추가]-[이동 경로]-[선]		클릭할 때	02.00		같은 개체에 애니메이션을 두 개 이상 적용할 때는 [애니메이션 추가]에서 적용
	스마트폰(텍스트)	[나타내기]-[밝기 변화]		이전 효과와 함께	00.50	01.00	
	S(스마트폰)	[나타내기]-[밝기 변화]		이전 효과 다음에	00.50		
2	태블릿 PC 원	[고급애니메이션]-[애니메이션 추가]-[이동 경로]-[선]		클릭할 때	02.00		같은 개체에 애니메이션을 두 개 이상 적용할 때는 [애니메이션 추가]에서 적용
	태블릿PC(텍스트)	[나타내기]-[밝기 변화]		이전 효과와 함께	00.50	01.00	
	S(태블릿PC)	[나타내기]-[밝기 변화]		이전 효과 다음에	00.50		

순서	개체 이름	애니메이션 종류	효과 옵션	시작 방법	재생 시간	지연	참고
3	PC 원	[고급애니메이션]-[애니메이션 추가]-[이동 경로]-[선]		클릭할 때	02.00		같은 개체에 애니메이션을 두 개 이상 적용할 때는 [애니메이션 추가]에서 적용
	PC(텍스트)	[나타내기]-[밝기 변화]		이전 효과와 함께	00.50	01.00	
	S(PC)	[나타내기]-[밝기 변화]		이전 효과 다음에	00.50		
4	스마트워치 원	[고급애니메이션]-[애니메이션 추가]-[이동 경로]-[선]		클릭할 때	02.00		같은 개체에 애니메이션을 두 개 이상 적용할 때는 [애니메이션 추가]에서 적용
	스마트워치(텍스트)	[나타내기]-[밝기 변화]		이전 효과와 함께	00.50	01.00	
	S(스마트워치)	[나타내기]-[밝기 변화]		이전 효과 다음에	00.50		
5	스마트 TV 원	[고급애니메이션]-[애니메이션 추가]-[이동 경로]-[선]		클릭할 때	02.00		같은 개체에 애니메이션을 두 개 이상 적용할 때는 [애니메이션 추가]에서 적용
	스마트 TV(텍스트)	[나타내기]-[밝기 변화]		이전 효과와 함께	00.50	01.00	
	S(스마트 TV)	[나타내기]-[밝기 변화]		이전 효과 다음에	00.50		

Tip [이동 경로] 애니메이션을 클릭하면 양 끝에 빨간색 원과 초록색 원이 있는 이동 경로의 선이 나타납니다. 초록색 원이 시작점이고 빨간색 원이 끝나는 지점입니다. 빨간색 원을 이동할 끝 지점인 회색 원과 겹치게 배치합니다.

07 슬라이드 쇼에서 애니메이션 재생하기

① 애니메이션 적용을 완료하고 F5 를 눌러 슬라이드 쇼 실행 **②** 화면을 클릭하거나 Enter 를 눌러 애니메이션이 차례대로 적용되었는지 확인합니다.

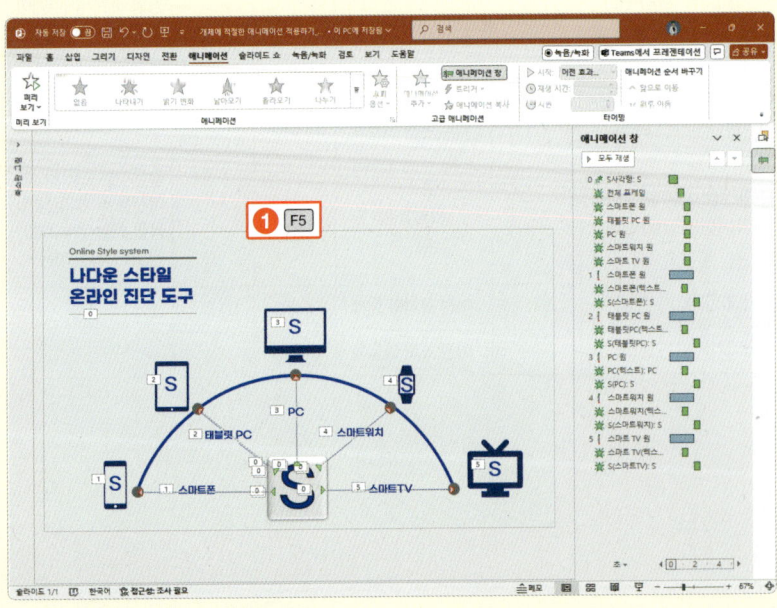

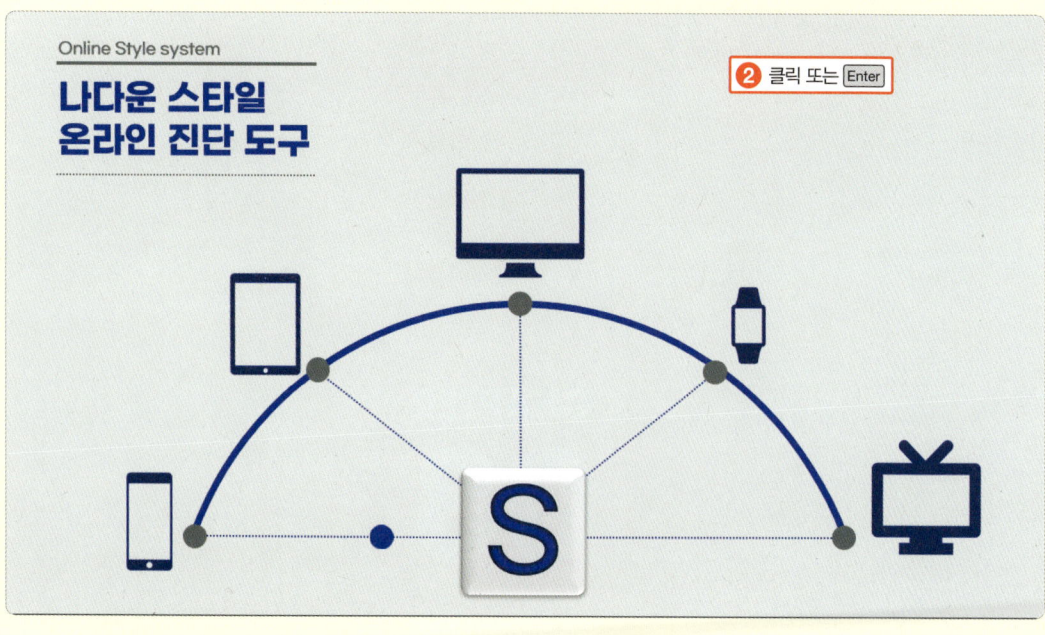
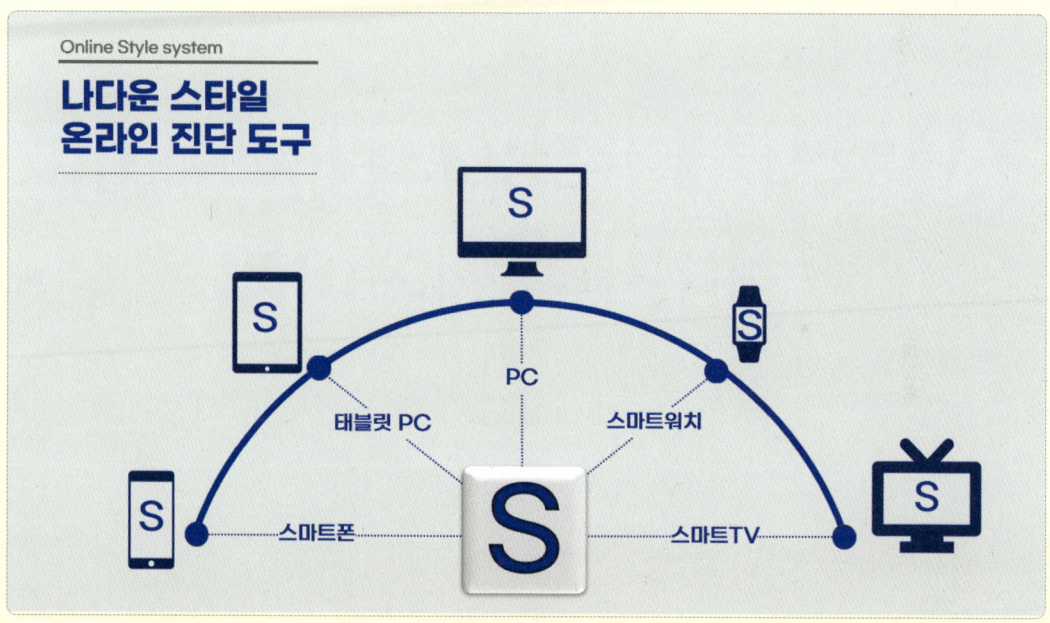

CHAPTER 08

AI 도구를 활용한 프레젠테이션 슬라이드 제작하기

냅킨(Napkin)으로 도해 슬라이드 제작하기

실습 파일 8장\086_냅킨(napkin)으로 도해 슬라이드 제작하기.pptx **완성 파일** 8장\086_냅킨(napkin)으로 도해 슬라이드 제작하기_완성.pptx

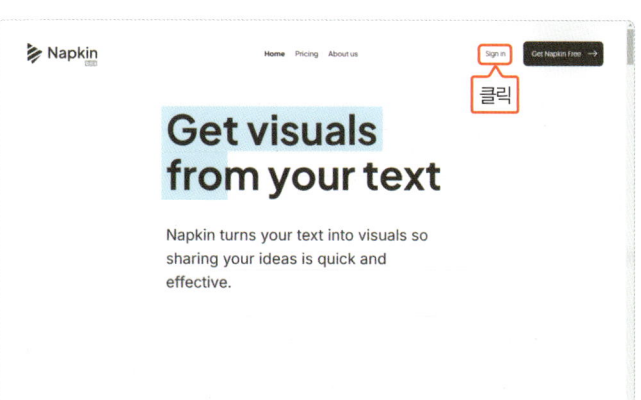

냅킨 로그인 및 시작하기

01 냅킨 웹사이트(**napkin.ai**)에 접속하여 [Sign in]을 클릭합니다.

Tip 구글 계정으로 회원가입합니다.

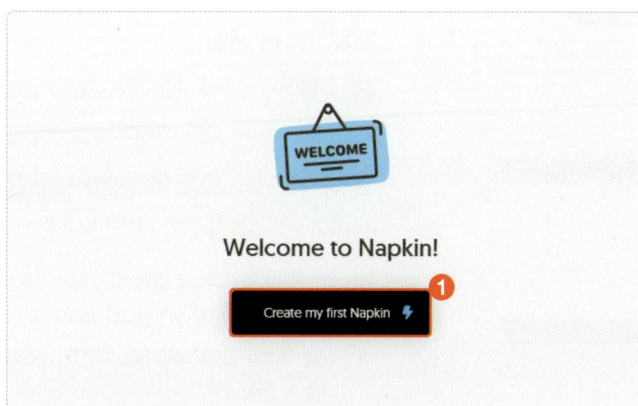

02 ❶ 로그인한 후 [Create my first Napkin] 클릭

❷ [By generating text using AI]를 클릭합니다.

Tip 냅킨을 처음 사용하면 직업, 사용 목적을 묻는 메시지가 나타납니다. 원하는 항목을 선택해 진행합니다.

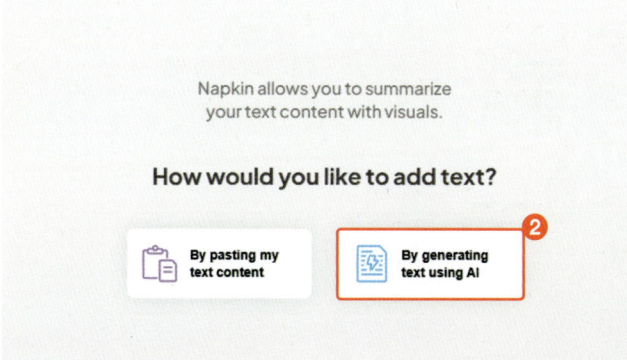

AI 활용하여 내용 생성하기

03 ① **직장인을 위한 프레젠테이션 제작 툴** 입력

② [Continue]를 클릭합니다. 관련 내용이 작성된 것을 확인할 수 있습니다.

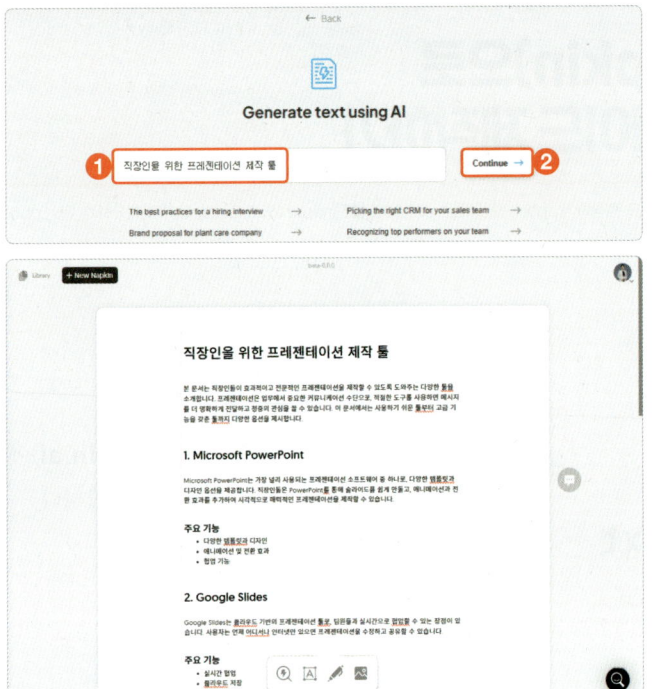

시각화 자료 생성하기

04 ① 1번 내용부터 5번 내용까지 드래그하여 선택

② 왼쪽에 나타나는 [Generate Visual]의 번개 모양 아이콘을 클릭합니다. 내용 아래쪽에 다양한 형태의 시각화 옵션이 나타납니다.

> **Tip** 냅킨은 AI 도구이므로 같은 질문이라도 매번 다른 방식으로 답을 생성합니다. 따라서 책의 실습 화면과 실제로 실습하는 화면의 답변이 다를 수 있습니다.

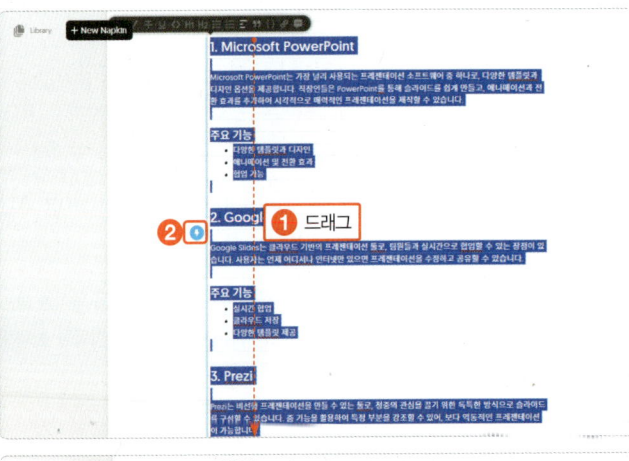

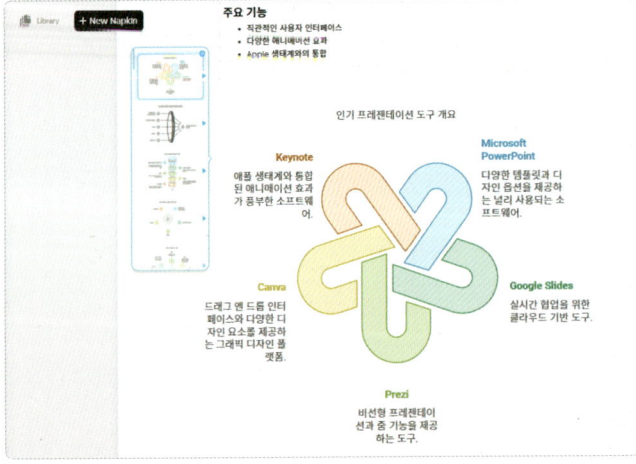

스타일 및 색상 선택하기

05 ❶ 원하는 스타일 클릭

❷ 나타나는 여러 색상 중에 내용에 적합한 색상을 클릭합니다. 줄글 아래쪽으로 시각화 자료가 삽입된 것을 확인할 수 있습니다.

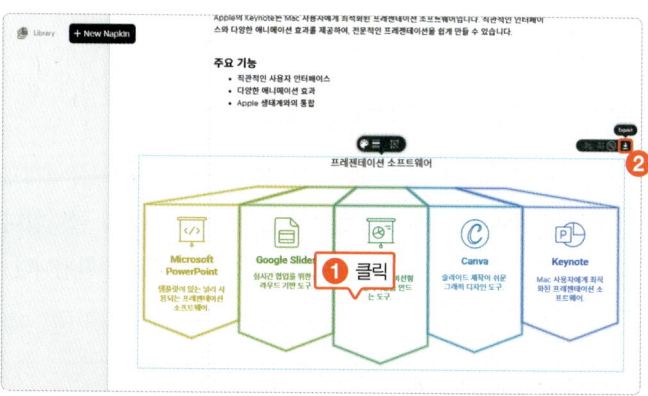

생성된 시각화 자료 다운로드하기

06 ❶ 생성된 시각화 자료 클릭

❷ 오른쪽 상단 [Export] 클릭

❸ [SVG] 클릭

❹ [Download]를 클릭합니다.

Tip PNG, SVG, PDF, PPT 파일로 저장할 수 있습니다. 또는 [Clipboard]를 클릭해 복사하여 바로 슬라이드에 붙여 넣을 수도 있습니다.

CHAPTER 08 AI 도구를 활용한 프레젠테이션 슬라이드 제작하기

생성된 시각화 자료를 파워포인트에 삽입하기

07 ❶ [삽입] 탭-[이미지] 그룹-[그림 🖼] 클릭

❷ [이 디바이스에서] 클릭

❸ [그림 삽입] 대화상자에서 다운로드한 이미지 클릭

❹ [삽입]을 클릭합니다. 다운로드한 이미지가 삽입됩니다.

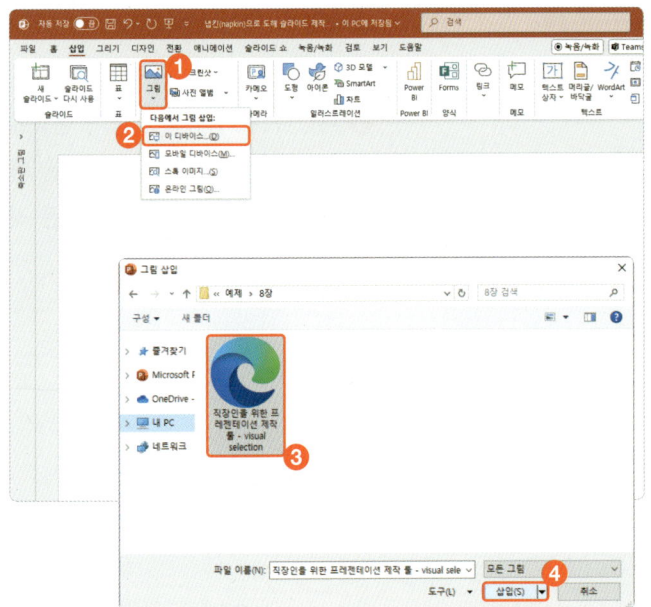

특정 부분 서식 변경하기

08 ❶ 삽입된 이미지 클릭

❷ [그래픽 형식] 탭-[정렬] 그룹-[그룹화]-[그룹 해제] 클릭

❸ 개체로 변환을 묻는 메시지 창이 나타나면 [예] 클릭

❹ [도형 서식] 탭-[정렬] 그룹-[개체 그룹화]-[그룹 해제]를 클릭합니다. 이미지가 여러 개체로 변환됩니다.

Tip 그룹 해제 단축키는 Ctrl + Shift + G, 그룹 만들기 단축키는 Ctrl + G 입니다.

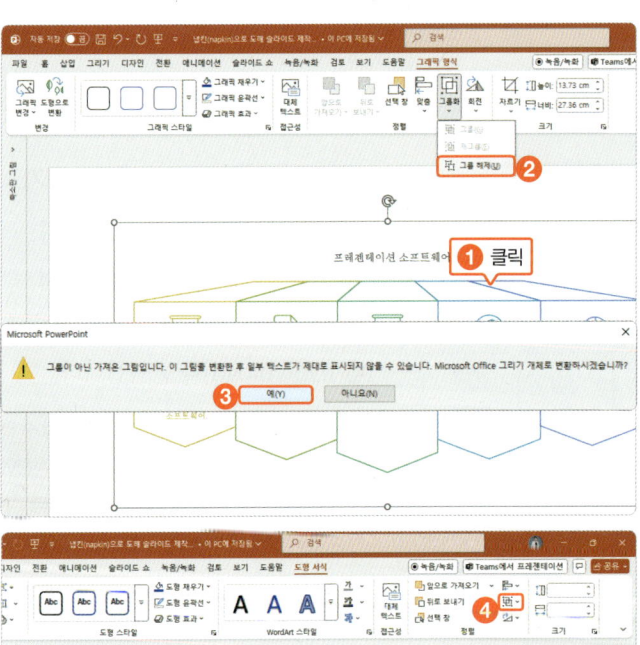

09 변경하고 싶은 개체를 클릭하고 색, 효과, 글꼴 등 서식을 변경하여 화면을 완성합니다.

> **Note** 냅킨에서 직접 내용을 입력하여 만들 수도 있나요?

[New Napkin]-[Blank Napkin]을 클릭하여 나타나는 빈 화면에 직접 준비한 내용을 넣어줍니다. 시각화하고 싶은 텍스트를 드래그하여 [Generate Visual]을 클릭한 후 원하는 스타일을 클릭합니다. 텍스트 아래로 시각화 자료가 만들어진 것을 확인할 수 있습니다.

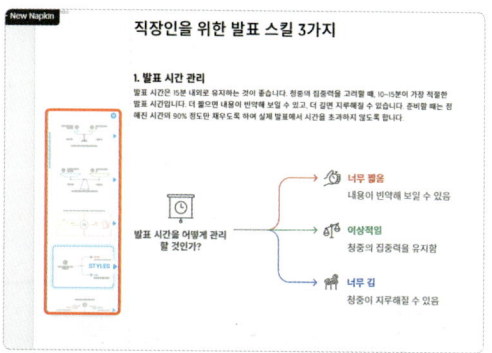

만들어진 시각화 요소 변경하기

변경하고 싶은 개체를 클릭한 후 나타나는 메뉴 중 원하는 것을 클릭하여 변경합니다.

이미지, 텍스트, 아이콘 등 새로운 개체를 삽입하기

화면 아래쪽에서 네 개의 아이콘을 클릭하여 개체를 삽입할 수 있습니다.

❶ **Spark Search** : 원하는 아이콘을 찾아서 넣을 수 있습니다.
❷ **Label** : 텍스트를 입력할 수 있습니다.
❸ **Sketch** : 선을 자유롭게 그릴 수 있습니다.
❹ **Image** : 내가 가지고 있는 이미지를 삽입할 수 있습니다.

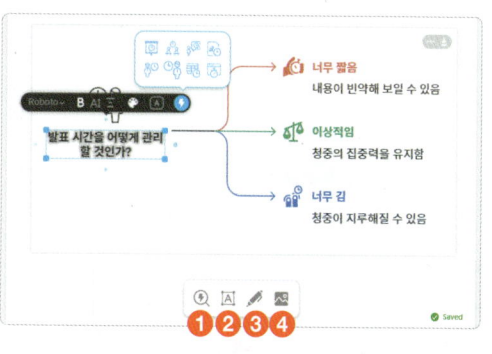

우선순위 087 샷츠(Shots)로 목업 슬라이드 제작하기

실습 파일 8장\087_샷츠(shots)로 목업 슬라이드 제작하기.pptx 완성 파일 8장\087_샷츠(shots)로 목업 슬라이드 제작하기_완성.pptx

샷츠 시작하기

01 ① 샷츠 웹사이트(**shots.so**)에 접속

② [Start Creating] 클릭

③ [Drop or Paste]를 클릭합니다.

Tip 회원가입 없이도 바로 목업 제작을 시작할 수 있습니다.

Tip [Drop or Paste]에 마우스 포인터를 갖다 대면 [select Media]로 변경됩니다. 클릭하여 02 단계를 진행합니다.

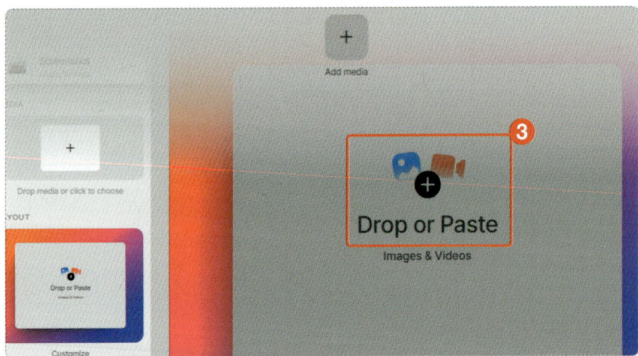

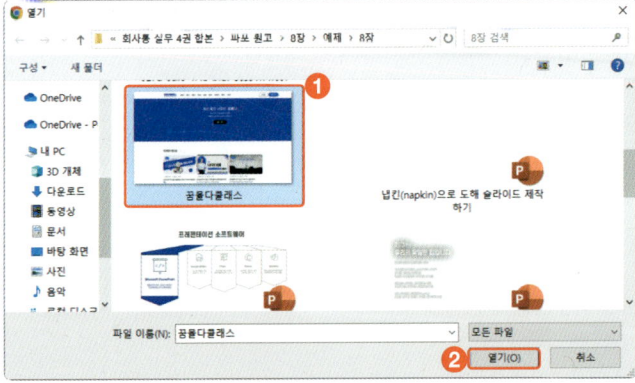

이미지 업로드하기

02 ① [열기] 대화상자에서 '꿈꿀다클래스.jpg' 클릭

② [열기]를 클릭합니다.

Tip 업로드된 이미지가 자동으로 목업에 적용됩니다.

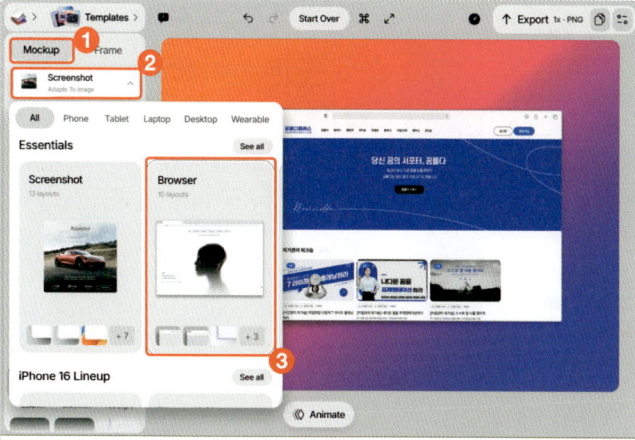

목업 유형 선택하기

03 ❶ [Mockup] 클릭
❷ [Screenshot] 클릭
❸ [Browser]를 클릭합니다.

Tip 브라우저 선택을 마친 후 작업 영역의 빈 곳을 클릭하면 [Mockup] 옵션 창이 닫힙니다.

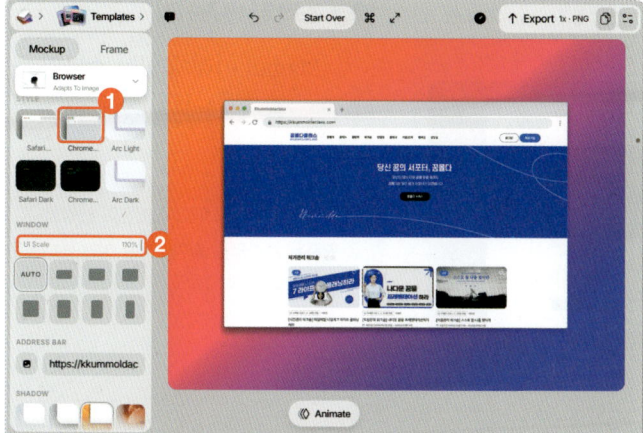

브라우저 서식 변경하기

04 ❶ [STYLE]에서 [Chrome] 클릭
❷ [WINDOW]-[UI Scale]을 **110**으로 지정
❸ [ADRESS BAR]에서 [URL]에 **https://kkummoldaclass.com** 입력
❹ [SHADOW]에서 [Spread] 클릭
❺ [Opacity]는 **30**으로 지정
❻ [Adjust Light]를 클릭한 후 슬라이더 위치를 가운데보다 조금 아래로 지정합니다.

Tip [UI Scale]과 [Opacity]는 슬라이더 바를 좌우로 움직여 값을 지정합니다.

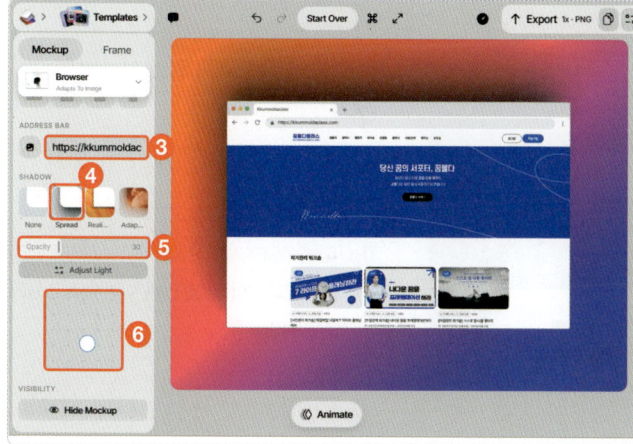

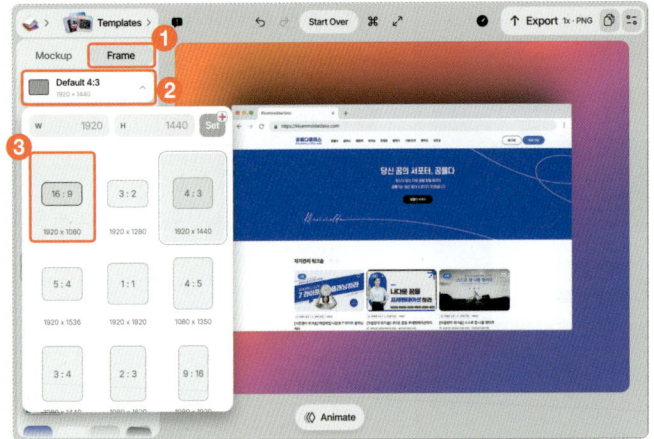

프레임 크기 변경하기

05 ❶ [Frame] 클릭

❷ [Default 4:3] 클릭

❸ [16:9]를 클릭합니다. 프레임의 크기가 16:9로 변경됩니다.

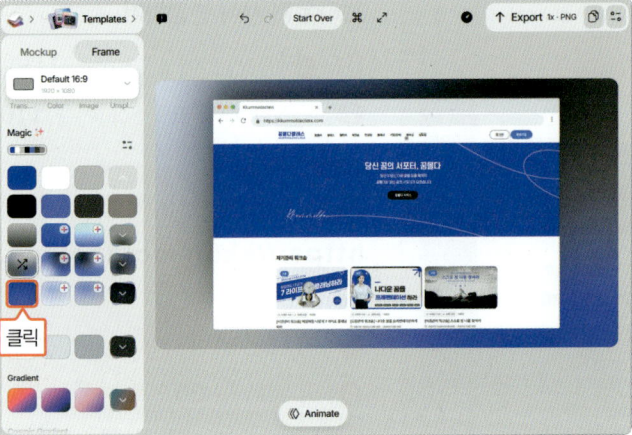

배경 스타일 변경하기

06 [Magic] 아래에 있는 스타일 중 하나를 클릭합니다. 배경에 바로 적용됩니다.

Tip 스타일을 클릭할 때마다 배경이 변경됩니다. 원하는 스타일을 확인하려면 여러 스타일을 클릭해봅니다.

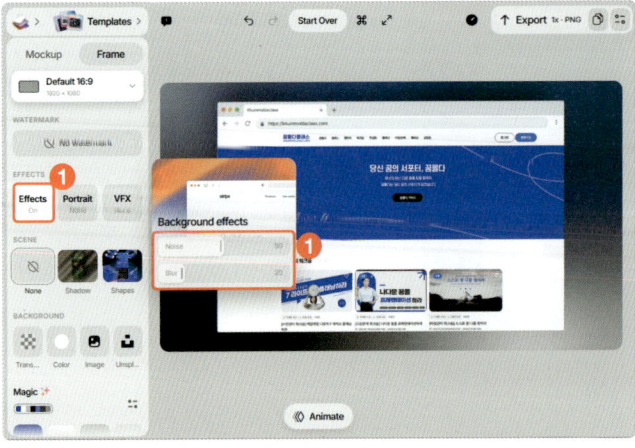

07 ❶ [EFFECTS]에서 [Effects] 클릭

❷ [Noise]를 **50**, [Blur]를 **20**으로 지정합니다.

Tip [BACKGROUND]에서 배경 스타일을 설정할 수 있습니다. 투명, 단색, 이미지 배경 등의 옵션이 있습니다.

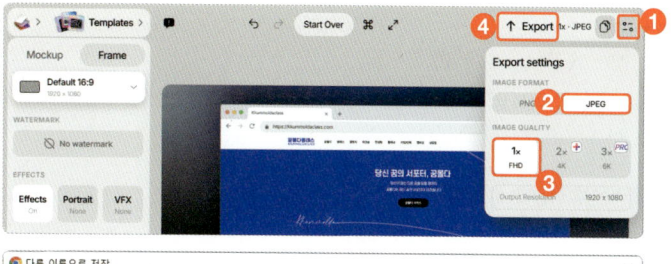

이미지 다운로드하기

08 ① [Export settings] 클릭
② [IMAGE FORMAT]은 [JPEG] 클릭
③ [IMAGE QUALITY]는 [FHD] 클릭
④ [Export] 클릭
⑤ [다른 이름으로 저장] 대화상자에서 [저장]을 클릭합니다.

Tip 다운로드한 이미지는 내 컴퓨터의 [다운로드] 폴더에서 확인할 수 있습니다.

Tip 샷츠는 로그인(회원가입)하지 않아도 서비스를 이용해 목업을 만들 수 있습니다. ➕가 표시된 아이콘은 로그인해야 사용할 수 있는 서비스입니다.

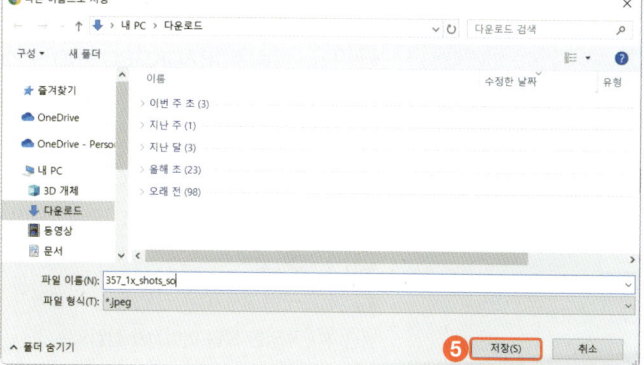

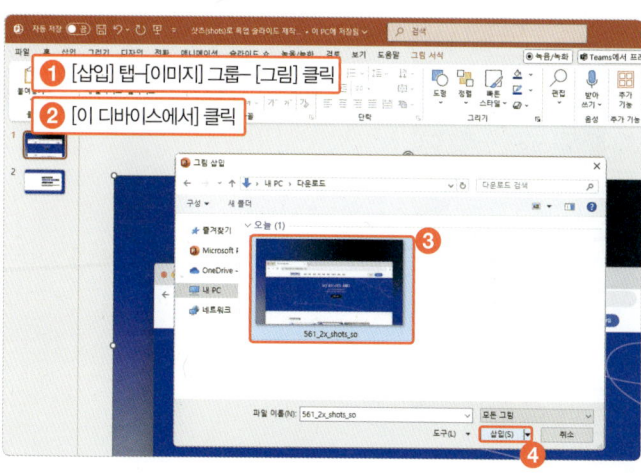

파워포인트에 이미지 삽입하기

09 ① [1번 슬라이드]에서 [삽입] 탭–[이미지] 그룹–[그림] 클릭
② [이 디바이스에서] 클릭
③ [그림 삽입] 대화상자에서 [다운로드] 폴더에 저장된 이미지 클릭
④ [삽입]을 클릭합니다. 이미지가 슬라이드에 꽉 차게 삽입됩니다.

화면 완성하기

10 이미지가 선택된 상태에서 [그림 서식] 탭–[정렬] 그룹–[뒤로 보내기]–[맨 뒤로 보내기]를 클릭하여 화면을 완성합니다.

CHAPTER 08 AI 도구를 활용한 프레젠테이션 슬라이드 제작하기　**287**

Note 배경이 투명한 목업 만들기

샷츠에서는 배경이 투명한 목업도 만들 수 있습니다. [Frame]에서 [BACKGROUND]를 [Transparency]를 선택해 배경을 투명하게 지정하고 파일 형식을 PNG로 저장하면 됩니다.

샷츠를 실행하고 [8장]의 '꿈모닝스쿨.jpg' 파일을 불러온 후 작업합니다.

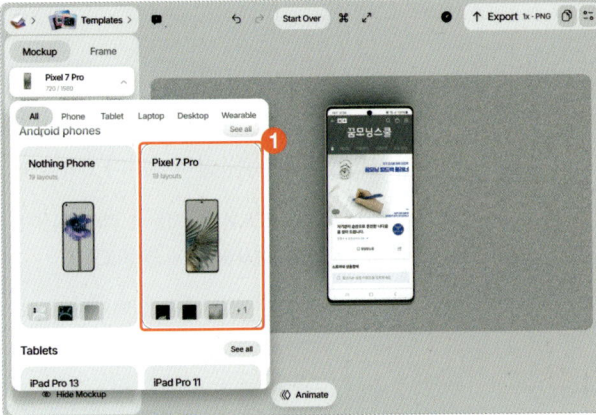

❶ [Mockup]-[Screenshot]-[Android phones]-[Pixel 7 Pro] 클릭

❷ [Frame]에서 [BACKGROUND]-[Transper] 클릭

❸ [Export settings] 클릭

❹ [IMAGE FORMAT]을 [PNG] 클릭

❺ [IMAGE QUALITY]를 [FHD] 클릭

❻ [복사] 클릭

❼ 파워포인트에서 Ctrl + V 를 눌러 붙여 넣습니다. 투명한 목업 이미지가 삽입되는 것을 확인할 수 있습니다.

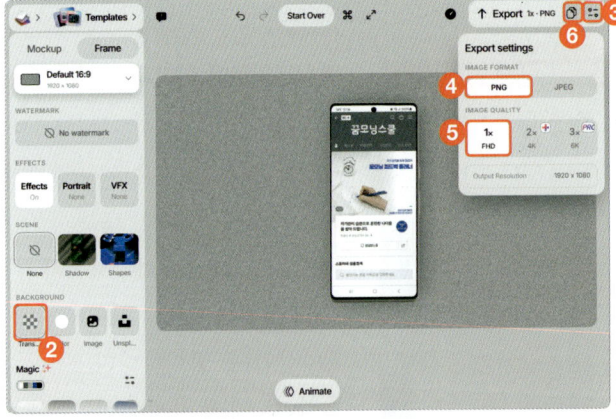

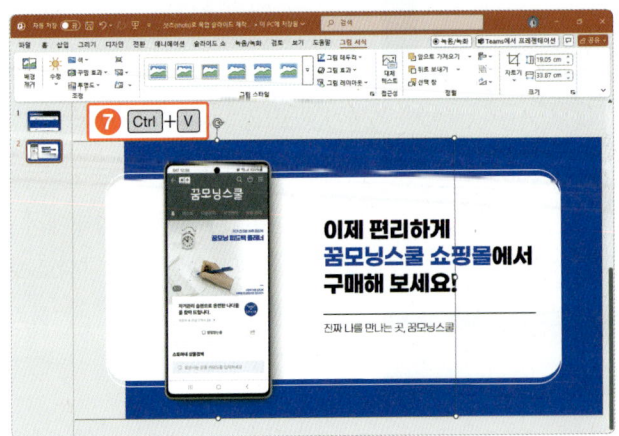

미드저니(Midjourney)로 이미지 슬라이드 제작하기

실습 파일 8장\088_미드저니(Midjourney)로 이미지 슬라이드 제작하기.pptx
완성 파일 8장\088_미드저니(Midjourney)로 이미지 슬라이드 제작하기_완성.pptx

미드저니 웹 버전 시작하기

01 미드저니 웹사이트(**midjourney.com**)에 접속해 로그인합니다.

Tip 미드저니는 유료로만 사용할 수 있습니다. 유료로 구독하지 않는다면 이미지 생성 AI의 흐름만 참고하세요.

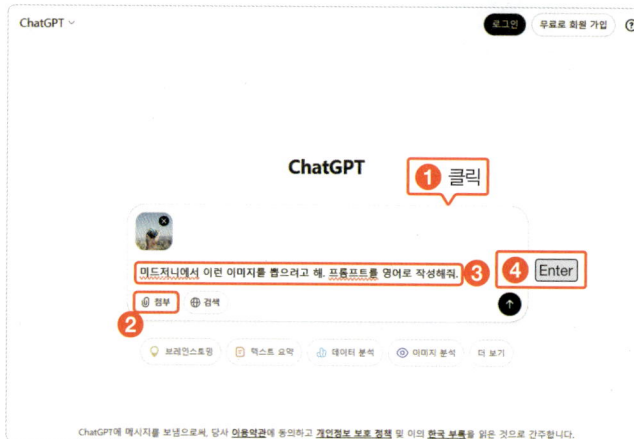

ChatGPT로 프롬프트 작성하기

02 ChatGPT 웹사이트(**chatgpt.com**)에 접속해 프롬프트 입력 창에 원하는 이미지를 설명하는 텍스트를 입력해보겠습니다.

❶ 프롬프트 창 클릭
❷ [첨부]-[이미지]를 클릭해 '지구환경.jpg' 파일 업로드
❸ 미드저니에서 이런 이미지를 뽑으려고 해. 프롬프트를 영어로 작성해줘. 입력
❹ Enter 를 눌러 프롬프트 생성을 시작합니다.

CHAPTER 08 AI 도구를 활용한 프레젠테이션 슬라이드 제작하기 **289**

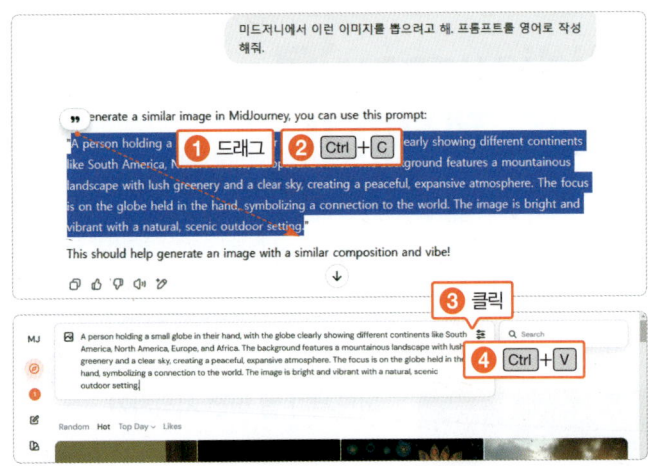

03 ① 생성된 프롬프트 드래그
② Ctrl + C
③ 미드저니 프롬프트 입력 창 클릭
④ Ctrl + V 를 눌러 붙여 넣습니다.

이미지 사이즈 및 스타일 설정하기

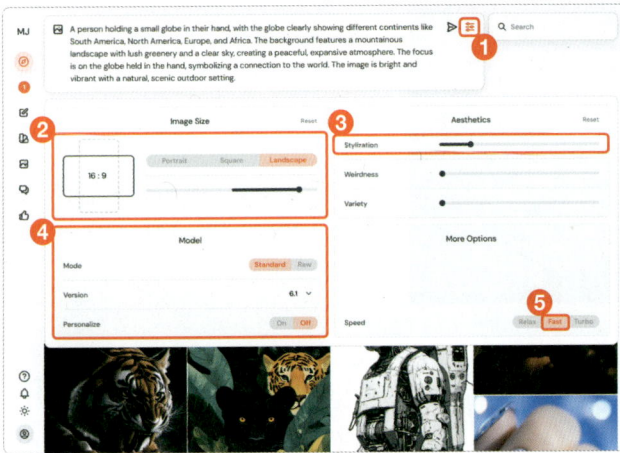

04 ① 프롬프트 입력 창 오른쪽의 [설정] 클릭
② [Image Size]–[Landscape]를 [16:9]로 설정
③ [Aesthetics]–[Stylization]을 [200]으로 설정
④ [Model]에서 [Mode]–[Standard], [Version]–[6.1], [Personalize]–[Off]로 설정
⑤ [More Options]–[Speed]–[Fast]를 클릭하여 설정을 완료합니다.

Tip 설정 패널 알아보기

Image Size	슬라이더를 사용하여 원하는 비율을 선택	Portrait	세로형 이미지
		Square	정사각형 이미지
		Landscape	가로형 이미지
Aesthetics	Stylization		이미지의 예술적 스타일 강도를 조정. 낮은 값은 프롬프트에 더 충실한 이미지를 생성하며, 높은 값은 미드저니의 예술적 해석이 강하게 반영 기본값은 중간(100)이며, 낮음(50), 높음(250), 매우 높음(750)으로 설정할 수 있음
	Weirdness		이미지의 독창성과 창의성을 조정
	Variety		생성된 이미지 간의 변화를 조정
Model	Mode	Standard	일반적인 스타일을 적용
		Raw	스타일이 최소화된 자연스러운 이미지를 생성
	Version		미드저니 버전을 선택하여 사용. 최신 버전이 기본값으로 설정
	Personalize		활성화 시 프롬프트에 자동으로 --p가 추가됨 개인화 프로필을 설정하려면 웹사이트에서 관리해야 함
More Options	Speed	Relax	처리 시간이 길지만 비용이 들지 않는 모드
		Fast	기본 처리 속도
		Turbo	가장 빠른 속도로 이미지를 생성하지만 GPU 비용이 두 배로 증가

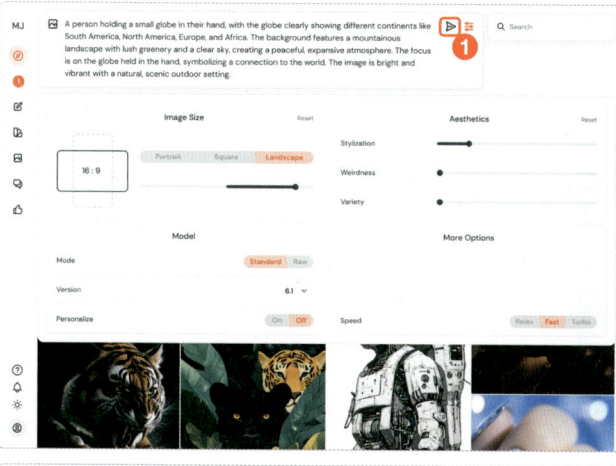

05 ❶ 설정 창을 닫은 후 [보내기] 클릭

❷ 왼쪽 메뉴 중 [Create]를 클릭하여 생성된 이미지를 확인합니다.

Tip [보내기] 대신 Enter 를 눌러 프롬프트를 전송할 수도 있습니다.

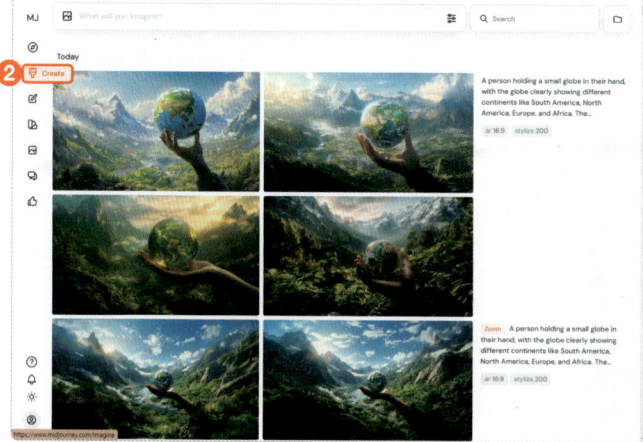

Tip 미드저니 메뉴 알아보기

Explore	미드저니에서 제공하는 다양한 예제와 템플릿을 탐색합니다.
Create	새로운 이미지를 생성하거나 프로젝트를 시작합니다.
Edit	기존 이미지를 수정하거나 편집합니다.
Personalize	개인화된 스타일 또는 설정을 적용합니다.
Organize	생성한 콘텐츠를 정리하고 관리합니다.
Chat	미드저니 봇과 상호작용하거나 도움을 요청할 수 있습니다.
Tasks	진행 중인 작업이나 대기열을 확인할 수 있습니다.
Help	도움말과 가이드를 확인할 수 있습니다.
Updates	최신 업데이트 및 변경 사항을 확인할 수 있습니다.
Light Mode	인터페이스의 밝기 모드를 전환할 수 있습니다.
사용자 프로필	계정 정보와 설정을 관리할 수 있습니다.

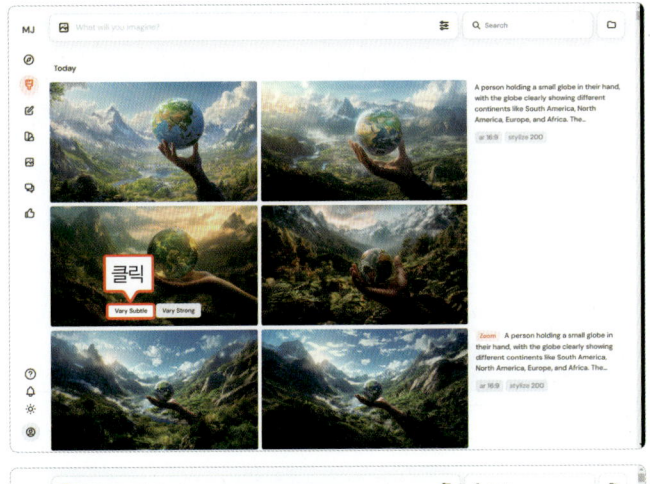

이미지 변형하기

06 마음에 드는 이미지의 [Vary Subtle]을 클릭하여 이미지에서 작은 변화를 줍니다.

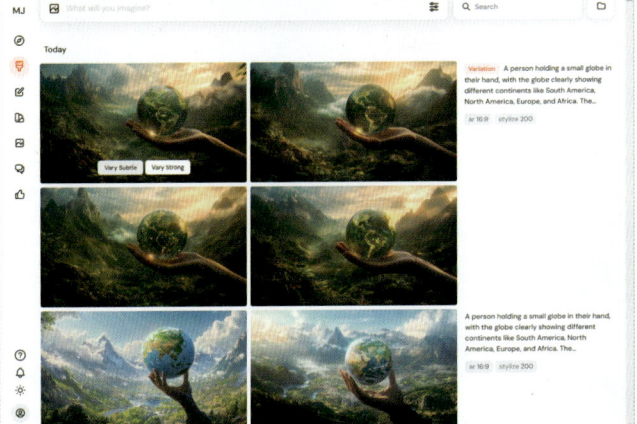

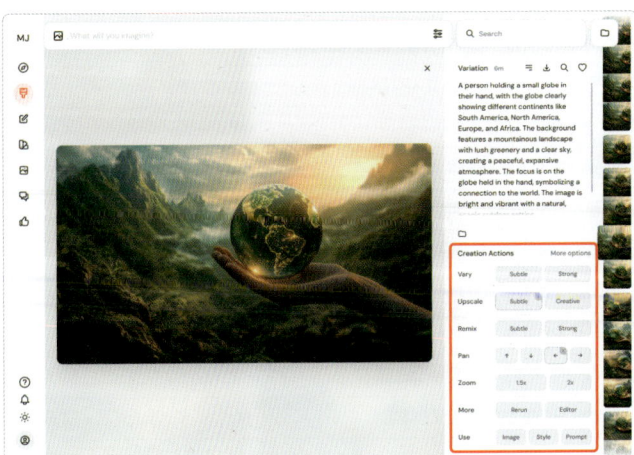

이미지 세부적으로 조정하기

07 세부 조정을 하고 싶은 이미지를 선택했다면 [Creation Actions]에서 이미지 변형, 위치 조정, 해상도 높이기 등 원하는 이미지가 생성될 때까지 버튼을 클릭하여 값을 조정합니다. 생성된 이미지는 [Create]를 클릭하여 확인합니다.

Tip Creation Actions(생성 작업) 알아보기

Vary	Subtle	선택한 이미지의 미세한 변형을 생성합니다.
	Strong	선택한 이미지의 강력한 변형을 생성하여 더 큰 변화가 나타납니다.
Upscale	Subtle	선택한 이미지를 약간 더 높은 해상도로 업스케일합니다.
	Creative	선택한 이미지를 창의적으로 재해석하며 고해상도로 업스케일합니다.
Remix	Subtle	기존 프롬프트를 기반으로 약간 수정된 이미지를 생성합니다.
	Strong	기존 프롬프트를 크게 변경하여 새로운 결과물을 만듭니다.
Pan		이미지의 뷰를 이동하여 다른 각도를 탐색합니다.
Zoom	1.5x	선택한 이미지를 1.5배 확대합니다.
	2x	선택한 이미지를 2배 확대합니다.
More	Rerun	동일한 프롬프트를 다시 실행하여 새로운 이미지 세트를 생성합니다.
	Editor	이미지를 편집할 수 있는 도구입니다.
Use	Image	기존 이미지를 참조하여 새로운 작업을 시작합니다.
	Style	스타일 설정을 기반으로 작업을 시작합니다.
	Prompt	이전에 사용한 프롬프트를 다시 활용하여 작업을 시작합니다.

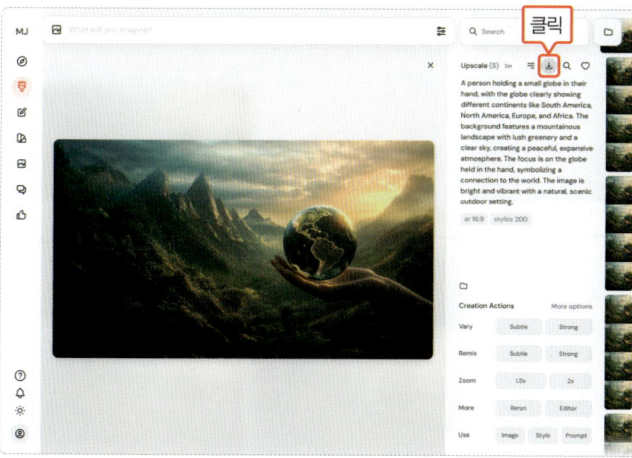

이미지 다운로드하기

08 [Download Image]를 클릭하여 이미지를 다운로드합니다. 다운로드 폴더에서 이미지를 확인할 수 있습니다.

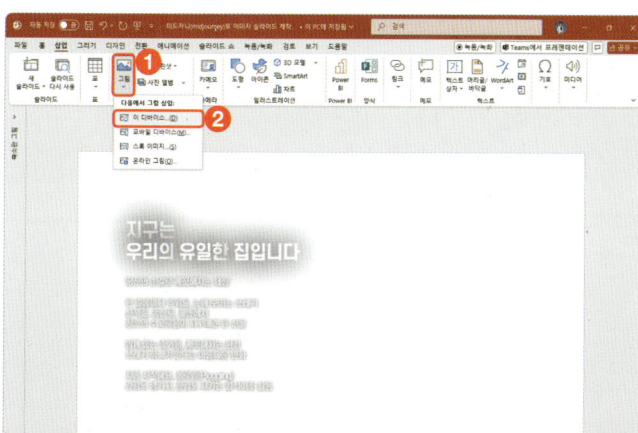

파워포인트에 이미지 삽입하기

09 ① 파워포인트에서 [삽입] 탭-[이미지] 그룹-[그림 🖼]클릭
② [이 디바이스]를 클릭합니다.

10 ① [그림 삽입] 대화상자에서 [다운로드] 폴더에 저장된 이미지 클릭

② [삽입]을 클릭합니다. 이미지가 슬라이드에 꽉 차게 삽입됩니다.

화면 완성하기

11 이미지가 선택된 상태에서 [그림 서식] 탭-[정렬] 그룹-[뒤로 보내기]-[맨 뒤로 보내기]를 클릭하여 화면을 완성합니다.

찾아보기

ㄱ

개체 숨기기	37
개체 틀 추가	76
고품질 인쇄	26
구역 이동/삭제/축소/확장	216
구역 이름 바꾸기	215
구역 추가	215
구역 확대/축소	248
그룹화	115
그림 삽입	51
그림 색 변경	165
그림 스타일	52
그림 압축	174
그림 자르기	173
그림 주변 부드럽게 처리	166
그림 테두리 서식 변경	168
그림 투명도 조정	167
그림 프레젠테이션	225
그림 효과	169
그림으로 붙여넣기	121
그림을 SmartArt 그래픽으로 변환	136
그림자 적용	169
글꼴 바꾸기	103
글꼴 서식 변경	119
글꼴 포함 저장	25
글머리 기호	94
글머리 기호 간격 조정	95
글머리 기호를 그림으로 변경	95

ㄴ - ㄷ

내어쓰기	95
냅킨	279
눈금선 표시	33
눈금자 표시	33
다중 선택	112
단락 간격	98
도형 그리기	74
도형 반복해서 그리기	111
도형 병합	112
도형 빼기	113
도형 수직으로 복사	115
도형 순서 바꾸기	110
도형 스타일	110
도형 윤곽선	118
도형 채우기	118
도형 크기 변경	114
도형 투명도 조정	74
뒤로 보내기	28
들여쓰기	95
디자인 아이디어	20
디지털 잉크로 그리기	183

ㄹ - ㅁ

레이아웃 변경	42
레이아웃 이름 바꾸기	75
리본 메뉴 만들기	30
맞춤법 검사	22
맨 뒤로 보내기	75
모양 조절 핸들	115
모핑 전환 효과	241
목업 유형 선택	285
무료 이미지 다운로드	161
무료 폰트 다운로드	92
미드저니	289
미드저니 메뉴	291
미디어 파일 압축	209

ㅂ

발표자 도구	258
배경 제거	171
배경이 투명한 목업 만들기	288
브라우저 서식 변경	285
비디오 삽입	198
비디오 서식 변경	201
비디오 스타일	198
비디오 실행	199
비디오 지원 파일 형식	200
비디오 책갈피	206
비디오 트리밍	204
비디오 파일 만들기	223
비디오 표지	207
비디오 품질 선택	224

ㅅ

사용자 프로필	291
사진 앨범 만들기	176
새 테마 저장/적용	81
색 사용자 지정	67
색 추출하기	117
생성 작업 알아보기	293
샷츠로 슬라이드 제작	284
서식 복사/붙여넣기	119
셀 병합	145
셀 안에 텍스트 위치 맞추기	145
셀 여백 지정	146
셀에 배경색 채우기	144
수직 복사	115
수평 복사	165
스마트 가이드	116
스포이트	117
슬라이드 노트	251
슬라이드 마스터	70
슬라이드 배경 서식 변경	70
슬라이드 번호	79
슬라이드 비율/크기/방향 설정	40
슬라이드 쇼 녹화	267
슬라이드 쇼 설정	245
슬라이드 쇼 시작	256
슬라이드 쇼 재구성	246
슬라이드 이동/복사/붙여넣기/삭제	43
슬라이드 추가	42
슬라이드 화면 전환 효과	239
시각화 자료 생성	280
실행 취소	25

ㅇ

아이콘 삽입	179
아이콘 서식 변경	142
안내선	33

찾아보기

암호 설정	227
애니메이션 복사/붙여넣기	238
애니메이션 적용	234
애니메이션 창	236
오디오 삽입	194
오디오 실행	195
오디오 지원 파일 형식	196
오디오 트리밍	197
온라인 그림 삽입	159
유인물 레이아웃	253
이미지 사이즈 설정	290
이미지 스타일 설정	290
입체 효과	120

ㅈ - ㅊ

자동 고침	23
자동 저장 파일	220
제목 슬라이드 레이아웃	42
조절 핸들	115
줄 간격	98
차트 구성 요소	151
차트 데이터 입력	55
차트 디자인	148
차트 레이아웃 변경	148
차트 삽입	55
차트 서식 저장/적용	152
차트 스타일	56
차트 종류 변경	149

ㅋ - ㅌ

크기 조절 핸들	115
터치/마우스 모드	18
테마 글꼴	65
테마 색	67
텍스트 개체 틀	75
텍스트 입력	77
투명한 색 설정	172
특정 구역 슬라이드	217
특정 부분 서식 변경	282

ㅍ - ㅎ

파워포인트 기본 화면 구성	16
파워포인트에 엑셀 표 연동	147
페이드 인/페이드 아웃	197
페이지 번호	254
표 디자인	143
표 삽입	53
표 스타일	54
표 테두리 서식 변경	143
프레임 크기 변경	286
한자/특수 문자 입력	90
행 높이 같게 하기	146
화면 전환 효과	219
화면 캡처	187
확대/축소 종류	250
회전 조절 핸들	115

A - E

Adjust Light	285
ADRESS BAR	285
Aeshetics	290
AI 활용해 내용 생성	280
Chat	291
ChatGPT	289
Create	291
Creation Actions	293
Edit	291
Explore	291
Export settings	287

H - N

Help	291
IMAGE FORMAT	288
IMAGE QUALITY	287
Landscape	290
Light Mode	291
Midjourney	289
Mockup	288
Model	290
More Options	290
Napkin으로 슬라이드 제작	279
Noise	286

O - S

OneDrive	220
Opacity	285
Organize	291
Pan	293
PDF 문서 만들기	222
Personalize	291
PowerPoint Designer	20
Remix	293
Shots로 슬라이드 제작	284
SmartArt 그래픽	130
SmartArt 그래픽 서식 변경	131
SmartArt 그래픽에 도형 추가	134
SmartArt 그래픽에 텍스트 입력	135

T - Z

Tasks	291
Transparency	288
Updates	291
Upscale	293
Vary	293
Vary subtle	292
WordArt로 텍스트 입력	47
Zoom	293

기타

| 3D 모델 | 181 |